HISTOIRE
DE
SAINT ROCH
ET DE SON CULTE.

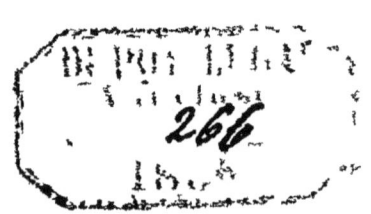

PROPRIÉTÉ DE L'ÉDITEUR.

HISTOIRE
DE
SAINT ROCH
ET DE SON CULTE

PAR

L'ABBE RECLUZ

CURÉ DE LA PAROISSE ST-ROCH, A MONTPELLIER.

Ab antiquo scriptis non contentus, ipse quoque scripturire incepi, non ut scientiam meam quæ pæne nulla est, proponerem, sed ut res absconditas, quæ in sirue veritatis latebant, convellerem in lucem. (GUILLEM. MALMESB, de Gest. Reg. t. II. Prol.)

AVIGNON

SEGUIN AINÉ, IMPRIMEUR-LIBRAIRE.

MONTPELLIER

FÉLIX SEGUIN, LIBRAIRE.

1858

Avignon, Typ. de Fr. SEGUIN aîné, rue Bouquerie, 13.

ÉVÊCHÉ DE MONTPELLIER.

A Monsieur RECLUZ, *Curé de la Paroisse St-Roch, à Montpellier.*

Montpellier, le 6 octobre 1857.

MONSIEUR LE CURÉ,

J'ai lu avec attention et intérêt l'*Histoire de Saint Roch*, que vous avez soumise à mon examen avant de la livrer à l'impression. Je n'ai rien trouvé d'opposé à l'orthodoxie catholique. La doctrine m'en a paru saine et exacte. Les documents précieux dont cette histoire est remplie font de ce travail un livre aussi utile à la piété qu'intéressant pour les érudits.

Je vous félicite, Monsieur le Curé, d'avoir si bien employé les loisirs qu'ont pu vous laisser les travaux du saint ministère. Le héros de la charité chrétienne dont vous racontez la vie avec tant d'élan, ne peut qu'obtenir pour votre ministère au sein d'une paroisse dont il est le Patron, toutes les bénédictions de Dieu.

Croyez, Monsieur le Curé, à mon tendre et sincère attachement.

† CHARLES, Évêque de Montpellier.

INTRODUCTION.

La naissance de Saint Roch à Montpellier est un fait acquis à l'histoire. La généalogie de sa noble famille qui apparaît dans nos annales dès le XIIe siècle, et qui descend jusqu'à nos jours ; des actes authentiques que la piété de nos pères nous a laissés et dans lesquels ils l'appellent sans cesse *enfant de Montpellier* ; les témoignages unanimes des plus anciens hagiographes ; les légendes des Bréviaires les plus antiques ; la tradition et la croyance de la chrétienté tout entière, et enfin l'affirmation positive de l'Église, qui dans son Martyrologe (1) le fait naître et mourir à Montpellier, toutes ces preuves ne laissent aucun doute sur ce point important.

Que des esprits légers, sceptiques par nature ou par système, aient nié cette origine de Saint Roch ; que même ils aient nié ou mis en question (2) son existence attestée par tant

(1) A Montpellier, en Languedoc, Saint Roch, confesseur, qui délivra de la peste plusieurs villes d'Italie, en faisant le signe de la croix. Son corps fut porté à Venise, et placé honorablement dans l'église qui porte son nom. (*Martyr. Rom.* 16 *août.*)

(2) « M. de la Martinière s'est fondé, pour contester l'exis-

de faits, par tant de témoignages, c'est ce dont il ne faut pas trop s'étonner. Ne s'est-il pas rencontré des esprits assez hardis et assez téméraires pour avoir essayé de faire de la personne de Jésus-Christ, un être imaginaire, un mythe *fabuleux !* Et pourtant, l'auguste et adorable personnalité du Sauveur des hommes est attestée par bien d'autres faits, par bien d'autres témoignages, par bien d'autres monuments que la personnalité si humble de notre Saint !

Ainsi pour nous, comme pour la chrétienté tout entière, le berceau de Saint Roch ne doit et ne peut être placé qu'à Montpellier.

Montpellier ! A l'époque où nous porte cette histoire, c'est-à-dire à la fin du XIII° siècle et au commencement du XIV°, Montpellier était la reine des villes, dans cette partie de notre vieille Occitanie. (1)

tence de Saint Roch, sur le silence que garde, à son sujet, la chronique connue sous le nom de *Petit Thalamus de Montpellier ;* mais il est à remarquer qu'il existe dans cette chronique une lacune qui comprend presque tout le XV° siècle; et que c'est dans cet intervalle de temps, que le culte de Saint Roch a dû acquérir plus de célébrité. » (*Biographie univ. de Michaud*, article *Saint Roch*, par M. *Sicard*, ancien conseiller à la Cour Royale de Montpellier.)

Voir nos observations sur cette lacune du *Thalamus* dans la seconde partie de cette histoire, pag. 198.

(1) Mons Pessulanus, *vulgo Montpellier, notissima Galliæ in Occitania inferiore urbs, per S. Rochi confes-*

Par sa situation géographique, notre ville dominait en effet et régnait vraiment sur le vaste et magnifique pays qui l'environne. Une mer d'azur ajoutait à la beauté et à la majesté de ses horizons, en même temps qu'elle lui envoyait ses brises rafraîchissantes. Un ciel pur et presque sans nuages l'inondait de ses rayons vivifiants.

Montpellier était bien, en un mot, la ville la mieux située pour l'agrément et pour la salu-

soris natales ac mortem, necnon mira quædam, quæ post eam ibidem accidisse memorantur, celeberrimum sibi nomen obtinuit.

De ista urbe tractat Hadrianus Valesius in Notitia Galliarum ; et inter cætera circa eam observat sequentia : « In ea urbe jam ante annos DXXX studia litterarum, ac in primis medicinæ floruisse, docet epistola CCCVII Bernardi Claravallensis abbatis. (Etenim in illa de archiepiscopo Lugdunensi hæc lego :) Sicque via publica cum turba promiscua peregrinorum, tanquam unus ex illis, pervenit ad S. Ægidium : cumque infirmaretur, pertransiit usque ad Montem-Pessulanum : ibi aliquandiu commoratus, cum medicis expendit et quod habebat et quod non habebat. »

Sed felicius, certius ac commodius postmodum eamdem urbem nobilitavit cœlestis ac omnipotens medicus, quando divina sua bonitate ibidem in lucem produxit hunc sanctum confessorem, qui gravissimos atque insanabiles afflictorum hominum morbos potentissimo suo apud Deum patrocinio curaturus aliquando esset, magnusque quaquaversum per Europam futurus pestiferæ præsertim luis sospitator, et continuum, ut ita dicam, in hujusmodi malo tollendo miraculum. (Act. Sanct. Comment. Præv. num, 1.)

brité des hommes. Aussi y accourait-on de toutes parts. (1)

Par la richesse de son commerce, notre ville était en rapport avec les marchands de l'Europe entière, et, il faut le dire à sa louange, nulle part, les droits sacrés de l'hospitalité n'étaient ni plus franchement, ni plus généreusement observés qu'à Montpellier. Un des statuts de cette noble cité témoigne hautement de ce respect et de cette considération qu'on y avait pour les étrangers.

« Toute personne, disait cette charte, digne des plus belles époques de la civilisation, toute personne de quelque pays qu'elle soit, peut, en temps de paix ou de guerre, entrer en sûreté avec ses biens dans Montpellier, y séjourner et en sortir sans opposition. Alors ses marchandises doivent être en sûreté dans la ville, même en son absence.... Si un étranger a déposé quelque somme entre les mains d'un homme de Montpellier, ou s'il lui a prêté son or, son argent ou autre chose ; ou s'il est entré avec lui en société de biens, ou s'il

(1) « Un aspect riant, une situation agréable, la douceur du climat, l'urbanité des habitants, font de cette ville un séjour enchanté. » (*Villaret, Hist. de France.*)

« Si j'étais en état de vivre dans le lieu qui me serait le plus agréable, je choisirais la ville de Montpellier, et j'en ferais le nid de ma vieillesse. Il n'y a point d'endroit où l'on puisse passer plus doucement ses jours, soit que l'on ait égard à la bonté de l'air, aux mœurs des habitants du pays ou aux commodités de la vie. » (*Joseph Scaliger.*)

exerce lui-même quelque art ou métier, il doit avoir sûreté pour tous ses fonds, en temps de paix ou de guerre. » (1)

Aussi Montpellier était-il devenu, à cette époque, le vaste et riche entrepôt de l'Espagne, de l'Italie, du Levant et la Grèce.

Par son Université et ses écoles, Montpellier jouissait surtout alors d'une très-grande célébrité. Toutes les branches des sciences divines et humaines y étaient professées et cultivées avec succès. Son école de droit, dont on trouve déjà de glorieuses traces dans le XII° siècle, brillait d'un vif éclat. De savants professeurs, parmi lesquels nous aimons à compter plus tard *Guillaume Grimoard*, depuis Urbain V, de sainte et illustre mémoire, y enseignaient avec une rare distinction, et attiraient dans nos murs de nombreux élèves. (1)

Les savants de tous les pays se rendaient

(1) Hist. politique, religieuse et littéraire de la France, par Mary-Lafon, tom. II.

(2) C'est ce qu'attestait Pétrarque, un des plus illustres élèves de cette université : *Vicina jam pubertate Montempessulanum, florentissimum tunc oppidum, jurisque ad studium delati, aliud ibi quadriennium exegimus: cujus tunc potestas penes majoris Balearicæ regem erat, exiguum præter loci angulum Francorum regi subditum, qui, ut semper præpotentium importuna vicinia est, brevi totius oppidi dominium ad se traxit. Quænam vero tunc ibi quoque tranquillitas! quæ pax! quæ divitiæ mercatorum! quæ scholarium turba! quæ copia magistrorum!* (*Rer. Sen. lib.* x. *epist.* 3.)

à Montpellier pour converser avec ces maîtres de la science, et expliquer eux-mêmes, dans ce centre de lumières, leurs doctes théories. (2)

Mais c'est principalement par son *École de médecine*, alors émule et rivale de l'école de Salerne, que notre ville brillait encore avec plus de splendeur. Le voyageur qui visite l'ancienne et noble ville de Toulouse, s'arrête avec respect dans la vaste salle de son Capitole, où elle a réuni tous *ses hommes illustres*. Le voyageur contemple cette longue série de bustes qui les représentent ; il lit avec intérêt les titres et les inscriptions qui les recommandent à l'admiration ou à la reconnaissance de la postérité. C'est là un spectacle imposant digne du pays ou de la cité qui leur donna le jour, des grandes actions, des généreux services qui signalèrent ces grands hommes, ces utiles citoyens.

Quel spectacle plus imposant ne donnerait pas la ville de Montpellier, si, à la longue

(1) Parmi ces savants, l'illustre et pieux *Raimond Lulle*, que le moyen-âge surnomma le *docteur illuminé*, mérite d'être cité. Il vint à Montpellier pour y expliquer sa méthode philosophique dans laquelle il essayait déjà de coordonner et de rendre plus faciles les opérations de l'intelligence. A une grande hardiesse dans l'investigation des plus périlleuses questions de la science et de la philosophie, il ajouta la soumission la plus complète aux enseignements de la foi. Il écrivit à Montpellier la plus grande partie de ses nombreux ouvrages.

série de ses savants professeurs dont on admire déjà les nobles figures, elle pouvait ajouter, dans une enceinte bien autrement spacieuse, les bustes ou les effigies de tant d'illustres savants, de tant de praticiens célèbres, de tant d'hommes éminents ou utiles qui sortirent de son école de médecine et qui en firent l'ornement et la gloire!

Leurs noms, leurs titres, leurs doctes écrits seraient à eux seuls un magnifique résumé de l'histoire de l'art médical en France et en Europe : car, la faculté de médecine de Montpellier remonte tout au moins au XIIe siècle et, pendant bien des siècles après, elle est l'unique institution de ce genre dans notre pays, la source de l'art médical en France, ainsi que le disait au commencement du XIIIe siècle le moine Césaire d'Heisterbach : *Ubi fons est artis physicæ.* (1)

Dans cette galerie d'hommes illustres, que de grands évêques, que de savants ecclésiastiques ne distinguerait-on pas parmi ces maîtres de la science ! Dans ces âges de foi, non-seulement la religion et la science ne s'excluaient pas mutuellement, mais elles formaient ensemble une alliance aussi solide qu'utile et harmonieuse. L'accord de la raison et de la foi était un fait aussi constant que radieux. Personne ne doutait alors que ces

---

(1) *Cæsar. Cisterc. illustr. mirac. et histor. memorab. lib.* VII, *cap.* 25.

deux lumières données à l'homme pour le diriger et le conduire parmi les obscurités de cette vie ne pussent, quoique par des moyens divers, s'harmoniser et se confondre dans la recherche ou la contemplation de la vérité dont Dieu est toujours le principe et l'objet. Unies comme deux sœurs, la religion et la science chantaient ensemble la gloire et la profonde sagesse du Créateur dans l'étude et dans l'admiration de son plus beau chef-d'œuvre.

Ainsi, il existait une vraie parenté entre le sacerdoce et le corps médical. L'un et l'autre se vouaient avec intelligence et amour au bien-être de l'humanité, à l'amélioration de sa constitution physique et morale. De là les respects et la considération que ces deux illustres corps se rendaient mutuellement. De là peut être aussi la force et la persévérance de l'enseignement spiritualiste qui se perpétua dans le sein de cette savante corporation. Cet enseignement qui reconnut toujours dans l'homme le principe spirituel, l'âme, par laquelle il est fait à l'image et à la ressemblance divine, cet enseignement est comme un héritage qui s'est transmis de génération en génération, dans l'école de Montpellier. C'est là son titre de noblesse; c'est là sa gloire, et personne n'ignore les brillants et mémorables combats qu'elle a soutenus pour la défendre.

Voilà huit cents ans, à peu près, que la ville de Montpellier est dotée de son école de médecine. Elle lui doit, disons-le, une grande partie de son importance et de sa célébrité. Les villes, comme les hommes, ont une mission providentielle, un rôle à jouer dans l'histoire de l'humanité.

La destinée de Montpellier est d'avoir été le berceau de l'art de guérir en France ; sa mission a été de rester la patrie, le sanctuaire de cet art précieux. C'est là ce qui caractérise, ce qui distingue notre ville dans la pensée des peuples ; et quoique d'autres écoles rivales, sorties de son sein, aient cherché à lui disputer avec plus ou moins d'avantage la suprématie de l'intelligence et de la science, Montpellier n'en est pas moins resté, par son école, le pays natal de cet art divin de guérir.

Nous avions besoin de dire toutes ces choses pour faire ressortir le côté providentiel de la mission et de la destinée de Saint Roch au milieu des peuples.

L'existence de notre Saint est admirable, sans doute, de vertu, d'innocence, d'élan religieux vers la perfection évangélique ; sa vie d'abnégation, de renoncement, de pauvreté volontaire, de sacrifices héroïques est, sans contredit, la manifestation merveilleuse et touchante de la vie de Notre-Seigneur Jésus-Christ dont il fut le disciple fidèle, et dont il retraça si glorieusement les traits augustes, comme nous aurons occasion de le dire bien souvent dans le cours de cette histoire ; mais ce qui caractérise surtout l'existence de Saint Roch, ce qui fait sa physionomie distinctive, ce qui est resté surtout dans la mémoire des peuples, ce qui l'honore principalement, ce qui fait son auréole de gloire parmi tant d'autres Saints, amis de Dieu et amis de l'humanité, c'est sa charité héroïque, c'est son sublime ministère de guérisseur des peuples, au sein des cruelles épidémies qui affligèrent son époque.

C'est là sa vie publique. De Saint Roch, on peut dire en toute vérité ce que l'Évangile a dit de Notre-Seigneur Jésus-Christ : *Qu'il allait à travers les bourgs et les villes, guérissant toute langueur et toute infirmité.* (1) Les vingt premières années de sa vie le préparent à ce ministère divin, et lorsque arrive le soir de cette belle vie, si courte mais si pleine de mérites, vers quel but Saint Roch dirige-t-il encore les longues années de sa prison, les souffrances qu'il endure, les humiliations dont il est abreuvé, et enfin la dernière prière de sa douce et paisible agonie ? C'est à demander et à mériter de rester le protecteur et le sauveur de l'humanité, dans la suite des âges.

(1) *Circuibat Jesus omnes civitates et castella, curans omnem languorem et omnem infirmitatem.* (Matth. xi. 35.)

Telle est la destinée de Saint Roch pendant sa vie, telle est sa destinée même après sa mort. Destinée glorieuse qui explique les respects, la vénération, le culte et enfin la haute et universelle renommée dont il jouit dans le monde. Personne ne nous accusera d'exagération, lorsque nous disons que, parmi les Saints, aucun n'y a obtenu une popularité plus grande et plus générale.

Ainsi Saint Roch est le noble et digne enfant de la cité qui fut sa mère. Il y a concordance et parfaite harmonie entre la destinée de l'un et la destinée de l'autre. A ce point de vue, Saint Roch complète les gloires de sa patrie. Il ajoute à l'éclat antique et à la splendeur de sa ville natale, l'éclat de son héroïque dévouement à l'humanité, la splendeur d'un nom devenu partout une consolation, une espérance, une sauvegarde puissante au milieu des fléaux contagieux qui viennent quelquefois l'effrayer ou la désoler.

C'est à l'époque où Montpellier brillait avec tant d'éclat et de gloire, que naquit le Saint bien-aimé dont nous essayons d'écrire l'histoire. Cette terre de foi et de science était dans toute sa fécondité, lorsqu'elle produisit l'illustre rejeton qui devait lui apporter tant de renommée. C'est dans ce beau ciel de Montpellier qu'apparut au monde l'astre bienfaisant dont *la douce lumière allait éclairer et vivifier bientôt tant de peuples assis aux ombres de la mort.* (1)

Dire l'année précise de cette glorieuse naissance de notre Saint; le dire avec certitude, nous avouerons que cela n'est pas en notre pouvoir. A quelques rares exceptions, les biographes de Saint Roch s'accordent à la placer en l'an 1295. Notre Saint entreprend son pèlerinage en Italie en 1315; il rentre dans sa patrie, en 1322; il y meurt en 1327. Tel est le sentiment à peu près unanime parmi les historiens et les hagiographes.

D'autres, en petit nombre, font naître notre Saint en 1328. Selon eux, il part pour l'Italie en 1348 et meurt en 1360. D'après cette supputation, Saint Roch assiste aux scènes lugubres de la *peste noire*; il exerce dans ces temps calamiteux son ministère de guérisseur et de sauveur des peuples. Sa charité héroïque, sa puissance de thaumaturge s'y montrent avec éclat, réveillent l'idée de son pouvoir spécial et excitent la confiance populaire devenue générale à dater de cette époque. Tel est le sentiment de ces auteurs; telle est la raison sur laquelle ils se fondent.

Quelque spécieuse que puisse paraître cette opinion, nous avons dû, après un examen sérieux et une étude approfondie, la rejeter

(1) *Sedentibus in regione umbræ mortis, lux orta est eis.* (Matth. iv. 16.)

comme moins conforme à la vérité de notre histoire.

Et d'abord, qu'il nous suffise de dire que la peste fut endémique au moyen âge, et qu'il n'est nullement nécessaire de recourir à la peste noire pour trouver à Saint Roch un théâtre digne de sa charité et de son héroisme. (1)

Que si l'on considère ensuite dans quel anachronisme choquant sont tombés les auteurs qui ont voulu le faire vivre pendant la peste qui décima l'Europe, vers le milieu du XIVe siècle ; nous pensons qu'on reviendra forcément aux dates plus judicieuses et plus vraies des anciens hagiographes.

En effet, au dire de ces auteurs, Saint Roch serait rentré dans son pays en 1355, après avoir rempli son ministère de thaumaturge et de sauveur. Et, alors, ils racontent comme nous les scènes dramatiques et touchantes qui se passent entre le gouverneur de notre ville

(1) Dans l'histoire de Nîmes, les années marquées par la peste, sont : 1348—1361—1374—1450—1451—1455—1459—1465—1482—1490—1493—1501—1503—1505—1516—1520—1527—1530—1532—1533—1534—1535—1542—1543—1546—1564—1565—1579—1586—1589—1629—1648—1649. Par ces nombreuses dates, on peut juger de ce qui dut se passer dans les siècles précédents où les précautions d'hygiène, et partant les conditions de salubrité publique furent certainement moindres.

et son saint neveu qu'il ne reconnaît point, qu'il condamne à une longue captivité, et dont il ne découvre le nom et la personne qu'après sa bienheureuse mort.

Mais ces auteurs oublient ou ignorent que dans cette supputation, ces scènes n'ont plus leur raison d'être dans l'histoire. La ville de Montpellier avec ses dépendances passe, en 1349, sous la domination des rois de France, et parmi les gouverneurs préposés par eux sur notre cité, nous n'en connaissons pas qui aient porté à cette époque le nom de Roch.

D'ailleurs, à la date de 1355, l'autorité de nos rois est fortement établie à Montpellier; et nous ne voyons pas comment on pourrait supposer les graves mésintelligences qui mettaient notre pays dans un état d'hostilité lorsque Saint Roch rentra dans nos murs. Ni la branche aînée de la maison d'Aragon, ni encore moins la branche cadette des rois de Majorque alors détrônée, n'étaient assez puissantes pour essayer même de lutter avec le roi France.

Quoi qu'il en soit, à cause de l'obscurité et de l'incertitude qui règnent dans cette partie de notre histoire, il est bien difficile, pour ne pas dire impossible, de fixer d'une manière certaine, l'année précise de la naissance et de la mort de notre Saint. (1)

(1) Voici comment *Pinius*, savant auteur du précieux commentaire qui précède la vie de Saint Roch, dans le

En cela, Saint Roch est encore en conformité avec l'auguste et divin modèle dont il devait retracer les traits et continuer, ici-bas, le sacré ministère. L'année précise de la naissance de Notre-Seigneur Jésus-Christ que le monde célèbre avec tant d'allégresse, cette année a offert et offre encore aux savants de sérieuses difficultés.

Que Saint Roch soit venu au monde dans les dernières années du XIII° siècle, ou dans les premières années du XIV°, peu importe, à notre sens. Nous n'avons pas la prétention de faire de cette histoire un livre de science. Cette tâche serait trop au-dessus de nos forces; nos vœux et nos efforts ont dû se borner à ne rien avancer qui ne soit exact et conforme à la vérité de l'histoire.

Le nom glorieux sous lequel notre Saint est connu et invoqué dans le monde chrétien, ce nom de Roch n'est pas non plus sans difficultés. Est-ce là le nom de sa famille, son nom patronymique ? ou bien ce nom lui fut-il donné sur les fonts du baptême ?

Pour nous, nous croyons fermement que ce nom de Roch fut son nom de maison. L'existence d'une famille Roch dans notre pays est

recueil des Bollandistes, termine et conclut sa dissertation sur cette question de chronologie : *Quoniam vero ea tam obscura et tam incerta sunt, placuit mihi potius emortualem sancti annum affigere seculo XIV, quam anno ejusdem seculi determinato.*

un fait trop constant et trop notoire pour que nous puissions en douter.

Quel fut le degré de noblesse de notre Saint? Saint Roch était-il de race princière ou royale, comme l'affirme le manuscrit de Belfort, inséré dans les Actes des Saints des Bollandistes? Sa famille se serait-elle alliée avec les rois de Majorque qui occupèrent notre pays, avant sa réunion aux domaines des rois de France? Malgré notre culte et notre amour pour Saint Roch, nous n'hésitons pas à dire que ces assertions ne nous paraissent même pas vraisemblables.

Ce qu'il y a seulement de certain, c'est que durant le XIII° et le XIV° siècle, la famille de Saint Roch occupait à Montpellier un rang distingué et des positions considérables. (1)

(1) Il est, en effet, constant que durant le XIII° et le XIV° siècle, une famille *Roch* occupa dans nos contrées des charges et des emplois importants. Cette famille apparaît même dans notre histoire dès le XII° siècle. Un acte de 1132 renferme le nom d'un *Raymond Roch*, et un autre acte de 1140, celui d'un *Guillaume Roch*. En 1162, il est mention encore d'un *Raymond Roch*, comme ayant épousé la veuve de Guillaume de Narbonne et comme habitant Montpellier. Un *Foulques Roch* figure en 1200, comme témoin dans une quittance de Raymond de Roquefeuil, et un *Jean Roch* intervient au même titre, en 1123, dans la publication du testament du drapier Jean Lucien. Plus tard, en 1254, on rencontre dans l'acte d'union des bourgeois de Montpellier et du Vicomte de Narbonne Amalric, la signature d'un *Étienne Roch*. Un

La dignité de consuls, de gouverneurs de Montpellier dont plusieurs personnages de cette famille furent revêtus, leur conférait-elle des honneurs comparables à une vice-royauté ? Nous n'avons garde de l'affirmer, et nous laissons à de plus savants que nous ces froides et stériles dissertations.

A nos yeux, la gloire de Saint Roch est assez grande, sa couronne est assez riche et assez belle pour qu'il puisse se passer des gloires mêmes de ses ancêtres. La plus grande illustration de ses aïeux, c'est de l'avoir donné au monde ; et, de cette noble lignée, nous dirons, dès le début de cette histoire, ce

nouveau *Guillaume Roch* sert de secrétaire à Jaymes-le-Conquérant dans la prestation de serment, faite en 1258 à ce prince par les consuls de Montpellier. Un *Jacques Roch*, depuis évêque de Huesca, porte le titre de chancelier dans le testament rédigé, en 1272, à Montpellier par ce même roi-seigneur. Un *Raymond Roch* est député en 1341, auprès du roi d'Aragon, Pierre-le-Cérémonieux, pour y défendre les intérêts de notre Jaymes III. Parmi nos consuls, on en trouve quatre ou cinq d'un nom analogue pendant le XIIIe et le XIVe siècle. D'autres *Roch* remplissent chez nous les fonctions de baile et de lieutenant royal. En 1371, enfin, un *Imbert Roch* est envoyé par la ville de Montpellier auprès du pape Grégoire XI, et en obtient des lettres de recommandation pour le roi de France Charles V, destinées à soulager l'agonisante commune des lourds impôts du duc d'Anjou. (A. Germain, *Hist. de la Commune de Montpellier*, tom. III, pag. 273 et 274.) Voyez aussi les Bollandistes *Comment. præv.* num. 7.

qu'une pieuse femme de l'Évangile disait de Notre-Seigneur Jésus-Christ ; ce que les peuples ont pu redire avec amour et reconnaissance de notre Saint bien-aimé : *Bienheureux le sein qui vous a porté, bienheureuses les mamelles qui vous ont allaité.* (1)

(1) *Extollens vocem quædam mulier de turba, dixit illi : Beatus venter, qui te portavit, et ubera quæ suxisti.* (Luc, XI. 17.)

CHAPITRE PREMIER.

Docet nos Scriptura divina non solum mores in iis qui prædicabiles sunt, sed etiam parentes oportere laudari ; ut veluti transmissa immaculatæ puritatis hæreditas in iis quos volumus laudare, præcellat. Quæ enim alia intentio hoc loco sancti Evangelistæ, nisi ut sanctus.... nobilitetur parentibus, miraculis, moribus, munere, passione ? (S. Ambr. in Lucam. lib. i. 11. xv.)

HISTOIRE
DE
SAINT ROCH
ET DE SON CULTE.

CHAPITRE PREMIER.

PARENTS DE SAINT ROCH. — SIGNE QUI DISTINGUE, DÈS SA NAISSANCE, LE NOBLE ENFANT. — INDICE ET PRÉSAGE DE SA SAINTETÉ FUTURE. — ENFANCE ET JEUNESSE DE SAINT ROCH. — MORT DE SON PÈRE, SUIVIE BIENTÔT APRÈS DE CELLE DE SA MÈRE. — LA VOCATION DE NOTRE SAINT EST DÉTERMINÉE PAR CET ÉVÉNEMENT.

Or, tous deux étaient justes devant Dieu, marchant sans reproche dans tous les commandements du Seigneur.

Et ils n'avaient point d'enfants, parce qu'Élisabeth était stérile, et que tous deux étaient avancés en âge. (Luc. 1, 6 et 7.)

Ne crains point, parce que ta prière est exaucée. Élisabeth te donnera un fils, et tu l'appelleras du nom de Jean. (Ibid. 13.)

Et il sera la joie et ton allégresse, et beaucoup se réjouiront en sa naissance, car il sera grand devant le Seigneur. (Ibid. 14.)

Toutes ces merveilles furent divulguées dans tout le

pays, et on disait : Quel sera un jour cet enfant ? car la main du Seigneur était avec lui. (Ibid. 65 et 66.)

Et l'Enfant croissait et se fortifiait ; il était rempli de sagesse, et la grâce de Dieu était en lui. (Ibid. II, 40.)

Jésus lui dit : Si tu veux être parfait, va, vends ce que tu possèdes, donne-le aux pauvres, et tu auras un trésor dans le ciel ; viens ensuite et suis-moi. (Matth. XIX, 21.)

Un des plus nobles personnages de cette illustre race des Roch fut, sans contredit, le père de notre Saint. JEAN était son nom. A la noblesse du sang, à la dignité du commandement dont il était revêtu, il joignait l'éclat d'une probité antique, d'une vertu sans faiblesse, d'une justice sans reproche, et ce qui relevait et complétait son mérite, il y joignait surtout l'éclat de sa piété, de sa profonde religion envers Dieu. C'était un *homme juste*, pour parler le langage évangélique, c'est-à-dire un homme vivant dans la pratique de tous les devoirs. Telle est l'idée que nous en ont laissée les hagiographes (1).

Il avait épousé une noble dame que les historiens de Saint Roch appellent Libère, un *de ces précieux trésors que le ciel* a promis et qu'il *accorde à l'homme de bien qui craint et révère le Seigneur* (2). A toutes les grâces de son sexe, elle ajoutait les grâces plus solides et plus estimables de l'esprit et du cœur. Une douce piété couronnait tant de belles qualités.

JEAN et LIBÈRE ! Nous prononçons avec respect ces deux noms vénérés. Lorsque la Sainte Ecriture introduit dans l'Histoire sacrée un personnage destiné à y

---

(1) *Cum esset justus.* (Matth. II. 19.)
(2) *Pars bona, mulier bona, in parte timentium Deum dabitur viro pro factis bonis.* (Eccli. XXVI, 3.)

jouer un rôle important, elle a toujours soin de nommer son père et sa mère, le Seigneur voulant ainsi nommer avec honneur ceux qui surent former par leurs exemples et leur sagesse l'ami, le bienfaiteur, la gloire de son peuple ; comme il couvre par là même d'opprobre ceux qui, infidèles à leur devoir et à leur mission, ne lui préparèrent qu'une honte ou un fléau.

Ainsi les noms de JEAN et de LIBÈRE auteurs, après Dieu, de l'admirable vie que nous allons raconter, ces noms bien-aimés doivent être prononcés avec honneur et avec reconnaissance, dès le début de cette histoire ; c'est un devoir pour nous.

Unis déjà, depuis bien des années, rien n'égalait leur bonheur. Entourés de l'estime et de la considération publiques, possédant de riches domaines, ils étaient heureux surtout du calme et de l'intime félicité de leur foyer domestique. Et cependant quelque chose d'essentiel manquait à leur bonheur. Dieu, qui avait répandu tant de bénédictions sur cette union, ne leur avait pas encore accordé les douces et saintes joies de la famille. Ils étaient sans enfants ; ils avaient perdu jusqu'à l'espoir d'en avoir.

De là la tristesse qui assombrissait leur existence, d'ailleurs si calme et si heureuse. Qu'est-ce qu'une maison dont le seuil sera bientôt désert ou occupé par des étrangers ? A quoi servent les châteaux et les domaines, sans le noble héritier qui doit continuer à les habiter ? Que fait la noblesse du sang, si une famille n'est pas là pour en perpétuer les souvenirs et la gloire ?

Le Dieu bon qui connaissait ces tristes pensées de leur cœur et qui écoutait leurs vœux et leurs prières de chaque jour, avait résolu cependant de couronner leur union en leur accordant le fruit béni de leurs chastes désirs.

Un jour que Libère, prosternée devant l'image sacrée de la Mère de Dieu, exprimait le vœu de son âme plus par ses larmes que par sa prière, elle éprouva ce recueillement intérieur qui révèle la présence plus intime et plus immédiate du Seigneur. Une source de joies inconnues et inespérées se manifestait à son cœur de femme : elle venait de comprendre que sa prière était exaucée ; elle sortait de ce pieux sanctuaire avec la confiance bienheureuse qu'elle aurait le bonheur d'être mère.

Quelque temps après, une vive allégresse régnait dans cette sainte maison. Libère venait de donner à sa famille, à son pays, au monde l'enfant si longtemps désiré.

Évidemment cette naissance dut être regardée comme miraculeuse. Libère était stérile depuis tant d'années, avancée en âge, et, selon le cours ordinaire de la nature, elle ne devait jamais connaître les joies de la maternité.

Mais le miracle parut bien autrement évident, lorsque sur la poitrine du nouveau-né, on aperçut, gravé sur sa chair et de couleur de pourpre, le signe sacré de la croix ! Les pieux époux étaient dans l'admiration. La cité s'en émut tout entière, et de toutes parts on se demandait : Que sera cet enfant ? à quelle destinée est-il donc appelé ?

La destinée de Saint Roch ! elle se résumait, en effet, dans le radieux symbole de cette croix. Sa famille et son peuple ne virent guère là qu'un indice et un présage certains de la piété et de la sainteté futures de cet enfant. Mais l'histoire y reconnut plus tard le secret de sa vocation parmi les hommes, et le moyen surnaturel et divin de la réaliser et de l'accomplir.

Les fêtes et les cérémonies de son baptême furent célébrées avec la solennité due à son rang. Le nom de

Jean lui fut donné comme devant continuer la noble lignée de son père.

Libère, quoique faible et délicate, se chargea cependant de le nourrir et de l'élever. Dans ces temps où les mœurs chrétiennes étaient encore les mœurs de la multitude, la mère ne cédait pas, sans de graves raisons à une autre femme, le soin et l'honneur d'entretenir, de développer la vie à l'enfant à qui Dieu lui avait fait la grâce de la donner. A ses yeux, ce n'était pas seulement là le vœu de la nature, elle y voyait aussi le commandement de la religion. A la femme chrétienne il appartenait d'introduire son enfant dans la vie religieuse et morale, après l'avoir introduit dans la vie matérielle et physique : à elle de former ses penchants, ses habitudes, ses mœurs, sa conscience, ses convictions : à elle de graver dans son âme l'image de Dieu, faisant ainsi son enfant à l'image et à la ressemblance divines, après l'avoir fait à l'image et à la ressemblance de ses parents selon la chair. C'est ainsi que la femme comprenait alors ses devoirs et sa mission de mère. Aussi l'influence de la mère chrétienne était-elle immense dans ces sociétés, et rien n'égalait les respects et l'amour que les enfants ainsi formés et élevés vouaient à de pareilles mères.

Telle fut la mère de Saint Roch. Le premier spectacle que les yeux du saint enfant purent contempler, fut celui de la douce piété de sa mère. Les premiers exercices de cette religion maternelle, celle qui s'inocule le plus facilement et le plus profondément dans l'esprit et dans le cœur de l'enfant, ces premières pratiques que sa raison naissante put entrevoir, furent les mortifications que l'âme forte de sa mère s'imposait à certains jours de la semaine. Et, comme l'enfant imite naturellement ce qu'il voit faire, il est dit dans les textes naïfs de nos légendes, que le tendre et pieux enfant s'imposait, lui aussi, à ces mêmes jours, ses privations et ses pénitences. Il ne demandait alors que rarement le sein de sa douce mère. Détails touchants que nous ne donnons pas, assurément, comme revêtus d'une certitude historique, mais que nous n'avons garde d'omettre, tant ils expriment bien les mœurs et les idées de ces âges de foi !

Cependant le saint enfant croissait et se fortifiait (1), et à mesure qu'il approchait de plus près de l'âge de son adolescence, les trésors de sagesse versés à pleines mains dans son âme par sa pieuse mère, par son vertueux père, brillaient avec plus d'éclat. Le ciel avait béni leurs soins assidus, et la grâce venait de faire par eux un de ses plus admirables chefs-d'œuvre.

La candeur de son front, la beauté angélique de son visage, la douceur de sa voix, l'onction de sa parole faisaient de plus en plus le bonheur de sa famille et l'admiration de la multitude. *Il était plein de sagesse, et la grâce de Dieu habitait en lui.*

C'est cette grâce divine qui le portait déjà d'une manière irrésistible, à tous les exercices de la charité dont il devait être plus tard le sublime apôtre. Saint Roch faisait déjà l'apprentissage des fonctions de son apostolat. Son apostolat, à proprement parler, commence dans la maison de son père.

Né dans l'opulence, entouré de richesses, notre Saint enfant aimait à verser dans le sein des pauvres d'abondantes aumônes. Et, comme si c'eût été trop peu faire que de soulager leurs nécessités corporelles, il mettait tout son zèle et toute son ardeur d'enfant à relever leurs âmes, à leur faire comprendre leur dignité d'hommes et de chrétiens. Il leur enseignait la résignation, en leur

(1) *Puer autem crescebat, et confortabatur, plenus sapientia: et gratia Dei erat in illo.* (Luc. II.)

inspirant la confiance dans les desseins toujours miséricordieux de la Providence. Il avait des trésors de pitié pour le malheur et pour la souffrance, et sa parole douce et pénétrante avait la vertu de les consoler. Les pauvres, les étrangers sans abri et sans ressources, les malades, les souffrants, tels étaient les objets bien-aimés de ses respects et de son zèle.

Cette grâce divine l'accompagnait aussi dans la carrière de ses études. Son intelligence précoce se développait rapidement, à la clarté de la divine lumière. De rapides progrès signalèrent chacune de ses jeunes années. Encore adolescent, il pouvait adresser à Dieu ce cantique d'actions de grâces que l'Esprit-Saint mit autrefois dans la bouche de Jésus, le fils de Sirach : « *Je rendrai grâces, je bénirai le nom du Seigneur. Lorsque j'étais bien jeune encore, j'ai recherché la sagesse dans mes prières : souvent je l'ai demandée à Dieu dans son temple; je la rechercherai jusqu'à la fin de mes jours : et la sagesse a été en moi, comme un fruit mûr avant le temps* (1). »

Ces années de la vie cachée de notre jeune Saint, ces années si calmes et si pures allaient être assombries par le deuil et les larmes. Cette existence habituée jusqu'alors à vivre par son vénérable père, à s'attacher à lui comme la plante fragile s'attache à l'arbre puissant qui la soutient et la protége, allait en être violemment séparée. Que l'orage dut être sombre dans cette âme neuve et toujours sereine de notre Saint !

Que la religion commande à l'homme la résignation,

---

(1) *Propterea confitebor, et laudem ... am tibi, et benedicam nomini Domini. Cum adhuc junior s. m ,... quæsivi sapientiam palam in oratione mea. Ante tempus postulabam pro illa et usque in novissimis inquiram illam, et florebit tanquam præcox uva* (Eccli. LI. 17, 18 et 19)

la soumission aveugle et absolue aux volontés du ciel, elle en a bien le droit assurément, Dieu n'est-il pas toujours le maître? et céder à Dieu, n'est-ce pas un devoir et tout à la fois un acte de sagesse? Mais si la volonté des Saints se soumet et se résigne, leur cœur n'en est pas moins aimant et sensible! leur calice de douleur n'en est pas moins amer!

C'est dans ce temps que le chef de la famille fut saisi par une de ces graves maladies qui ne laissent au malade et aux êtres chéris qui l'entourent de leurs soins, aucune espérance de guérison. Voyant sa fin s'approcher, le noble chrétien se recueillit en lui-même, et, voulant mettre la dernière main à l'œuvre qu'il avait si saintement accomplie, il fit appeler son fils auprès de son lit de mort.

Cette scène émouvante nous rappelle les grandes scènes de l'ancien Testament, les sages et divines recommandations que les Saints patriarches adressaient à leurs enfants, à cette heure solennelle de la séparation et de la mort.

Dans ces âges de foi où la religion régnait dans la société et dans la famille, chaque chef de maison ressemblait plus ou moins à ces patriarches vénérables : avant de mourir, il voulait, comme eux, laisser aux héritiers de son nom, son testament de sagesse et d'amour.

Quand donc le noble père vit son enfant auprès de lui, recueillant toutes ses forces et toute sa sérénité d'esprit, il lui dit (il nous semble entendre les paroles du vieux Tobie, tant elles ressemblent à celles que les hagiographes mettent dans la bouche du père de notre Saint):
« Mon fils, vous allez perdre votre père ; vous ne verrez
« plus son visage, vous n'entendrez plus sa voix ; mais,
« consolez-vous : il vous restera votre Père qui est aux
« cieux, votre vie tout entière lui appartient. Restez-

« lui fidèle tous les jours de votre existence : gardez-
« vous de jamais l'offenser et de transgresser ses pré-
« ceptes.

« Mon fils, vous appartenez surtout à Jésus-Christ,
» dont vous portez les insignes sacrés sur votre poitri-
« ne. Ce n'est pas sans dessein qu'il vous a ainsi mar-
» qué de son signe divin : soyez son disciple, son ser-
» viteur, et, s'il le faut, soyez son apôtre zélé.

« Mon cher fils, je vous laisse un riche domaine.
» Sachez que Dieu nous prête ces biens périssables,
» plutôt qu'il ne nous les donne. Soyez généreux dans
» vos aumônes ; ayez soin des pauvres ; secourez la veuve
» et l'orphelin ; ayez pitié des malheureux ; soyez la
» consolation de tout ce qui souffre, l'appui de tout ce
» qui est opprimé.

« Mon fils, je vous confie votre mère. Honorez-la
» tous les jours de sa vie; aimez-la comme elle vous
» aime, et lorsqu'il plaira à Dieu de l'appeler à lui,
» ensevelissez son corps auprès de moi. Mon fils, re-
» cevez la dernière bénédiction de votre père : je vous
» bénis. »

Le saint enfant s'inclinait devant les volontés de son
vénérable père, écoutant ces sages recommandations
comme tout autant d'oracles du ciel.

Peu d'instants après s'éteignit *la lumière que Dieu
avait posée sur le chandelier afin qu'elle éclairât ceux
qui étaient dans la maison.* (1) L'homme de bien avait
fini ici-bas sa noble et utile carrière : *le serviteur bon
et fidèle entrait dans les joies* et dans les gloires *de Dieu
son maître* (2).

(1) *Neque accendunt lucernam, et ponunt eam sub modio,
sed super candelabrum, ut luceat omnibus qui in domo sunt.*
(Matth. v, 15.)

(2) *Serve bone et fidelis, intra in gaudium Domini tui.*

Les dernières paroles d'un père si justement aimé, les scènes de deuil qui entourèrent ce doux et saint trépas, eurent un retentissement profond dans l'âme et dans le cœur de notre pieux enfant : elles achevèrent de mûrir son esprit, et donnèrent à sa volonté de plus énergiques élans vers le bien, vers cette perfection morale dont Dieu avait placé dans ses pensées d'enfant l'idéal divin.

Sa mère lui restait ; sa mère était bien après Dieu le plus doux comme le plus précieux de ses trésors. Il voua sa jeunesse à l'entourer de ses soins, de ses respects, de son amour. Sa piété filiale s'augmenta de tout l'amour qu'il portait à son père.

Mais LIBÈRE était mûre elle-même pour le ciel. La femme forte avait accompli sur la terre sa sainte mission ; elle avait donné au monde, elle avait fait un Saint en aidant les divines opérations de la grâce. LIBÈRE avait l'heureux pressentiment des glorieuses destinées de son fils : sa tâche était finie, sa couronne était prête. La tombe du père se rouvrit, et les deux époux, *unis pendant la vie* par tant de doux liens, *furent unis jusque dans la mort*. La même auréole de gloire les réunissait à jamais dans la félicité des cieux (1).

Bienheureux ceux qui meurent ainsi dans le Seigneur! C'est le cantique presque d'actions de grâces que chante l'Église à leurs saintes funérailles. Pour eux, les jours de la lutte et des combats sont passés : *Cette vie terrestre remplie de tant de misères* (2) est changée en une vie de repos, de bonheur et de triomphes. Heureux donc ceux qui meurent dans le Seigneur (3) !

(1) *Amabiles et decori in vita sua, in morte quoque non sunt divisi.* (II. Reg. 1, 23.)
(2) *Multis repletur miseriis.* (Job.)
(3) *Beati mortui qui in Domino moriuntur. Amodo jam dic t*

Mais ceux qui leur survivent après leur saint trépas, qui les cherchent en vain dans une maison restée vide ; qui croient entendre encore quelque chose qui ressemble à leur voix, à leur présence ; qui demandent inutilement leur doux entretien dans ce néant de la solitude et de l'absence, ceux-là peuvent-ils être heureux?

Seule, la religion a un baume pour ces douleurs, comme pour toutes nos douleurs humaines. Il y a de saintes tristesses dans l'âme des Saints, et la certitude de revoir un jour ces êtres bien-aimés qui ne sont plus ici-bas, l'assurance de les retrouver pour ne jamais plus les perdre, n'est pas seulement une précieuse espérance, elle est aussi tout un trésor de douces et intimes consolations.

Après avoir payé à sa pieuse mère le juste tribut de ses regrets et de ses larmes, Saint Roch entra dans sa solitude. Un Saint a dit : O heureuse solitude ! ô seule béatitude ! *O beata solitudo ! o sola beatitudo !* Nous le disons volontiers de celle de notre Saint. C'est là que, dans la prière et la méditation, il apprit à se contenter de Dieu seul ; c'est là que son âme grandit et que le secret de sa vocation lui fut clairement révélé.

Saint Roch avait lu dans le saint Évangile ces grandes et divines paroles que Jésus-Christ adresse à ceux qu'il appelle à une haute perfection. Ces paroles du maître décidèrent de son existence. « *Si tu veux être parfait*, dit le Seigneur Jésus, *va, vends ce que tu as, donne-le aux pauvres, et tu auras un trésor dans le ciel. Viens et suis-moi* (1). »

Spiritus, ut requiescant a laboribus suis : opera enim illorum sequuntur illos. (Apoc. XIV. 13.)

(1) *Ait illi Jesus : Si vis perfectus esse, vade, vende quæ habes, et da pauperibus, et habebis thesaurum in cœlo ; et veni, sequere me.* (Matth. XIX, 21.)

Comme *le jeune homme riche* de l'Évangile, Saint Roch entendit cet appel du Maître, de Jésus-Christ. Il l'entendit sans regret et sans tristesse. (1) Quels regrets pouvait-il avoir, et pourquoi *aurait-il été triste ?* Les joies, les délices du monde, il les ignorait, et son âme fortement trempée ne les considérait qu'avec mépris ou avec horreur. Les richesses et les biens de la terre qui composaient son noble héritage, il en était déjà détaché. Avant d'être le pauvre volontaire de l'Évangile, il était le pauvre de Jésus-Christ par le détachement de l'esprit. *Il possédait ces richesses comme ne les possédant pas* (2). Nous avons vu les saints usages qu'il en faisait. L'amour du pouvoir et du commandement que lui donnaient sa naissance et ses droits d'héritier, était un motif peu capable de le faire hésiter dans ses ardentes aspirations vers la perfection évangélique. Le pouvoir, il n'en comprenait la puissance et les gloires que dans l'amour et le dévoûment à l'humanité dont il ne voulut être que le bienfaiteur et l'ami.

Saint Roch ne recula donc pas, comme le jeune homme riche de l'Évangile devant les dépouillements et les sacrifices que demandait le Maître pour arriver à la perfection. Il s'inclina, au contraire, avec amour, avec une généreuse résolution, devant la volonté de Jésus-Christ. *Il préféra l'opprobre de sa croix aux honneurs et aux délices du monde* (3); et contemplant le signe auguste et sacré avec lequel Dieu l'avait fait entrer dans la carrière de la vie, il comprit qu'il ne s'appartenait plus, qu'il appartenait à Jésus-Christ, et, heureux de devenir

---

(1) *His ille auditis, contristatus est; quia dives erat valde* (Luc. XVIII, 23.)

(2) *Tanquam non possidentes.* (I. Cor. VII, 30.)

(3) *Majores divitias æstimans thesauro Ægyptiorum, improperium Christi.* (Hebr. XI, 26.)

son disciple sans réserve, comme sans partage, il répondit, du fond de sa solitude : « Oui, Seigneur, je viendrai, je vendrai tout ce que je possède. Je le donnerai aux pauvres qui sont vos amis et les miens : j'aspire à ce trésor des cieux que vous me promettez ; je viens à vous, je vous suis à jamais, comme mon Seigneur et mon maître. »

CHAPITRE DEUXIÈME.

Paulinus ex opulentissimo divite, ut Sanctus Augustinus scribit, voluntate pauperrimus et copiosissime sanctus, sic in corde suo precabatur: Domine, non excrucies propter aurum et argentum: ubi enim sint omnia mea tu scis. (In Brev. Paris, xxii. juin.)

CHAPITRE DEUXIÈME.

SAINT ROCH SE DÉPOUILLE DE SES DIGNITÉS ET DE SES BIENS POUR SE FAIRE LE PAUVRE VOLONTAIRE DE JÉSUS-CHRIST. — POURQUOI SAINT ROCH N'EMBRASSA PAS LA VIE RELIGIEUSE ; POURQUOI PRÉFÉRA-T-IL LA VIE DE PÈLERIN ? — MOTIFS QUI DÉTERMINÈRENT SON PÈLERINAGE A ROME. — SON DÉPART.

Vous savez quelle a été la bonté de Notre-Seigneur Jésus-Christ, qui étant riche, s'est rendu pauvre pour l'amour de vous, afin que vous devinssiez riches par sa pauvreté. (II. COR. VIII, 9.)

Jésus lui dit : Les renards ont des tanières, et les oiseaux du ciel des nids ; mais le Fils de l'homme n'a pas où reposer sa tête. (Matth. x, 20.)

LA résolution de Saint Roch était prise, et sans retard il allait mettre la main à l'œuvre. En vain sa famille essaya-t-elle d'éloigner de lui ces pensées d'un dépouillement et d'un renoncement aussi absolus ; en vain chercha-t-elle à lui persuader que sa naissance, que le respect qu'il devait à la mémoire de son père, que les intérêts de la cité où il était appelé à faire tant de bien, que la destinée, en un mot, que la Providence ouvrait naturellement devant lui, lui imposaient comme un devoir rigoureux et sacré de conserver sa position et son rang : en vain l'amitié s'unissant à la parenté s'efforça-t-elle de le dissuader de cette détermination extrême que rien ne motiverait aux yeux du monde, et qui serait regardée comme un acte de démence et de folie. Rien ne put le détourner de sa sainte entreprise.

Saint Roch avait alors vingt ans. La législation de cette époque ne lui permettant pas de vendre et d'aliéner ses domaines, il dut en laisser l'administration à un oncle qui était le frère de son noble père. Il remit aussi entre ses mains les dignités et les charges attachées à sa maison. Il recueillit seulement ce qui lui restait de ses richesses patrimoniales, et le distribua aux pauvres.

L'holocauste était complet. Rien ne manquait désormais à son sacrifice, à son abdication de toutes les gloires humaines; il y renonçait à jamais.

Ce fut un bien touchant spectacle que celui de ce saint jeune homme pénétrant, pendant ces derniers jours, dans le secret intime des maisons, et allant à la recherche de toutes les misères, de toutes les infortunes pour les soulager et les consoler. Les malades furent assistés d'une main généreuse; les veuves et les orphelins reçurent d'abondantes largesses; les vierges pauvres furent dotées; les infirmes, les vieillards indigents furent largement secourus. Saint Roch donna jusqu'à sa dernière obole.

Son oreille put entendre les accents de reconnaissance, les vœux et les bénédictions qui suivaient ses pas bienfaisants; son œil put contempler avec amour les saints attendrissements du pauvre secouru dans sa détresse, et glorifiant, dans un de ses plus pieux instruments, la Providence divine qu'il avait méconnue ou blasphémée; son cœur put savourer à longs traits ce bonheur divin de faire des heureux.

Mais son bonheur le plus intime *fut certainement celui de se voir conforme à l'image de Notre-Seigneur*

Jésus-Christ (1), l'idéal auguste, l'exemplaire parfait de toutes les vertus qu'il allait s'efforcer de retracer dans sa personne.

Vous savez, avait dit Saint Paul écrivant aux Corinthiens et en leur personne à tous les chrétiens : *Vous savez quelle a été la bonté de Notre-Seigneur Jésus-Christ, qui, étant riche, s'est rendu pauvre pour l'amour de vous, afin que vous devinssiez riches par sa pauvreté* (2).

Saint Roch savait cela, et à l'imitation du divin Maître, il venait de descendre de son opulence : il avait fait le sacrifice libre et volontaire de toutes ses richesses, et sa pauvreté qui venait de soulager et d'enrichir tant de pauvres, allait bientôt enrichir son pays, sa ville natale, le monde entier, du riche trésor de ses vertus, de ses exemples et de ses mérites.

Dans le secret *de sa vie*, déjà *toute cachée en Dieu avec Jésus-Christ* (3), notre Saint dut trouver dans cet acte de son dépouillement et de sa pauvreté volontaire, cette paix divine qui surpasse tout sentiment, et qui en est ici-bas la première récompense ; ce bonheur enivrant que le ciel seul peut comprendre, que les Saints peuvent seuls exprimer dignement.

Qu'il nous soit permis de citer ici quelques fragments d'un de ces chants mélodieux que les Saints du XIIIe siècle nous ont laissés, et dans lesquels ils glorifièrent avec tant d'amour la pauvreté volontaire et ces joies d'une âme qui s'est dépouillée de tout dans ce mon-

---

(1) *Conformes fieri imaginis Filii sui.* (Rom. VIII. 29.)
(2) *Scitis enim gratiam Domini Nostri Jesu Christi, quoniam propter vos egenus factus est, cum esset dives, ut illius inopia vos divites essetis* (II. Cor. VIII, 9.)
(3) *Mortui enim estis, et vita vestra est abscondita cum Christo in Deo.* (Coloss. III, 3.)

de. Un moine franciscain, ami et contemporain du grand poëte de l'Italie, le Dante, grand poëte lui-même, chantait ainsi la vertu chérie de Saint François d'Assise et de tant d'autres Saints de cette époque.

Il est possible que Saint Roch ait connu ces stances, et ce que le poëte *Iacopone de Benedictis* célébrait dans le séraphique Saint François (1), nous aimons à le célébrer en termes aussi magnifiques dans notre saint bien-aimé. Voici ces stances :

> Doux amour de la pauvreté, (2)
> Combien nous devons t'aimer !

> La pauvreté marche tranquille
> Elle n'a aucune inquiétude ;
> Elle n'a pas peur que les voleurs
> La puissent dépouiller.

> La pauvreté frappe à la porte.
> Elle n'a ni sac ni bourse :
> Elle ne porte avec elle aucune chose,
> Sinon la nourriture qu'on lui donne.

---

(1) Iacopone fut aussi le chantre inspiré de la Vierge Marie. C'est a lui que nous devons le *Stabat Mater dolorosa*, un des plus admirables cantiques de notre liturgie.

> (2) Dolce amor di povertade
> Quanto ti degiamo amare !

> Povertade va sicura,
> Che non a nulla rancura.
> De' ladron non ha paura,
> Che la possino rubbare.

> Poverta batto alla porta,
> E no ha sacca ni borsa :
> Nulla cosa seco porta,
> Se non quanto ha mangiare.

La pauvreté n'a pas de lit, (1)
Ni de maison, ni d'abri :
Elle n'a ni manteau, ni table :
Elle s'assied à terre pour manger.

La pauvreté meurt en paix !
Elle ne fait pas de testament :
Ni amis, ni parents
Ne se disputent son héritage.

Pauvre petite pauvreté
Citadine du ciel,
Aucune chose de la terre
Tu ne peux désirer.

La pauvreté fait l'homme parfait :
Elle vit toujours avec son bien-aimé.
Tout ce qui pourrait la rendre esclave,
Elle le méprise.

La pauvreté ne gagne rien :

(1)   Povertade non ha letto,
Non ha casa, c'haggia tetto;
Non mantile ha pur nè desco,
Siede in terra a manducare.

Povertade muore in pace,
Nullo testamento face :
Ne parenti nè cognate
Non si senton litigare.

Povertade poverina,
Ma del cielo citadina,
Nulla cosa, che è terrena
Tu non poi desiderare.

Poverta fai l'hum perfetto,
Vivi sempre con diletto :
Tutto ques ti fai sugetto,
Che ti place disprezzare.

Povertade non guadugna :

De tout son temps elle est prodigue :(1)
Elle ne garde rien
Pour le soir ni pour le lendemain.

   Pauvreté ! grande monarchie,
Tu as tout le monde sous ton autorité ;
Tu as la haute seigneurie
Sur toutes choses que tu as méprisées.

   Pauvreté ! haut savoir
De mépriser les richesses.
Autant tu abaisses ta volonté,
Autant tu t'élèves dans la liberté.

   Au vrai pauvre de profession
Le grand royaume est promis :
C'est la parole même du Christ
Qui ne peut jamais tromper.

   Pauvreté ! haute perfection,
D'autant plus croît ta raison

(1) D'ogni tempo é tanto larga :
Nulla cosa non sparagna
Per la sera o pe 'l dimano.

   Poverta, gran monarchia',
Tutto l' mundo hai 'n tua balia :
Quant 'hai alta signoria
D'ogni cosa, ch' hai sprezzata.

   Poverta, alto sapere :
Disprezzando possedere :
Quanto anvilia il suo volere,
Tanto sale in libertade.

   Al ver povere professo
L'alto regno vien promesso :
Questo dice Christo istesso,
Che già mai non posse fallare.

   Poverta alta perfezione,
Tanto cresce tua ragione,

Que déjà tu as en possession (1)
Le gage de la vie éternelle.

 Pauvreté gracieuse,
Toujours abondante et joyeuse !
Qui peut dire que ce soit chose indigne
D'aimer toujours la pauvreté ?

 Pauvreté ? tu vas criant,
Et à haute voix prêchant :
« Mettez de côté les richesses
« Que nous devons abandonner.

 « Mépriser les richesses,
« Et les honneurs et les grandeurs :
« Oh ! dites : Où sont les richesses
« De ceux qui sont passés ! »

 La pauvreté n'a aucun avoir ;
Elle ne possède rien ;

---

(1) C'hai gia in possessione
 Somma vita eternale.

 Povertade graziosa,
Sempre allegra è abondosa,
Chi puo dir sia indigna cosa
Amar sempre povertade !

 Povertade va gridando,
A gran voce predicando :
Le richezze mette in bando,
Che si deggiano lassare.

Disprezzando le richezze,
E gli onori e l'alteresse,
Dice : ove son le richezze
Di color, che son passati ?

 Povertade è nulla havere,
Nulla cosa possederé·

Elle se méprise elle-même, (1)
Mais elle régnera avec le Christ !

O pauvre François !
Patriarche nouveau,
Tu portes l'étendard nouveau
Marqué au signe de la croix !

(1) Se medesmo vil tenere,
E con Cristo poi regnare.

O Francesco poveretto !
Patriarca novello,
Porti novo vessillo
De la Croce segnato.

C'est ainsi que la pauvreté évangélique était chantée et glorifiée dans ces âges de foi. Depuis que Saint Dominique et Saint François d'Assise l'avaient couronnée de sa divine auréole, elle avait conquis dans le monde de nombreux et intrépides adeptes. Rien de plus admirable dans l'histoire de cette époque, que ces saintes milices rangées sous leurs bannières et faisant une profession aussi publique que réelle de leur amour de la pauvreté.

Parmi ses innombrables disciples, aucun cependant ne l'avait embrassée d'une manière plus complète et plus généreuse que notre Saint. Ce que Bossuet a dit de Saint François d'Assise, nous pouvons le dire, en toute vérité, de Saint Roch. « Heureux mille et mille fois le pauvre François, le plus ardent, le plus transporté, et si j'ose parler de la sorte, le plus désespéré amateur de la pauvreté qui ait été peut-être dans l'Église (1). »

Mais pourquoi, après avoir embrassé la pauvreté évangélique dans toute sa rigueur et dans toute sa nudité, pourquoi Saint Roch n'alla-t-il pas cacher sa vie dans les solitudes du cloître ? Pourquoi ne s'enrôla-t-il pas du

(1) Panégyrique de Saint François d'Assise.

moins dans ces saintes milices de Saint François ou de Saint Dominique qui, par leurs vertus séraphiques et par leurs prédications, achevaient, à cette époque, le grand travail de régénération entrepris par ces deux Saints illustres?

Indépendamment des volontés du ciel qui l'appelaient à une vocation unique et toute spéciale, Saint Roch ne se décida à suivre cette vocation que par l'amour de la pauvreté poussé jusqu'à sa dernière perfection et à ses dernières limites.

Sans doute, le cloître cachait alors des vertus angéliques, et, sauf de rares exceptions, la perfection évangélique y était prise au sérieux, et l'on faisait d'admirables efforts pour y atteindre. A cette époque, *l'habit faisait ordinairement le moine;* c'est-à-dire qu'entre l'habit pauvre du moine et sa vie d'humilité, de pénitence, de mort au monde et à soi-même, il y avait concordance et harmonie parfaites.

Sans doute aussi, les ordres mendiants qui comptaient alors tant de saints religieux, tant d'apôtres zélés, pouvaient bien réveiller dans notre Saint une généreuse et ardente émulation. La rapidité merveilleuse avec laquelle ces ordres se répandirent et se développèrent dans le monde ; l'action vive, efficace et presque divine qu'ils y exercèrent (1) ; le nombre infini de Saints qu'ils fai-

---

(1) Un poëte célébrait dans ces beaux vers l'action merveilleuse de Saint François d'Assise sur son siècle :

« Le monde était devenu aveugle, et tu lui as rendu la vue ; il était souillé de la lèpre et tu l'as purifié ; il était mort et tu l'as ressuscité ; il était assis aux régions de l'enfer et tu l'as fait monter jusqu'au ciel. »

   Cieco era il mundo ; tu fallo visare ;
   Lebroso ; hallo mundato ;
   Morto ; l'hai suscitato ;
   Sceso ad inferno ; fallo al ciel montare.
    (*Guittone d'Arezzo*, Cant. à S. Francesco)

saient sur leur passage, tout cela était bien capable, assurément, d'animer la noble ardeur et les saints élans de notre pieux jeune homme. Dépenser sa vie à convertir les âmes rachetées par le sang de Jésus-Christ, aider l'Église de Dieu dans cette divine floraison de Saints qui faisait d'elle, alors, une terre de bénédiction, un paradis de délices, était bien une vocation, une entreprise digne de lui, et cependant il ne choisit ni la vie solitaire du cloître, ni la vie laborieuse de l'apostolat. Pourquoi cela?

Saint Roch avait lu dans l'Évangile ces autres paroles de Jésus-Christ : « *Les renards ont des tanières, les oiseaux du ciel ont des nids pour s'y abriter : Le Fils de l'homme n'a pas même une pierre à lui pour y reposer sa tête* (1). »

Or, pour si pauvre, pour si humble que fût la vie du moine, le moine avait sa cellule et son cloître pour y vivre et prier. Quelque errante et aventureuse que fût la vie de l'homme apostolique, il était ordinairement bien accueilli, et, dans son vol rapide, il rencontrait, comme les oiseaux du ciel, un nid de repos pour s'y abriter.

Saint Roch trouva que la vie du pauvre pèlerin vivant de la charité publique, n'ayant d'autre ressource, d'autre protection que l'œil de cette divine Providence qui prend soin de tout ce qui est faible et délaissé ; n'ayant rien en propriété, vivant du jour au jour, couchant sur la dure, souvent en plein air, ne possédant d'autre famille que la grande famille humaine dont Dieu est le Père dans les cieux, Saint Roch trouva que cette vie de dépouillement absolu réalisait plus complétement la perfection évangé-

---

(1) *Vulpes foveas habent, et volucres cœli nidos : Filius autem hominis non habet ubi caput suum reclinet.* (Matth. viii. 20.)

lique, parce qu'elle se rapprochait davantage de la vie divine de Jésus-Christ. Ce fut aussi celle qu'il embrassa.

D'ailleurs, des bruits sinistres arrivaient de loin ; l'humanité semblait avoir déjà comme un triste et douloureux pressentiment de toutes les calamités qui allaient fondre sur elle. Ces mots portés par des marchands arrivés à Aigues-Mortes : La peste ! la peste est en Italie ! ces mots commençaient à jeter l'épouvante dans les esprits.

Saint Roch comprit alors tout le secret de sa destinée. Dans le généreux élan de sa charité, il se dit : « Voilà ma vocation ; il n'en est pas de plus utile ni de plus sainte. J'irai où Dieu m'appelle, je me dévouerai, je donnerai ma vie pour le salut de mes frères en Jésus-Christ. »

S'il y a quelque chose de surnaturel dans la vie de notre Saint, c'est bien certainement cette vocation supérieure, ce mandat du ciel qui le suscitait pour être le guérisseur des peuples au milieu de la contagion. Telle est la raison suprême qui dirigea ses pas vers l'Italie, vers Rome.

Depuis que les Lieux Saints où s'opérèrent les mystères divins de notre Rédemption étaient retombés aux mains des infidèles, Rome était regardée par les nations chrétiennes comme *une nouvelle Jérusalem*. Là, était le berceau de notre foi ; là, les Saints Apôtres, Pierre et Paul avaient versé leur sang ; là étaient les cendres des martyrs, et quoique la Papauté résidât alors dans nos contrées, là était encore pour les peuples la chaire suprême qui avait enseigné le monde pendant tant de siècles. Rome était toujours *la Ville Sainte*. La voir avant de mourir, baiser avec un respect religieux les tombeaux de Saint Pierre et de Saint Paul; baiser cette terre empourprée du sang de tant de glorieux martyrs ; respirer l'air où fleurirent tant de vierges, où s'épanouirent tant de Saints, excitait par-dessus tout les désirs et le zèle pieux des pèlerins.

Les routes de notre vieille Europe étaient sillonnées dans tous les sens par la multitude de ces pèlerins. On en vit à Rome jusqu'à deux cent mille, et un vaste quartier de cette ville leur doit son existence. Ils s'en allaient en longues processions, se dirigeant vers le tombeau des Saints Apôtres, chantant pieusement quelques-uns de ces cantiques qui nous sont restés, et dont rien n'égale la douce mélodie. Ils disaient dans leurs chants :

« O noble Rome, maîtresse du monde, la première, la plus excellente des villes ; rouge du sang des martyrs, blanche de la blancheur des vierges ; nous te saluons avant tout ! nous te bénissons à travers les siècles, à jamais !

« O Pierre, puissant porte-clefs des cieux, écoutez les vœux de vos enfants : lorsque vous serez assis comme juge des douze tribus, soyez miséricordieux, soyez juge indulgent. Souvenez-vous alors des prières que nous vous adressons aujourd'hui.

« O Paul, vous dont la sagesse a vaincu les philosophes, exaucez nos soupirs : devenu économe dans la maison du père de famille, servez-nous les mets préparés par la bonté divine ; surtout par vos célestes enseignements remplissez-nous de cette sagesse qui surabondait en vous (1) ! »

Saint Roch devait avoir à cœur ce pieux pèlerinage, le premier, le plus saint, le plus aimé des pèlerinages après ceux de Bethléem et du Saint Sépulcre. Il fit donc

---

(1) Cet hymne est cité par Hurter, dans son *Tableau des institutions et des mœurs de l'Église, au moyen-âge*, tom. III.

promptement ses préparatifs : il visita une dernière fois les oratoires de sa ville natale, témoins si souvent de la ferveur de sa prière : il pria surtout, avant de partir, dans le sanctuaire de l'auguste Vierge Marie, célèbre déjà par tant de miracles ; il salua *la majesté antique de Notre-Dame-des-Tables*, comme disaient nos pères, et s'étant placé sous sa puissante et miséricordieuse protection, il se revêtit de l'habit obscur et grossier des pèlerins.

Nous devons à nos lecteurs la description de cet habit sous lequel nous contemplerons désormais notre Saint bien-aimé.

Le costume de notre jeune pèlerin consistait, disent ses historiens, dans une courte robe de couleur rouge ; *brevi quadam coccinea veste*, sur laquelle était superposé un petit manteau d'étoffe grossière. Un chapeau à larges bords couvrait sa tête ; une besace destinée à recevoir le pain de l'aumône était suspendue à ses épaules : une forte chaussure, propre à ses longues marches, protégeait ses pieds ; enfin un long bâton auquel pendait la gourde contenant le liquide destiné à étancher sa soif, lui servait d'appui.

C'est dans ce costume que le pieux jeune homme dut apparaître, le jour de son départ, à la ville qui avait été témoin de la richesse et de la splendeur de sa famille. Ses membres qui n'avaient pas encore été éprouvés par les fatigues, paraissaient frêles et délicats ; sa noble et belle figure, illuminée par les joies de son âme, annonçait seule la force et le courage.

La foule, saisie d'admiration et de pitié, voulut voir ce spectacle touchant. Les uns versèrent des larmes de compassion. Les autres comprirent l'action divine qui dirigeait sa pieuse entreprise et le bénirent. D'autres, enfin, ne comprirent rien et ne virent dans sa conduite qu'extravagance et folie. Quelques jours après, cette multitude mobile n'y pensait plus. Notre Saint pèlerin était parti.

CHAPITRE TROISIEME.

Peregrinare in terra quam dixero tibi: eroque tecum et benedicam tibi. (Gen. XXVI.)

CHAPITRE TROISIÈME.

DERNIER REGARD DE SAINT ROCH VERS SON PAYS. — SA DERNIÈRE BÉNÉDICTION A SA PATRIE. — SON VOYAGE. — HOSPICES DES PÈLERINS AU MOYEN-AGE. — CONSTERNATION QUE RENCONTRE SAINT ROCH AU DELA DES ALPES. — SES PREMIERS TRAVAUX ET SES PREMIERS MIRACLES A ACQUAPENDENTE. — DANS SA RECONNAISSANCE, LA VILLE SAUVÉE DE LA CONTAGION LUI PRÉPARE UN TRIOMPHE. — SAINT ROCH L'ÉVITE EN S'ÉVADANT.

Le Fils de l'homme est venu sauver ce qui était perdu. (Matth. xviii. 11.)

La puissance du Seigneur était en lui, et guérissait les malades. (Luc. v. 17.)

Et le bruit de son nom se répandait de plus en plus, et une grande multitude d'hommes accouraient pour l'entendre et pour être guéris de leurs maladies. (Luc. v, 15.)

Sachant qu'ils voulaient l'enlever, afin de le faire roi, il se retira seul sur la montagne. (Jean, vi. 15.)

Quelque parfaits que soient les Saints, ils ne quittent pas leur patrie, la ville surtout qui les vit naître, sans éprouver de secrètes et profondes émotions. L'amour de la patrie, comme l'amour filial, est un sentiment qui nous vient de Dieu. Dieu lui-même le plaça dans le cœur des hommes, et le cœur des Saints n'est pas insensible à ce sentiment si légitime et si doux. Seulement, les Saints savent le relever et l'ennoblir ; ils savent l'immoler et en faire la matière de leurs renoncements, de leurs sacrifices et de leurs mérites.

Désormais Saint Roch ne devait plus considérer ce monde que comme un lieu d'exil. Pèlerin volontaire de Jésus-Christ (1), sa destinée était de *passer sur cette terre en faisant le bien*, en sauvant ses frères; de ne s'arrêter, de ne se fixer nulle part ; de n'avoir, en un mot, d'autre patrie que le ciel.

Après avoir fait à Dieu le sacrifice de ses biens, de ses dignités, de sa famille et de ses amis, Saint Roch faisait en ce moment le sacrifice de sa patrie ! Il le faisait à Dieu de grand cœur pour que rien ne manquât à l'holocauste de sa personne et de sa vie tout entière.

Et pourtant Saint Roch se retourna pour voir une dernière fois le pays bien-aimé où le ciel l'avait fait naitre, la noble cité qui abrita son berceau, et où reposaient les cendres de ses aïeux. Il pensa à son père vénéré, à sa pieuse et douce mère, et reconnaissant de tout ce qu'il devait à sa patrie, il la bénit. Il appela sur elle, sur son peuple, sur ses destinées futures la protection du ciel.

Bientôt la ville natale avait disparu à ses yeux, et le saint pèlerin marchait, marchait encore avec l'ardeur qu'inspire une grande et pieuse résolution, avec la sérénité que donnent la foi et la confiance en Dieu.

Bientôt il traversait le Rhône et se trouvait dans Avignon, alors la ville et la résidence des Papes. Peut-être, confondu avec la foule des pèlerins, Saint Roch voulut-il recevoir la bénédiction du Père commun et vénéré des fidèles; mais l'inspiration divine hâtait ses pas

---

(1) *Qui pertransiit benefaciendo et sanando omnes, quoniam Deus erat cum illo.* (Act. Apost. x, 38.)

et le pressait d'arriver sur le théâtre de désolation où il allait commencer ses exploits. Saint Roch marcha donc encore ; il marcha toujours. Il traversa le Piémont, il franchit les Alpes, mendiant son pain, ou trouvant dans les hôpitaux disséminés sur son passage, de quoi ranimer ses forces.

Ces hospices destinés à héberger les pieux voyageurs n'étaient pas rares alors. « Ils étaient, dit notre savant « professeur d'histoire, échelonnés çà et là. Chaque « ville, chaque village de tant soit peu d'importance en « entretenaient. Montpellier avait les siens, comme Ni- « mes, comme Saint-Gilles, comme Uzès, comme Bé- « ziers, etc. Le pèlerin qui passait, las et poudreux, s'y « arrêtait pour se reposer, ou pour prendre quelque nour- « riture. On l'y accueillait à bras ouverts, la nuit comme « le jour : on lui lavait les pieds, on lui restaurait ou on « lui renouvelait ses vêtements ; on lui servait à boire et « à manger, on lui offrait un lit. Et quand il avait payé « cette bienveillante hospitalité par le récit de quelques « miracles, ou par le don de quelques reliques, il cédait « sa place à un autre, et continuait sa route (1). »

A mesure que Saint Roch avançait dans les belles province de la Ligurie et de la Toscane, ses yeux étaient plus vivement frappés de la frayeur et de la consternation qui régnaient sur tous les visages : des rumeurs plus sinistres arrivaient à son oreille. On racontait que non loin de là, la peste exerçait d'horribles ravages ; on exagérait, selon l'ordinaire, le nombre des victimes ; on voyait arriver le fléau dans chaque voyageur venant de ces contrées malheureuses ; on se prémunissait partout contre l'invasion de ce mal destructeur.

---

(1) A. Germain, *Histoire de la Commune de Montpellier*, tom. III, page 277.

Des villes étaient barricadées ; d'autres étaient presque désertes. Les populations se dirigeaient en foule vers les montagnes, dans l'espoir d'échapper à ces miasmes pestilentiels. Partout on voyait ces populations effrayées se purifiant les unes avec du vinaigre, d'autres avec de la menthe, ceux-ci avec de la rue ou avec du romarin.

A en juger par ce spectacle de terreur et de désolation que notre saint pèlerin rencontrait sur son passage, la contagion sévissait évidemment dans des contrées voisines, et à en juger par les bruits formidables qui circulaient partout, la contagion devait sévir de la manière la plus meurtrière.

Saint Roch précipitait sa marche ; il brûlait du désir d'exercer sa charité dans ces contrées ravagées par le fléau, lorsqu'il apprit que le mal avait envahi en effet la ville d'Acquapendente.

Notre Saint s'arrêta à peine dans la noble et illustre ville de Sienne, célèbre alors par ses monuments, par ses grands hommes, mais célèbre surtout par les saints personnages auxquels elle donna le jour. Le nom de *Sainte Catherine de Sienne*, l'une des plus douces et des plus radieuses figures de cette époque de Saints, allait briller bientôt de la splendeur de sa vie toute séraphique, des services importants qu'elle rendit à son pays, des services plus éclatants encore qu'elle allait rendre peu d'années après à l'Église et à la Papauté. Saint Roch visita les pieux sanctuaires de Sienne, et reprenant son bâton de pèlerin, il se dirigea, plein d'ardeur et de courage, vers le théâtre où sévissait la contagion.

Acquapendente, l'*Acula* des anciens, est la première cité que le voyageur rencontre en entrant dans les États de l'Église. Étagée sur un mamelon de la chaîne de l'Apennin, elle offre un aspect pittoresque. Son nom lui vient de sa belle cascade et des nombreuses sources dont les eaux suivent les pentes de la montagne. *La Paglia*, petite rivière qui prend sa source dans le Siennois et qui va se jeter dans le Tibre, arrose et fertilise sa campagne, et embellit son paysage. Acquapendente qui a un évêché suffragant du Pape, ne manquait pas d'importance.

Comment cette ville, située sur une hauteur, isolée de partout, jouissant de l'air le plus pur, possédant, en un mot, toutes les conditions de salubrité, comment avait-elle été infectée la première par les miasmes de la contagion? c'est là un de ces mystères que la science ne parvient pas à expliquer.

Tout est mystérieux, tout est caché et impénétrable dans la marche de ce fléau destructeur, comme dans les symptômes et les effrayants phénomènes avec lesquels il apparaît parmi les hommes. La science les observe, elle les étudie, mais en vain. La science est toujours déconcertée, car la cause réelle mais latente de cet horrible mal, cette cause échappe à ses investigations, et demeure le secret de Dieu.

En arrivant à Acquapendente, Saint Roch ne vit autour de lui que des scènes de désolation et de mort. Ici, des maisons fermées dont les habitants avaient succombé à la violence du mal, maisons marquées d'un signe de réprobation, et dont on s'éloignait avec soin. Là, dans d'autres maisons, on descendait des cadavres livides qu'on entassait sur des tombereaux et qu'on allait jeter à la hâte dans une fosse commune, vaste tombeau que chaque jour voyait se remplir et que, le lendemain, on creusait ailleurs plus large et plus profond ! Ici, les lugubres silences de la mort ; là des cris de douleur. Plus loin, des sanglots ou les poignantes convulsions du désespoir.

A la vue de tant de maux et de tant d'infortunés, Saint Roch sentait naître dans son cœur des compassions nouvelles, inconnues de lui jusqu'alors: Dieu le préparait ainsi à l'héroïque mission qu'il allait remplir. « *Le Fils de l'Homme, se disait-il, est venu sur la terre pour sauver ce qui avait péri* (1). Il a sauvé les hommes par sa prière, par ses larmes, par son amour, par sa croix. Ne suis-je pas son disciple ? Hâtons-nous ; à moi de prier, de pleurer, de m'immoler pour mes frères ! A moi de les sauver aussi par ce signe sacré de la Croix qui a sauvé le monde ! La croix est mon bien, la croix est mon seul et unique trésor. Dieu l'a marquée sur mon cœur ; allons sauver mes frères par la vertu divine de cette croix ! »

C'est dans ces généreux transports de sa foi et de sa charité que Saint Roch arriva devant l'hospice de cette malheureuse ville. Si les maisons des riches renfermaient déjà tant d'infortunes, quelles scènes d'horreurs n'allait-il pas rencontrer dans ce refuge des pauvres ! C'est là cependant que le pieux médecin voulut commencer ses travaux, là où les misères étaient plus nombreuses, là où les secours étaient moins abondants !

L'administration de l'hospice était confiée à un saint homme nommé Vincent. C'est à lui que Saint Roch s'adressa pour qu'il lui fût permis de soigner les pestiférés. A la vue de notre saint jeune homme, dont l'extérieur et la physionomie n'annonçaient ni la force, ni l'énergie nécessaire pour un aussi pénible ministère, Vincent refusa, lui disant que le danger serait trop grand, que la peste trouverait en lui une proie trop certaine. Il y eut, entre ces deux saints personnages, un

(1) *Venit enim Filius hominis salvare quod perierat.* (Matth. XVIII, 11.)

sublime combat d'instances et de touchantes prières du côté de Saint Roch; de résistances et de refus, du côté de Vincent.

Toutefois, celui-ci dut céder bientôt devant la volonté du Ciel. Il y avait dans la noble et belle figure de notre Saint quelque chose de surnaturel; ses yeux s'animaient de toute l'ardeur de son zèle; sa douce parole s'enflammait de tous les feux de sa charité. Vincent fut subjugué; ses résistances cessèrent, il se rendit aux vœux du jeune pèlerin.

Saint Roch put donc pénétrer dans l'intérieur de l'hôpital; quelques instants après, il était en présence d'une multitude de pestiférés. L'espace destiné à les recueillir était déjà trop étroit, la maison en était encombrée.

Quel spectacle de pitié et d'effroi se présentait à ses regards! Ici, des morts défigurés qu'on emportait à la hâte, aussi horribles à la vue que dangereux au contact. Là, des mourants s'éteignent dans les dernières défaillances de l'agonie. Partout des malheureux en proie aux tortures d'un mal affreux.

Quand ces infortunés virent apparaître au milieu d'eux la douce et angélique personne de notre Saint, il y eut sur ces visages livides un rayon d'espérance et de consolation. Saint Roch priait avec ferveur, il les bénissait ensuite, et puis, allant d'un lit à l'autre, il les encourageait de sa parole et de son regard, touchait leurs membres infects, et les marquait du signe sacré qui sauva le monde.

O prodige vraiment divin! le mal fuyait sur le passage de notre saint thaumaturge! tout ce que sa main puissante avait touché était guéri et sauvé à l'instant! Dans quelques heures, la contagion avait disparu de l'hospice. Les pauvres reconnaissants bénissaient notre

Saint comme un ange descendu des cieux, envoyé par la bonté divine pour mettre fin à tant de maux. Des actions de grâces partaient de toutes les bouches, on le proclamait à l'envi le sauveur et le libérateur de tout un peuple menacé d'une ruine inévitable.

Saint Roch, allant ensuite de maison en maison, s'occupa du salut et de la guérison de la ville elle-même. Il pénétrait auprès des malades, il les bénissait, il leur parlait de Dieu, de Jésus-Christ, Sauveur des hommes ; il imprimait sur leur chair le signe sacré de la croix, et, partout, même miracle de salut et de guérison. Partout on voyait la vie circuler de nouveau dans des corps saisis déjà par des symptômes de mort. Le mal s'apaisait soudain (1), l'espoir et la sérénité reparaissaient sur le front des malades.

Cependant le bruit de ces guérisons miraculeuses s'était répandu bientôt dans toute la ville. Saint Roch appelé partout comme un sauveur, ne devait pas s'arrêter : sa charité ne devait être satisfaite que lorsque son œuvre sainte serait entièrement accomplie. Il employa le jour, il employa la nuit : il n'eut de repos que lorsqu'il ne resta plus un seul pestiféré dans la ville.

Heureuse ville ! heureuse population ! hier, enveloppée de miasmes pestilentiels comme d'un manteau de deuil et de mort, en proie à l'agitation, au trouble, à l'effroi, au désespoir, et aujourd'hui ramenée, par un miracle du Ciel, à la paix, à la confiance, à la sécurité de la vie, aux transports de la joie et de la reconnaissance.

Le nom du saint pèlerin, le récit de ses miracles vo-

---

(1) Nous donnons dans la deuxième partie de cette histoire de Saint Roch les preuves des miracles que nous nous bornons à raconter dans la première.

lait de bouche en bouche. On parlait en tout lieu de sa noble démarche, de la grâce, de la beauté de son visage, de l'onction de sa parole, du ton inspiré avec lequel il s'exprimait. On exaltait sa charité, son zèle supérieur à toutes les fatigues : on touchait avec un respect religieux l'endroit où sa main avait imprimé le signe de la croix. On se disait qu'un homme opérant de si grandes merveilles, devait être un ami de Dieu, un grand Saint.

Mais ce Saint qui venait de se montrer l'ami, le consolateur, le sauveur de l'humanité souffrante, quel était-il ? On savait qu'il était arrivé du pays de France; mais quel était son nom? c'est ce que personne ne pouvait dire.

La ville entière était sur ses pas. On ne pouvait se lasser de le voir et de le contempler; on baisait avec respect ses vêtements grossiers.

Dans ces transports de l'admiration, de la reconnaissance et de l'amour de ce peuple, Saint Roch comprit qu'on lui préparait un triomphe plus éclatant encore; que, dans son enthousiasme, ce peuple voudrait le retenir, le fixer dans le pays, le faire son chef et comme son roi. Saint Roch disparut secrètement : à l'imitation de Jésus-Christ son Maître, il prit la fuite et se dirigeant vers les montagnes, il quitta ces contrées. *Cum cognovisset, quia venturi essent ut raperent eum, et facerent eum regem, fugit in montem ipse solus.* (Joan, VI, 15.)

CHAPITRE QUATRIÈME.

O Rome ! ce ne sont pas les colonnes, les arcs de triomples, les thermes que je cherche en toi, mais le sang répandu pour le Christ, et les os disposés sous cette terre maintenant consacrée. (Le Tasse.)

CHAPITRE QUATRIÈME.

INVASION DE LA PESTE A CÉSÈNE ET A RIMINI. — NOUVEAUX SUCCÈS DE SAINT ROCH. — LA PESTE SE DÉCLARE A ROME. — SAINT ROCH Y ACCOURT. — SENTIMENTS QU'IL ÉPROUVE A LA VUE DE CETTE VILLE. — DÉCADENCE DE ROME PENDANT LE SÉJOUR DES PAPES A AVIGNON.

Jésus parcourait les villes et les villages, guérissant toute langueur et toute infirmité. (Matth. ix, 35.)

Et comme il parcourait toute la contrée, ils commencèrent à lui apporter de tous côtés les malades dans des lits, partout où ils entendaient dire qu'il se trouvait. Et dans quelques lieux qu'il entrât, bourgs, villes ou villages, on plaçait les malades dans les places publiques, et tous ceux qui le touchaient étaient guéris. (Marc. vi, 55 et 56.)

Quand il fut près de Jérusalem, à la vue de cette ville, il pleura sur elle. (Luc. xix. 41.)

Saint Roch se dirigeait vers Rome, le terme désiré de son pèlerinage, lorsqu'il apprit que la peste était à Césène. Revenant sur ses pas, il franchit la chaine de l'Apennin, il hâta sa marche et arrivait, dans peu de jour, à Césène, en suivant la voie Flaminienne.

Césène, *Cæsena*, ainsi nommée à cause de son fleuve, qui la coupe et la divise en deux parties, est une belle et forte ville des États Pontificaux; sa campagne est divisée elle-même par deux fleuves. Le mal contagieux déployait dans cette riche contrée toutes ses fureurs.

Saint Roch rencontra dans cette ville les tristes et lugubres scènes qui avaient excité sa charité et son zèle à Acquapendente. Il se mit à l'œuvre, dès son arrivée ; il fut, de nouveau, prodigue de ses soins et de ses veilles : il employa son remède tout-puissant, le signe sacré de la Croix, qu'il imprimait sur les membres des pestiférés, et devant lequel le mal s'apaisait soudain et disparaissait bientôt après.

Quelques jours suffirent au saint thaumaturge pour ramener la paix et la sécurité au sein de ce peuple désolé. La ville de Césène était sauvée !

Là, comme à Acquapendente, Saint Roch fut le témoin des transports les plus touchants de la joie et de la reconnaissance publiques ; il put jouir de ce bonheur si doux d'entendre les bénédictions de tout un peuple arraché par lui à une mort inévitable.

Mais l'humble pèlerin de Jésus-Christ ne devait pas s'arrêter dans sa carrière de bienfaits. Le temps de ses joies et de ses triomphes n'était pas venu pour lui. Le repos, après tant de travaux et de fatigues, Saint Roch ne devait pas le trouver ici-bas ; Dieu ne le lui réservait que dans la paix des cieux ! La gloire et la renommée qui devaient suivre tant de bienfaits, Dieu les lui préparait seulement dans la reconnaissance, dans l'amour, dans le culte de la postérité !

A l'humble pèlerin d'accomplir son œuvre de salut et de guérison ; de rester *caché en Dieu avec Jésus-Christ;* d'être le digne instrument de ses miséricordes partout où sévirait le mal ; de ne pas même dire son nom, de laisser ignorer ce qu'il était, ce qu'il avait été, afin que la gloire de son œuvre sainte fût tout entière pour Dieu, jamais pour lui.

A Jésus-Christ ensuite *de le confesser devant son Père*(1); de le glorifier dans les cieux et dans le monde entier ; de lui donner un nom immortel dans la mémoire et dans le cœur des peuples ! Nous aurons à dire plus tard comment le divin maître glorifia son humble disciple.

A peine Saint Roch avait-il terminé ses travaux à Césène, que le mal destructeur commençait à exercer ses ravages dans une cité voisine. La peste préludait ainsi à l'immense et universelle désolation qu'elle allait porter dans le monde entier, peu d'années après.

Saint Roch se déroba secrètement encore aux accents de reconnaissance, aux sentiments d'admiration et d'amour dont l'entourait le peuple de Césène ; l'infatigable pèlerin était bientôt à Rimini que dévastait l'homicide fléau.

Rimini, l'*Ariminium* des anciens, est situé sur les bords de l'Adriatique. Les deux grandes voies consulaires, *Emilienne* et *Flaminienne* aboutissent et se terminent à ses portes. L'arc de triomphe d'Auguste, qui orne la porte romaine, et le pont de marbre achevé sous Tibère sont regardés comme des monuments précieux dans l'histoire classique de l'art.

Ces monuments sont entourés d'autres constructions, restes magnifiques de la richesse et de la puissance des chefs féodaux qui succédèrent, en Italie, aux dictateurs et aux empereurs. Les *Malatesti*, seigneurs redoutés de Rimini, avaient singulièrement embelli cette ville, et en avaient fait le siége important de leur domination.

Entouré d'une belle et riche plaine, Rimini jouissait

---

(1) *Omnis ergo qui confitebitur me coram hominibus, confitebor et ego cum coram Patre meo, qui in cœlis est* (Matth. x. 32.)

alors de sa célébrité, et avait son rang au milieu de ces petites républiques rivales qui agitèrent l'Italie, au moyen-âge.

C'est dans cette ville que la contagion sévissait alors avec fureur. En vain tous les secours humains avaient été employés : le mal faisait, chaque jour, de plus horribles ravages. Dans ses terreurs, au milieu de tant de désastres, la population éplorée demandait à Dieu seul son salut et sa délivrance.

La renommée parlait bien d'un saint pèlerin à qui le Ciel miséricordieux avait donné la vertu de guérir les pestiférés, qui chassait devant lui les miasmes contagieux et rendait à l'air empesté ses conditions de vie et de salubrité. Ce qu'il avait fait si miraculeusement à Acquapendente, ce qu'il venait d'opérer dans une cité plus voisine encore, était dans toutes les bouches.

Mais ce médecin tout-puissant sur le mal, ce nouveau thaumaturge, ce sauveur des peuples, où était-il ? où aller implorer son secours ? Le Seigneur n'allait-il pas prendre en pitié leur affliction et leur malheur ? Touché de leur désastre et de leur ruine, n'allait-il pas susciter aussi parmi eux ce pieux libérateur qui avait secouru et sauvé tant d'autres infortunés ?

Tel était le vœu, telle était la prière de tout ce peuple, lorsque apparut aux portes de Rimini le pèlerin mystérieux. A la vue de notre Saint, l'espérance se ranima dans tous les cœurs.

Saint Roch se remit à l'œuvre. Il se multiplia, il se dévoua jour et nuit. On n'attendait pas qu'il se rendît dans les maisons ou dans les hôpitaux ; on portait les malades sur les places publiques, dans les rues où il devait passer, et par le signe sacré de la croix qu'il imprimait sur les pestiférés, il triompha de nouveau de la contagion. L'homicide fléau disparaissait encore de ces contrées!

Toutefois ces théâtres sur lesquels notre Saint avait exercé jusqu'alors son pouvoir si puissant, étaient trop bornés et trop restreints. Dieu allait frapper des contrées plus illustres, et, dans ses miséricordes, il allait l'appeler sur un théâtre plus vaste et plus digne de sa charité et de son zèle.

Tout à coup, de sombres et sinistres rumeurs circulèrent de nouveau dans l'Italie, portant l'alarme et l'épouvante partout. La peste était à Rome. On annonçait qu'elle avait envahi la campagne romaine ; que la ville sainte elle-même était en proie à ses ravages. On disait que, dans la panique générale qui s'était emparée des esprits, les routes étaient encombrées des malheureux fuyant l'horrible fléau.

A ces tristes récits, Saint Roch reprit son bâton et disparut de Rimini. Précipitant sa marche, il se trouvait, peu de jours après, aux avenues de la ville sainte.

Au rapport des voyageurs, rien n'est beau, rien n'est solennel comme l'admirable spectacle que présente la ville de Rome, assise sur ses sept collines, avec ses monuments, ses temples, ses églises, ses portes triomphales, ses aqueducs, ses thermes, ses jardins et son fleuve si célèbre !

Aux yeux du savant, aux yeux de l'artiste ou du poëte, Rome est bien la ville belle par-dessus tout :

. . . . *Rerum pulcherrima Roma.*

En quel endroit de l'univers, trouverait-on, en effet, un ensemble plus merveilleux, une collection plus complète et plus harmonieuse de tous les chefs-d'œuvre de l'art ? Depuis les monuments antiques apportés de l'Égypte, depuis les murailles de Bélisaire, jusqu'aux monuments du moyen-âge et des temps modernes, tout est là. Nulle part, on n'admirerait un mélange plus prodigieux d'architecture et de ruines. Et quand le souvenir de tant de grands hommes, de tant de grandes choses qui composent l'histoire de cette illustre ville se présente à leur mémoire, est-il étonnant qu'ils s'inclinent devant la majesté de ses gloires, et qu'ils la saluent ainsi de loin avec le plus célèbre de ses poëtes !

Salve, magna parens frugum, Saturnia tellus,
Magna virum ! . . . . (Virg. Georg. lib. 11.)

Mais, aux yeux du chrétien, que Rome est autrement belle et autrement grande ! qu'elle est autrement digne d'être saluée avec respect et admiration ! La merveilleuse Genèse de la Rome chrétienne, ses immenses conquêtes qui firent d'elle la reine et la maîtresse du monde bien plus efficacement que ne surent le faire les haches et les faisceaux romains, et ces règnes païens dont le néant est écrit sur chaque ruine de l'ancienne Rome ; *inania regna !* la gloire à nulle autre pareille de la Rome chrétienne, ses légions de héros, de martyrs et de Saints : la majesté de son langage, la richesse de sa littérature, la sagesse de ses lois, l'éloquence de ses orateurs, la science de ses théologiens et de ses docteurs, la gloire de ses artistes, la perfection de ses œuvres d'art, tout chez la Rome chrétienne commande le respect et l'admiration ! La Rome chrétienne est en même temps le foyer de la civilisation, la mère des arts, la lumière des nations.

Toutefois, aux yeux du pèlerin, que Rome se présentait plus belle et plus vénérable encore du haut de ses collines lointaines ! Il la saluait comme la ville sainte, comme le berceau sacré de la religion, comme la mère-patrie des enfants de Dieu, comme le sanctuaire d'où partaient, plus douces et plus abondantes, les grâces et les bénédictions divines ! D'aussi loin que ses yeux pouvaient la voir, le pieux pèlerin s'écriait : Rome ! Rome ! et aussitôt ses genoux de fléchir. Il se prosternait sur cette terre sainte, il baisait avec autant de respect que d'amour, cette noble terre, aimée des cieux, chérie des Saints, bénie des fidèles.

C'est dans ces pieux sentiments, c'est dans cette humble posture que Saint Roch se trouvait au moment où la majestueuse perspective de la Rome chrétienne venait d'apparaître à ses yeux. La face contre terre, dans l'extase de son admiration et de son culte, il saluait la ville sainte, il adorait le Seigneur, il le bénissait de toutes les merveilles qu'il avait opérées sur cette illustre terre, et puis, contemplant de nouveau ces murs, témoins, en ces jours malheureux, de tant de scènes de deuil et de mort, il implorait la clémence et la pitié divines en faveur de ce peuple décimé par le fléau ; il offrait, pour le sauver, et ses sueurs, et ses travaux, et sa vie elle-même, si sa vie était un sacrifice agréable à Dieu.

Quelques heures après, Saint Roch était au milieu de Rome. Hélas ! dans quel état de détresse, dans quelle situation de décadence et de misère, il trouvait cette ville jadis opulente et riche comme une reine ! Depuis qu'elle avait cessé d'être le siége de la Papauté, depuis qu'elle était condamnée à vivre solitaire comme une veuve, elle qui était depuis tant de siècles, la maîtresse et la souveraine des nations, *facta est quasi vidua, domina gentium* (1). Comme sa fortune avait baissé !

(1) Jérémie, Lament. chap. I.

comme sa prospérité s'était éteinte ! comme l'éclat de sa beauté s'était terni et éclipsé ! que de ruines nouvelles parmi tant de ruines anciennes !

Partout on voyait des palais délabrés, des basiliques dévastées, des rues désertes, des places publiques où l'herbe des champs croissait. La ville éternelle disait par la bouche de Pétrarque : « J'ai autant de blessures que j'ai d'églises et de palais. » Partout un aspect de tristesse qui inspirait la mélancolie et les larmes.

Les lignes des aqueducs s'étaient brisées, les conduits des eaux s'étaient rompus faute d'entretien, et malgré l'incroyable quantité de ses aqueducs et de ses fontaines, le peuple de Rome avait fini par manquer d'eau ; il s'était vu réduit à boire les eaux bourbeuses du Tibre (1).

Pendant les 70 ans que dura le séjour des Papes à Avignon, la misère et la décadence de Rome arrivèrent à leur comble. Victime des factions rivales qui se disputaient le gouvernement du pays, le peuple romain n'avait pas cessé de faire des vœux pour le retour de ses pontifes.

Les plus illustres personnages de ces temps exhortaient et suppliaient la Papauté de revenir à Rome, d'y rétablir le siége pontifical. Pétrarque, alors le grand poëte de la religion, après avoir été le poëte d'une beauté profane, Pétrarque (2) écrivait à Urbain V ces lignes si éloquentes :

---

(1) Dans un des entretiens qu'eut Canova avec l'Empereur, pendant qu'il travaillait à un de ses bustes, le chevalier Artaud lui fait dire ces paroles : « Sire, si vous ne soutenez Rome, elle deviendra « ce qu'elle était lorsque les Papes habitaient Avignon. Malgré l'in- « croyable quantité de ses aqueducs et de ses fontaines, on man- « qua d'eau ; les conduits se rompirent, il fallut boire le limon « jaune du Tibre : la ville était un désert. » L'Empereur parut vivement ému. (*Hist. d'Italie par le Chev. Artaud*, pag. 376.)

(2) Un nouvel amour purifiait le cœur et les affections du poëte

« L'Église de Rome est votre épouse. Sans doute, votre siége est partout où Jésus-Christ a des adorateurs, mais cela n'empêche pas que Rome n'ait avec vous des rapports particuliers : les autres villes ont des évêques, vous seul êtes évêque de Rome....

« Venez exercer votre pontificat en Italie, l'endroit du monde d'où le Pape gouverne l'Église avec plus de majesté...

« O vous ! le souverain Pontife établi par Jésus-Christ, songez que, dans les pâturages soumis à votre empire, votre place n'est pas où il y a de plus doux ombrages et de plus agréables fontaines, mais où les loups frémissent davantage, où les besoins du troupeau sont

désabusé et revenu de ses erreurs ; il célébrait la Vierge Marie dans ces chants d'une sainte et suave harmonie.

« Vierge secourable, laisse-toi toucher par l'amour de notre Créateur commun : prends pitié d'un cœur humble et contrit : car si j'ai su aimer avec autant de fidélité un peu de poussière périssable, que ne ferai-je pas pour toi, ô noble créature ! si par tes mains, je me relève de la condition profondément abjecte et misérable où je suis réduit. Vierge, je consacre à ton nom mes prières, mon cœur, mes larmes et mes soupirs ; guide-moi vers un chemin meilleur, et sois propice à mes désirs désabusés.

« Vierge, combien de pleurs j'ai déjà répandus, combien de supplications et de prières qui n'ont servi qu'à ma peine et à mon malheur ! Depuis que je naquis sur les bords de l'Arno, errant tantôt dans un lieu, tantôt dans un autre, ma vie entière n'a été qu'un tourment. La beauté périssable et les actions et paroles mondaines ont envahi toute mon âme. Vierge sacrée et divine, ne tarde pas, car je suis peut-être à ma dernière année.

« Vierge unique au monde et sans modèle, qui as rendu le ciel épris de tes beautés, qui n'as été surpassée, égalée ni suivie par aucune, tes saintes pensées, tes actes pieux et cléments ont fait au vrai Dieu un temple vivant et consacré dans ta féconde virginité. Par toi, ma vie peut être remplie de joie, si, à ta prière, ô Marie, Vierge douce et compatissante, la grâce abonde où l'erreur abonda. Je mets mon âme à genoux pour te prier de me servir de garde et de redresser ma vie tortueuse vers le but véritablement bon. » (*Lodi e Preghiere à Maria.*)

plus grands : montrez donc que vous êtes un pasteur et non un mercenaire...

« Aimez-vous mieux vivre dans la boue d'Avignon, plutôt qu'à Rome, dont la terre est engraissée par le sang des martyrs ! Préférez-vous la roche des Doms, exposée à la rage des vents, la préférez-vous à la noble roche Tarpéienne ? Voudriez-vous, au jour du jugement ressusciter parmi les pécheurs d'Avignon, au lieu d'apparaître parmi Pierre et Paul, Laurent, Silvestre, Grégoire et tant d'autres martyrs qui sont la gloire de Rome ?

« Que répondrez-vous à Saint Pierre, quand il vous dira : Que se passe-t-il à Rome ? dans quel état est mon temple, mon tombeau, mon peuple ? vous ne répondez rien ? D'où venez-vous ? avez-vous habité les bords du Rhône ? vous y naquîtes, dites-vous, et moi n'étais-je pas né en Galilée ? »

Sainte Catherine de Sienne et Sainte Brigitte plaidaient aussi la même cause avec tout l'ascendant de leur génie et de leur sainteté. « Venez, écrivait Sainte Catherine de Sienne, dans une de ces admirables lettres où brillent l'élégance et la noblesse des plus beaux écrits de Pétrarque, venez, Très-Saint-Père, ne résistez plus à la volonté de Dieu qui vous appelle : vos brebis affamées vous attendent : venez prendre et posséder la place de votre prédécesseur, l'Apôtre Pierre ; car vous, Vicaire du Christ, vous devez résider dans vos États. »

« Allez, écrivait-elle encore, allez bientôt auprès de votre épouse qui vous attend toute pâle, et rendez-lui ses brillantes couleurs. »

Et lorsque, vaincue par tant de prières et de sollicitations, la Papauté eut fait, quelques années plus tard, sa rentrée à Rome, la vue de ses ruines, de sa décadence et de sa misère pénétra d'une tristesse profonde le cœur du Saint Pape Grégoire XI ; il mourait peu de temps après.

Telle était la situation de Rome lorsque Saint Roch arriva dans ses murs. La peste rendait cet état plus triste et plus lamentable encore. Suivons notre Saint sur le plus glorieux théâtre de ses travaux.

CHAPITRE CINQUIÈME.

Et elevavit (Dominus) manum suam super eos, ut prosterneret eos, et multiplicata est in eis ruina.

Et stetit Phinees et placavit : et cessavit quassatio.

Et reputatum est ei in justitiam, in generationem et generationem, usque in sempiternum. (Psalm. cv.)

CHAPITRE CINQUIÈME.

LA PESTE AU MOYEN AGE. — SES SYMPTÔMES, SES CARACTÈRES CONTAGIEUX, SES RAVAGES. — TRISTES OU HORRIBLES SCÈNES QUI L'ACCOMPAGNENT. — EFFORTS HÉROÏQUES DE SAINT ROCH POUR DÉLIVRER ROME DE LA CONTAGION : SES MIRACLES. — ROME SAUVÉE, SAINT ROCH Y DEMEURE TROIS ANS, POUR VÉNÉRER LES SAINTS LIEUX.

Or, voyant la multitude, il eut pitié d'elle : car tous étaient accablés de maux et couchés comme des brebis qui n'ont point de pasteur. (Matth. ix. 36.)

Et la multitude cherchait à le toucher, parce qu'une vertu sortait de lui et les guérissait tous. (Luc. vi. 19.)

De tous les maux qui affligèrent l'humanité et dont l'histoire nous a conservé le douloureux souvenir, la peste est certainement celui qui se manifesta avec les caractères les plus meurtriers.

Notre Saint bien-aimé joue un rôle trop important au milieu de ces lamentables catastrophes ; son zèle, son dévouement, son héroïque charité s'y révèlent avec trop d'éclat, pour qu'il ne soit pas nécessaire de rappeler à nos lecteurs les scènes d'horreurs ou de pitié qui se passèrent sur ce théâtre de ses exploits.

Plus Saint Roch eut à cœur de cacher son œuvre sainte, et plus il est de notre devoir de la mettre au grand jour. Plus il eut soin d'éviter la gloire et la renommée, et plus nous devons faire ressortir ce que son œuvre de salut eut de triste et de lugubre dans ses détails, de glorieux et d'admirable dans ses résultats.

Nous nous bornerons à donner un résumé rapide de ce que la science et les histoires du temps nous ont laissé de documents sur ce terrible fléau. La figure de notre héros apparaîtra plus radieuse, lorsqu'on aura mieux connu la gravité et l'étendue du mal qu'il était appelé à guérir.

Et d'abord, il est utile de faire remarquer que ce fléau se présenta partout et toujours avec des caractères uniformes. Selon l'observation que fait un judicieux écrivain dans son *Histoire de la Peste :* « Lorsqu'on croyait ne retracer que les formes que le fléau prenait dans des contrées éloignées, on peignait celles qu'il avait dans le climat qu'on habitait. D'après le témoignage des auteurs, ajoute cet écrivain, en remontant des pestes précédentes jusqu'à celle qui faisait époque, 1346, que d'autres désignent par l'année 1350, elles avaient toutes un air de famille qui empêchait de méconnaître leur nature. » (1)

La maladie commençait par une pâleur affreuse. (2) Des fièvres brûlantes faisaient apparaître bientôt aux

---

(1) *De la Peste, ou époques mémorables de ce fléau, et des moyens de s'en préserver,* par J. P. Papon. Paris, tom. 1. pag. 107 et 101.

(2) Dans un poëme latin, écrit en 1350, *maistre Symon Cauvin, grant astrologien et docteur de Paris,* décrivait ainsi ce mal horrible :

« Une douleur brûlante naît tantôt dans l'aine, tantôt sous les aisselles, ou se propage dans la région précordiale : des fièvres mortelles s'emparent des parties vitales : le cœur et le poumon sont totalement infectés : les voies respiratoires ont horreur de ce virus : aussi les forces tombent subitement et le malade ne peut supporter ce fléau que peu de jours.

aines et aux aisselles des bubons ou charbons noirâtres. Aussitôt le malade était en proie à des spasmes, à des vomissements douloureux, à d'atroces souffrances. La peau prenait une teinte noirâtre, elle devenait gluante et exhalait une odeur fétide. Malheur à ceux qui respiraient cette odeur pestilentielle ! ils étaient saisis à l'instant par le mal. Enfin, les malades mouraient bientôt dans d'horribles convulsions.

C'est avec ces symptômes et ces hideux caractères que la peste apparut dans tout le moyen-âge ; c'est avec ces mêmes caractères qu'elle apparut à Rome.

« Dans ces temps-là, dit l'historien de la peste que nous avons déjà cité, la police n'était pas même dans son enfance : on ne se doutait pas qu'il fallût établir des barrières hors de la ville, enfermer les vagabonds, séquestrer les personnes suspectes de maladie, les soumettre à la quarantaine, et les faire passer par des parfums, avant de les rendre à la société. On communiquait sans précaution, et l'on ne savait peut-être pas que

« Le visage pâlit, la rougeur de la face prend une teinte foncée. A peine est-il un seul être vivant sur lequel la pâleur n'ait pas marqué son empreinte. Il suffit de voir la figure des hommes et des femmes, pour y lire la funeste écriture et le coup qui les menace. Cette teinte pâle annonce le trépas qui s'approche, et avant le jour fatal, la mort paraît assise sur le visage !

« Rien ne met à l'abri du fléau, ni la chaleur, ni le froid, ni la salubrité des pays, quelque grande qu'elle soit.

« On a éprouvé que, lorsque le mal commence dans une maison, à peine un seul habitant échappe-t-il. La contagion est telle qu'un malade infecte tout le monde. Un léger contact, la seule respiration suffit pour donner la maladie.

« Ceux qui s'efforcent d'administrer aux malades les secours ordinaires en sont les victimes... Les prêtres, au milieu des secours spirituels, périssaient souvent plus vite que les malades qu'ils étaient venus secourir.

« Ceux qui étaient nourris d'aliments peu substantiels, tombaient frappés au moindre souffle du mal. »

la maladie était contagieuse, tant on était peu avancé dans l'art de la guérir. » (1)

Peu de jours après l'invasion du fléau, la ville de Rome était infectée dans tous ses quartiers, et le nombre des victimes s'accroissait de jour en jour. Les hôpitaux furent bientôt encombrés de malades. D'autres refuges furent improvisés à la hâte pour suppléer à leur insuffisance. Vastes gouffres qui engloutirent tant de milliers d'infortunés !

Quant à la population riche ou aisée, elle restait chez elle, se faisait soigner chez elle, mourait chez elle.

Au bruit, à l'agitation d'une grande ville, avait succédé le silence, quelque chose d'immobile comme la mort. A peine si on entendait, çà et là, les plaintes, les gémissements et les sanglots du deuil, ou les cris sinistres du désespoir !

Des tombereaux circulaient dans les rues. Une cloche, au son lugubre, annonçait leur passage, et avertissait les habitants que le moment était venu de descendre leurs morts. Les cadavres étaient entassés, alors, sur d'autres cadavres : les tombereaux suffisaient à peine à les contenir tous !

Les prêtres n'accompagnaient plus les morts à leur dernière demeure. Les prêtres ! ils avaient, certes, bien assez à faire à visiter les malades, à leur porter les secours et les consolations de leur saint ministère !

Et quand la contagion vint à sévir plus cruellement encore, on n'attendait même plus le passage du tombereau funèbre ; on exposait les cadavres devant les portes, on les jetait des fenêtres dans les rues. La ville offrait partout ces spectacles d'horreur !

La mortalité avait atteint des proportions tellement

(1) Papon, tom. 1, page 109.

effrayantes, le mal qui donnait la mort était tellement violent que, le matin, les vivants ne s'attendaient pas à voir la fin du jour, et que le soir, en se couchant, ils désespéraient de revoir le jour suivant.

« Que de beaux palais, pouvons-nous dire avec un grand poëte de cette époque, que de superbes demeures, remplies naguère de personnes considérables, restèrent absolument déserts Que de trésors passèrent en des mains étrangères! Combien n'y eut-il pas d'hommes du premier mérite, de femmes de la plus grande beauté, de jeunes gens charmants qui, ayant dîné en bonne santé avec leurs parents et avec leurs amis, reposaient avec eux dans la même tombe avant la fin du jour!... »

Au milieu de ce deuil, de cet effroi universel, des scènes bien diverses de grandeur ou d'abjection se produisaient sur ce théâtre de tant de douleurs!

Scènes de misère! Dans l'impossibilité où on était de se procurer souvent des aliments, on se voyait réduit à la dernière nécessité, à la famine la plus cruelle, ou bien il fallait s'exposer au danger d'une mort presque inévitable.

Scènes de désolation! Lorsque le moment était venu de se séparer de ces êtres qui sont comme la moitié de nous-mêmes, tant ils nous sont chers, on voyait des mères éplorées descendre elles-mêmes leurs enfants, les placer de leurs mains sur l'immonde charrette, comme pour leur faire une place plus digne et plus honorable, les baiser ensuite sur le front, payer à grand prix une sépulture particulière pour eux, pour elles-mêmes, lorsque le lendemain, on viendrait prendre leur triste dépouille, ne voulant pas en être séparées, même dans la mort!

Scènes de défiance et de soupçons ! « Pendant que les monceaux de cadavres, dit Ripamonti, entassés toujours sous les yeux, toujours sous les pas des vivants, faisaient de la ville entière un vaste tombeau, il y avait quelque chose de plus hideux et de plus funeste encore : c'était la défiance réciproque, la monstruosité des soupçons.... On ne prenait pas seulement ombrage de son voisin, de son ami, de son hôte : ces doux noms, ces tendres liens d'époux, de père, de fils, de frère étaient ailleurs des objets de terreur : et, chose indigne et horrible à dire ! la table domestique, le lit nuptial, étaient redoutés comme des piéges, comme des lieux où se cachait le poison. »

Scènes de lâcheté ! « A peine quelques citoyens généreux, quelques magistrats intrépides avaient le courage de se dévouer pour remédier à tant de maux ; la peur, l'égoïsme avaient endurci tous les cœurs. A peine quelques médecins courageux osaient affronter le danger. La plupart, voyant l'impuissance de leur art, s'éloignaient du séjour de la contagion et de la mort, et faisaient penser à ces vers de Virgile :

Quæsitæque nocent artes : cessere magistri
Phillyrides Chiron, Amythaoniusque Melampus.
(Georg. lib. III.)

Les prêtres et les religieux se dévouaient presque généralement, et succombaient, la plupart, dans leur dangereux ministère. Plus de soixante curés, dans la ville seule de Milan, moururent atteints par la contagion : soixante ! c'est-à-dire à peu près huit sur neuf.

Enfin, scènes de scélératesse ! La rigueur des lois était suspendue dans ces jours de malheur, et, sûrs de l'impunité, les agents chargés du service de la ville, devenaient presque autant de larrons, exerçant sur une vaste échelle toutes sortes de brigandages, dépouillant les maisons, sous les yeux mêmes de leurs propriétaires moribonds; ajoutant ainsi à ces spectacles de douleur le spectacle plus hideux de leur cruauté et de leur cynisme.

Telle était la situation lamentable d'une grande ville, envahie à cette époque par le mal destructeur! Et c'est à peu près dans cet état de deuil, de désolation et de misère de toute espèce, que Saint Roch dut trouver la ville de Rome!

Les tristes pensées, les sentiments compatissants, les émotions du zèle et de la charité de notre Saint, en présence de tant de douleurs et de tant d'afflictions, nous les trouvons tous exprimés dans ce texte du saint Evangile :

Voyant la multitude, il eut compassion d'elle, car tous étaient accablés de maux, et couchés comme des brebis qui n'ont pas de pasteurs. (1)

Saint Roch vit donc ce peuple infortuné. Il le vit, lui, disciple de Jésus-Christ, formé à son école, ayant son esprit, son cœur, ses compassions divines, lui, *autre Jésus-Christ*, suscité pour remplir sur la terre son ministère de salut et de consolation.

Il vit la désolation de ce peuple ! L'œil d'un Saint comme le nôtre a des pénétrations plus vives, des vues plus larges et plus profondes, comme son cœur a des sensibilités plus exquises, des compassions plus généreuses que celles des hommes les mieux doués de la nature. Qui pourrait dire tout ce qu'une vive compréhension de Jésus-Christ, de son œuvre, de sa religion, de ses misé-

(1) *Videns autem turbas, misertus est eis: quia erant vexati, et jacentes sicut oves non habentes pastorem.* (Matth. ix. 36.)

ricordes ajoute d'énergie et de puissance à l'exercice de nos plus nobles facultés !

Saint Roch vit ce cher peuple de Dieu affligé, tourmenté de tant d'horribles manières; accablé par la peur du mal, presque autant que par le mal lui-même ; tout enveloppé de son deuil et de sa misère, succombant sous les coups de l'affreuse maladie !

Saint Roch vit ce cher peuple comme un troupeau sans pasteur, et quel n'est pas le triste sort des brebis, lorsque le pasteur n'est plus au milieu d'elles pour les protéger, pour les défendre, pour les mener au bercail du salut !

Le pasteur manquait à Rome ; le Pontife suprême qui est l'âme de Rome, sa sève, sa vie, le Pontife suprême n'était plus là pour bénir, pour consoler, pour protéger, pour secourir et sauver son peuple infortuné !

Au sein des calamités publiques, quelle salutaire vertu, quelle immense influence n'a pas l'autorité divine et paternelle du pasteur ! Que de populations éplorées furent ranimées et sauvées par cette influence puissante d'un bon pasteur ! Saint Grégoire-le-Grand n'avait-il pas sauvé jadis le peuple de Rome de ce terrible fléau de la peste ? Et plus tard, le peuple de Milan ne dut-il pas son salut à la charité et au zèle de Saint Charles Borromée ? Ne dut-il pas son salut une seconde fois à l'action, au dévoûment d'un des plus dignes descendants de ce grand Saint, le cardinal Frédéric Borromée ? Marseille ne fut-elle pas sauvée par le dévouement non moins héroïque de son évêque Belzunce ?...

Le bon pasteur donne sa vie pour ses brebis ! (1) L'évêque de Rome, le pasteur suprême des brebis, n'était

_____

(1) *Bonus pastor animam suam dat pro ovibus suis.* (Jean x. 11.)

pas là pour se dévouer au salut de son peuple !... et son peuple était accablé de maux !....

Telles furent les pensées et les compassions de Saint Roch à la vue de ce peuple de Rome désolé, décimé par la contagion, gisant dans le deuil et dans la mort. S'inspirant de la grandeur et de l'énormité même de ses malheurs, notre Saint résolut de le sauver ou de mourir pour lui. Il se mit aussitôt à l'œuvre, il visita les hôpitaux, il pénétra dans les réduits les plus infects des lazarets où tant de malheureux luttaient en vain contre la mort. Son héroïque charité ne recula devant aucun obstacle, elle ne s'arrêta devant aucun danger.

O secours inespéré du ciel ! ô prodige vraiment divin ! Partout où Saint Roch portait ses pas, le mal s'apaisait, la contagion disparaissait. On voyait les malades les plus désespérés revenir à la vie, dès que la main puissante de notre Saint les avait marqués du signe sacré de notre salut.

La confiance se ranima bientôt dans les esprits : les rues, les places publiques cessèrent d'être désertes. On n'entendait parler que du médecin miraculeux suscité par le ciel pour remédier à tant de malheurs. On racontait, on redisait en tous lieux les guérisons prodigieuses qu'il opérait partout.

Dans cette expression de la joie publique qui éclatait déjà sur tous les fronts comme dans toutes les bouches, on voyait des malades se traîner çà et là, ou se faire porter sur le passage de notre Saint, chercher à le voir, à le toucher, à sentir sur leur chair l'impression de cette main puissante qui donnait la santé et la vie.

Et quand des infortunés, trop maltraités par le venin et la malignité de la peste, ne pouvaient être emportés de leur lit de souffrance, le saint thaumaturge se rendait auprès d'eux et les guérissait.

Le zèle de Saint Roch fut infatigable, sa main ne se lassa pas de toucher des pestiférés, de les rendre à la vie par la vertu du signe de la croix. Il se multiplia, il voulut être partout où était le mal avec ses victimes. *Sa charité fut enfin plus forte que la mort* (1) : la contagion était vaincue, Rome était sauvée.

Cependant, la peste infectait encore la campagne romaine. Des troupeaux abandonnés paissaient çà et là au milieu des champs ; le soir, ils revenaient sans pasteur et tristement dans des maisons désertes ou abandonnées. Les fruits pendaient aux arbres, les récoltes étaient mûres et personne ne recueillait ces trésors de la terre.

Saint Roch accourut au secours de ces malheureux. A peine avait-il porté la guérison et la vie dans un lieu, il disparaissait aussitôt et volait vers un autre lieu affligé par la contagion, et là, comme partout, il opérait les mêmes prodiges. *Qu'ils étaient beaux*, pouvons-nous dire de notre Saint, ce que l'Esprit du Seigneur avait dit des apôtres : *qu'ils étaient beaux les pieds de celui qui qui portait ainsi partout* la vie, *la paix* et la *consolation* ! (2)

Quand il eut consommé son œuvre de salut, l'illustre inconnu rentra dans Rome, non pour recevoir les applaudissements et les ovations de tout un peuple reconnaissant, non pour être porté en triomphe, mais pour aller cacher son humble vie dans un hôpital ou dans la solitude d'un monastère.

---

(1) *Fortis est ut mors dilectio. Aquæ multæ non potuerunt extinguere charitatem, nec flumina obruent illam.* (Cant. VIII. 6 et 7.)

(2) *Quam speciosi pedes evangelizantium pacem, evangelizan-*

Notre saint pèlerin était venu à Rome pour honorer les tombeaux des saints Apôtres : son vœu était de prier dans ses sanctuaires tous illustrés par de grands souvenirs, ou par de vénérables et précieuses reliques. Aussi, le peuple de Rome ne put guère le voir et le bénir qu'au milieu de ces exercices de sa piété. Le puissant thaumaturge était devenu le plus humble des pèlerins.

Saint Roch passa trois années à Rome. Il vit avec les yeux de sa foi, ces lieux arrosés du sang de tant de martyrs, ces antiques basiliques illustrées par tant de miracles, ces chaires apostoliques où la parole inspirée de tant de grands pontifes, de tant de docteurs célèbres semble retentir encore. Il visita tous ces monuments augustes de la ville sainte, preuve radieuse et vivante de la divinité du Christianisme. Qui pourrait raconter dignement et la ferveur de sa prière, et les pieux élans de son âme en présence de toutes ces vénérables reliques?

Un jour, on cessa de le voir absorbé dans ses solitaires contemplations : qu'était devenu l'humble pèlerin? il avait disparu. De sinistres rumeurs avaient retenti de nouveau à son oreille ; il avait appris que la peste envahissait la Lombardie. Cédant à l'impulsion de son zèle, l'apôtre de la charité se rendait, à marches précipitées, vers ce dernier théâtre de ses labeurs.

Saint Roch avait donc disparu de Rome! Le peuple romain ne le vit plus, mais il conserva de lui un profond et impérissable souvenir. Et quand la voix des nations, consacrée par l'Église, eut proclamé Saint Roch, l'ami, le serviteur de Dieu, le grand, le puissant protecteur de l'humanité, le peuple de Rome construisit en son honneur un riche sanctuaire, monument de son éternelle reconnaissance.

APPENDICE AU CHAPITRE CINQUIÈME.

Le lecteur remarquera que dans cette histoire de Saint Roch nous ne faisons aucune mention du cardinal Britonique, que notre Saint aurait guéri de la peste, et dont la guérison est accompagnée, dans les récits de certains hagiographes, de circonstances si merveilleuses.

Au jugement des Bollandistes, ce fait ne supporte par l'examen d'une sage critique, et doit être considéré comme apocryphe.

« La vie de Saint Roch est assez belle par elle-même, comme le dit judicieusement l'auteur de l'*Histoire de la Commune de Montpellier*, sans qu'il soit besoin de la surcharger d'ornements parasites. » Nous avons dû n'emprunter dans ce travail que des faits authentiquement avérés.

Le fait de la présentation de notre Saint au pape n'est pas moins fabuleux. « S'il était vrai que Saint Roch vît le pape à Rome, dit Baillet, il faudrait qu'il eût fait ce voyage avant l'année 1305, parce que le Saint-Siége fut transporté pour lors à Avignon, où il demeura soixante et dix ans, et qu'il fût venu au monde plus de quinze ans avant le temps où l'on met sa naissance. »

Or les historiens qui rapportent ce fait s'accordent tous à dire que Saint Roch naquit en 1295 et qu'il mourut en 1327. La cour romaine était alors à Avignon, et partant notre Saint n'a pas pu être présenté au pape dans la ville de Rome.

Voici d'ailleurs l'appréciation de ces deux faits telle

que nous la trouvons dans le commentaire critique des savants Bollandistes :

Porro indiget examine factum illud prorsus mirabile, quo a lue sospitatus per Sanctum Rochum fertur Romæ cardinalis quidam Angleriæ, quæ provinciæ Longobardorum est, ex vita Belfortiana num. 5 et 6.

Sed rem hanc tanquam apocrypham hisce verbis castigat Raynaldus (Annal. Eccles.). Narratur etiam B. Rochum egisse triennio Romæ apud cardinalem natione Britonem, atque ab hoc perductum ad Pontificem : quæ fabulosa sunt, ut patet, Romana Curia Avenione defixa : neque anteq venire potuerat, cum anno 1395 natus referatur.

Accedit eo quod hujus fabulæ fabricatoribus vel descriptoribus hæserit aqua, ut ita loquar, in exprimendo nomine gentilitio istius personati cardinalis, aliis aliud obtrudentibus. Quippe qui in MS. Belfortiano nominatur cum titulo Angleriæ, cum Diedus biographus num. 15, ubi commentum istud etiam refert, Britannicum *vocat cardinalem ; Breviarium Slevisense,* cardinalem Britonicum *; vita Germanica,* cardinalem Portiensem *; Pinus,* Cardinalem *quemdam* Gallum *e gente* Britonum, *hominem clarissimi et illustrissimi nominis.*

Fabula itaque hæc cum mirabilibus eidem attextis circumstantiis e Vitis Sancti Rochi expungenda est, et ad aniles nœnias releganda.

(Comment. prævio, Num. 9, in Actis SS.)

PAPES D'AVIGNON.

La résidence des papes à Avignon commence en 1305, et dure pendant 70 ans. Les papes d'Avignon sont :

Clément V (*Bertrand de Got*), archevêque de Bordeaux, couronné à Lyon en présence du roi de France, Philippe-le-Bel. Ce pape gouverna l'Église depuis 1305 jusqu'à 1314.

Jean XXII, de Cahors, célèbre par son esprit et par sa science. Il mit fin aux controverses acrimonieuses et puériles des Franciscains sur la forme de leurs habits, et sur le mode de posséder, tel qu'il doit être entendu parmi eux. Jean XXII émit l'opinion que les âmes justes ne verront Dieu qu'après le jugement dernier. Il ne soutint néanmoins cette opinion que comme simple théologien et la rejeta avant de mourir. La fameuse Bulle *Sabbatine* qu'on lui attribue, et dans laquelle des indulgences sont accordées aux Carmes et à leurs associés, est une pièce supposée, comme l'ont démontré plusieurs savants critiques, et surtout le P. Papebroch. Jean XXII occupa le Saint-Siége depuis 1316 jusqu'à 1334.

Benoît XII, docteur de Paris, de l'Ordre de Citeaux. Il naquit à Saverdun, dans le comté de Foix. Il était profond dans la théologie et la jurisprudence. Pour faire cesser le scandale qu'avait produit l'opinion de Jean XXII, sur la vision béatifique, il définit *que les âmes des bienheureux sont dans le Paradis avant la réunion à leurs corps et le jugement universel*, et qu'elles voient Dieu face à face. Ce saint pape mourut à Avignon en 1342.

Clément VI (*Pierre Roger*), Limousin, docteur de l'université de Paris, de l'Ordre des Bénédictins, à la Chaise-Dieu, en Auvergne, puis archevêque de Rouen. Il monta sur le trône de Saint Pierre en 1342 et gouverna l'Église jusqu'en 1352. Clément VI accorda pour la 50° année, l'indulgence du jubilé que Boniface VIII n'avait établie que pour la centième. Son contemporain Pétrarque lui décerne l'éloge de *très-savant Pontife*.

Innocent VI (*Étienne Aubert*), naquit à Bessac, près de Pompadour, dans le diocèse de Limoges. Il fut élu le 18 décembre 1352. Ce pape protégea les arts et les lettres, il fonda en 1356 la Chartreuse de Villeneuve, près d'Avignon, où il fut inhumé, en 1362.

Urbain V (*Guillaume de Grimoald*), né à Grisac, diocèse de Mende dans le Gévaudan. Avant de monter sur le trône pontifical, il fut successivement moine de l'Ordre de Saint-Benoît, prieur de l'abbaye de Chirac, professeur à l'université de Montpellier, official de l'église d'Uzès, et abbé de Saint-Germain-d'Auxerre et de Saint Victor de Marseille. Élu pape en 1362, il transféra le Saint-Siége à Rome en 1367. Il revint à Avignon en 1370, mais dans le dessein de retourner dans la capitale du monde chrétien. Selon la prédiction de Sainte Brigitte, il n'eut pas ce bonheur, et mourut le 19 décembre de cette même année. Son corps fut transporté dans l'abbaye de Saint Victor de Marseille. Les miracles qui s'opérèrent sur son tombeau, dit Feller, le firent honorer comme saint par plusieurs églises : on célèbre sa fête à Avignon le 19 décembre. Ce saint pape affectionna Montpellier d'une manière spéciale ; il prodigua ses faveurs à ses habitants. Il fonda le prieuré de Saint Germain, dont il voulut faire lui-même la dédicace. Il fonda aussi le collége de Mende, où douze étudiants en médecine recevaient dans notre ville le bienfait de leur éducation. Il entretint toujours mille écoliers dans diverses universités, et il les fournissait des livres nécessaires.

Gregoire XI (Roger de Beaufort-Canillac), né en 1329 au château de Maumont dans le Bas-Limousin. Son savoir et son mérite lui valurent la tiare en 1370. Sur les instances de Sainte Catherine de Sienne et de Sainte Brigitte de Suède, il se rendit à Rome en 1377, et y fixa définitivement le siége de la Papauté. C'est le dernier pape que la France ait donné à l'Église.

SHORT STORY

CHAPITRE SIXIÈME.

Alii vero ludibria et verbera experti, insuper et vincula et carceres;... tentati sunt. Circuierunt in melotis, in pellibus caprinis, egentes, angustiati, afflicti.

Quibus dignus non erat mundus, in solitudinibus errantes, in montibus et speluncis, et in cavernis terræ. (Heb. xi. 36, 37, 38.)

CHAPITRE SIXIÈME.

LA LOMBARDIE ET PLAISANCE. — SAINT ROCH GUÉRIT LES PESTIFÉRÉS DANS CETTE VILLE. — IL EST ATTEINT LUI-MÊME PAR LA CONTAGION ET SOUFFRE DE CRUELLES DOULEURS. — POURQUOI DIEU PERMET QUE SON SERVITEUR SOIT AINSI AFFLIGÉ. — SAINT ROCH SE RETIRE DANS UNE FORÊT VOISINE. — COMMENT LA PROVIDENCE DIVINE PREND SOIN DE LUI.

Ne fallait-il pas que le Christ souffrît toutes ces choses et qu'il entrât ainsi dans sa gloire ? (Luc. XXIV. 26.)
Nous portons ce trésor dans des vases de terre, afin que notre perfection vienne de la vertu de Dieu et non pas de nous. Nous subissons toutes sortes de tribulations, mais nous n'en sommes point accablés ; nous sommes éprouvés, mais nous ne sommes pas perdus ; nous sommes renversés, mais nous ne périssons pas ; car nous qui vivons, nous sommes à toute heure livrés à la mort pour Jésus, afin que la vie de Jésus se manifeste aussi dans notre chair mortelle. (II. Cor. IV. 7. 8. 9.)
Bienheureux ceux qui pleurent, parce qu'ils seront consolés. (Matth. v.)

Après avoir salué la ville sainte qui disparaissait à ses regards, après avoir appelé sur cette illustre ville, chère à son cœur et à sa foi, les bénédictions du ciel, Saint Roch suivit la grande voie Flaminienne et entrait, peu de jours après, dans la Lombardie ravagée déjà par la contagion.

Que l'Italie est belle dans ces riches et vastes provinces de la Lombardie ! Partout la nature y est riante ou pleine de majesté. D'un côté, d'abondantes rivières arrosent et fertilisent des plaines immenses. Le Pô, le roi des fleuves de ces belles contrées, poursuit noblement son cours à travers ces campagnes dont rien n'égale la richesse. D'un autre côté de ce tableau déjà si grandiose, l'horizon est borné au loin par la longue chaîne de l'Apennin. Rien n'est ravissant comme ces vastes étendues de pays encadrées par cette ligne de monts.

Les routes larges et spacieuses sont plantées presque partout de beaux arbres. Les vignes suspendues au-dessus du sol présentent à l'œil de longues et gracieuses guirlandes. De belles et florissantes cités apparaissent çà et là. Impossible de compter le nombre presque infini de villages, de fermes ou d'élégantes maisons de plaisance que le voyageur rencontre, sans cesse, sur son passage.

C'est de ce merveilleux pays que Milton a dit: « Qu'elle doit être sombre la douleur que cette belle nature, que cet air si doux ne parviennent pas à calmer ! »

Au moment où notre saint pèlerin visitait ces contrées, cet air ordinairement si pur et si bienfaisant donnait la mort : cette admirable nature offrait un contraste douloureux avec l'effroi de ses habitants, avec le deuil ou la mort écrite sur tant de fronts !

Saint Roch guérissait ces infortunés, il portait partout la consolation et la vie. Son passage dans la Lombardie fut signalé par une longue suite de miracles; partout, il fut béni comme un libérateur ; partout, des actions de grâces s'élevaient vers le ciel. Notre Saint arriva ainsi jusqu'à Plaisance où le fléau sévissait avec plus de fureur encore.

Plaisance, avec ses deux grands fleuves, le Pô et la Trébia, qui l'entourent comme d'une vaste ceinture ; avec ses monuments gothiques d'une remarquable beauté d'architecture ; avec ses murs de briques qui lui donnent, vue de loin, la couleur et l'aspect d'une ville égyptienne, Plaisance est une des plus importantes cités de la Lombardie.

L'historien de l'Église de Plaisance, *Pietro Maria Campi*, un de ses chanoines, raconte en ces termes l'arrivée de notre saint thaumaturge dans ses murs. « Heureusement pour notre patrie, dit-il, eut lieu l'arrivée du glorieux Saint Roch, gentilhomme français de Montpellier, lequel, après avoir accompli plusieurs pèlerinages, et avoir visité Rome et guéri dans toute l'Italie un grand nombre de pestiférés, vint sauver de la contagion notre ville et son territoire.

« Avant de pénétrer dans Plaisance, il entra dans la très-antique église de Sainte-Marie de Béthléem pour prier. Tandis que, prosterné à genoux, devant une image de Marie tenant l'Enfant Jésus dans ses bras, il adressait à Notre-Seigneur et à sa Sainte Mère de très-ferventes oraisons pour la ville affligée, le saint homme entendit une douce voix qui, partant de l'image, lui dit : *Rocco, servo di Dio, sara esaudita la tua orazione !* « Roch serviteur de Dieu, ta prière sera exaucée. »

Encouragé par ces douces et célestes paroles, Saint Roch se rendit, sans plus de retards, à un des hospices de Plaisance. C'est toujours dans ces maisons des pauvres qu'il avait coutume de commencer ses travaux. Quel spectacle de pitié et d'horreur s'offrait encore à ses regards ! que de maux réclamaient de nouveau les efforts de son zèle ! que d'affreux ravages la contagion n'avait-elle pas exercés déjà !

Saint Roch s'approchait des malades, les bénissait, leur parlait de Notre-Seigneur Jésus-Christ, de sa puissance, de sa bonté, de ses divines miséricordes. Il imprimait ensuite sur leur front le signe adoré de notre salut, et toujours la contagion reculait devant notre saint thaumaturge. Il n'était pas une seule victime ainsi marquée de ce signe divin qui n'échappât à son venin mortel.

Jusqu'alors Saint Roch s'était montré supérieur à toutes les fatigues. Dans ses travaux à Plaisance, son courage et ses forces semblèrent un moment défaillir. Depuis plusieurs jours, il remplissait auprès des pestiférés son ministère de charité, s'oubliant lui-même, s'occupant sans cesse du salut de ses frères en Jésus-Christ: notre Saint sentit donc le besoin de prendre quelques instants de repos.

Il se coucha et s'endormit presque aussitôt d'un profond sommeil. Pendant qu'il dormait ce paisible sommeil du juste, de douces et solennelles visions lui apparurent. Dieu se communiquait plus intimement à son âme. Jésus-Christ venait lui annoncer que le jour de sa passion et de son crucifiement était arrivé. Le Maître révélait à son disciple le mystère de ses douleurs prochaines, lui montrant la part du calice d'amertume qui lui était réservée. Et tout cela se passait dans un entretien plein de douceur et d'amour de la part du divin Maître, dans des transports d'acquiescement et de joie de la part de son fidèle disciple. La belle figure de notre Saint avait toute la majesté de l'extase, avec tous les doux sourires d'un contentement, d'une félicité intérieure à laquelle rien ne manquait.

Saint Roch s'éveilla ; il sortit de son ravissement et de son extase. L'heure de sa passion et de ses abaissements avait sonné ! Aussitôt, comme si un glaive aigu et tranchant avait percé sa cuisse pour y ouvrir une plaie large et profonde, il sentit dans ce membre d'horribles et intolérables douleurs. Quand Dieu frappe, comme lorsqu'il guérit et console, il frappe, il guérit et console toujours en Dieu !

La peste venait de saisir notre Saint ; elle le pressait déjà, elle le torturait dans ses étreintes cruelles. Le bubon ou charbon noirâtre venait d'apparaître à sa jambe gauche. Le guérisseur de la peste était au milieu des pestiférés, pestiféré lui-même. Sa puissance de thaumaturge était suspendue. L'humanité seule restait en lui, dans ce moment d'épreuve, avec sa sensibilité, avec toutes ses faiblesses ; et, aux prises avec des souffrances atroces, Saint Roch jetait autour de lui des cris perçants ou des plaintes lamentables !

Comment cet homme naguère si puissant, paraissait-il si faible à cette heure de sa souffrance et de sa passion douloureuse ? Comment le thaumaturge qui avait commandé jusqu'alors à la contagion avec une autorité irrésistible et absolue, comment était-il vaincu lui-même par la contagion ? cela mérite assurément d'être étudié.

Dans son admirable livre des *Morales*, le pape Saint Grégoire-le-Grand, parlant du prophète Élie, lequel, après avoir été le ministre et l'agent si prodigieux de la puissance divine, fuyait ensuite timidement devant la haine et le courroux d'une femme, le pape Saint Grégoire, fait ces belles remarques bien dignes d'être appliquées à notre saint thaumaturge :

« Je considère, dit-il, cet homme dont la puissance fut si grande, qui faisait descendre le feu du ciel, qui à deux reprises successives brûlait et consumait l'officier et les cinquante soldats envoyés par Jézabel pour se saisir de lui ; qui ouvrait ou fermait à son gré les cieux, en faisant descendre les rosées, ou laissant la terre dans la sécheresse et la stérilité ; qui ressuscitait les morts, qui prophétisait tout ce qui devait arriver : et pendant que je considère toutes ces grandes choses, voilà que, me souvenant avec quel effroi il fuyait ensuite devant une femme, je vois ce même homme, saisi d'épouvante, demander à Dieu qu'il lui ôte la vie, avouant qu'il n'était pas meilleur que ses pères (1).

« Comment expliquer la puissance d'Élie qui lui fait opérer de si grands prodiges ? et comment expliquer, en même temps, son infirmité et sa faiblesse qui lui font redouter à ce point une faible femme, quoiqu'elle fût reine ?

(1) *Perpendo quippe hunc miræ virtutis virum, ignem de cœlo trahere et secundo quinquagenarios cum suis omnibus petitione subita concremare, verbo cœlos a pluviis claudere, verbo cœlos ad pluvias aperire, suscitantem mortuos, ventura quæque prævidentem : et ecce rursus animo occurrit, quo pavore ante unam mulierculam fugerit. Considero virum timore perculsum, de manu Dei mortem petere, nec accipere ; de manu mulieris mortem fugiendo vitare. Quærebat enim mortem dum fugeret, dicens : Sufficit mihi, tolle animam meam : neque enim melior sum quam patres mei.*

Unde ergo sic potens, ut tot illas virtutes faciat ? Unde sic infirmus, ut ita feminam pertimescat, nisi quia aquæ appenduntur mensura : ut ipsi sancti Dei homines et multum valeant per potentiam Dei, et rursum quadam mensura moderati sint per infirmitatem suam ?

In illis virtutibus Elias quid de Deo acceperat, in istis infirmitatibus quid de se esse poterat, agnoscebat. Illa potentia virtus fuit : ista infirmitas custos virtutis. In illis virtutibus ostendebat quid acceperat : in istis infirmitatibus hoc quod acceperat, custodiebat. In miraculis monstrabatur Elias, in infirmitatibus servabatur. » (Moral. lib. XIX. cap. 6.)

« C'est afin qu'il devienne bien évident que ces hommes de Dieu qui, par une délégation de la puissance divine, exercent un pouvoir si prodigieux, sont eux-mêmes, par le fait et par suite de l'infirmité de leur nature, bornés à une certaine mesure, dans l'exercice de ce même pouvoir.

« Ainsi Élie devait être amené à reconnaître que sa puissance lui venait de Dieu seul ; comme, dans le spectacle de sa faiblesse, il reconnaissait ce qu'il aurait pu être, réduit à ses seules forces. La puissance divine devenait ainsi le fondement de sa vertu, tandis que son infirmité en demeurait la gardienne. Dans les actes de sa puissance, Élie montrait ce qu'il avait reçu du ciel ; dans l'infirmité de sa propre nature, il trouvait le moyen de conserver le don qu'il avait reçu. Dans ses miracles, Élie paraissait avec éclat ; dans ses infirmités, il se préservait de l'orgueil que cet éclat eût pu lui inspirer. »

Comme le prophète Élie, Saint Roch avait reçu du ciel la délégation d'une merveilleuse puissance. Il lui avait été donné de résister à un mal destructeur, de lui arracher ses victimes, de l'expulser devant lui, de redonner à l'air sa salubrité naturelle.

Mais, comme pour l'avertir que sa puissance était bornée et restreinte à une certaine mesure, Dieu permettait, en même temps, que son serviteur fût saisi lui-même par le mal contagieux, et qu'en proie à ses plus poignantes douleurs, il donnât le spectacle de l'infirmité et de la faiblesse de sa propre nature.

Ainsi Saint Roch était-il préservé de l'orgueil ; ainsi était-il amené à rapporter à Dieu seul sa puissance de thaumaturge, la gloire et la célébrité que cette puissance lui donnait au sein des populations sauvées par son ministère divin.

Mais à ces considérations du grand pape Saint Grégoire venaient s'ajouter des raisons d'un ordre supérieur encore, pour expliquer ce mystère des douleurs et des abaissements de notre Saint.

Depuis que Notre-Seigneur Jésus-Christ avait apparu au monde, depuis qu'il s'était anéanti dans le mystère de ses divins abaissements, depuis *qu'il s'était fait obéissant jusqu'à la mort et jusqu'à la mort de la croix* (1), les Saints de la nouvelle alliance formés à son école, imbus de son esprit et aspirant à retracer dans leur personne les traits de cet auguste modèle, comprenaient bien autrement l'épreuve et la souffrance.

Ce que les Justes de l'ancien Testament n'avaient fait qu'entrevoir dans les lumières de la foi, les Saints de la loi nouvelle le voyaient réalisé dans la personne de notre divin Sauveur, et s'appliquaient à le réaliser dans leurs personnes.

Selon le beau langage de Saint Paul, *la vie crucifiée de Jésus devait se manifester dans leur chair mortelle.* (2) *Ils avaient à compléter ce qui manquait à la passion et aux douleurs de Jésus-Christ* (3); et selon la parole expresse du divin Maître, *il fallait qu'ils souffrissent d'abord, et qu'ils entrassent ainsi dans sa gloire.* (4)

---

(1) *Christus factus est obediens usque ad mortem, mortem autem crucis.* (Philip. II. 8.)

(2) *Semper mortificationem Jesu in corpore nostro circumferentes, ut et vita Jesu manifestetur in corporibus nostris. Semper enim nos qui vivimus, in mortem tradimur propter Jesum : ut et vita Jesu manifestetur in carne nostra mortali.* (II. Cor. IV. 10 et 11.)

(3) *Adimpleo ea quæ desunt passionum Christi in carne mea.* (Coloss. I. 24.)

(4) *Nonne hæc oportuit pati Christum, et ita intrare in gloriam suam?* (Luc. XXIV. 36.)

Telle était la raison supérieure qui amenait Saint Roch dans la route de son calvaire et de sa douloureuse passion. Pendant que son âme sainte s'inclinait avec amour devant les volontés du ciel, acceptant avec bonheur la souffrance et la croix qui allaient *le rendre plus conforme à l'image de Jésus-Christ crucifié*, (1) la partie sensible de son humanité saisie par une fièvre brûlante, succombant sous le poids de ses douleurs, se livrait à des gémissements, à une plainte continuelle qui incommoda bientôt les malades couchés autour de lui.

L'âme si délicate de notre Saint, son cœur si compatissant se reprocha bien vite d'être auprès de ces infortunés un sujet de douleur ou de fatigue. Ne pouvant pas les guérir, il sentit qu'il devait se retirer. Cette résolution prise, il se traîna à grand peine jusqu'à la porte extérieure de l'hôpital. Là, ses forces étant épuisées, il s'étendit et se coucha sur le pavé, et sa voix plaintive fit entendre de nouveau de douloureux accents.

Parmi les passants qui furent témoins de sa souffrance, les uns blâmèrent ouvertement le directeur de l'hospice qui laissait dans un pareil abandon le saint pèlerin connu par tant de bienfaits, et ceux-là accordaient à son malheur un regard de pitié, une parole de compassion. D'autres plus égoïstes, voyaient de l'imprudence et du danger à laisser ainsi sur la voie publique un homme atteint aussi gravement de la peste, et pouvant communiquer le mal et infecter tous ces quartiers.

Saint Roch comprit qu'on allait lui disputer le triste asile où il abritait en ce moment sa souffrance et sa misère. Il s'appuya sur son bâton, se traîna comme il put, et sortit de la ville.

Non loin de Plaisance, au fond d'une vallée agreste,

(1) *Conformes fieri imaginis Filii* sui. (Rom. VIII. 29.)

l'œil apercevait une épaisse et ombreuse forêt ; c'est vers ces lieux déserts qu'il dirigea sa marche chancelante. Il s'arrêta souvent, cherchant, chaque fois, à ranimer son courage, à redonner un peu d'élan à ses forces défaillantes. Enfin les arbres de la forêt se dressèrent sur sa tête ; il entrait dans ses profondeurs, il avait trouvé un abri, un refuge ! Mais, hélas ! dans quel état d'abattement et d'agonie, il parvenait à reposer ses membres brisés par la fatigue, torturés par le mal et la souffrance !

Étendu par terre, les yeux levés vers le ciel, Saint Roch offrit à Dieu son sacrifice, la grandeur de sa misère, son isolement complet de toute créature qui pût lui donner les soins de la pitié, sa dépendance entière de la divine Providence dans le sein de laquelle il mettait désormais tout son espoir, toute sa confiance. Comme le saint homme Job, il ne murmura pas dans son malheur : il se servit, au contraire, de sa souffrance et de son extrême dénuement pour s'élever à Dieu, pour le bénir et l'adorer.

Confiance héroïque *qui le faisait espérer contre l'espérance même !* (1) Confiance filiale qui le portait à se reposer du soin de sa vie sur le plus tendre et le meilleur des pères !

Lorsque la grande victime de notre salut agonisait sur le calvaire, dans les inexprimables douleurs de la Croix, elle put dire en toute vérité : *Mon Dieu ! mon Dieu ! pourquoi m'avez-vous abandonné !* Dieu le père avait véritablement abandonné son fils, et les crimes de notre humanité étaient expiés par Jésus-Christ seul, sans secours, comme sans consolations du ciel.

---

(1) *Qui contra spem in spem credidit.* (Rom. IV. 18.)

Mais cet abandon complet, ce *Lamma Sabacthani* (1) si plein de désolations n'eut lieu que pour cette auguste victime. Dieu n'abandonna jamais ses Saints aux heures de la tribulation et de l'épreuve : il veilla sans cesse sur eux avec l'amour et la sollicitude d'un père.

Quand Daniel était dans la fosse aux lions, le Seigneur transportait Habacuc jusque dans ce lieu terrible, et le frère était nourri, fortifié, consolé par son frère. Quand Paul, l'illustre solitaire de la Thébaïde eut caché sa vie angélique dans des solitudes inaccessibles, Dieu douait un corbeau d'un instinct particulier pour aller trouver son serviteur et lui porter, pendant soixante ans, le pain de chaque jour. Et, lorsque le grand Antoine vint le visiter, le corbeau, ministre de la Providence, doublait, ce jour là, la ration, et complétait ainsi le pieux repas de ces deux saints patriarches.

Toutefois, jamais peut-être, la divine Providence n'avait apparu à ses Saints sous des emblèmes aussi touchants que lorsqu'elle voulut protéger et soigner la souffrance et le dénuement absolu de notre Saint. Saint Roch fut évidemment le Saint chéri des cieux, avant de devenir le Saint bien-aimé de la terre.

La légende raconte, et ici la légende n'est que l'interprète fidèle d'une tradition constante et universelle, la légende raconte donc qu'un ange fut envoyé du ciel pour fortifier et consoler notre Saint agonisant. Autre trait de ressemblance entre l'histoire du disciple et celle de son auguste et divin Maître. Lorsque Notre-Seigneur Jésus-Christ agonisait au Jardin des Oliviers, gisant sur la terre, succombant sous le poids de ses douleurs, l'Évan-

---

(1) *Circa horam nonam, clamavit Jesus, voce magna, dicens : Eli, Eli, Lamma Sabacthani ? Hoc est : Deus meus, Deus meus, ut quid dereliquisti me ?* (Matth. XXVII. 47.)

gile raconte aussi qu'un ange lui apparut, compatissant à sa souffrance, le fortifiant dans ses divines faiblesses. *Apparuit autem illi angelus de cœlo, confortans eum.* (Luc. XXII. 43.)

Cependant Saint Roch avait aperçu un lieu plus abrité et plus commode, espèce de cabane ou de grotte formée par des rochers. Il étendit là quelques branches, se fit un lit de feuillages, et il s'y reposait lorsque, soudain, jaillit à ses pieds une source limpide et vivifiante. Saint Roch reconnut là l'action de la Providence, et, après avoir béni et adoré la bonté de Dieu, il étancha d'abord les ardeurs de sa soif, il lava ensuite sa plaie, et sentit que, grâce à ces eaux salutaires, son mal et sa souffrance devenaient plus supportables.

Mais la Providence de Dieu devait se manifester à Saint Roch sous un emblème plus touchant encore dans le pain qu'elle allait procurer à son fidèle serviteur. Le Seigneur qui apprit à l'homme cette admirable et divine prière : *Notre Père qui êtes aux cieux, donnez-nous aujourd'hui notre pain de chaque jour*, le Seigneur voyant que son serviteur malade ne pouvait se le procurer lui-même, allait le faire arriver miraculeusement jusqu'à lui.

Nous verrons dans le chapitre suivant quel fut le moyen merveilleux qu'il employa pour cette œuvre de charité et d'amour.

CHAPITRE SEPTIÈME.

Inter has sermocinationes, suspiciunt alitem corvum in ramo arboris consedisse. Qui inde leniter subvolans, integrum panem ante mirantium ora deposuit. Post cujus abscessum : Eia, inquit Paulus, Dominus nobis prandium misit, vere pius, vere misericors. Sexaginta jam anni sunt, quod accipio dimidii semper panis fragmentum : verum ad adventum tuum, militibus suis Christus duplicavit annonam. Igitur, Domino gratiarum actione celebrata, super vitrei marginem fontis uterque consedit (Paulus et Antonius). Dehinc paululum aquæ in fonte prono ore libaverunt : et immolantes Deo sacrificium laudis, noctem transegere vigiliis. (Hieronymus, in Epistolis.)

CHAPITRE SEPTIÈME.

UN CHIEN DÉCOUVRE LA RETRAITE DE SAINT ROCH. — LA MAISON DE PLAISANCE DE GOTHARD PALASTRELLI. — COMMENT LE CHIEN AMÈNE SON MAÎTRE AUPRÈS DE NOTRE SAINT. — CONVERSION DE GOTHARD. — SON NOVICIAT AUPRÈS DE SAINT ROCH. — SA VOCATION A LA VIE ÉRÉMITIQUE. — SAINT ROCH REVIENT A PLAISANCE ET DÉLIVRE DE LA PESTE LA VILLE ET LA CONTRÉE. — SES ADIEUX A SON DISCIPLE GOTHARD. — SON DÉPART POUR LA FRANCE.

Jésus dit alors ces paroles : Je vous rends gloire, mon Père, Seigneur du ciel et de la terre, parce que vous avez caché ces choses aux sages et aux prudents, et que vous les avez révélées aux petits. Oui, mon Père, parce qu'il vous a plu ainsi. — Venez à moi, vous tous qui êtes chargés et je vous soulagerai. Prenez mon joug sur vous et vous trouverez le repos de vos âmes ; car mon joug est doux et mon fardeau est léger. (Matth. XI. 22, 26, 28, 29, 30.)

Amené dans la forêt par son instinct et son amour naturel de la chasse, un chien, dirigé par cette finesse d'odorat qui le distingue et qui le rend si utile à l'homme, venait de découvrir la hutte sauvage où notre Saint reposait sous la feuillée.

Le chien s'approcha ; Saint Roch tourna vers lui sa

figure angélique. Il le regarda d'un œil ami, il l'appela d'une voix caressante. Le chien s'approcha encore, il répondit à ses caresses. Le Saint posa sa main sur lui et le bénit.

Soit par suite de cet accueil bienveillant, soit par une direction supérieure de la divine Providence, qui mène et gouverne, en ce monde, les grandes comme les petites choses, l'animal était conquis au serviteur de Dieu. Saint Roch venait de trouver un ami qui allait s'attacher à sa personne, et devenir à jamais le compagnon de son existence.

Par une finesse de sentiment qui n'appartient qu'à cet intelligent animal, le chien comprit le dénuement, les privations et la souffrance de notre Saint; il lécha la main qui le caressait et le bénissait, il témoigna par ses mouvements sympathiques son dévouement et son zèle : il disparaissait quelques instants après, mais pour revenir, bientôt, auprès du serviteur de Dieu.

Cette fois, ô surprise ! ô merveille ! le chien portait dans sa gueule un pain qu'il déposa avec joie dans les mains de Saint Roch, saisi de reconnaissance et d'admiration. Les visites de l'animal bienfaisant se renouvelèrent chaque jour. Il apportait à notre saint le pain nécessaire à sa subsistance. Mais d'où venait ce chien si intelligent ? à quel maître appartenait-il ?

Non loin de la forêt, s'élevait une vaste et belle maison de plaisance, riche par ses constructions élégantes, riche aussi par les terres fertiles qui l'entouraient. Un noble patricien de la Lombardie était le propriétaire de ce magnifique domaine : *Gothard Palastrelli* était le nom de ce seigneur.

Chassé de Plaisance par la contagion, il s'était retiré dans sa terre, avec plusieurs autres seigneurs de la contrée. A un grand nombre de domestiques qui remplissaient les divers services de sa maison, il avait ajouté, selon l'usage de ce temps, une meute de chiens proportionnée à ses richesses. A cette époque, plus encore qu'aujourd'hui, la chasse était la passion favorite des grands et des seigneurs.

Parmi ces chiens, élevés à grands frais, il en était un que le noble Gothard avait distingué et qu'il aimait plus particulièrement ; c'était celui qui avait découvert la retraite de Saint Roch et qui le visitait chaque jour. Traité plus familièrement par son maître et approchant de lui avec plus de liberté, l'animal aussi hardi qu'intelligent, saisissait le moment favorable, dérobait un pain de dessus la table et disparaissait à l'instant.

Cela se répéta bien de fois et finit par attirer l'attention du maître. Gothard s'étant assuré que rien ne manquait à la subsistance de son chien favori, et ne s'expliquant pas d'ailleurs ces actes de rapacité, voulut avoir l'explication de cette conduite mystérieuse de l'animal.

Un jour, il le suivit et arriva à sa suite sur la lisière de la forêt. Le chien y entra, Gothard y entra après lui. Quelques instants après, le chien s'arrêtait sous une hutte à moitié formée par des rochers, dans un des endroits les plus épais de la forêt. Caché derrière un rideau de feuillage, le noble seigneur put contempler, sans être vu, la scène touchante qui se passait et qui allait avoir sur son existence une action si décisive et si heureuse.

Le chien était auprès d'un homme jeune encore, revêtu du costume des pèlerins, portant sur tous ses traits la trace profonde de la maladie et de la souffrance. Dans la manière douce et caressante avec laquelle le serviteur de Dieu recevait le pain que l'animal lui apportait, levant les yeux au ciel en signe de sa foi et de sa reconnaissance, bénissant ensuite de son regard autant que de sa main cet animal bienfaisant chargé de pourvoir à sa subsistance ; dans la manière non moins douce et non moins caressante avec laquelle le chien se tenait auprès de notre Saint, *témoignant, comme le chien de Tobie, sa joie et sa tendresse par les mouvements de sa queue* (1), il y avait dans tous les détails de cette scène de quoi toucher profondément un homme naturellement bon et sensible comme Gothard.

Le noble patricien sentit aussi ses yeux se remplir de larmes. Son cœur s'ouvrit à la pitié ; son âme que la grâce commençait à travailler déjà, désira connaître le mystérieux inconnu qui lui inspirait tant de douces sympathies. Il s'avançait d'un pas résolu, lorsqu'il fut arrêté par ces mots de notre Saint qui venait de l'entrevoir : « N'avancez pas, n'avancez pas, vous êtes auprès d'un malheureux atteint de la peste. » En disant cela, Saint Roch lui faisait signe de la main pour l'arrêter plus efficacement encore.

A ce terrible mot de peste, Gothard revint soudainement sur ses pas, et, s'éloignant en toute hâte, il rentra dans sa maison. Telle était la puissance de la peur devant cet homicide fléau ! La peur faisait taire alors les plus nobles sentiments, elle endurcissait les cœurs, elle inspirait l'égoïsme, quand elle n'inspirait pas la cruauté !

Toutefois la grâce avait porté son coup, et suppléant à la nature, elle allait remuer Gothard jusque dans les

---

(1) *Tunc præcurrit canis, qui simul fuerat in via ; et quasi nuntius adveniens, blandimento suæ caudæ gaudebat.* (Tobie xi. 9.)

profondeurs de son âme. Dans la nuit qui suivit cette scène si touchante, le noble seigneur ferma à peine son œil ; de mystérieuses agitations l'empêchaient de dormir. Le spectacle du pauvre pèlerin, gisant au milieu des bois, sans abri, sans ressources, sans protection ; ce spectacle était continuellement devant ses yeux. Les soins si assidus, si généreux, si dévoués que son chien prodiguait au serviteur de Dieu revenaient sans cesse à sa pensée, et provoquaient dans son âme de graves et sérieuses réflexions.

« Quoi ! se dit-il enfin à lui-même, l'homme chrétien serait-il moins sensible, moins bon et moins généreux que l'animal sans raison ? Mes yeux ont vu ce pauvre pèlerin dans sa détresse ; le calme de la résignation brillait sur son visage : avec quelle douceur angélique il recevait et les secours et les caresses de mon chien, avec quelle dignité et, en même temps, avec quelle tendre piété il regardait le ciel qui l'assistait ainsi dans sa détresse ! Évidemment ce pèlerin est un homme de Dieu, un Saint, et je l'ai abandonné ! et il n'aura plus d'autre secours que celui de ce chien bienfaisant ! Quelle honte que l'animal se montre meilleur que l'homme ! Ah ! c'en est fait, il y a dans cette scène touchante un avertissement du ciel, auquel je ne dois pas résister plus longtemps. J'irai auprès de ce malheureux, je le prendrai sous ma protection. »

Le lendemain, Gothard sortit seul, tout ému encore des pensées et des sentiments qui l'avaient agité pendant la nuit. Il entra dans la forêt, et arrivé auprès de notre Saint : « Pieux pèlerin, lui dit-il, je veux exercer la pitié envers vous, mieux encore que mon chien ne l'a fait ; sachez que je ne vous quitte pas sans avoir secouru votre malheur. »

Le noble seigneur lui demanda d'abord son nom et le lieu de sa naissance. Saint Roch ne répondait pas. Gothard lui proposa de le faire transporter dans un lieu plus commode, et de lui procurer les soins que réclamaient son épuisement et sa souffrance. Saint Roch n'accepta pas cette offre charitable. Il ne demanda qu'une seule grâce, et, montrant le triste réduit qui lui servait de refuge, il pria son bienfaiteur de lui faire élever avec des branches d'arbres, une hutte mieux abritée. Il le rassura ensuite sur le dépérissement de sa santé et lui annonça sa guérison prochaine, en des termes qui excluaient le doute et annonçaient un espoir plein de certitude.

La hutte champêtre fut bientôt construite. Attiré par la douceur et l'onction de la parole de Saint Roch, le noble Gothard venait l'y visiter souvent, et chaque fois, il trouvait dans les entretiens du Saint un charme et un attrait plus séduisants. Désabusé bientôt des vanités du monde, subjugué par les discours de Saint Roch, le patricien de Plaisance devint un chrétien aussi éclairé que fervent.

Ce qui aidait puissamment le travail de la grâce qui se faisait en lui, c'est qu'il n'avait pas tardé à découvrir que ce jeune pèlerin dont l'apparition dans la forêt était accompagnée de circonstances si merveilleuses, était ce pèlerin mystérieux renommé déjà dans toute l'Italie, connu par tant de prodiges, béni comme un sauveur par tant de populations.

Le récit de ses miracles, qui volait encore de bouche en bouche et dont Plaisance venait d'être elle-même le théâtre, excitait son admiration et le disposait à croire et à pratiquer une religion qui avait de tels apôtres.

Il y avait ensuite dans la belle figure de notre Saint

tant de noblesse et de dignité, son front brillait d'une si douce majesté, sa parole vive et pénétrante avait tant de chaleur et de persuasion, que l'âme de Gothard céda bientôt à sa divine influence.

Sans doute, un grand miracle s'opérait en ces moments passés auprès de notre Saint. Ce puissant seigneur, descendant de son rang et de son opulence pour aller se placer aux derniers degrés de l'humilité chrétienne ; cet homme habitué jusqu'alors aux délices de la vie, et prêt à se résigner bientôt à tous les sacrifices, à tous les dépouillements, à toutes les privations de la pauvreté évangélique, était certainement dans sa personne un miracle radieux et vivant de la puissance et de la divine efficacité de la grâce. C'était bien aussi le chef-d'œuvre le plus magnifique de l'apostolat de Saint Roch, la plus admirable conquête de sa charité.

Mais après tout, Dieu n'est-il pas le maître des cœurs ? *Ne les dispose-t-il pas à la fois avec douceur et avec force* (1)? Ne les gouverne-t-il pas à son gré, en inclinant leurs volontés sans détruire néanmoins leur liberté? Et, comme le remarque admirablement Saint Jérôme, si l'aimant a la propriété de rapprocher les corps et de se les unir, à combien plus forte raison le Seigneur, maître souverain de toutes les créatures, peut-il attirer à lui et s'unir à jamais ceux que sa miséricorde divine à choisis! (2)

---

(1) *Attingit a fine usque ad finem fortiter, et disponit omnia suaviter.* (Sap. VIII. 1.)

(2) *Arguit in hoc loco Porphyrius et Julianus Augustus, vel imperitiam historici mentientis, vel stultitiam eorum qui statim secuti sint Salvatorem, quasi irrationabiliter quemlibet vocantem hominem sint secuti : cum tantæ virtutes, tantaque signa præcesserint, quæ Apostolos, antequam crederent, vidisse non dubium est.*

Que la force et la puissance des convictions religieuses est grande et efficace ! L'heureux pauvre de Jésus-Christ, dans son dénuement le plus extrême, avec ses vêtements grossiers, était devenu le maître ! Le riche du monde, le noble patricien, le puissant seigneur était à ses pieds, et se déclarait, avec joie, son humble disciple ! Gothard Palastrelli abandonnait son château, il se dérobait à ses amis, à l'élégante société qu'il avait aimée jusqu'alors, et dont il était aimé, et pourquoi ? pour aller écouter les enseignements de ce pauvre, pour recueillir avec soin les leçons d'une sagesse, divine désormais pour lui.

La rustique chaumière de Saint Roch fut l'école sublime où il s'instruisit des secrets divins de la vie religieuse : c'est là que Gothard fit son noviciat dans la voie de la perfection, dans l'étude et dans la pratique des vertus évangéliques.

Or, que pouvait lui enseigner notre Saint, si ce n'est ce que Jésus-Christ lui avait enseigné à lui-même, ce qu'il avait pratiqué et exécuté si généreusement ? Saint Roch voyant l'âme de son disciple disposée à entrer dans la voie des conseils divins qui rendent l'homme parfait, lui parla de la pauvreté, de ses avantages, de ses prérogatives, de ses glorieuses destinées.

Gothard écoutait sans effroi ces hautes et divines leçons. *Dieu lui avait donné* déjà (1) *le sens* nécessaire

---

Certe fulgor ipse, et majestas divinitatis occultæ, quæ etiam in humana facie relucebat, ex primo ad se videntes trahere poterat aspectu

Si enim in magnete lapide et succinis hæc esse vis dicitur, ut annulos, et stipulam, et festucas sibi copulent, quanto magis Dominus omnium creaturarum ad se trahere poterat quos volebat! (S. Hieronymus, in Matth. lib. 1.)

(1) *Dedit nobis sensum ut cognoscamus.* (1 Joan. v. 20.)

pour les comprendre et les goûter. Saint Roch voulant alors achever son œuvre, lui dit d'un ton plus inspiré et plus solennel : « Ami, voulez-vous être parfait ? allez, vendez ce que vous avez, donnez-en le produit aux pauvres, et vous aurez un trésor dans le ciel. Revenez ensuite, et vous goûterez comme moi le bonheur d'être à Dieu seul. »

Gothard, rentré dans sa maison, s'occupa de la vente et de la cession de ses biens. Les nobles seigneurs qui s'étaient retirés chez lui, dans ces jours de contagion, acquirent, sans doute, ses domaines, et Gothard, dépouillé de tout, ayant donné aux pauvres de la contrée tout ce dont il pouvait disposer, revint auprès de Saint Roch.

Cependant il restait à faire au noble disciple un acte d'une perfection bien plus sublime encore. Comme ils vivaient dans la forêt et que tout manquait dans leur chaumière, les deux pauvres volontaires de Jésus-Christ éprouvèrent bientôt les dures nécessités de la faim. Le chien n'apportait plus à notre Saint le pain nécessaire à sa subsistance, sans doute parce que la Providence avait mis auprès de lui un autre ministre de sa charité et de son amour.

Gothard, encore novice dans les voies de Dieu, s'attristait devant cette épreuve. Saint Roch lui fit considérer d'abord, que l'homme, en punition de son péché, avait été condamné à *manger son pain à la sueur de son front.* (1) Il lui représenta que comme eux, leur divin Maître n'avait rien possédé sur cette terre, qu'il

---

(1) *In sudore vultus tui vesceris pane.*

Jacta super Dominum curam tuam : et ipse te enutriet : non dabit in æternum fluctuationem justo. (Ps. 54.)

Sint mores contenti præsentibus : ipse enim dixit : Non te deseram, neque derelinquam. (Heb. 13.)

n'avait pas rougi de manger le pain de l'hospitalité ; que les saints apôtres qui l'avaient suivi avaient vécu comme lui de l'hospitalité ou de l'aumône. Ranimant ainsi sa foi et son courage, Saint Roch l'exhorta ensuite à marcher sur leurs traces, à ne pas craindre et à ne pas rougir de vivre désormais du pain de la charité et de l'aumône.

Ainsi préparé, Gothard ne faillit pas devant cette nouvelle épreuve, et sa vertu n'eut pas de peine à en triompher. L'homme terrestre et charnel achevait de mourir en lui ; l'homme surnaturel et divin allait rester seul, dans sa vie de privations, de renoncements et de mérites.

Gothard prit donc le chemin de Plaisance, et afin de rendre son action plus méritoire, là où elle devait être le plus pénible à la nature, ce fut à Plaisance même qu'il mendia son pain, là où il était le plus connu.

Quand on vit arriver Gothard, naguère noble patricien, riche seigneur, quand on le vit arriver dans l'humble et pauvre costume qu'il portait maintenant, on le crut atteint de folie, on le traita avec pitié ou avec mépris.

Ainsi repoussé de partout, il s'achemina vers la maison d'un de ses amis, riche gentilhomme de la cité. Celui-ci le reconnut ; il lui reprocha d'avoir dissipé sa fortune, de s'être déshonoré en se réduisant à la mendicité, et ne comprenant rien à l'héroïsme et à la grandeur de sa nouvelle vie, il usa de paroles dures envers lui ; il ajouta l'insulte et l'outrage, en le chassant de sa maison. Outrager le pauvre ! c'est un crime ; mais insulter, outrager le pauvre volontaire de Jésus-Christ, c'est un crime plus énorme, et que Dieu allait punir d'une terrible manière !

Gothard revint le soir même auprès de notre Saint. Il portait deux pains, les seuls qu'il eût pu recueillir de la charité publique. Il raconta à Saint Roch les dérisions et les mépris dont il avait été l'objet. Il dit aussi l'outrage qu'il avait subi dans la maison du gentilhomme, son ancien ami. « Il en est puni à cette heure, lui dit le Saint, la peste l'a saisi; demain, il ne sera plus. »

L'événement justifia la prédiction. Le lendemain, le riche gentilhomme avait cessé de vivre, et, comme si le Seigneur avait voulu punir aussi la dureté avec laquelle le peuple de Plaisance avait traité son humble serviteur, la peste recommença ses ravages dans cette ville.

Saint Roch, toutefois, à l'imitation du doux et débonnaire Sauveur, qui ne répondit à la cruauté de ses bourreaux que par cette divine prière : *Seigneur, pardonnez-leur, parce qu'ils ne savent ce qu'ils font* (1); Saint Roch résolut d'aller encore auprès de ce peuple affligé, de se dévouer pour lui, de le guérir et de le sauver.

Le lendemain, il prenait donc son bâton et se rendait à Plaisance. Sa marche fut longue et douloureuse. Notre Saint n'était pas guéri : la plaie de sa cuisse était loin d'être cicatrisée; mais sa charité sut faire d'héroïques efforts. Il arriva jusqu'à la ville et se rendit à l'hôpital, théâtre ordinaire où il aimait à remplir son ministère divin.

Les pestiférés entendirent de nouveau la voix consolante de notre Saint; leurs membres furent encore marqués du signe salutaire de notre foi, et la multitude des malades fut encore guérie.

(1) *Jesus autem dicebat : Pater, dimitte illis : non enim sciunt quid faciunt.* (Luc. XXIII 34.)

Sortant de l'hôpital, sa marche dans les rues et sur les places publiques de la cité ne fut qu'une longue suite de guérisons.

Vers le déclin du jour, Saint Roch reprit le chemin de sa solitude. A peine entrait-il dans la forêt que, fatigué de la longueur et des difficultés de sa marche, il s'assit pour se reposer. Pendant qu'il essuyait son front, tout couvert de sueur, les bêtes fauves, les animaux sauvages de ces lieux déserts s'approchaient du serviteur de Dieu, et se rangeaient autour de lui. Dans leurs yeux tristes et abattus, dans leurs membres visiblement souffrants, Saint Roch eut bientôt reconnu les symptômes et les caractères de la peste qui saisissait jusqu'à ces animaux. Prosternés en quelque sorte à ses pieds, ils semblaient implorer sa protection, et attendre un bienfait de sa puissante main.

Tout ce qui appartient à la création, tout ce qui est l'œuvre de Dieu, tout ce qui est marqué du sceau de sa sagesse et de sa puissance a droit au respect, à l'amour, à la protection des serviteurs de Jésus-Christ. Saint François d'Assise, dans le siècle précédent, avait donné d'illustres et touchants exemples de cet amour bienveillant envers ces créatures, toutes sorties de la main du Créateur. Il les appelait *ses sœurs* et *ses frères* : il souffrait de les voir opprimées par l'homme, et il n'en était pas une seule dont il n'eût voulu racheter les douleurs. « Pourquoi, disait-il à un boucher, pourquoi torturez-vous mes frères les agneaux? » et à des oiseaux captifs : « Tourterelles, mes chères petites sœurs, simples, innocentes et chastes, pourquoi vous êtes-vous laissé prendre ainsi? »

Charité sublime que les animaux savaient reconnaître par leur soumission et leur obéissance, et qui montrait quel eût été l'empire de l'homme sur eux, si l'homme, par son péché, n'avait apporté le désordre dans la création !

Le saint apôtre de la charité fut donc ému de la souffrance de ces animaux que la main de Dieu semblait avoir conduits sur ses pas pour implorer leur guérison. Il les bénit, il s'approcha de chacun d'eux, il les marqua du signe sacré qui a sauvé le monde. O merveilles de la puissance et de la bonté du Seigneur ! ces animaux sans raison étaient guéris aussi par la vertu de ce contact divin.

Cependant Saint Roch s'approchait de l'humble et solitaire cabane où l'attendait Gothard, lorsque des voix célestes se firent entendre au milieu des silences de la forêt. Celui qui avait guéri miraculeusement tant d'infortunés, celui qui venait de guérir miraculeusement encore les animaux malades de la peste, allait être guéri lui-même, d'une manière miraculeuse et divine. « Roch, Roch ! disait le ciel, par la voix de ses anges, ta prière est exaucée ; que ta souffrance cesse, que la santé te soit rendue ! »

Guéri à l'instant même, Saint Roch entrait dans sa chaumière et donnait à Gothard le baiser fraternel. Mais, quel ne fut pas son étonnement, lorsque son disciple le salua par son nom ! Gothard avait entendu les voix célestes, il avait appris des anges le nom de son maître bien-aimé, et il prononçait avec respect ce nom à jamais vénérable pour lui. L'humilité de Saint Roch s'en alarma, et voulant rester dans l'obscurité de sa vie cachée, il recommanda à Gothard de ne faire connaître son nom à personne.

Cependant le bruit des miracles de Saint Roch s'était répandu au loin dans la contrée. La peste avait disparu, le pays était sauvé. La multitude, connaissant la retraite de notre Saint, se portait en foule vers la forêt; on voulait le voir, l'entendre et le bénir encore.

Le saint thaumaturge comprit alors que son œuvre était consommée. Sa solitude, silencieuse et paisible jusqu'à ce jour, était trop troublée par ces concours de peuple. Il voulut échapper à tant de renommée, et résolut de rentrer dans sa vie obscure et cachée. L'image de sa patrie se présenta à sa pensée, il désira la revoir. Un instinct surnaturel le portait vers le pays qui l'avait vu naître, et où il allait terminer si saintement sa carrière.

Avant de partir, Saint Roch eut avec Gothard un dernier entretien. Il recommanda à son disciple la fuite du monde, la vie contemplative de la solitude. Il lui parla de Saint Jérôme qui avait abandonné les délices de Rome pour aller vivre solitaire et retiré dans l'humble grotte de Bethléem. Il lui proposa les exemples de Saint Antoine et de Saint Paul l'ermite qui avaient trouvé dans le désert toutes les délices d'un cœur uni à Dieu, toutes les pures joies de l'espoir qui ne converse plus qu'avec les cieux.

« La voie de la perfection, lui dit-il, n'a pas de limite : plus on avance, plus ses horizons s'étendent et s'élargissent. Il y a, dans la solitude, des félicités et des joies intérieures que l'homme charnel ne peut imaginer. L'esprit du Seigneur, se communiquant à sa créature, répand dans son âme *des suavités qui surpassent la douceur du miel* dans sa bouche. (1) C'est lui-même qui l'a dit : « *Ceux qui auront faim de moi* (2), *auront encore*

---

(1) *Spiritus enim meus super mel dulcis, et hæreditas mea super mel et favum.* (Eccli. XXIV. 27.)

(2) *Qui edunt me, adhuc sitirient : et qui bibunt me, adhuc sitient.* (Ibid. XXIV. 29.)

faim, et ceux qui boiront à la source de la vie, *auront encore soif.* »

« Ami, voulez-vous être heureux, allez dans la solitude, vivez-y inconnu des hommes, connu de Dieu seul qui aura soin de vous, et qui vous donnera *le centuple en cette vie et la vie éternelle dans l'autre.* (1) »

Gothard acceptait avec joie les saints conseils, la sublime direction que lui donnait son maître, mais son cœur réclamait contre l'idée de la séparation douloureuse qui allait s'opérer. Il pria, il conjura notre Saint de l'emmener avec lui ; Saint Roch montra le ciel. Telle n'était pas la volonté de Dieu. Il lui montra le ciel ! « C'est là, lui dit-il, que nous devons nous retrouver, un jour, pour bénir le Seigneur et ne plus nous séparer. »

Ils se mirent alors en prières : et puis, s'étant donné le baiser fraternel, ils se dirent adieu. Saint Roch prit son bâton et se dirigea vers la France.

(1) *Et omnis qui reliquerit domum, vel fratres, aut sorores, aut patrem, aut matrem, aut filios, aut agros, propter nomen meum, centuplum accipiet, et vitam æternam possidebit.* (Matth. XIX. 29)

CHAPITRE HUITIÈME.

Factum est autem cum levare vellet Dominus Eliam per turbinem in cœlum, ibant Elias et Eliseus de Galgalis.

Dixitque Elias ad Eliseum. Sede hic, quia Dominus misit me usque in Bethel. Cui ait Eliseus : Vivit Dominus, et vivit anima tua, quia non derelinquam te.... Ierunt igitur ambo pariter.

Illi autem stabant super Jordanem.

Tulitque Elias pallium suum, et involvit illud, et percussit aquas, quæ divisæ sunt in utramque partem, et transierunt ambo per siccum.

Cumque transissent, Elias dixit ad Eliseum : Postula quod vis ut faciam tibi, antequam tollar a te ; dixitque Eliseus : Obsecro ut fiat in me duplex spiritus tuus.

Qui respondit : Rem difficilem postulasti : attamen si videris me, quando tollar a te, erit tibi quod petisti : si autem non videris, non erit tibi.

Cumque pergerent, et incedentes sermocinarentur, ascendit Elias per turbinem in cœlum.

Eliseus autem videbat et clamabat : Pater mi, currus Israël et auriga ejus... Et levavit pallium Eliæ quod ceciderat ei. Reversusque... percussit aquas, et divisæ sunt huc atque illuc, et transiit Eliseus. — Videntes autem filii prophetarum... dixerunt : Requievit spiritus Eliæ super Eliseum, et venientes adoraverunt. (Lib. IV. Regum, c. II.)

CHAPITRE HUITIÈME.

DOULEUR DE GOTHARD APRÈS LE DÉPART DE SAINT ROCH. — SA RÉSIGNATION CHRÉTIENNE. — POUR PERPÉTUER LA MÉMOIRE DE SON MAÎTRE ET DE SON COMPAGNON, IL PEINT SON PORTRAIT SUR UN MUR DE SAINTE MARIE DE BETHLÉEM. — IL PART, PEU DE TEMPS APRÈS, ET SE DIRIGE PROBABLEMENT VERS LES ALPES. — LE MONT SAINT-GOTHARD. — IL EST VRAISEMBLABLE QUE LE DISCIPLE DE SAINT ROCH FIXA SA RETRAITE SUR CETTE MONTAGNE ET QU'IL LUI DONNA SON NOM. — VIE SOLITAIRE DE GOTHARD. — SA MORT BIENHEUREUSE. — SON NOM INSÉRÉ DANS LE MARTYROLOGE. — SON CULTE A PLAISANCE.

Mon cher fils, la piété qui se contente du nécessaire est une grande richesse. Nous n'avons rien apporté en ce monde, et il est certain que nous ne pouvons non plus en rien emporter. Ayant de quoi nous nourrir et nous vêtir, nous devons être contents; car le désir des richesses est la racine de tous les maux, et quelques-uns de ceux qui en sont possédés, se sont égarés de la foi, et se sont jetés dans de grandes douleurs.

Pour vous, homme de Dieu, fuyez ces dangers... Livrez le saint combat de la foi; appréhendez la vie éternelle à laquelle vous avez été appelé. (1. Timothée VI. 6 et suiv.)

Gothard rentra seul dans la forêt, et se retirant sous la hutte que Saint Roch avait habitée, il tomba dans une tristesse profonde ; ses yeux versèrent d'abondantes larmes au souvenir des bienfaits qu'il devait à son bon maître et qui lui rendaient sa mémoire si chère.

Mais bientôt, se recueillant de plus en plus en lui-même, et se rappelant les conseils de haute perfection que Saint Roch lui avait donnés, son âme s'éleva au-dessus des pensées humaines, et n'eut plus d'autre désir que de se résigner et de se conformer à la volonté de Dieu et à celle de son maître.

Il eut alors l'idée de reproduire dans une peinture fidèle les traits vénérables du saint pèlerin. Il pensa que cette vue serait pour lui et pour d'autres un encouragement puissant pour se soutenir et persévérer dans la pratique de la vertu. Parmi les talents que possédait ce gentilhomme, il paraît qu'on distinguait surtout son habileté dans l'art de la peinture.

Comme sa dévotion et son amour pour Saint Roch l'amenaient souvent dans l'église de Sainte Marie de Bethléem, où le serviteur de Dieu avait fait sa prière, en arrivant à Plaisance, et où il avait entendu la voix divine qui l'assurait que sa prière était exaucée, il résolut de laisser, dans cet oratoire, ce monument de sa piété. S'inspirant donc de l'exemple de Saint Luc, qui peignit l'image sacrée de la Mère de Dieu, il s'appliqua à peindre lui-même sur un mur l'image chérie de son bon maître.

Au jugement des artistes, ce portrait de Saint Roch révèlerait dans Gothard un talent de peindre qui n'aurait pas été médiocre. Quoi qu'il en soit, cette peinture destinée à retracer les traits et la physionomie de notre Saint fut conservée par la postérité comme une œuvre précieuse de l'art, en même temps qu'elle était l'objet d'une grande et constante vénération.

Un manuscrit de 1615 que nous avons sous les yeux, et qui contient l'histoire de Saint Gothard, décrit ainsi les traits saillants et caractéristiques de cette sainte image. Nous citons ce passage avec d'autant plus de raison qu'il nous a paru donner une idée exacte de notre héros chrétien.

« Gothard, dit l'auteur anonyme de ce remarquable manuscrit, Gothard représente Saint Roch comme étant de petite taille, mais plein de grâce et de bel aspect. Sa face était courte et pleine ; sa peau sans taches, quoique un peu rude ; ses yeux étaient grands et modestement inclinés vers la terre, ce qui lui donnait un air pensif et révélait en lui une grande force d'âme. Son nez n'était ni trop long, ni trop gros, et dans d'exactes proportions ; sa barbe était courte, peu épaisse et de teinte roussâtre ; ses cheveux crépus tombaient en boucles sur ses épaules ; son cou paraissait court par l'habitude qu'il avait de le tenir incliné, comme font ordinairement les personnes timides ; ses bras étaient charnus, ses mains très-blanches, ses doigts longs et effilés. Le reste de sa personne était sans défauts et plein de distinction et de noblesse. (1) »

(1) *Lo pinse Gottardo (come era) di picciola statura, ma tutto grazioso e venusto di aspetto, ch'avesse la faccia breve et alquanto carnosa, la cui pelle senza macchia alcuna caricasse, con un poco di rossezza : gli occhi per grandi col sguardo verso terra, che pareva fosse sempre pensieroso, ed animo matto : il naso non troppo longo ne grosso, ma ben belle proporzionato al viso : la barba rossa, corta, e non folta : i capilli rassomigliantl al color di cera cincinnati, quasi a modo di treccie ; il collo corto, et in guisa che lo tenesse basso, come usano portarlo i vergognosi : le braccie carnose, con le mani candidissimi e i detl longhi e sottiri, e nel resto della persona ben fatto, e tutto bellissimo.*

(*Patria, casata, educazione, e costumi di Gotardo, et come visse ne tempi del glorioso S. Rocco. capo* IV.)

Saint Roch avait conseillé à Gothard la vie contemplative des pieux ermites. Gothard n'avait pu l'oublier. Un jour, il disparut dans le pays. Où était-il allé fixer sa retraite ? Nous pensons qu'il dirigea ses pas vers les Alpes dont ses yeux avaient contemplé si souvent la majestueuse perspective, et dont les solitudes inaccessibles avaient tant d'attraits pour lui. Les résolutions des Saints ont toujours un caractère de force et d'héroïsme.

Au centre de la chaine des Alpes, s'élève *le Mont Saint-Gothard*, plateau immense, dominé lui-même par quatre autres montagnes qui l'entourent et le couronnent. Ces pics dont le sommet se perd ordinairement dans les nues sont : le *Luscendro*, l'*Orsino*, le *Fiendo* et le *Prosa*.

Le plus altier de ces monts, l'Orsino, s'élève jusqu'à près de dix mille pieds au-dessus du niveau de la mer. Les autres géants, ses frères, se rapprochent de cette hauteur, sans cependant l'atteindre.

Au milieu de ces monts couverts de glaces et de neiges éternelles, s'étend un vaste vallon dans lequel on construisit plus tard un hospice destiné à recueillir et à héberger les voyageurs.

Dans toute la chaine des Alpes, rien n'égale la grandeur et l'imposante majesté de ces lieux. Qu'il nous suffise de dire que sur cette surface immense, l'œil contemple trente lacs et huit glaciers, vastes réservoirs qui donnent naissance à la Reuss, au Tésin, et à deux grands fleuves de notre Europe occidentale, le Rhin et le Rhône.

Toutefois, dans ce pays même où la nature se montre si âpre, si abrupte et souvent si terrible, la main de la divine Providence semble avoir voulu préparer à l'homme de doux abris, de riantes vallées, véritables oasis autour de ces mers de glace ou parmi ces précipices affreux. Là, les formes se montrent douces et gracieuses ; des eaux limpides se jouent sur des gazons émaillés de fleurs. Nulle part ailleurs, la terre ne se couvre d'un plus agréable, d'un plus riche manteau de verdure. Nulle part, on ne verrait un passage et plus rapide et plus complet des ombres à la lumière, de l'hiver le plus âpre au printemps le plus doux.

C'est dans une de ces riantes et solitaires vallées du Saint-Gothard, que le disciple de Saint Roch dut fixer sa retraite ; c'est là qu'il passa vraisemblablement les dernières années de sa vie.

L'historien de l'Église de Plaisance que nous avons déjà cité, dit que « Gothard Palastrelli alla mourir, consumé par l'exercice de toutes les vertus, dans un lieu solitaire et dans un pays lointain. »

Quel fut ce lieu solitaire ? l'historien de Plaisance ne le dit pas, mais le disciple de Saint Roch ayant donné son nom au pays que nous venons de décrire, nous sommes amené naturellement à conclure qu'il établit là sa demeure d'ermite.

Comment, en effet, les peuples auraient-ils nommé ce géant des Alpes, le *Mont Saint-Gothard*, si Saint Gothard ne l'avait illustré d'abord par sa retraite, par sa pénitence, par ses vertus, et enfin par sa mort bienheureuse ? Combien de montagnes, combien de solitudes dont les noms n'ont pas d'autre origine, ni d'autre signification ? (1)

Quoi qu'il en soit, il faut bien le reconnaître, notre

(1) Dans son *Histoire de Saint Roch*, M. l'abbé André, du diocèse d'Avignon, s'exprime ainsi sur le Saint-Gothard : « De son côté, un des géants des Alpes, le mont Saint-Gothard, portera sur son front de granit, à travers les orages et les siècles, le nom du disciple de Saint Roch. » page 58.

saint ermite ne pouvait pas choisir un lieu plus propice aux recueillements profonds, aux graves méditations, à la vie intérieure et céleste qu'il voulait mener désormais ici-bas. Le pauvre volontaire de Jésus-Christ qui avait renoncé à tout, et s'était dépouillé de tout en ce monde, pour se revêtir de la pauvreté de son divin Maître, et n'avoir d'autre bien que sa croix et ses espérances divines, pouvait-il trouver une voie qui le menât plus sûrement et plus directement au ciel? Là, l'air était plus pur, la solitude plus profonde, le silence plus complet : là, n'arrivaient jamais les bruits de ce monde ; là, enfin, il oubliait et les vains labeurs et les vaines agitations des enfants des hommes.

Les Saints aimèrent toujours les hautes montagnes, leurs solitudes, leur voisinage du ciel.

Toutefois, le saint ermite descendait, de temps en temps, de ces lieux presque inaccessibles. On le voyait apparaître, au milieu des villages, ou près des chalets parsemés sur les flancs de la gigantesque montagne. Il venait demander humblement le pain de l'aumône qui sustentait sa vie si pauvre et si mortifiée. Et quand des mains chrétiennes et hospitalières avaient garni sa besace, le pieux ermite bénissait ses bienfaiteurs, gravissait de nouveau les hauteurs de sa solitude, et reprenait sa vie de contemplation et de prière.

Combien d'années dura cette précieuse vie dont Dieu seul connaissait les mérites ? nous l'ignorons. Tout ce que nous pouvons augurer, c'est que les bons villageois ne le voyant plus paraître chez eux, conclurent qu'il était mort. Bientôt, sans doute, le nom, la naissance, les titres illustres, l'ancienne opulence du pauvre volontaire de Jésus-Christ furent connus dans ce pays. Dieu qui appelle ses Saints dans les voies cachées de l'humilité, de l'abnégation et du renoncement, prépare ordinairement, à leur insu, les moyens de les faire sortir de leur obscurité. En même temps qu'il les glorifie dans les cieux, il prend soin aussi de les glorifier sur la terre.

Les habitants de ces contrées qui avaient admiré, tant de fois, l'humble modestie, la sagesse et ce reflet de sainteté que donnait au serviteur de Dieu la pratique des plus hautes vertus, apprenant que le pauvre ermite était, quelques années auparavant, un noble patricien, un riche et puissant seigneur, ajoutèrent à leur vénération pour sa personne le culte de leur admiration pour ses mérites. Ils le regardèrent comme un homme de Dieu; ils l'invoquèrent comme un saint; ils donnèrent son nom à ces lieux illustrés et sanctifiés par sa vie pénitente et par sa mort bienheureuse. Cela nous paraît du moins vraisemblable, car nous n'avons garde de donner à ces faits d'autre valeur historique.

Ce que nous savons de certain, c'est qu'il en fut de Gothard comme de Moïse et de tant d'autres serviteurs de Dieu que l'Église a regardés comme saints, quoiqu'on ne connaisse ni le jour, ni l'endroit précis de leur mort.

Il est constant, en effet, qu'outre la renommée populaire qui lui donna toujours ce titre, la tradition antique de l'Eglise de Plaisance le proclame *Saint*.

Dans l'église de Sainte-Marie de Bethléem, au-dessus de l'image de Saint Roch peinte par Gothard, est une autre image représentant Saint Gothard lui-même avec l'auréole des *Bienheureux*, autour de sa tête. Une ancienne inscription qu'on lit au-dessous de cette peinture, le nomme disciple de Saint Roch, auteur de son portrait, et partageant son pouvoir spécial contre la peste.

Sur la porte de l'hôpital de la Sainte-Trinité, Saint

Gothard est encore représenté en habit de pèlerin, et conduit par un ange, avec cette inscription : *Divus Gothardus peregrinari cœpit.*

Dans son *Catalogue des Saints de l'Italie*, Philippe *Ferrari*, général des Servites, lui donne ce titre de *Saint*, avec ses noms et prénoms et les armoiries de la famille Palastrelli.

L'image de Saint Gothard était dans les églises de Saint Alexandre, de Saint Antoine de l'hôpital et de Saint Lazare et dans d'autres lieux du diocèse de Plaisance.

Mais ce qui est encore plus décisif, c'est qu'on trouve dans les églises que nous venons de nommer, des autels et des prébendes établis en son honneur ; ce que les évêques et les supérieurs ecclésiastiques n'auraient certainement pas autorisé, si la sainteté de Gothard n'avait pas été déjà un fait établi.

Parmi ces prébendes, nous citerons celle qui fut fondée dans l'Eglise de Saint Alexandre, le 5 décembre 1495, et dont l'acte authentique se trouve dans les archives de Plaisance. Un autre acte du 28 novembre 1528, porte nomination à ce bénéfice. Dans le premier, on lit ces mots bien exprès : *Et ad altare Sancti Gothardi in dicta Ecclesia (S. Alexandri) constituti*, etc. (1)

---

(1) *1495 5 decembris. — Dominus Johannes Jacobus Fasolus considerans quod qui seminat in benedictionibus in ipsis metet, instituit et ordinavit unam prebendam in Ecclesia S. Alexandri sub vocabili S. Gothardi in ipsa Ecclesia constitutam.* — Suit la nomination du prêtre *Antoine Galla* à la dite prébende, en transmettant le droit des nominations futures à la famille des Fasoli. L'acte est passé par devant le notaire de Plaisance, *Polidor Corvi.*

1528, 28 novembris. — Johannes Franciscus Fasolus constitutus, etc. exposuit quod D. Jacobus Fasolus Fil. quond. D. Ambrosii fundavit in Ecclesia S. Alexandri Placentie prebendam unam sub vocabulo S. Gotardi, et ad altare S. Gotardi in dicta

Enfin, ce qui serait plus définitif encore, M. l'abbé André, dans son *Histoire de Saint Roch* (Carpentras, 1854) assure que le nom de Saint Gothard se trouve inscrit dans le Martyrologe au 25 février.

Ecclesia constitutam, ad quam voluit et ordinavit quod eligatur sacerdos bonæ vocis, conditionis et famæ, qui teneretur et obligatus esset.... celebrare singula ebdomada in dicta Ecclesia S. Alexandri tres missas ad altare S. Gotardi predicti, et ad honorem ipsius, pro anima ipsius D. Johannis Jacobi. — Cela posé, on confirme la nomination du prêtre *Antoine Galla* à ladite prébende. L'acte est passé par devant *Christophe Mazzaborino*, notaire à Plaisance.

En 1551, 29 décembre, il est encore question de cette même prébende: *In dicta Ecclesia S. Alexandri sub vocabulo S Contardi et ad altare ipsius in dicta Ecclesia constitutam.* —Le mot *Sancti Contardi* est mis là par corruption. Cet acte passé pardevant *Pier. Parma*, notaire à Plaisance, et les deux actes précédents sont aux archives publiques de cette ville.

Enfin, 1783, 4 octobris, *collatio prebendæ S. Contardi in collegiata S. Alexandri pro D. Aloysio Maffi. Cum per obitum D. Marci Tassi ultimi possessoris præbendæ sub titulo S. Contardi nuncupatæ de Fasolis, etc.* Cet acte se trouve dans la dite église de S. Alexandre.

D'après ces actes, il est évident que le nom de S. Gothard n'a été changé en celui de *Saint Contard* que par corruption, comme cela arrivait si souvent à cette époque : le dernier acte qui mentionne le fondateur de la prébende, *Fasoli*, ne laisse aucun doute à cet égard, et le S. Contard n'est pas autre que notre S. Gothard Palastrelli, disciple de S. Roch.

Ce qui achève de le démontrer, c'est que les autres Saints Contard, un de la Bavière et l'autre de Rouen en France, sont des évêques. Or, dans l'église de Plaisance dédiée à S. Alexandre, il existe encore une statue très-ancienne de S. Gothard que l'historien Campi déclare avoir vue, de son vivant (1610 environ), et cette statue le représente en habit de pèlerin. N'est-il pas naturel d'ailleurs qu'à Plaisance on ait voulu honorer un S. Gothard né dans ses murs, plutôt que tout autre S. Gothard étranger à cette ville?

Il était d'autant plus nécessaire d'insister sur l'identité du disciple de S. Roch avec le S. Gothard invoqué à Plaisance dès le XVe siècle, que notre désir est, avec l'autorisation du Saint Siége, de lui dédier un autel dans notre nouvelle église, et de placer ainsi le disciple à côté de son maître.

Telle qu'elle est avec ses ombres, ses obscurités et ses incertitudes, cette histoire de Saint Gothard révèle dans ses traits saillants et lumineux, une belle et vénérable figure. Le disciple s'y montre constamment le digne émule des vertus de son maître. Comme Saint Roch, il aime la pauvreté, l'humilité, la vie cachée en Jésus-Christ : il les aime jusqu'à l'héroïsme. Saint Gothard devient ainsi l'œuvre la plus admirable de notre Saint. Il complète ses gloires : il ajoute à sa brillante auréole de thaumaturge, de héros de la charité, l'auréole radieuse de son apostolat dont il fut la plus précieuse conquête. (1)

Et maintenant, que le lecteur nous pardonne d'avoir laissé notre Saint bien-aimé sur les routes qui le ramenaient en France et dans sa ville natale. Avant de poursuivre l'histoire du maître, nous avons dû compléter ce qui nous restait à dire de la vie et du saint trépas de son glorieux disciple.

(1) *Gothardus, cujus tam multa in vita S. Rochi fit mentio, ex nobili Palastrella familia fuit : cujus imago in æde S. Annæ Placentiæ una cum vita ejusdem S. Rochi in parietè ab eodem Gothardo (ut ferunt) depicta cernitur.* Is passim sanctus nominatur. *Sed qua die decesserit, nec ubi corpus illius conditum fuerit, hactenus mihi incompertum,* inquit Ferrarius in Cantalogo Sanctorum Italiæ. (*Apud Bolland. annotatio in cap.* III. *vitæ Diedanæ.*)

CHAPITRE NEUVIÈME.

Et maintenant, voilà que, lié par l'esprit, je vais à Jérusalem, ignorant ce qui doit m'arriver ; si non que, dans toutes les villes par où je passe, le Saint-Esprit me dit que des chaînes et des tribulations m'attendent à Jérusalem. Mais je ne crains rien de tout cela, et je n'estime pas ma vie plus précieuse que moi-même, pourvu que j'achève ma course et que je remplisse le ministère que j'ai reçu du Seigneur Jésus. (Actes des Apôtres. xx.)

La sagesse n'a point délaissé le juste. Elle est descendue avec lui dans la prison. Elle ne l'a point abandonné dans ses chaînes, jusqu'à ce qu'elle lui a rendu le sceptre royal et la puissance contre ceux qui avaient été injustes envers lui : elle a convaincu de mensonge ceux qui l'avaient déshonoré, et lui a donné un nom et un éclat éternel. (Sagesse x. 13 et 14.)

CHAPITRE NEUVIÈME.

Retour de saint Roch à Montpellier. — Il est arrêté comme un espion et ne cherche a se prévaloir ni de son nom et de sa naissance, ni de ses droits d'héritier. — Il garde avec soin son incognito et se laisse jeter en prison. — Il y demeure pendant cinq ans, ignoré de ses concitoyens, connu de Dieu seul. — Il y meurt martyr de l'humilité chrétienne. — Circonstances merveilleuses qui précèdent sa mort. — Sa dernière prière. — Son saint trépas. — La croix rouge marquée sur sa poitrine le fait reconnaître. La glorification de saint Roch commence a Montpellier le jour même de sa mort bienheureuse.

J'ai crié vers le Seigneur du sein de ma tribulation, et il m'a exaucé. (Jonas. II.)

Son visage resplendit comme le soleil, et ses vêtements devinrent blancs comme la neige. (Matth. XVII. 2.)

Le juste périt et nul n'y pense. Le Seigneur rappelle à lui l'homme de miséricorde, et personne ne sait le comprendre...

O juste, repose en paix sur ta couche, toi qui as marché dans la justice. (Isaïe LXVII. 1 et 2.)

Après s'être séparé de Gothard, Saint Roch franchissait donc de nouveau les Alpes : il traversait le Piémont, et rentrait dans sa patrie. Quelques journées de marche le conduisaient enfin devant sa ville natale.

Dans quel état se trouvait Montpellier au retour du saint et glorieux pèlerin ? c'est ce qu'il est utile de dire pour l'intelligence de notre histoire.

A cette époque, l'autorité des rois de Majorque qui occupaient la seigneurie de notre ville était déjà bien ébranlée ; elle penchait visiblement vers une ruine prochaine et inévitable. Depuis que l'évêque de Maguelonne, Bérenger de Fredol, avait cédé à Philippe-le-Bel ses possessions de *Montpellier* (1), les rois de France exerçaient leur pouvoir sur cette partie de notre territoire, et tendaient naturellement à s'emparer de l'autre partie, appartenant aux rois de Majorque.

Cette tendance ne pouvait d'ailleurs que s'accroître en présence des graves mésintelligences qui existaient entre les deux branches royales de la maison d'Aragon, la branche aînée et la branche cadette. En partageant son royaume en deux états (1276), Jaymes Ier avait laissé à sa postérité un ferment perpétuel de discorde. Les rois d'Aragon de la branche aînée n'avaient pas cessé, en effet, de regarder d'un œil envieux les possessions de leurs frères de la branche cadette. Les affaiblir en les amenant à céder au roi de France la seigneurie de Montpellier, afin de s'emparer eux-mêmes plus facilement de leurs domaines de Majorque, du Roussillon et de la Cerdagne, et reconstituer ainsi l'unité de la monarchie Aragonaise, telle avait été leur politique, et cette politique allait avoir bientôt son accomplissement.

(1) *Montpellieret* était situé au S. E. de la colline, Montpellier au N. O. Ces deux bourgs si rapprochés, se réunirent à la longue par la quantité d'habitations dont se couvrit le sommet intermédiaire. Montpellier est cédé à Philippe-le-Bel en 1293.

Un roi comme *Sanche*, aussi débonnaire et aussi inoffensif que les historiens nous le représentent, n'était pas fait, assurément, pour conjurer ces dangers imminents. Il mourait en 1324, deux ans après la rentrée de Saint Roch à Montpellier, et son successeur, Jaymes III, qui n'avait guère alors que dix ans, ne pouvait pas être plus heureux. Aussi la seigneurie de Montpellier passa-t-elle entre les mains de Philippe de Valois en 1349, et ses autres États étaient-ils envahis, presque en même temps, par le roi d'Aragon.

On comprend maintenant l'état de méfiance dans lequel était notre ville au retour du saint pèlerin, et la précaution avec laquelle on devait accueillir tout ce qui y était étranger. Montpellier, sanctuaire paisible de la science, était comme une ville de guerre, toujours en éveil contre les surprises de ses ennemis.

Notre Saint put franchir, toutefois, les portes de la cité gardées par de vigilantes sentinelles; il put pénétrer jusqu'au centre de la ville et s'asseoir, harassé de fatigue, sur un banc de pierre, non loin de la maison de ses pères.

Pourquoi Saint Roch s'assit-il ainsi sur ce banc, comme un mendiant qui n'a pas même un gîte pour aller s'y abriter? Ne pouvait-il pas, ne devait-il pas aller droit à sa maison paternelle? Ne lui était-il pas facile de se faire connaître et d'obtenir de l'oncle qui lui avait succédé dans ses charges, et qui occupait sa place, un accueil bienveillant? Ainsi le penseraient la prudence et la sagesse humaines; mais la sagesse de l'Evangile a des conseils plus profonds, des vues plus élevées.

Le glorieux pauvre de Jésus-Christ avait résolu de cacher son nom, de se cacher lui-même, en gardant l'incognito le plus sévère, voulant rendre ainsi plus com-

plète son abdication de toutes les gloires de ce monde.
Une main supérieure l'avait ramené dans son pays, et
pourquoi ? pour y souffrir et pour y mourir. Saint Roch
ne l'ignorait pas, et sa haute vertu ne devait pas faillir
devant ces nouvelles épreuves.

Il est un insecte mystérieux qui termine son existence, en fabriquant lui-même son tombeau dans de pénibles et persévérants labeurs. Et, lorsqu'il a ainsi fait la riche enveloppe qui doit lui servir de tombe, il s'y enferme avec courage, il y meurt. Mais, dans les obscurités mêmes de son tombeau, son être se régénère bientôt ; il en sort, peu de jours après, avec gloire, et déployant ses ailes, il s'envole vers les régions de la lumière.

Dans le magnifique langage de notre liturgie, cet insecte merveilleux représente les travaux, la mort, l'ensevelissement et la glorieuse résurrection de Notre-Seigneur Jésus-Christ. (1) Il nous semble représenter admirablement aussi la mort au monde, la prison ténébreuse et la résurrection pleine de gloire de Saint Roch, le plus ardent de ses imitateurs et le plus fidèle de ses disciples.

Après les travaux et les souffrances de sa laborieuse carrière, Saint Roch revenait dans sa ville natale, pour y préparer lui-même sa tombe, comme cet insecte mystérieux. Dieu se chargeait de le glorifier ensuite, de lui rendre son nom, de l'environner de lumière, de lui donner en tout lieu la plus douce, comme la plus réelle

---

(1) *Deus qui Filium tuum unigenitum per humilitatem vermi assimilare dignatus es, ex qua tam uberem fructum honoris et gloriæ collegisti : hæc bombycum semina propitius benedicere et sanctificare digneris*, ut qui dum nascuntur, moriuntur, et reviviscunt, nativitatem, mortem et resurrectionem Filii tui repræsentent. (Ritual Rom. in benedict.)

des célébrités de ce monde, celle de sa charité héroïque, de son infatigable dévouement à notre humanité. Tel est le dénouement prochain de son histoire.

Pendant qu'il se reposait sur ce banc de pierre que la postérité honora depuis comme une relique, notre Saint devint bientôt un objet de curiosité pour la foule qui passait dans ces lieux. Personne ne le reconnut. On ne soupçonna même pas, sous ce costume de pèlerin, le descendant de la noble famille des Rochs : sa figure était pâle, son corps décharné. Ses austérités, ses travaux presque continuels, ses longues marches, son teint hâlé par les ardeurs du soleil avaient changé sa physionomie, à ce point qu'il était méconnaissable à ses concitoyens et à sa famille même, comme nous allons le voir.

Bientôt, des archers de la cour du bayle, attirés par la foule, vinrent lui demander son pays et son nom, et, comme Saint Roch ne répondait à leurs questions que par ces humbles paroles : « Je suis un pauvre pèlerin, » des idées de méfiance et de soupçon s'emparèrent aussitôt de ces hommes. On le questionna de nouveau, on l'examina plus attentivement. Le Saint fit la même réponse.

Dans ces temps où l'on était sans cesse en garde contre les entreprises de ses voisins, le mot d'espion se présenta naturellement à tous les esprits ; il circula bientôt, de bouche en bouche, et le saint pèlerin, dans lequel on finit par voir un espion dangereux, fut arrêté, garotté de liens, et conduit, comme un malfaiteur, devant le gouverneur de la ville.

Ce gouverneur était l'oncle même du Saint. Après l'avoir examiné avec attention, sans cependant le reconnaître, il demande à ce mystérieux inconnu ce qu'il était, d'où il venait, et quel était son nom.

Les réponses de Saint Roch étaient faciles, si Saint Roch avait voulu se faire connaître. Il n'avait qu'à découvrir sa noble poitrine, et montrer à son oncle la croix pourprée qui le distinguait, depuis sa naissance, et dont personne, à Montpellier, n'ignorait l'existence. Il n'avait qu'à dire son nom, et ajouter qu'il était ce pèlerin renommé, béni dans toute l'Italie, connu déjà dans toute l'Europe.

Ce mot si simple et si sublime dit à son oncle : « Je suis votre neveu, votre enfant! » ce mot dit aux assistants : « Je suis votre concitoyen et votre frère ! » ces mots devaient exciter aussitôt l'admiration, le respect, l'attendrissement de tous. Ils devaient amener la scène touchante et pathétique qui se passa jadis entre les fils de Jacob et leur frère, au moment où celui-ci leur dit : *Je suis Joseph*. (1)

Saint Roch n'avait donc qu'à se nommer et à montrer sa poitrine, et ses liens tombaient à l'instant de ses mains, et il passait de l'opprobre de sa situation au rang et à l'honneur qu'on lui devait à tant de titres. Mais alors, Saint Roch ne se montrait plus l'humble disciple de Jésus-Christ. Il préférait les honneurs et les gloires de ce monde aux abaissements, aux opprobres, à la croix de son divin Maître. Or, Saint Roch ne dut pas hésiter un moment devant ce choix qui lui restait à faire d'une vie glorieuse et commode selon le monde, ou d'une vie d'immolation et de crucifiement avec Jésus-Christ.

Dans ce moment, l'un des plus sublimes et des plus solennels de sa belle vie, l'auguste image du Sauveur, garotté de liens, couronné d'épines, paraissant devant

---

(1) *Elevavitque vocem cum fletu (Joseph) quam audierunt Ægyptii, omnisque domus Pharaonis,*
Et dixit fratribus suis : Ego sum Joseph. (Genes. XLV. 2 et 3)

ses juges, et ne répondant à leurs interrogations que par son noble et majestueux silence, dut se présenter aux souvenirs de notre saint et fidèle imitateur du divin Maître. Lui aussi ne répondit pas, il garda un noble et modeste silence à toutes les questions que lui adressait le gouverneur de la ville. (1)

Celui-ci parla de la prison, il parla de la prison la plus dure. Saint Roch conserva tout son courage, et s'abandonnant aux mains de ses bourreaux, il se laissa jeter dans cette dure et ténébreuse prison.

Lorsque Platon fait son admirable portrait du juste, il dit ces remarquables paroles : « Il faut que cet homme n'ait pas même la gloire de paraître juste, pour ne pas être soupçonné de l'être par vanité ; il faut qu'il soit dépouillé de tout, à l'exception de sa vertu ; il faut que, sans nuire à personne, il soit traité comme le plus méchant de tous ; il faut qu'il persévère jusqu'à la fin dans la justice ; qu'il soit fouetté, chargé de fers ; qu'on l'attache en croix ; qu'on le fasse expirer dans les plus cruels supplices. »

En faisant ce portrait du juste, Platon eut probablement en vue le *Juste par excellence*, et c'est là ce qu'affirment ceux qui ont pensé que ce philosophe avait étudié dans nos saintes écritures ses traits divins. Quoi qu'il en soit, si Jésus-Christ fut la réalisation vivante et radieuse de cet idéal divin de la vertu et de la perfection, il faut bien reconnaître que ses disciples, et en particulier notre Saint, en réalisèrent par l'imitation, les traits augustes.

(1) *Et vinctum adduxerunt eum, et tradiderunt Pontio Pilato præsidi; et cum accusaretur a principibus sacerdotum et senioribus, nihil respondit. Tunc dicit illi Pilatus: Non audis quanta adversum te dicunt testimonia? Et non respondit ei ad ullum verbum.* (Matth. XXVII. 2, 12, 13 et 14.)

Quelle dignité ! quel calme sublime dans la personne de Saint Roch, au moment où il va s'ensevelir tout entier dans sa noire prison ! Avec quelle noble simplicité il évite la gloire de sa vertu ! Avec quel admirable désintéressement, avec quel dévouement magnanime, il consent à se dépouiller de tout, à sacrifier sa liberté, son indépendance, renonçant volontairement à toutes les conditions de la vie, dans la privation de l'air et de la douce lumière des cieux ; ne gardant que sa vertu pour tout bien et pour toute jouissance ! Avec quelle abnégation de lui-même, il permet qu'on le traite comme un méchant et un malfaiteur, lui, l'ami, le bienfaiteur de l'humanité ! Avec quelle héroïque constance, il consomme le long et douloureux martyre de sa prison !

Le martyre est la dernière et la parfaite consommation de la justice chrétienne. Mais il y a plusieurs sortes de martyre. Voir ses membres déchirés sur les chevalets, ou broyés sous la dent des lions et des léopards, mutilés par le glaive, ou consumés par la flamme, mourir, en un mot, pour la vertu, pour la justice, pour la vérité, c'est, assurément, un précieux holocauste, et tout à la fois, un témoignage d'une grande valeur rendu à la justice, à la vertu, à la vérité. Toutefois, ce martyre, quelque douloureux qu'on le suppose, ne dure que quelques heures, que quelques instants.

Mais, descendre dans la solitude d'un cachot ténébreux ; s'y enfermer avec sa vertu et son innocence, pendant cinq années ; y mourir dans une longue et lente agonie, c'est là un martyre plus sublime et plus héroïque encore. Saint Roch ne fut donc pas seulement le héros de la charité, il fut aussi le glorieux martyr de l'humilité.

Pendant ces cinq années que dura sa captivité, que

se passa-t-il dans son obscure prison ? peu de choses vraiment en apparence. Nous ne sachons pas qu'il y ait vécu dans la compagnie d'autres prisonniers et que, fort de son innocence, comme le juste Joseph, il les ait priés de se souvenir de lui après leur délivrance, pour réclamer en sa faveur la justice du prince ou celle des magistrats (1) ; nous ne sachons pas non plus que jamais personne soit venu le visiter, et que nul autre que le geôlier qui lui apportait le morceau de pain et la cruche d'eau nécessaires à sa subsistance ait daigné s'intéresser à lui ; et cependant, ces longues et dernières années de sa vie ne furent pas perdues pour le monde, pour la cité surtout qui lui donna le jour !

Pendant les heures de son agonie, au sein des ténèbres qui l'enveloppaient comme d'un manteau de deuil, Saint Paul nous apprend que Jésus-Christ offrait à Dieu son Père des supplications et des prières, les accompagnant de larmes, de gémissements et de sanglots.

Cependant, les récits de l'Évangile se taisent sur ces détails précieux et nous les eussions éternellement ignorés, si le grand apôtre n'avait pris soin de nous les révéler. Jésus-Christ pleura donc, il versa d'abondantes larmes, il adressa au ciel de vives et pressantes supplications, dans cette dernière et solennelle expiation de nos péchés, et Saint Paul ajoute qu'il fut exaucé, à cause de la ferveur, de l'humilité, de la longue persévérance de sa prière. C'est ainsi que Jésus-Christ sauva le monde : *Exauditus est pro sua reverentia.* (2)

(1) *Memento mei, cum tibi bene fuerit et facies mecum misericordiam : ut suggeras Pharaoni ut educat me de isto carcere, quia innocens in lacum missus sum.* (Gen. XL. 14 et 15)

(2) *Qui in diebus carnis suæ, preces supplicationesque ad eum qui possit illum salvum facere a morte, cum clamore valido et lacrymis offerens, exauditus est pro sua reverentia.*

L'histoire, les légendes elles-mêmes se taisent, il est vrai, sur ce qui se passa dans la longue et douloureuse agonie du Saint, au milieu des ténèbres de sa prison. Mais, quand on considère, d'une part, que l'image auguste de Jésus-Christ fut continuellement présente à son esprit, et que toutes les ardeurs de son âme furent constamment appliquées à retracer dans sa personne les traits de ce divin modèle ; quand, d'autre part, nous considérons les grâces spéciales qu'il plut à Dieu d'accorder à son sacrifice, à ce martyre de cinq années de souffrances, on est amené à conclure que Saint Roch offrit aussi au ciel ses larmes, ses instantes supplications de chaque jour, pour le salut de l'humanité, et que le ciel l'exauça, à cause de cette humilité profonde et de cette longue persévérance de sa prière. *Exauditus est pro sua reverentia.*

Enfin, le moment était venu où il allait consommer sa douloureuse carrière. Quelque pure, quelque parfaite que soit la vie des Saints, soit par appréhension de la justice divine, soit par une connaissance plus approfondie de la sainteté de Dieu, soit enfin par un mouvement de la grâce qui les porte à se régénérer, à se purifier, à se sanctifier davantage dans les sacrements, qui sont *les fontaines vivifiantes de notre divin Sauveur*; les Saints ne veulent pas quitter cette vie sans avoir eu recours à ces grâces salutaires, sans emporter avec eux le Viatique divin de la vie et de la gloire.

Un jour que le geôlier venait apporter à Saint Roch

Et quidem cum esset Filius Dei, didicit ex eis quæ passus est obedientiam, et consummatus, factus est omnibus obtemperantibus sibi causa salutis æternæ. (Hebr. v. 7. 8 et 9.)

(1) *Haurietis aquas in gaudio de fontibus Salvatoris.* (Isai. XII 3.)

la triste nourriture, le pain noir qui sustentait sa pauvre existence, le Saint, voyant s'approcher sa dernière heure, demanda comme une grâce qu'un ministre de Jésus-Christ fût introduit auprès de lui. Le geôlier porta sa demande à ses chefs, et bientôt la prison s'ouvrait pour laisser entrer le ministre de l'Évangile. Heureux prêtre appelé à contempler ce doux spectacle de la mort du juste! Heureux prêtre à qui il fut donné surtout d'admirer les trésors de vertu, de grâces et de mérites qui enrichissaient cette âme sainte!

En entrant dans cette prison ténébreuse, le prêtre s'étonna de la voir inondée de lumière. Le Saint était gisant sur son misérable grabat. Le prêtre remarqua que son corps, amaigri par le jeûne, spiritualisé par un exercice incessant des divines contemplations, resplendissait d'une clarté plus lumineuse encore. La face du saint prisonnier avait quelque chose d'auguste qui captivait le regard; son œil brillait d'un éclat surnaturel; sa bouche avait de douces et solennelles paroles, telles que jamais il n'en avait entendu de pareilles.

Ébloui, subjugué par tout ce qu'il voyait et par tout ce qu'il entendait, le prêtre s'inclina de respect d'abord, de vénération ensuite, lorsqu'il eut entendu l'humble confession du serviteur de Dieu. Il revenait quelques instants après, portant dans ses mains l'auguste sacrement qui donne ou qui complète la vie divine dans les âmes. Jamais spectacle plus touchant et plus sublime ne s'était présenté aux regards et à l'admiration du ministre de Dieu.

Quand le Saint se vit ainsi face à face avec son Dieu, le Dieu bon pour lequel il avait vécu et dans lequel il allait mourir, son œil s'illumina d'une flamme nouvelle; tous les sentiments de la joie, de la reconnaissance, de l'adoration se peignirent tour à tour sur son noble front et donnèrent à ses traits l'expression et la majesté de l'extase ! l'extase ! elle dura jusqu'au moment de son doux et saint trépas.

Pendant que le prêtre se rendait en toute hâte chez le gouverneur et les magistrats de la cité, racontant partout les scènes aussi touchantes que merveilleuses dont il venait d'être l'heureux témoin ; de son côté, le geôlier de la prison voyait de mystérieuses clartés s'échapper, à travers les vides de la porte, et éclairer les lieux voisins. Il entendait aussi des voix qui conversaient avec le saint prisonnier, et, dans son étonnement et dans son admiration, il appelait d'autres hommes pour les rendre témoins de ces merveilles.

Quelles étaient donc ces voix qui s'entretenaient ainsi avec le serviteur de Dieu, alors que les portes de sa prison étaient fermées, et qu'il agonisait seul sur son pauvre grabat ?

Les anges du ciel étaient descendus auprès de leur frère : ils venaient lui annoncer l'heure de sa délivrance, et lui apporter les joies et les félicités de la céleste patrie.

Toutefois, avant d'emporter son âme dans le sein de Dieu, les anges voulurent que Saint Roch adressât au Seigneur une dernière prière, lui disant que, pour prix de sa constance et de son dévouement héroïque, sa prière serait exaucée.

Alors, se recueillant plus profondément en lui-même, Saint Roch éleva vers les cieux ses yeux suppliants, et dit d'une voix douce et sereine mais presque éteinte : « Seigneur, mon Dieu, vous avez voulu que je visse ici-bas les tristes ravages de la peste ; vous avez voulu que mes membres en éprouvassent et en connussent tous les maux : Seigneur, je sais que c'est par un effet de votre puissance et par la vertu de votre sainte croix, qu'il m'a été donné de guérir vos créatures affligées de ce mal destructeur. Soyez béni, Seigneur, de vous être servi du plus humble de vos serviteurs pour opérer ces grands miracles de votre puissance et de votre miséricorde; et puisqu'il vous plaît d'écouter encore une fois ma prière, ô Dieu bon et clément ! permettez, je vous en supplie, que ceux qui vous invoqueront, dans ces jours d'épreuve et de malheur, se souvenant de mon nom et de ce que j'ai fait pour le salut de mes frères, permettez qu'ils soient exaucés de vous !

« Seigneur ! daignez les délivrer de la contagion et de la mort ! »

Après cette dernière prière en faveur de l'humanité, dont il fut le plus ardent et le plus généreux serviteur, Saint Roch inclina son humble tête. Sa tâche était remplie, tout était consommé : il expirait doucement, le 16 août 1327, âgé de 32 ans.

Pendant que son âme sainte s'élevait vers les cieux, escortée par les anges et radieuse de lumière, de vagues rumeurs circulaient déjà dans notre ville. Le gouverneur, frappé de tout ce qu'il venait d'apprendre du ministre de Dieu, se rendait à la prison. Grand nombre d'autres personnages, non moins désireux de voir tout ce qu'on racontait de merveilleux, s'y rendaient aussi.

Le geôlier ouvrit le cachot : il était encore inondé de clartés. Le corps du Saint était étendu sur son pauvre et misérable grabat. Quoique privé de vie, ce corps rayonnait de lumière, et on remarquait que ces lieux de ténèbres étaient éclairés par ces rayons lumineux.

Le gouverneur s'approcha du Saint et vit à ses côtés une tablette sur laquelle étaient écrits des caractères d'or. Il la prit, et lisant cette mystérieuse écriture, ô prodige ! ô surprise d'admiration ! il y trouvait cette promesse divine, fruit précieux de la dernière prière de notre Saint : la tablette portait *que ceux qui, frappés de la peste, invoqueraient désormais le nom de Saint Roch, seraient délivrés de ce mal destructeur.*

A ce nom de *Roch*, le gouverneur fut saisi d'une surprise plus grande encore, mais il ne comprit pas qu'il était en présence de son saint neveu. Il rentra dans sa maison et raconta à sa mère les détails de cette sainte mort et les circonstances merveilleuses dont elle était environnée. Il lui parla des caractères d'or qu'il avait lus et qu'une main divine avait sans doute tracés ; il exprima son étonnement à la vue du nom de Roch que ces caractères semblaient attribuer au serviteur de Dieu.

A ce récit, la mère du gouverneur, illuminée d'une pensée soudaine, lui dit : « Mon fils, ce juste, mort si saintement, est certainement notre pieux et saint neveu. Allez, mon fils, et voyez s'il a sur sa poitrine l'empreinte de la croix, couleur de pourpre, avec laquelle il vint au monde. Si ce juste est marqué de ce signe sacré, soyez assuré que c'est notre propre parent qui partit, il y a douze ans, sous ce même habit de pèlerin. »

Le gouverneur revint donc à la prison, et découvrant la poitrine du Saint, il vit la croix pourprée imprimée sur sa chair. A ce spectacle, ses yeux se remplirent de larmes, son cœur fut dans la désolation d'avoir méconnu et maltraité si cruellement son noble et saint neveu. Il se prosterna devant ce corps désormais si vénérable : il le baisa avec de profonds respects, il ordonna qu'il fût retiré de ce lieu d'opprobre et d'ignominie, il voulut qu'il fût exposé avec honneur, dans le lieu le plus digne.

Sa mère, octogénaire, apprenait bientôt après ce qui venait de se passer. Elle se faisait raconter la vie de misère et de souffrance que son noble parent avait menée dans ce noir cachot, sa longue agonie, sa mort prématurée, conséquence malheureuse et à jamais déplorable d'une erreur à laquelle son fils n'avait pas été étranger. Et, ne pouvant supporter cette épreuve cruelle, succombant sous le coup de ses émotions, elle mourait, peu de jours après, de douleur et de regret.

Cependant, le bruit d'une si grand événement s'était répandu dans la ville. La noblesse accourait en foule, et rendait ses honneurs et son culte à l'illustre gentilhomme mort si saintement. Le peuple venait aussi de toutes parts, et se pressait autour du noble enfant de Montpellier. Tous se prosternaient devant son corps vénérable, humectant de leurs pieuses larmes les pieds, les mains et surtout la sainte poitrine du serviteur de Dieu marquée du signe sacré de notre rédemption. Ce signe divin, sur cette noble poitrine, était regardé comme un présage de protection et de salut pour notre ville.

Que d'invocations, que de touchantes prières furent adressées par nos pères à celui qu'ils regardaient désormais comme un saint bienheureux! L'heure de la glorification de Saint Roch était venue, et sa gloire, soyons fiers et heureux de le dire, commençait dans sa ville natale.

Notre cité tout entière voulut accompagner ses saintes dépouilles. Le corps de Saint Roch fut déposé d'abord dans un pieux monument. Sa famille, ses concitoyens avaient résolu déjà de construire en son honneur un riche sanctuaire.

Nous aurons à parler plus tard des reliques de notre illustre Saint, des honneurs insignes qu'elles reçurent, de leur glorieuse destinée dans la vénération des peuples ; et cependant, quoique ces saintes reliques soient devenues plus précieuses que l'or et les diamants, nous avons hâte de le dire, la glorification de Saint Roch est loin de se résumer en elles. (1)

La gloire de Saint Roch qui va remplir bientôt le monde, est dans ses vertus héroïques, dans les infatigables travaux de son zèle, dans sa charité sublime qui lui a valu, dans la postérité, le titre mérité du *Vincent-de-Paul du XIV° siècle*. Sa gloire est dans les prodiges de salut qu'il opéra de son vivant, dans les prodiges non moins nombreux qu'il opéra depuis, et toujours comme guérisseur et sauveur des peuples : la gloire de Saint Roch est dans l'amour, dans la reconnaissance que le monde lui a voués, dans le culte dont il jouit en tous lieux, dans la confiance générale qui fait que, aux jours néfastes de la contagion, les peuples s'adressent à lui, toujours à lui pour obtenir le salut et la guérison. La gloire de Saint Roch est enfin dans la constante et universelle popularité qui s'est attachée à son nom et à sa mémoire. Autant sa vie fut humble et cachée en Jésus-Christ, autant sa célébrité a été publique et solennelle. Que Dieu en soit à jamais béni !

Tous ces titres d'honneur qui appartiennent à notre Saint et qui forment son auréole et sa couronne doivent

---

(1) L'antiquité fait dire a l'ombre du fils de Priam :

« Ne juge pas Hector d'après sa petite tombe : l'Iliade, Homère, les Grecs en fuite, voilà mon sépulcre : je suis enterré sous toutes ces grandes actions. »

compléter naturellement son histoire. Que Dieu daigne aider notre faiblesse et nous accorder la grâce de les raconter dignement !

Ce 15 décembre 1855, jour de l'Octave de l'Immaculée Conception de la très-auguste Vierge Marie.

Virgo Mater, *Natum ora,*
Ut nos juvet omni hora.

FIN DE LA PREMIÈRE PARTIE.

SECONDE PARTIE.

HISTOIRE DU CULTE

DE

SAINT ROCH

Humiliavit semetipsum, factus obediens usque ad mortem, mortem autem crucis.

Propter quod et Deus exaltavit illum, et donavit illi nomen. (Philip. II. 8. 9.)

Et erit sepulcrum ejus gloriosum. (Isaïe. x.)

PRÉFACE.

Le culte d'un Saint consiste, tout d'abord, dans la vénération publique qui s'attache à sa mémoire et qui, sanctionnée par l'Église, lui donne plus tard des droits légitimes aux invocations et aux prières des fidèles.

Ce culte est dans la dévotion et la confiance des peuples qui va s'accroissant et grandissant avec le nombre de ses bienfaits.

Ordinairement, les arts ne restent pas étrangers à ces démonstrations de la piété publique. Ils s'unissent pour célébrer à l'envi ses gestes glorieux. La peinture et la sculpture aiment à reproduire ses traits vénérés ; l'histoire raconte la sainteté de sa vie, les services qu'il rendit à l'humanité ; la poésie chante ses vertus héroïques ; l'architecture élève à sa gloire de riches monuments.

Aucune de ces glorifications n'a manqué à notre Saint. Depuis le concile de Constance, le culte de Saint Roch est devenu tellement universel, tellement populaire, qu'il n'est pas facile aujourd'hui d'en donner une histoire complète. Son nom est connu, béni, invoqué dans la catholicité tout entière. Partout, la piété, l'amour et la reconnaissance des peuples lui ont érigé des autels ou décerné des statues ; partout on lui a rendu de solennels hommages.

Or, comment espérer de raconter toutes ces démonstrations de la piété publique dans tant de pays divers ? comment pouvoir espérer de n'en omettre aucune ?

Nous nous bornerons donc à relater dans cette histoire du culte de Saint Roch, les faits et les documents principaux qu'il nous a été donné de recueillir dans nos études ou dans nos voyages. Et, pour coordonner et résumer, tout d'abord, ces faits et ces documents précieux, nous dirons comment Saint Roch a été glorifié :

1° Par l'Église, qui sanctionna le culte de vénération dont il jouissait depuis le jour de sa bienheureuse mort ;

2° Par ses miracles, qui lui donnèrent dans le monde tant de crédit et de renommée ;

3° Par le prix qu'on attacha à ses saintes reliques ;

4° Par le culte d'amour et de dévotion que lui rendirent les peuples ; par les riches monuments qu'ils élevèrent en son honneur, et qui donnèrent à son nom tant d'éclat et d'illustration.

Tel est le plan que nous nous sommes tracé.

Et comme la noble ville qui lui donna le jour s'apprête, en ce moment, à lui ériger un sanctuaire digne d'être regardé par la postérité comme un témoignage de sa vénération, et comme un magnifique tribut de sa reconnaissance, il nous a semblé que nous devions quelques pages à cette grande et pieuse entreprise. Il est juste qu'après avoir fait l'histoire du culte de Saint Roch dans la chrétienté, nous montrions à nos lecteurs ce dernier monument de la munificence et de la piété de sa ville natale. Que Dieu bénisse notre œuvre : que notre Saint bien-aimé soit mieux connu ; et que par lui, le Seigneur, auteur de toute sainteté dans les créatures, soit plus glorifié ! nous n'avons pas d'autre but.

CHAPITRE PREMIER.

Beatus qui inventus est sine macula, et qui post aurum non abiit, nec speravit in pecunia et thesauris: qui probatus est in illo, et perfectus est, erit illi gloria æterna. (Eccli. XXXI.)

HISTOIRE DU CULTE
DE
SAINT ROCH

CHAPITRE PREMIER.

VÉNÉRATION PUBLIQUE DONT SAINT ROCH EST L'OBJET, APRÈS SA MORT. — CE RESPECT RELIGIEUX S'ATTACHE JUSQU'A SA MAISON PATERNELLE, JUSQU'AU BANC DE PIERRE OU LA TRADITION PORTE QU'IL ÉTAIT ASSIS, LORSQU'IL FUT FAIT PRISONNIER, JUSQU'A SON BATON DE PÈLERIN. — CONCILE DE CONSTANCE, EN 1414. — COMMENT SON CULTE FUT OFFICIELLEMENT AUTORISÉ PAR LA PAPAUTÉ.

« On ne peut guère douter, dit M. Baillet, que la dévotion particulière du peuple au tombeau de Saint Roch, n'ait commencé dès le jour de sa sépulture, et qu'elle n'ait toujours été en augmentant. (1) »

Le jugement d'un auteur dont la critique se montra, comme on sait, si sévère, donne à supposer qu'à ses yeux ce fait n'était pas contestable.

Il est certain, en effet, que dès le moment de sa mort, Saint Roch fut parmi nous l'objet de la vénération po-

---

(1) Baillet, *V'ies des Saints*, au mois d'août, art. *S. Roch.*

pulaire. Notre savant professeur M. Germain, dans l'excellente Notice qu'il a donnée de notre Saint, s'exprime en ces termes sur ce point essentiel de notre histoire : « Le récit des merveilles accomplies dans sa prison, et ébruitées par le prêtre qui présida à ses derniers moments, la conviction où était de son innocence la foule de ses concitoyens, la renommée de ses immenses vertus, la splendeur de sa pauvreté évangélique et de son sublime dévouement au salut spirituel et corporel de ses frères, tout cela avait infailliblement éveillé l'admiration au sein d'une cité profondément chrétienne. Le culte de Saint Roch, n'en doutons pas, date de cette époque. » (*Hist. de la Com. de Montp.* t. 3.)

Or, ce culte de la vénération publique ne se porta pas seulement sur son corps regardé comme un corps saint, et conservé précieusement par nos aïeux, ainsi que nous le prouverons en faisant l'histoire de ses reliques ; les anciennes traditions de notre pays témoignent encore du respect religieux qu'ils attachèrent et à la maison qui l'avait vu naître, et au banc de pierre sur lequel il était assis, lorsque, revenant d'Italie, il fut arrêté et fait prisonnier, et au bâton dont le saint pèlerin s'était servi dans ses longues marches.

Évidemment, si Saint Roch n'avait pas joui dans sa patrie de cette haute réputation de vertu et de sainteté ; si sa mémoire n'avait pas laissé dans l'esprit de ses concitoyens un sentiment profond de respect et d'admiration, il faut bien le reconnaître, ces objets n'avaient rien qui méritât d'exciter un intérêt aussi vif et aussi constant.

Et d'abord, les traditions de notre ville ne nous laissent aucun doute sur l'existence d'une maison occupée jadis par la famille de Saint Roch. D'après ces traditions, elle était située à l'angle formé par nos rues modernes du Cardinal et des Trésoriers de France. Soit par l'action du temps qui mine et qui détruit peu à peu les édifices les plus solides ; soit par suite de la manie qu'on a eue, dans ces derniers siècles, de tout moderniser, on chercherait en vain, aujourd'hui, cette maison, jadis si vénérée. Il ne reste aucun vestige de sa façade et de son ornementation gothique. De sa disposition intérieure on n'en a pas même une idée, à moins de se livrer aux vagues conjectures de l'imagination et du roman. L'édifice du moyen-âge a fait place à des constructions toutes modernes. Ce que nous savons seulement par la tradition de notre pays, c'est que, sur ce même emplacement, s'élevait autrefois *la maison de Saint Roch*.

Cette tradition était un fait tellement notoire, que les Trinitaires de Montpellier étaient jadis dans l'usage de se rendre processionnellement, au 15 août de chaque année, devant cette maison bénie que le Saint avait habitée. Pourquoi ces religieux jouissaient-ils de ce privilége, de préférence aux paroisses et aux autres communautés de la ville? Leur église était en possession d'une de ses reliques ; une confrérie de Saint Roch y avait été érigée depuis des siècles ; les papes (1) l'avaient enrichie de précieuses indulgences ; enfin, nulle part ailleurs, à Montpellier, le culte du glorieux pèlerin n'était plus solennel que dans leur pieux sanctuaire.

De là le privilége qu'ils avaient de venir, chaque année, devant son antique demeure. Ils portaient religieusement la sainte relique, et, prosternés devant elle, ils chantaient cette belle antienne devenue si populaire: *Ave, Roche Sanctissime*, etc.

(1) Voir, aux pièces justificatives, un bref du pape Alexandre VI, (1661), et un autre bref d'Innocent XI, en 1680.

Mais la piété de nos pères ne s'était pas bornée à vénérer ainsi ce coin de terre sanctifié par la naissance de l'illustre enfant de Montpellier ; elle étendit encore ses respects au puits que ses ancêtres y avaient fait creuser, et auquel le peuple donna le nom de *puits de Saint Roch*. De temps immémorial, on voit la foule y accourir, à la solennité du 16 août, et puiser de son eau, qu'elle regarde comme un préservatif salutaire contre l'épidémie.

Tout ce qui appartint aux grands hommes dont la gloire illustra leur pays, acquiert par là-même de l'importance ou de la valeur. Tout ce qui servit aux usages du saint guérisseur de la peste, devait avoir, dans l'idée comme dans l'estime publique, quelque chose de sa vertu bienfaitrice. Nous ne donnons pas d'autre signification à l'antique et pieuse coutume que nous venons de signaler.

Que dans notre ville, on ait attaché de tout temps une salutaire vertu, à l'usage de cette eau, c'est un fait trop public pour qu'on puisse en douter. On dit que, dans un acte passé entre la commune de Montpellier et le propriétaire de la maison de Saint Roch, il fut jadis convenu que ce dernier et ses successeurs, à perpétuité, seraient tenus de laisser le passage libre aux habitants qui, pendant la journée du 16 août, viendraient puiser de cette eau bienfaisante.

Une autre tradition de notre pays est relative au banc de pierre sur lequel se reposait le saint pèlerin, lorsqu'à son retour dans sa ville natale, il fut arrêté et jeté comme un espion dans un noir cachot. « Ce banc, lisons-nous encore dans *l'Histoire de la Commune de Montpellier*, de M. A. Germain, ce banc était situé à l'angle formé par la jonction des deux rues de l'Aiguillerie et de la vieille Aiguillerie. Il a subsisté jusqu'à ces derniers temps, et les personnes qui l'ont vu se rappellent que les enfants, par respect, s'abstenaient de jouer dessus, quoiqu'ils aimassent beaucoup à s'y asseoir. On avait enchâssé autrefois dans la muraille de la maison à laquelle il était adossé, une image de Saint Roch, sculptée en relief sur une grande pierre. Cette pierre étant venue un jour à se détacher, au moment d'une dispute et étant tombée sans blesser personne, on considéra ce phénomène comme une intervention du Saint, et on se réconcilia, dit-on, aussitôt. On la remplaça par une petite statue, devant laquelle le clergé de Notre-Dame fut longtemps dans l'usage d'aller faire station, chaque année. Il ne reste plus actuellement aucun vestige ni du banc, ni de la statue. » (*Ibid*, *page* **285**.)

« Le bâton avec lequel le Saint fit ses voyages (lit-on dans le manuscrit de Pierre Serres, procureur à la cour des Aides de Montpellier), se conserve dans le couvent des Trinitaires de Montpellier, dans une armoire bâtie dans une chapelle construite en son honneur, et on va voir ce bâton avec beaucoup de dévotion le jour de sa fête. On n'a jamais pu connaître de quel bois il est, étant de la grosseur du bras, avec un petit cercle de fer à chaque bout, et un petit chérubin au haut en relief, travaillé par ce Saint. Ce bâton fut donné à ces religieux par madame de Saragosse, qui se dit être de la famille de Saint Roch. »

« Les Bollandistes, ajoute M. Germain, mentionnent un autre bâton de Saint Roch, que possédait, à la même époque, la famille de La Croix de Castries. Mais ces deux témoignages ne s'excluent pas : qui empêche que Saint Roch ait eu deux bâtons ? » (*Ibid*.)

Le bâton de Saint Roch conservé par les Trinitaires

de Montpellier fut brûlé pendant la révolution de 1793.

« Ces faits, à eux seuls, conclut le savant professeur, établiraient que Saint Roch fut parmi nous, dès le moment de sa mort, l'objet de la vénération populaire. Pourquoi, autrement, aurait-on pris soin de conserver son corps ? Pourquoi se serait-on partagé et disputé ses reliques ? Comment expliquer aussi, sans cela, les traditions que nous venons de constater ? Quel intérêt aurait-on trouvé également à garder son bâton de pèlerin ? Pour que ce corps, ces traditions et ce bâton aient pu se transmettre jusqu'au XVe siècle, il faut de toute nécessité, que, dès l'origine, on y ait attaché quelque prix. » (*Ibid.*)

On ne peut donc pas douter que le culte de Saint Roch ne date, parmi nous, du jour même de sa mort. « Seulement, il aura, selon toute apparence, été pratiqué d'abord mentalement et comme par instinct, avant de se produire sur les autels. Il a dû en être de Saint Roch, sous ce rapport, comme de la plupart des autres Saints aujourd'hui canonisés : la voix du peuple se sera fait entendre la première, et l'Église y aura plus tard joint la sienne par manière de sanction. » (*Ibid.*)

Ce premier point établi, il nous reste à raconter maintenant comment le culte de Saint Roch fut officiellement autorisé par l'Église.

Quatre-vingt-sept ans après sa mort, en 1414, un concile général était assemblé à Constance, pour l'extinction du schisme d'Occident. Les histoires rapportent que plus de cent mille personnes s'étaient rendues dans cette ville de la Souabe. Outre la multitude innombrable des prélats qui devaient siéger dans cette auguste assemblée, on avait vu arriver de tous les points de la catholicité les envoyés des souverains, ceux des villes, des églises et des universités. La noblesse de toute l'Europe s'était donné rendez-vous à Constance.

Une telle réunion à cette époque, où les conditions d'hygiène publique laissaient encore tant à désirer, ne pouvait manquer d'amener bientôt une de ces épidémies si fréquentes au moyen-âge. La contagion ne tarda pas à se déclarer, en effet, au milieu de cet immense concours d'étrangers. D'abord, elle apparut avec les symptômes d'une maladie populaire. Mais, ce n'était là qu'un prélude sinistre et comme un avant-coureur de la peste dont on était menacé.

Sous l'impression de crainte et d'effroi que produisait partout une pareille menace, une voix unanime s'éleva soudain au milieu de cette multitude. Le nom de Saint Roch circula dans toutes les bouches. On parlait de la puissance qu'il lui fut donné d'exercer de son vivant, contre le fléau de la peste ; on racontait les miracles de guérison qu'il avait opérés en Italie ; on rappelait la promesse que Dieu lui fit de sauver les peuples qui, dans ces dures calamités, réclameraient son intervention. La ville et l'assemblée furent mises sous sa protection tutélaire.

Les Pères du concile prescrivirent des prières publiques en l'honneur du saint guérisseur de la peste. Une image qui le représentait dans son costume de pèlerin, fut aussitôt improvisée. Elle fut portée processionnellement et en grande pompe dans les rues de la cité. C'était là première fois qu'un culte public, avoué par l'Église, était rendu au serviteur de Dieu.

Après cette solennelle invocation, on vit l'influence pestilentielle disparaître presque subitement. La ville, l'assemblée des évêques étaient préservées du fléau destructeur.

Ce miraculeux événement est un fait trop essentiel dans cette histoire du culte de Saint Roch, pour qu'il ne soit pas nécessaire de le bien établir et de le mettre à l'abri de toute attaque sérieuse. Ce fait une fois admis, tout s'explique naturellement dans cette histoire. De là, comme d'un point culminant, jaillit la lumière à grands flots, et ses clartés dissipent toutes les ombres.

L'objection la plus sérieuse qu'on ait faite contre cette invocation adressée à Saint Roch par les Pères de Constance, et contre le fait du miracle qui en fut la conséquence, c'est que cet événement ne se trouve pas relaté dans les actes du concile.

Mais si l'on considère d'abord que ces faits sont rapportés par d'anciens historiens qui jouissent dans le monde d'un grand crédit ; si on consulte ensuite la tradition universelle et constante de l'Église, unanime pour les admettre ; si enfin on considère que la diffusion du culte de Saint Roch qui suit immédiatement et en tous lieux la tenue du concile, en est la conséquence naturelle et logique, on sera bien obligé de convenir que le silence gardé sur ces mêmes faits, dans les actes de cette assemblée, n'en infirme nullement l'existence et la certitude.

1° Et d'abord, dans ses judicieuses et savantes notes sur le Martyrologe romain, le cardinal Baronius s'exprime en termes bien exprès sur le miracle qui eut lieu à Constance. « L'image de Saint Roch, dit-il, fut portée en grande pompe et avec un immense concours de peuple dans toute la ville. Ce qui étant fait, la peste disparut bientôt. Cet exemple autorisa désormais tous les peuples à lui dédier des tableaux des autels, des chapelles et enfin des temples même. (1) »

(1) *Nam et solemni pompa ejus imaginem, omni comitante*

Dans le supplément aux Chroniques imprimé à Brescia, en 1485, Jean-Philippe de Bergame constate ainsi ce même événement : « Ce très-saint personnage, dit-il en parlant de Saint Roch, délivra d'une peste meurtrière la ville de Constance, en Allemagne, où était assemblé un concile œcuménique. Et c'est pour cela que des basiliques, des chapelles et des temples furent construits en son honneur, non-seulement dans les villes, mais même dans les bourgs, dans les villages et jusque dans les maisons privées. Et tous ceux qui viennent y réclamer la protection de ce saint homme en éprouvent les salutaires effets. (1)

Nous pourrions invoquer le témoignage d'autres anciens historiens. Le lecteur nous en dispensera. A plus forte raison éviterons-nous d'énumérer les nombreux témoignages des auteurs plus modernes.

2° L'apothéose de Saint Roch au concile de Constance et la disparition de la peste qui en fut le résultat, sont l'objet d'une tradition que nous trouvons dans tous les pays et à toutes les époques postérieures.

Parmi les monuments de la tradition, il faut compter surtout les livres de la liturgie. Ce témoignage n'est pas irréfragable, sans doute ; toutefois, il se suffit par lui-

---

populo, per urbem detulerunt (Patres Const.) : quo facto, illa pestis mox evanuit. Inde vero exemplum sumptum est, ut ubique locorum ejus venerandæ imagines, altaria, sacella, ac denique templa erecta fuerint. (Baronius, in notis ad Martyrol. Rom. die 16. Aug.)

(1) *Constantiam, Germaniæ urbem, ubi concilium generale christianorum celebrabatur, de peste maxima liberavit (sanctissimus vir). Ubi nunc basilicæ, sacella et templa in ejus nomine non modo per urbes, sed per castella, per vicos et quasi per privatas domos extruuntur : ad quæ confugientes ejus sanctissimi viri merita experiuntur. (In Supplemento Chronicarum edito Brixiæ, 1485.)*

même et on a besoin d'avoir contre son autorité des preuves capables de le ruiner directement. Tant que les livres liturgiques maintiennent leurs assertions, la critique veut, elle-même, qu'on respecte un aussi grave témoignage. (1)

Or, il n'est guère de bréviaire, il n'est presque pas d'office composé en l'honneur de Saint Roch, depuis plus de trois siècles, où le miracle opéré à Constance, par son intervention, ne soit raconté avec les mêmes circonstances.

Mais ce qui mérite surtout d'être remarqué, c'est l'extension rapide et universelle que le culte de Saint Roch prit à dater de l'époque qui suivit immédiatement le concile.

A peine les évêques de cette assemblée célèbre étaient-ils rentrés dans leurs églises, que le nom du saint pèlerin devint tout à coup l'objet d'un culte général. En 1415, on voit une pieuse association apparaître à Venise et se dévouer sous son patronage au service des malades. Bientôt après, il n'est pas de pays qui ne possède une église ou un autel consacré à Saint Roch ; il n'est pas un martyrologe qui ne fasse mention de sa naissance, de sa vie admirable, de sa mort précieuse, de la puissance spéciale qu'il exerça contre la peste : grand nombre d'églises cathédrales célèbrent sa fête avec des offices propres ; quantité de confréries s'établissent partout sous son nom, ses images, ses statues

---

(1) Quand on ne peut pénétrer dans les fondements des traditions consignées dans les livres liturgiques, il est encore raisonnable de croire que ce fondement a de la solidité. La dissertation du R. P. abbé de Solesme sur le baptême de Constantin à Rome l'a bien démontré. Ici encore c'est la liturgie romaine qui a raison, contre quelques écrivains.

se multiplient en tous lieux ; en un mot, le culte de Saint Roch envahit le monde presque subitement.

Or, comment expliquer un pareil fait ? évidemment, la cause qui détermina ces manifestations de la piété publique envers notre glorieux Saint, cette cause, il faut la voir dans l'invocation que lui adressèrent les Pères de Constance, et dans le miracle qui la suivit, comme la propagation si rapide de son culte ne peut être attribuée qu'à l'immense renommée qu'eut dans le monde ce grand événement.

On comprend, en effet, avec quel zèle de reconnaissance, ces nombreux évêques, ces théologiens et ces docteurs qui les entouraient, ces princes, ces hommes d'État, ces grands personnages qui furent les témoins de ce miracle de salut, durent célébrer le nom de Saint Roch au milieu de tant de peuples auxquels ils en firent plus tard le récit. Personne n'ignore que le monde savant, comme le monde puissant, était représenté dans ce concile, et il est facile de se faire une idée de l'impression religieuse et profonde que ces récits des pontifes, des docteurs, durent produire sur la multitude. On conçoit, après cela, les proportions immenses que prend la renommée de Saint Roch ; on conçoit cet élan universel et simultané avec lequel les peuples adoptèrent ce culte tutélaire.

Il faut bien en convenir, ou les Pères de Constance furent les premiers propagateurs de ce culte, ou son apparition et ses progrès rapides dans le XVe siècle, deviennent autant de faits inexplicables.

Attribuera-t-on ce mouvement général des peuples vers Saint Roch aux scènes si fréquentes et si lugubres que la peste occasionnait au moyen-âge ? Dira-t-on que le souvenir de ses héroïques travaux dans l'Italie, et que la renommée que sa charité sublime avait dû laisser dans le monde, inspirèrent probablement l'imagination des peuples éperdus, et les amenèrent à réclamer sa protection au sein de ces sinistres catastrophes ? Fera-t-on de Saint Roch un Saint canonisé tout à coup par la peur ou par le désespoir? cela ne peut vraiment pas s'admettre.

En effet, si la peste fut constante et endémique au moyen-âge ; si le XVe siècle, qui ne fut pas épargné par ce cruel fléau, avait eu ses scènes de deuil, personne n'ignore que le siècle précédent avait vu se passer des scènes de désolation bien autrement lugubres, et qu'il avait été témoin de paniques bien autrement terribles. *La peste noire*, au XIVe siècle, dépeupla plusieurs villes importantes et en fit de vastes déserts : pour en donner une idée, nous dirons que Sienne perdit 70,000 âmes, Florence 100,000; Marseille vit périr sa population tout entière ; à Avignon, la mortalité fut affreuse ; à Paris, ville à peu près de 300,000 âmes alors, on inhuma, pendant plusieurs mois, treize cents morts par jour. D'autres avaient été singulièrement décimées et amoindries dans leurs habitants. Au rapport des historiens, la peste noire fit périr les deux tiers du genre humain.

Or, quoique cette époque de la peste noire fût très-rapprochée de Saint Roch, quoique sa mémoire fût alors plus vivante, nous ne sachons pas qu'on ait fait, quelque part, en son honneur, de pareilles démonstrations ; l'humble serviteur de Dieu n'est pas même publiquement invoqué dans son pays. Au sein de ces effroyables calamités, sa ville natale invoque, comme par le passé, Saint Sébastien, le protecteur des peuples contre la peste : elle a recours à la mère de Dieu, le le refuge et le secours des chrétiens. De Saint Roch, de son intervention réclamée dans ces périls extrêmes, nous ne sachons pas non plus qu'il en soit fait mention dans les annales de cette malheureuse époque.

Le culte de Saint Roch n'a donc pas eu sa raison d'être dans la peur et la désolation, redoutables compagnes de ce fléau destructeur. L'origine du culte de Saint Roch, son développement prodigieux dans le XVe siècle, ne s'explique et ne peut logiquement s'expliquer que par la haute sanction que les Pères de Constance lui donnèrent.

Quant au silence que gardent sur ces faits les actes du concile, il n'a aucune force probante contre leur existence, et il n'infirme en rien les conclusions que nous en tirons. Les actes d'un concile ne relatent guère, en effet, que les décisions dogmatiques et les règles de discipline portées dans ce sénat des évêques. Dans la rédaction de ces actes, on n'est pas dans l'usage de faire l'histoire des événements qui se passent pendant la tenue d'un concile, et on pourrait en citer un grand nombre qui se taisent, en effet, sur des événements importants survenus dans le cours de leurs sessions. (1)

Que si le concile de Constance avait porté un décret relatif à la canonisation de Saint Roch, on serait, certes, en droit de s'étonner qu'un pareil décret ne figurât pas dans ses actes. La canonisation d'un saint suppose, même à cette époque, une procédure ecclésiastique et un jugement des évêques, et les secrétaires du concile ne pouvaient manquer de l'enregistrer dans leurs procès-verbaux.

Mais, nous n'affirmons pas, pour notre part, que les Pères de Constance aient canonisé Saint Roch, dans

(1) Il faut bien distinguer les *Actes* et l'*Histoire* d'un concile. L'histoire seule d'un concile fait mention des événements et des faits survenus à l'occasion ou pendant la tenue de ces assemblées.

le sens rigoureux de ce mot. Nous disons seulement qu'ils rendirent témoignage à la haute réputation de sainteté dont il était en possession dans le monde ; qu'ils constatèrent publiquement l'idée qu'on avait de son pouvoir spécial contre la peste, et la confiance qu'inspirait déjà ce même pouvoir ; que, pénétrés eux-mêmes de cette confiance, ils l'acclamèrent comme le sauveur des peuples affligés par ce fléau ; qu'en l'invoquant, sur la menace et sous les premiers coups de la contagion, ils sanctionnèrent enfin le culte extérieur que les diverses églises allaient désormais lui rendre. De décret de canonisation relatif à Saint Roch, ils n'en rendirent aucun. Tel est le jugement du cardinal Baronius et de plusieurs autres graves historiens, et c'est ce qui résulte de l'étude sérieuse et attentive des faits.

Il était réservé au Saint-Siége Apostolique de sanctionner d'une manière plus positive encore et de régler ce culte rendu par les peuples de la chrétienté à notre illustre pèlerin.

Vers la fin du XVe siècle, le Pape Alexandre VI autorise une confrérie de Saint Roch déjà établie à Rome, sous son patronage, et permet qu'elle construise une église en l'honneur et sous le vocable de ce Saint.

Dans une bulle du 18 octobre 1560, Pie IV renouvelle les priviléges et les exemptions accordés à cette même confrérie par Alexandre VI et par Léon X. Comme ces faits ne sont pas sans importance dans cette histoire du culte de notre Saint, nous avons cru devoir traduire ici le préambule de ces lettres apostoliques.

« Nos chers fils, les confrères de l'association de Saint Roch, confesseur, demeurant dans notre ville de Rome, exposèrent pieusement au pape Alexandre VI, notre prédécesseur, que non-seulement un grand nombre de fidèles étaient préservés de la peste par l'intercession de Saint Roch, mais que ceux mêmes qui étaient atteints de ce mal étaient délivrés par l'intervention de ce même Saint : ils exposèrent, en outre, que comme il n'existait dans la ville de Rome aucune église dédiée à Saint Roch, il leur fut permis de régulariser leur association, et d'élever un temple sous l'invocation de ce Saint, pour y célébrer les offices divins, y tenir leurs assemblées et y prendre toutes mesures nécessaires à la direction, à l'administration et conservation de leur confrérie. Pour la réalisation de ces buts divers, ils achetèrent... un emplacement situé dans la rue qui conduit à l'église de Sainte-Marie-du-Peuple... Ils dirent que leur volonté était de construire sur ce lieu une église en l'honneur de Saint Roch, d'y faire célébrer des messes et les autres offices par des chapelains approuvés, de la décorer de tous les ornements nécessaires à la célébration des saints mystères. Prenant donc en considération des vœux aussi méritoires, notre susdit prédécesseur approuva par l'autorité apostolique ladite confrérie, afin que, par l'intercession de Saint Roch auprès du Tout-Puissant, les fidèles puissent être préservés et délivrés de la peste (1). »

(1) « *Alexandro Papæ VI prædecessori nostro pro parte dilectorum filiorum confratrum confraternitatis S. Rocchi, confessoris de dicta urbe (Roma), exposito, quod non multi Christifideles in eadem urbe commorantes, pie considerantes quod quamplures christiani nominis professores intercessione ejusdem S. Rocchi a morbo epidemiæ non solum præservabantur, sed etiam dicto morbo infecti liberabantur ; quodque in dicta urbe nulla ecclesia sub invocatione S. Rocchi hujusmodi constructa existebat, quamdam confraternitatem inter se sub invocatione ejusdem S. Rocchi fecerant et ordinaverant : et, ut haberent locum, in quo pro divinis celebrandis, et iis quæ ad directionem et gubernationem dictæ confraternitatis pertinebant, et pertinerent*

Après avoir fait ainsi l'histoire de la confrérie et de l'église de Saint Roch à Rome, le pape Pie IV approuve et confirme lui-même tout ce qui est contenu dans les lettres apostoliques de ses prédécesseurs, Alexandre VI et Léon X. Le Pape Paul V enrichit, plus tard, de nouveaux priviléges cette même confrérie.

Ainsi, dès le XV° siècle, le culte de Saint Roch était publiquement et officiellement établi à Rome. Saint Roch y avait déjà droit de cité, et dans cette église, mère et maîtresse de toutes les églises, un temple était construit en son honneur.

Mais ce qu'il importe surtout de rapporter ici, c'est la décision expresse du pape Urbain VIII, qui le proclame *saint* à la face de l'Église et le déclare digne des prières et des hommages de la Chrétienté. Cet illustre pontife venait de prescrire les formes de procédure qui désormais devraient être observées pour la canonisation des Saints. Quelque sévères et rigoureuses que soient les règles tracées par sa haute sagesse pour rendre toute

*in futurum, convenire possent et quamdam partem terræ montis Augustæ de dicta Urbe prope viam publicam, qua itur ad ecclesiam Sanctæ-Mariæ-de-Populo etiam de ipsa Urbe consistentem, sub annua responsione X Ducatorum, certis modo et forma tunc expressis conduxerunt, et quod ipsi confratres intendebant inibi unam ecclesiam sub dicta invocatione construi et ædificari, ac in ea missas et alia divina officia per capellanum seu per capellanos alias idoneos celebrari facere, et illam ornamentis ecclesiasticis munire et fulcire, præfatus Prædecessor, ut Christifideles illam visitare et divina officia audire, ac ut intercessione ejusdem S. Rocchi apud Altissimum hujusmodi morbo epidemiæ conservari et liberari possent, eorumdem confratrum supplicationibus inclinatus, confraternitatem præfatam apostolica auctoritate approbavit et confirmavit.»
— Dando facultatem statuta condendi, officiales deputandi, ecclesiam S. Rocchi condendi, pias oblationes recipiendi, etc. quæ diffuse ibidem exponuntur, quæque Leo P. M. X. deinde confirmavit. (Apud Bolland.)*

erreur impossible sur un point aussi capital, ce grand pape les appliquant à Saint Roch, et reconnaissant l'œuvre de Dieu même dans la diffusion si rapide et si universelle de son culte, ordonna que, dans l'Église, sa fête serait désormais célébrée le jour de sa bienheureuse mort.

A l'avenir rien ne manquait donc plus à la gloire de notre Saint bien-aimé. Son culte venait de recevoir la plus haute sanction que l'Église puisse donner aux invocations des fidèles adressées à ce glorieux sauveur des peuples; son nom était à jamais inscrit dans le catalogue des Saints.

CHAPITRE DEUXIÈME.

Celui qui croit en moi, fera les œuvres que je fais ; il en fera même de plus grandes. (Joan. xiv. 12.)

Ceux qui croiront en moi, voici les miracles qu'ils opéreront. Ils imposeront leurs mains sur les malades, et les malades recouvreront la santé. (Marc. xvi.)

Neque herba, neque malagma sanavit eos, sed tuus, Domine, sermo, qui sanat omnia. (Sap. 16.)

CHAPITRE DEUXIÈME.

DES MIRACLES DE SAINT ROCH.

LE DON DES MIRACLES A TOUJOURS EXISTÉ DANS L'ÉGLISE. — POUVOIR SPÉCIAL QUE SAINT ROCH REÇUT DE DIEU CONTRE LA PESTE. — CE POUVOIR EST ATTESTÉ PAR LA CONFIANCE AVEC LAQUELLE LES PEUPLES L'INVOQUENT AUX JOURS DE LA CONTAGION, ET PAR LES EFFETS MIRACULEUX QUI SUIVENT CES DÉMONSTRATIONS DE LA PIÉTÉ PUBLIQUE. — PRINCIPAUX MIRACLES DUS A L'INTERVENTION DE SAINT ROCH. — VENISE DÉLIVRÉE DE LA PESTE EN 1576 SOUS LE DOGE MOCENIGO. — ROME SAUVÉE DE LA CONTAGION EN 1624. — CESSATION DE LA PESTE A FRASCATI, EN 1656, PAR L'APPARITION MIRACULEUSE DES IMAGES SACRÉES DE SAINT ROCH ET DE SAINT SÉBASTIEN. — SAINT ROCH NE FUT JAMAIS INVOQUÉ EN VAIN AU MILIEU DE CES CALAMITÉS : EXEMPLES INNOMBRABLES QU'ON POURRAIT CITER. — L'HISTOIRE DE SON CULTE EST SELON L'EXPRESSION DES BOLLANDISTES, *UN MIRACLE CONTINUEL.*

Un des caractères divins du christianisme est le don des miracles toujours existant dans l'Église. *Celui qui croit en moi*, avait dit Notre-Seigneur Jésus-Christ, *fera les œuvres que je fais ; il en fera même de plus grandes.* Et cette promesse de l'*Auteur* et du *Consommateur de notre foi,* s'est pleinement accomplie, et dans la marche de l'Église à travers les siècles, le miracle n'a pas cessé d'être la marque distinctive à laquelle on a pu la reconnaître toujours comme l'œuvre de Dieu.

La perpétuité du miracle dans l'Église est un fait tellement notoire et tellement éclatant qu'il n'est pas possible de le nier ou de le méconnaître. Le miracle est attesté par la tradition tout entière : il est consigné dans toutes nos histoires : il existe encore radieux et vivant dans une multitude innombrable de monuments : le miracle possède, dans l'Eglise, toute la certitude et toute l'autorité d'un fait historique.

Ce qui n'est pas moins certain et ce qui montre bien aussi la divinité de la religion, c'est que la plupart de ces miracles ne sont opérés que dans le but de soulager, de guérir, de sauver l'humanité souffrante. Sans doute, la puissance divine se manifeste quelquefois dans l'Église, par de grands et d'admirables prodiges : il est donné aux serviteurs de Jésus-Christ de commander comme lui aux éléments : ils peuvent étonner le monde par des merveilles égales à celles que nous lisons dans l'Évangile ; mais, comme leur divin Maître, ils aiment surtout à faire servir leur puissance à la guérison des malades, et à continuer ainsi sur la terre le ministère de charité que le Sauveur des hommes y exerça lui-même. Ils réalisent avec bonheur cette autre partie de la promesse qu'il fit jadis à ses disciples : *Ceux qui croiront en moi, voici les miracles qu'ils feront... Ils imposeront les mains sur les malades, et les malades recouvreront la santé.*

L'histoire de l'Église est remplie de ces faits. Les Pères les plus illustres, les docteurs les plus célèbres les racontent dans leurs écrits, comme en ayant été les témoins oculaires : ces faits se passent en plein jour ; ils ont lieu devant tout un peuple : ils obtiennent dans le monde une grande et universelle renommée ; enfin, ces miracles ne sont pas des faits isolés, ils se renouvellent sans interruption, dans chaque siècle. Chaque pays a ses Saints, et Dieu couronne chaque Saint de l'auréole du miracle.

Parmi ces thaumaturges suscités plus spécialement par Jésus-Christ pour continuer dans son Eglise ce ministère de salut, Saint Roch est bien sans contredit un de ceux qui méritèrent le mieux de la reconnaissance des peuples. Son action est immense, non-seulement au milieu des fléaux qui désolèrent l'Italie, à son époque, mais encore parmi les ravages que le mal contagieux opéra, dans les siècles suivants, au sein de notre humanité.

La parole de Jésus-Christ s'applique à lui d'une manière toute spéciale. Il guérit les pestiférés par le seul contact de sa main, il les guérit à l'instant. Et, afin que personne n'ignore le secret de sa puissance et le but divin qu'il se propose en l'exerçant, il marque du signe sacré de la croix leurs membres infectés, et la vie et la santé leur sont rendues à l'heure même. *Super œgros manus imponent et bene habebunt.*

Telle est l'œuvre de Saint Roch : voilà ce qu'il fait avec un infatigable dévouement pendant les sept années que dure son ministère de sauveur. Mais là ne se borne pas sa charité, la plus ardente et la plus active charité qui ait jamais animé le cœur d'un serviteur de Jésus-Christ. Dans sa douce agonie, il prie au sein de sa prison volontaire, il prie avec larmes, avec d'instantes supplications, et pour qui adresse-t-il au ciel de si pressantes prières? c'est encore pour les malheureux frappés de la contagion. Il se souvient de leurs maux, de leurs tortures cruelles : pendant si longtemps il les a vus de ses yeux, il les a touchés de ses mains, il a enduré lui-même, dans sa propre chair, leurs souffrances ! Il prie donc le Seigneur d'épargner ceux qui réclameront sa protection et son secours dans ces dures calamités. Il veut être le sauveur de ses frères, même dans les temps à venir.

Et quand, après son saint trépas, on accourt pour visiter son cachot inondé de clartés célestes, que voit-on autour de son corps vénérable? on lit, écrite en caractères d'or, la promesse que Dieu vient de lui faire; il sera désormais le protecteur des pestiférés : *Erit in peste patronus.*

Que dans le récit de ces faits, quelques esprits exigeants et sévères en matière d'histoire, ne voient que les ornements et les couleurs d'une légende, nous n'en sommes pas étonné. Pour ces esprits difficiles, le merveilleux doit être banni de l'histoire, comme si le merveilleux pouvait ne pas exister nécessairement dans les rapports continuels de ce monde invisible ! Comme si Dieu pouvait se mettre en communication avec sa créature d'une autre manière que d'une manière merveilleuse !

Pour nous, quelque attentif et précautionneux que nous ayons été, pour n'admettre dans cette histoire que ce qu'elle a de certain et d'avéré, nous avons dû ne pas hésiter à reconnaître que ces faits ont une toute autre valeur que les faits d'une légende. Deux graves raisons nous ont amené à cette persuasion.

La première, c'est qu'à toutes les époques où la contagion apparaît dans les divers pays de la chrétienté, les peuples invoquent Saint Roch comme un protecteur puissant. Le fait n'est pas contestable. Or, comment expliquer cet élan des peuples, ce sentiment de dévotion qui les fait recourir à Saint Roch, dans ce péril extrême? Les peuples chrétiens ont-ils invoqué un être imaginaire ? cela ne peut vraiment pas se croire, et, dans la supposition qu'ils aient eu recours, en effet, à un être idéal, produit de leur imagination effrayée, comment expliquer que ces populations de pays si divers et si distants les uns des autres, de mœurs et d'idées si différentes, se soient accordées avec tant de persévérance, à lui attribuer la même prérogative, à lui prêter la même puissance, à donner à son histoire une couleur si uniforme !

Évidemment, une confiance qui se traduit de la même manière en tout temps et en tous lieux, ne peut reposer que sur des faits bien connus et bien avérés; et ces faits sont précisément ceux que nous avons exposés, à savoir : que Saint Roch avait reçu de Dieu le don de guérir les pestiférés, et qu'après avoir exercé sa charité au milieu de ses frères, il mérita par l'excellence même de cette charité de rester leur protecteur et leur sauveur dans les siècles futurs.

Mais ce qui prouve, en second lieu, que ces démonstrations de la piété publique ne s'appuyaient pas sur un personnage idéal et sur des faits imaginaires, ce sont les effets miraculeux qui en furent si souvent la conséquence. Le miracle est la sanction et la consécration d'une vérité. Il serait impie de dire que Dieu peut autoriser, par le miracle, l'erreur ou la fiction.

Or, dans cette histoire du culte de notre Saint, le miracle se manifeste souvent de la manière la plus éclatante. Parmi ces faits miraculeux, qu'il nous suffise de citer ceux que nous trouvons attestés par des monuments authentiques.

Nous avons déjà rapporté ce qui se passa à Constance, lorsque, surpris par une horrible épidémie, les

Pères du concile firent porter l'image de Saint Roch dans une procession solennelle, et invoquèrent son nom dans les litanies des Saints. Certainement, si l'idée qu'on avait de son pouvoir spécial contre la peste n'avait pas été une idée déjà reçue et accréditée, ces nombreux évêques venus de tous les points de la chrétienté, et témoins des croyances et des pratiques religieuses de leur pays, ne se seraient pas ainsi accordés à réclamer son intervention tutélaire.

A la suite de cette solennelle apothéose de Saint Roch, le fléau disparut, et le culte du glorieux pèlerin sanctionné, tout à la fois, par la voix infaillible de l'Église, et par ce témoignage du ciel qui venait de l'autoriser par un grand miracle, le culte de Saint Roch se répandit dans le monde, et il plut à Dieu de l'accréditer depuis par d'innombrables prodiges.

Parmi les villes qui éprouvèrent plus fréquemment son intervention puissante, Venise mérite d'être citée en première ligne. Dans sa vie de Saint Roch, publiée en 1516, Jean de Pins, évêque de Rieux, et ambassadeur du roi de France dans cette ville, s'exprime ainsi sur les miracles dont elle avait été le théâtre. « Dans cette noble cité de Venise, dit-il, célèbre par son antiquité et par son opulence, repose le corps sacré de Saint Roch. Ses habitants l'honorent avec un amour et une dévotion incroyables, et je n'entreprendrai pas de raconter les innombrables miracles qu'il y a opérés. (1) »

Au-dessus du maître-autel de l'église qui lui est consacrée et sur le tombeau magnifique du Saint, on lit

---

(1) *In hac antiqua, nobili et opulenta Veneta urbe, hoc sanctissimum corpus miro et incredibili quodam civium omnium studio atque favore colitur, nec est, quod innumeris ejus enarrandis miraculis verbosius occupari velim.* (*Pinus, in vita S. Rochi.*)

cette inscription qui constate combien cette illustre ville avait été protégée par lui contre la peste.

D. ROCHO SERVAT, AB

OMNI LUE CIVIB.

ILLATQ. HOC CONDIT

RELIQUIIS D.

MDXX.

A SAINT ROCH,

« Les habitants ayant été préservés de toute atteinte de la contagion, la cité a déposé dans ce tombeau ses reliques apportées l'an du Seigneur, mille cinq cent vingt. »

Mais nous aimons à citer surtout l'inscription monumentale que les Vénitiens gravèrent sur les murs du grand escalier du palais de *la Scuola*.

« L'an mil cinq cent septante-six, Louis Mocenigo, étant doge à Venise, le fléau de la peste sévissait avec fureur : jamais contagion plus persévérante et plus meurtrière. Le ciel punissait ainsi nos forfaits. Dans toute la cité on ne voyait que des cadavres gisant çà et là, et portant sur leurs membres l'horrible empreinte des charbons et des bubons pestilentiels. Dans les mêmes maisons, et à la même heure, les funérailles succédaient continuellement à d'autres funérailles. Partout les larmes, les soupirs et les sanglots ; partout le même spectacle de navrantes douleurs. Tandis que les uns étaient saisis par le mal, et expiraient presque subitement, les autres, frappés d'épouvante, abandonnaient à la hâte leur douce patrie. Enfin le moment arriva où grâces à l'intervention de la Vierge Mère de Dieu et du bienheureux Saint Roch, ce cruel et lamentable fléau qui, depuis le mois de mars se déchaînait sur nous avec tant de furie, disparut bientôt vers la fin de décembre. Pendant ce temps, six cents de nos frères environ ayant péri, le grand maître de notre confrérie, Dominique Ferro se dévoua à leur soin et au soin de leurs familles les plus considérables de la cité avec un zèle, une activité, une bienfaisance et une charité qui ne firent jamais défaut. C'est lui qui voulut que le récit de ce grand désastre fût attesté par ce monument, afin qu'à cette lecture la postérité admire tant de vertu, et donne en même temps de pieuses larmes à la multitude des Vénitiens, victimes de cette peste cruelle. (1) »

Nous pourrions produire ici bien d'autres monuments qui attestent à la fois, et la puissance de notre saint thaumaturge et la reconnaissance de ce grand peuple envers lui. Nous nous bornerons à rappeler seulement ce que firent les Vénitiens après la peste de 1630, pendant laquelle la Bienheureuse Vierge Marie et Saint Roch fu-

(1) *MDLXXVI. Aloysio Mocenigo principe Veneto, sæviebat pestifera lues; qua nulla unquam vel diuturnior vel perniciosior exstitit, nostrorum criminum ultrix : passim urbe tota cadavera jacere prostrata, carbunculis, maculis, bubonibus horrentibus obsessa : iisdem ædibus, eadem hora funera funeribus continuari. Ubique lacrymæ, suspiria, singultus ; ubique totius civitatis miserabilis adspectus, civibus repente vel abeuntibus, vel metu perterritis dulcem patriam deserentibus. Demum aliquando Deipara Virgine ac Beatissimo Rocho deprecatoribus, visa est hæc Erynnis adeo tristis ac dira, extremo mense decembris, cum martio cœpisset grassari ac furere, vim fere omnem amisisse. Quo quidem temporis intervallo cum societatis nostræ CD plus minus fratres intercidissent, iisdem ipsis fratribus, eorumque familiis præstantissimi viri Dominici Ferro, magni societatis magistri studium, diligentia, benignitas, charitas nunquam sane defuit. Qui quidem tantam cladem hoc ipso monumento testatam voluit, utque legens posteritas admiretur, ingentemque Venetorum multitudinem pestis crudelitate absumptam pientissimis lacrymis prosequatur.*

rent encore solennellement invoqués. La ville ayant été miraculeusement sauvée par leur intercession, le sénat et le peuple de Venise s'empressèrent d'accomplir le vœu qu'ils avaient fait de construire un temple somptueux en l'honneur et sous le vocable de *Santa Maria della Salute*. C'était sous le doge Nicolo Contarini, et sous le patriarche Giovanni Tiepolo.

Ce sanctuaire et celui de Saint Roch qui existait déjà furent toujours regardés à Venise comme des monuments et des gages certains de la protection divine. Sur le pavé en marbre *de la Salute*, on lit cette inscription : *Unde origo, inde salus*. 1631. Dans cette église, on admire un des plus beaux chefs-d'œuvre de Titien, représentant Saint Marc et les protecteurs de Venise, parmi lesquels Saint Roch figure en première ligne. Les traits de notre noble Saint sont remarquables de dignité et de distinction.

Des miracles attestés par de pareils monuments, par un peuple aussi héroïque, par des artistes et des hommes de génie comme ceux que Venise produisait en si grand nombre à cette époque, ne sauraient être contestés ; ils excluent le doute, ils possèdent tous les caractères de la certitude.

Après Venise, Rome éprouve, à son tour, la protection puissante du saint guérisseur de la peste. Dans l'église qui lui est consacrée, se trouve l'inscription suivante, gravée sur le marbre, que nous reproduisons ici :

D. O. M.

« Urbain VIII, Souverain Pontife, voulant apaiser le courroux du ciel, au milieu des dangers que la peste qui ravageait la Sicile, en 1624, rendait imminents, visita cette église et y célébra les sacrés mystères devant le bras de Saint Roch, le dimanche XV° jour des kalendes de septembre, et par son autorité, le sénat et le peuple romain vouèrent à cette même église l'offrande annuelle d'un calice et de quatre cierges. (1) »

Une autre inscription également gravée sur le marbre contient le décret que le sénat rendit à cet effet :

DÉCRET DU CONSEIL SECRET
DU PEUPLE ROMAIN TENU
LE XV° JUILLET 1624.

« Afin de donner la plus grande notoriété à la dévotion spéciale que le peuple romain professe pour Saint Roch, et afin que par son intervention auprès de la majesté divine, cette illustre ville soit par lui défendue et protégée contre le mal de la peste, comme pendant sa vie, il daigna, jadis, la défendre lui-même : approuvant la première offrande qu'ont faite les illustrissimes seigneurs conservateurs de la ville, d'un calice et de quatre cierges, à l'église du dit Saint Roch, au jour de sa fête de l'année dernière 1624 : il a été décrété par

(1) D. O. M.
Urbanus VIII P. M. Numini
Propitiando
Periculis pestilentiæ Siciliensis
Imminentibus.
Anno CIƆICCXXIV
Hanc invisit ecclesiam
et in ara maxima
ante brachium S. Rochi sacrum fecit
Die dominico XV kal. septemb.
ejusdemque auctoritate
S. P. Q. R.
annuum calicem et quaternos cereos
eidem Ecclesiæ decrevit.

le Conseil secret, qu'à l'avenir, à chaque année, et à ce même jour de la fête dudit Saint Roch, il sera donné en offrande à son église un calice d'une valeur de xxx écus de notre monnaie avec quatre torches en cire, comme cela se pratique pour d'autres églises : que le magistrat chargé du gouvernement de la ville, en ce temps, entouré du plus grand cortége et avec le plus de solennité qu'il se pourra, offrira et donnera à ladite église le dit calice avec les torches de cire, au nom et tenant la place de tout le peuple romain, sous la réserve du bon plaisir de Notre Saint Père et Seigneur. Décret du Conseil pur tenu le xix⁰ jour du même mois. Lu le décret du Conseil secret relatif au calice d'une valeur de xxx écus de notre monnaie qui devra être offert à l'avenir, chaque année, à la dite église avec les dits cierges, comme il est expliqué ci-dessus, avec approbation de ce qui a été fait, l'année précédente, comme il a été dit aussi, toujours sous la réserve du bon plaisir de Notre Saint Père et Seigneur, le dit decret a été ratifié à l'unanimité, et Notre Saint Père Urbain VIII l'a sanctionné par un acte du 24 septembre 1625. (1) »

(1) *DECRETUM CONSILII SECRETI*
POPULI ROMANI HABITUM
SUB DIE XV JULII MDCXXIV

Ut optima inclyti Pop. Rom. erga Divum Rocchum devotio exploratissima sit ad hoc ut ejus intercessione apud Divinam Majestatem hanc almam Urbem pestilentiæ morbo tueri et conservare dignetur quemadmodum ipsemet vivens conservare dignatus est, approbando primam oblationem factam per illustrissimos Do. conservatores unius calicis cum quatuor cereis facibus ejusdem Divi Rocchi Ecclesiæ in ipsius die festo anni proxime præteriti MDCXXIV ex S. C. decretum est quod in posterum etiam singulis annis in eodem die festo præfati D. Rocchi ipsius ecclesiæ calix valoris scutorum xxx monetæ cum quatuor cereis facibus, prout aliis ecclesiis donari solet, detur

« Les gardiens et le camérier, pour en perpétuer la mémoire. »

La ville de Rome fut préservée du fléau, et l'offrande du calice et des torches en cire se fait encore, tous les ans, le jour de la fête du Saint.

Mais le miracle se montre avec plus d'éclat encore dans l'apparition des images de Saint Roch et de Saint Sébastien qui eut lieu, à *Frascati* en 1656, et dans la cessation de la peste qui en fut l'heureuse conséquence. (1)

La cité de Frascati est l'ancien *Tusculum* des Romains, célèbre par la beauté et la fraîcheur de ses sites, par l'élégance de ses *villas* si justement renommées. Dans les siècles passés, Tusculum fut la mère féconde d'un grand nombre de personnages illustres. Ses orateurs, ses hommes d'armes lui valurent le titre de *ville municipe de Rome ;* ses habitants avaient droit à tous les priviléges des citoyens romains.

Au milieu des incursions des barbares, et dans les guerres civiles qui désolèrent le pays, une ville aussi rapprochée de Rome devait être saccagée et amoindrie

---

et offeratur, et magistratus illius temporis majori quo potuerit comitatu ac decore dictum calicem cum eisdem cereis facibus ecclesiæ præfatæ vice et nomine pop. Rom. reservato in S. D N. beneplacito offerre ac donare debeat. Decretum Consilii Puri, habitum die xix ejusdem mensis, lecto deinde decreto sec. consil. de calice in posterum singulis annis donando valoris scutorum xxx monetæ cum dictis facibus D. ecclesiæ ut supra cum approbatione prædictæ probationis anno præterito ut supra factæ, reservato tamen desuper S. D. N. beneplacito, dictum decretum unanimi consensu comprobatum est et S. D. N. Urbanus VIII diplomate confirmavit die xxiv septembris MDCXXV. Custodes et camerarius ad æternam memoriam poss.

(1) Les détails qui suivent sont empruntés à un opuscule italien intitulé : *Memorie sopra le sagre immagini de Santi* Sebastiano M. E. Rocco C. *che si venerano nella citta di Frascati in S. Maria del Vivario.* Roma 1856.

comme elle. En 1193, Tusculum est entièrement détruit, et de ses ruines se forme bientôt après la cité de Frascati.

En 1656, elle avait acquis une certaine importance. Son siége épiscopal avait été occupé déjà par un grand nombre de cardinaux, et ces éminents personnages n'avaient pas peu contribué à l'agrandir et à l'orner de beaux monuments.

C'est dans cette année 1656, que l'Italie fut le théâtre de tous les malheurs que la peste entraîne avec elle. Déjà la contagion avait envahi la ville et le territoire de Rome. Les châteaux et les alentours de Frascati en étaient infectés ; en vain, avait-on établi des gardes vigilantes autour de la cité, pour en éloigner les étrangers, et tout ce qui pouvait être suspect de porter le mal; en vain, on mura, plus tard, les portes de la ville ; le mal pestilentiel ne tarda pas à se glisser au sein même de la population.

Toute espérance de salut était perdue, lorsqu'un secours aussi puissant qu'il était inespéré vint rendre la paix et la sécurité à cette population consternée.

Dans l'église de *Sainte-Marie-du-Vivier* (*Santa Maria del Vivario*), ainsi nommée parce qu'elle fut bâtie jadis à l'endroit même où était *le vivier de Lucullus*, se trouvaient, un dimanche matin 18 juin, une dame en prières et deux clercs. Tout à coup, un mouvement se fait dans le mur de la nef de gauche exposé au nord ; leurs yeux se dirigent de ce côté et, à leur grand étonnement, ils voient la couche de ciment qui couvrait ce mur se gonfler et menacer de s'en détacher. Dans leur effroi, ils sortent de l'église et appellent les voisins. Ceux-ci arrivent, et, la couche du ciment se détachant par parties de la muraille, ils aperçoivent dessous une peinture qui ne présentait encore que la forme d'un bras. La curiosité publique s'accroit, bientôt l'église est pleine de peuple. L'évêque suffragant du cardinal Jules Sacchetti, évêque de Frascati, Monseigneur Bottoni se trouvant sur les lieux, veut être témoin lui-même de cet étrange mouvement du mur que rien ne motive d'ailleurs. Avec les magistrats de la cité, il ordonne qu'on achève d'enlever la croûte de ciment; et le ciment résiste aux outils et se montre dur et solide.

Cependant le même phénomène se reproduit à divers intervalles; le ciment se détache peu à peu et de lui-même, et bientôt apparaissent deux personnages peints à fresque et représentant, d'une part, un pèlerin tenant de sa main droite un bourdon, et montrant avec la main gauche une plaie à sa cuisse, et d'autre part, l'image d'un saint attaché à un arbre et percé de flèches. A ces traits, on reconnaissait aussitôt les deux saints protecteurs des peuples contre la peste, Saint Roch et Saint Sébastien. Leur apparition si merveilleuse dans des circonstances aussi lugubres, fortifia tous les cœurs et releva toutes les espérances.

Mais, comment ces saintes images se trouvaient-elles sur ce mur? à quel habile peintre fallait-il les attribuer, car elles étaient belles et expressives? Pourquoi les avoir fait disparaître sous cette couche de ciment?

L'église de Sainte-Marie-du-Vivier avait été d'abord la cathédrale: elle est encore appelée, *il Duomo Vecchio*, et son clocher atteste, en effet, une origine qui remonte bien à l'époque romane. Quoique d'une date postérieure, l'église elle-même existait longtemps avant la cathédrale actuelle. Que dans les réparations et embellissements qu'on fit à ce sanctuaire, on ait cru devoir faire disparaître cette peinture, dans un temps où en Italie surtout, on cherchait à moderniser tous les anciens monuments, c'est ce dont on ne peut douter. Toujours est-il que, de mémoire d'homme, on n'avait aucun souvenir d'avoir vu ces peintures et qu'on en ignorait l'existence.

Le mérite de leur exécution accusait une main savante. Au jugement des artistes, cette fresque était attribuée aux élèves des Carrache, ou de Zucchari, ou à ces maîtres eux-mêmes, qui, au commencement du XVe siècle, étaient venus peindre à Frascati la villa du cardinal Damasceni Peletti di Montalto.

Quoi qu'il en soit, à dater de ce jour, la peste disparut à Frascati et dans tout son diocèse. Tous ces faits sont consignés dans les registres de la municipalité de cette ville; et, quand la cour romaine voulut en établir l'authenticité, la population tout entière vint déposer de la vérité du miracle.

En témoignage de leur reconnaissance, les habitants de Frascati réunis en conseil public, le 26 novembre de la même année, voulurent qu'on s'engageât par un vœu à offrir à l'autel des deux Saints un ouvrage d'argent de grand prix, lequel serait présenté par leur premier magistrat escorté de tout le peuple. Ils décidèrent aussi que Saint Roch et Saint Sébastien (1) seraient invoqués désormais comme les protecteurs de la cité; que tous les ans, le 18 juin, serait un jour de fête solennelle; qu'une procession à laquelle assisteraient le clergé, les autorités et les habitants, aurait lieu ce même jour en grande pompe; que dans cette cérémonie, la municipalité porterait tous les ans et à perpétuité, huit cierges d'une livre chacun, et deux torches de cire de trois

---

(1) Voir, aux pièces justificatives, la courte notice que nous donnons sur la vie et le culte de Saint Sébastien.

livres, lesquels seraient déposés sur l'autel des deux Saints pour être brûlés en action de grâces.

Tous les détails de ce vœu public furent fidèlement exécutés, et, depuis, la ville ne manqua jamais à cette pieuse coutume. Le 18 juin est resté un jour de réjouissance et de fête. La foule se porte vers le sanctuaire vénéré, elle prie devant les saintes images, et le soir, les fenêtres des maisons s'illuminent de mille feux.

Le 20 juin 1660, on institua la pieuse réunion composée de vingt-quatre citoyens des plus nobles familles de la cité. Cette société qui existe encore aujourd'hui, fut chargée de veiller à la garde des saintes images, de l'autel, des offrandes et de tout ce qui concerne le culte de ces saints protecteurs. Ses statuts furent approuvés par l'archevêque de Nazareth, Antonio Sévéroli, visiteur apostolique de la ville et du diocèse de Frascati.

Cette pieuse société fit décorer avec richesse une chapelle qui fut bâtie contre le mur où étaient les saintes images. L'architecture est du célèbre Michel-Ange, peintre et architecte romain. Les peintures à fresque et les reliefs en bronze florentin dont il fut aussi l'auteur, sont dignes de sa haute réputation.

Les nobles gardiens firent graver à côté de cette belle chapelle l'inscription monumentale que nous donnons ici, avec sa traduction :

D. O. M.

« Ces images de Saint Sébastien et de Saint Roch que tu vénères, ô voyageur, étaient restées cachées, depuis un temps immémorial, sous une couche de ciment qui les voilait sur ce mur. Ce fut en 1656, alors qu'une peste meurtrière ravageait les villes voisines et notre propre territoire, que, les ciments se détachant d'eux-

mêmes, elles apparurent le xiv° jour des kalendes de juillet, par un miracle qui ne pouvait arriver d'une manière plus opportune. C'est pour cela que la cité de Tusculum prit pour ses saints patrons les auteurs de ce mémorable bienfait, voulut que le jour anniversaire de ce grand événement fût un jour de fête, et établit à perpétuité une société de xxiv citoyens chargés de la garde de leur autel. Enfin, des reliques de ces mêmes Saints nous ayant été données par son Éminence le cardinal Pierre Ottobono, vice-chancelier de la sainte Église Romaine, le sénat et le peuple de Tusculum construisit cette chapelle, l'orna et les rendit au culte public.
L'an de notre Rédemption MDCCXV. (1) »

(1)   D. P. M.

Sanctorum Sebastiani et Rochi; imagines
quas veneraris viator
cum ab immemorabili usque ad annum MDCLVI.
Sub hujus parietis velamine latuissent
Dirissima peste per finitimas urbes et castella
tunc sæviente
sponte cadentibus muri cæmentis
XIV kal. julii opportuno sane miraculo
apparuere
unde Tusculana civitas
ab imminente periculo liberata
celeberrimi beneficii Auctores
sibi in patronos elegit
anniversarium diem instituit
et XXIV civium societatem ad altaris custodiam
Apostolica visitatione approbante
in perpetuum erexit
Additis tandem
ab Eminentissimo cardinali Petro Otthobono
S. R. E. Vicecancellario
eorumdem Sanctorum Reliquiis
S. P. Q. T.
Instauravit ornavit et publico cultui
restituit.
anno reparatæ salutis MDCCXV.

En 1843, sous l'épiscopat de son Éminence le cardinal Louis Micara, évêque et citoyen de Frascati, on s'aperçut que l'humidité avait gagné le mur et que les saintes images commençaient à se détériorer. Comme il n'était pas possible de remédier à ce grave inconvénient sans les isoler du mur et sans les en détacher, l'ingénieur Joseph Ceppari fut chargé par le cardinal de cette œuvre qu'il accomplit avec un plein succès.

Devenues ainsi mobiles, elles furent adaptées à deux caissons en bois, et en 1856, on put les transporter à l'église cathédrale pour la célébration de la seconde fête séculaire qui fut célébrée en l'honneur de leur apparition miraculeuse. Nous donnons ailleurs les détails des magnifiques solennités qui eurent lieu à cette occasion.

Pour compléter ces documents authentiques sur la protection dont Saint Roch entoura depuis cette ville, disons, en terminant, que lorsque le choléra sévissait à Rome, en 1837, il est aussi de notoriété publique, que cinq mille Romains environ vinrent chercher un refuge sur les coteaux de Frascati. La plupart portaient sur leur front livide les premières empreintes de la contagion. Aucun d'eux cependant ne périt. A mesure qu'ils paraissaient devant ces images sacrées, pour implorer leur guérison, on remarquait que la santé leur était presque aussitôt rendue. Ces faits sont encore attestés par des milliers de témoins; et le sanctuaire de Sainte Marie-du-Vivier est encore aujourd'hui un lieu vénéré, célèbre par les miracles de notre glorieux Saint.

Mais, ce ne fut pas seulement en Italie qu'on éprouva les effets de l'intervention tutélaire de Saint Roch : elle se manifeste à toutes les époques de la contagion, dans les diverses régions de la Chrétienté. Bornons-nous à quelques faits principaux que nous lisons dans le recueil des Bollandistes.

En 1519, la peste ravageait la ville de *Palentia*, en Espagne. Le Saint guérisseur fut solennellement invoqué. La cité s'engagea par un vœu public à célébrer désormais sa fête en grande pompe. Une procession aura lieu chaque année, le 16 août, et se rendra à l'église de Sainte Marine, où Saint Roch avait une chapelle et un autel. Ce vœu est fait à perpétuité, *usque ad mundi finem*. A la suite de cette démonstration de la piété de ce peuple, la peste disparut presque subitement.

En Portugal, dans un lieu appelé *Villa-de-Condé*, une communauté de religieuses Clarisses se voyait décimée par la contagion ; elles invoquent une image de Saint Roch, et le mal disparaît.

En 1490, une cruelle épidémie avait jeté l'effroi et la consternation dans le couvent des Carmes de Paris. Dix-huit religieux avaient succombé en peu de jours, sous les coups du fléau. Jean de Pins, un des savants biographes de Saint Roch, rapporte ce fait comme s'étant passé de son temps, *nostra vero memoria*. Cet auteur raconte donc que l'épidémie cessa subitement, dès le moment qu'un autel et qu'une image de Saint Roch eurent été placés dans leur chapelle. En reconnaissance de cet événement, la communauté fit vœu de célébrer sa fête, tous les ans avec solennité, et voulut que mémoire spéciale de Saint Roch fût faite chaque dimanche dans la maison. Cet autel et cette image du Saint, dans l'église des Carmes, eurent de la renommée ; et l'on rapporte que cinq ans après, en 1495, bien des personnes de Paris atteintes du mal contagieux, furent guéries en y allant invoquer la protection de notre Saint.

La plupart des nombreuses confréries érigées en son honneur ; la plupart des fêtes qui furent instituées à sa gloire, ne furent dans leur origine que des manifestations de la reconnaissance publique, et n'eurent d'autre but que de perpétuer le souvenir de semblables miracles.

C'est ainsi que l'archevêque d'Arles institua, en 1628, une confrérie de Saint Roch, après que cette ville eut été délivrée de la peste par son intervention.

C'est de cette même manière que la ville de *Salon*, dans la Provence, en 1631 et 1632, celle de *Vermanton*, au diocèse d'Auxerre en 1633 ; *Montargis*, dans le diocèse de Sens en 1635, érigèrent avec beaucoup d'autres villes, tant de pieux monuments de leur reconnaissance. Désolées par ce mal contagieux et sauvées miraculeusement par l'intervention de Saint Roch, les temples, les oratoires, les autels qu'elles érigèrent en si grand nombre furent autant *d'ex-voto*, qu'elles consacrèrent à sa gloire et à sa puissance.

Mais c'est surtout de nos jours qu'on a vu la dévotion à Saint Roch se produire d'une manière plus générale et plus solennelle encore. Dans quelle contrée, dans quelle ville de l'Europe, le terrible fléau du *choléra* n'a-t-il pas sévi à notre époque ?

Pendant que la science médicale étudiait en vain ce mal mystérieux, et lorsqu'elle se déclarait déconcertée ou impuissante à le guérir, la piété des peuples recourait au puissant médecin, connu depuis cinq cents ans, par ses miracles de guérison. Quelle est la cité, quel est le village qui ne l'ait invoqué dans ces jours de douloureuse mémoire ? Quelle est la population éplorée, qui, après avoir réclamé son secours, n'ait pas été secourue et sauvée par sa puissante intervention ?

Aussi, dans cette époque d'épidémie, le culte de Saint Roch s'est-il prodigieusement accru dans le monde. Quelle est aujourd'hui l'église qui ne possède ou un autel ou une image de notre Saint ? Que de chapelles jadis érigées en son honneur et négligées, plus tard, par les populations, ont été restaurées, embellies et fréquentées de nouveau par ces mêmes populations délivrées de ce fléau ! Combien d'églises et d'oratoires n'a-t-on pas vu construire dans ces dernières années, destinés à perpétuer ce pieux sentiment de la reconnaissance publique !

En présence de témoignages si nombreux et si universels par lesquels la piété des peuples s'est plu à attester la puissance bienfaitrice de notre illustre Saint, nous n'hésiterons pas à dire avec le savant Bollandiste qui écrivit des pages si judicieuses sur son histoire, que, dans ce ministère de guérisseur et de sauveur des peuples pestiférés, Saint Roch est, pour ainsi parler, un miracle continuel : *Continuum, ut ita dicam, in hujusmodi malo tollendo miraculum.*

CHAPITRE TROISIÈME.

Natus est homo, princeps fratrum, firmamentum gentis, rector fratrum, stabilimentum populi ; et ossa ipsius visitata sunt, et post mortem prophetaverunt. (Eccli. XLIX. 17. 18.)

CHAPITRE TROISIÈME.

DU CULTE RENDU AUX RELIQUES DE S. ROCH.

ANTIQUITÉ ET LÉGITIMITÉ DU CULTE DES SAINTES RELIQUES. — CELLES DE SAINT ROCH SONT PRIMITIVEMENT CONSERVÉES A MONTPELLIER ET HONORÉES D'UN CULTE DE RESPECT RELIGIEUX. — DON FAIT AU MARÉCHAL DE BOUCICAUT D'UNE PARTIE DU CORPS DE NOTRE SAINT. — DON QU'IL EN FAIT LUI-MÊME AUX TRINITAIRES D'ARLES. — LE RESTE DU CORPS NOUS EST FURTIVEMENT ENLEVÉ PAR LES VÉNITIENS. — HONNEURS EXTRAORDINAIRES QUI LUI SONT RENDUS A VENISE. — APRÈS LE CONCILE DE CONSTANCE, LE MONDE CHRÉTIEN ATTACHE UN TRÈS-GRAND PRIX AUX RELIQUES DE SAINT ROCH. — NOMBREUSES PARCELLES TIRÉES DE LA CHÂSSE DU SAINT A ARLES. — DON DE HUIT PARCELLES FAIT A LA PAROISSE DE SAINT ROCH DE MONTPELLIER. — PARCELLES EXTRAITES DU TOMBEAU DU SAINT A VENISE. — LE TIBIA DE LA JAMBE GAUCHE DU SAINT NOUS EST ACCORDÉ. — PIÈCES AUTHENTIQUES RELATIVES A L'EXTRACTION ET A LA SUSCEPTION DE CETTE PRÉCIEUSE RELIQUE.

Le soin religieux avec lequel l'Église conserva toujours les reliques des Saints; le culte de vénération qu'elle leur rendit dans tous les temps; les miracles de guérison dont Dieu les fit tant de fois les instruments, sont autant de faits historiques dont on ne saurait nier la certitude.

Depuis les Patriarches de l'ancienne loi, dont les ossements furent l'objet de tant d'honneurs et de respects, jusqu'aux chrétiens de la primitive Église qui recueillirent si pieusement la dépouille de leurs saints martyrs; depuis les fêtes des catacombes instituées en leur mémoire, jusqu'aux pompes religieuses qu'on célébra sur leurs tombeaux après la persécution, jusqu'aux magnifiques solennités que leur dédia le moyen-âge, le culte des saintes reliques, il faut bien le reconnaître, occupe dans l'histoire une place aussi incontestable que glorieuse.

Pour tout homme de bonne foi, la légitimité de ce culte n'est pas un fait moins incontestable. Il est certain, en effet, que, dans l'idée chrétienne, ce culte s'inspirait des motifs les plus saints.

Elles avaient droit à la vénération des chrétiens, ces précieuses dépouilles dans lesquelles, comme dans des vases d'honneur, la grâce divine avait reposé pour opérer des miracles de vertu et de sainteté : elles méritaient certainement d'être honorées, ces reliques sacrées qui furent comme le temple du Saint-Esprit où tant de sacrifices de louanges avaient été offerts à la Majesté divine, où le véritable esprit du Christianisme s'était manifesté par tant de foi et d'œuvres de charité : il fallait bien leur prodiguer l'encens et les fleurs ; il fallait conserver dans de riches étoffes et dans des reliquaires d'or ces précieux ossements qui furent les membres les plus vrais comme les plus vénérés du Chef divin de l'Église. La religion les honorait dignement en les plaçant sur les autels à côté de son corps sacré. C'était un témoignage glorieux et vivant de la réalisation de son œuvre divine qui est de faire des Saints. Comment ne pas baiser avec amour ces mains vénérables qui soulagèrent tant d'infortunes, qui essuyèrent tant de larmes; ces pieds jadis si ardents et si infatigables pour porter en tous lieux l'évangile de la paix ; ces bouches si pures d'où sortirent tant de paroles de sagesse et de vérité ! Comment ne pas apprécier au-dessus de l'or et des diamants ces membres imprégnés encore de la bonne odeur de la chasteté, de la charité, de toutes les vertus évangéliques qui avaient rendu la vie de ces bienheureux semblable à la vie des anges !

Ce qui prouvait bien encore la légitimité de ce culte, c'étaient les parfums d'agréable odeur qui s'exhalaient, en effet, de ces saintes reliques, ces parfums ne ressemblaient en rien à ceux qui sont l'ouvrage des hommes. Leur principe ne pouvait être douteux; on voyait bien que ces odeurs si exquises provenaient uniquement de la vertu même de ces ossements animés jadis par une vie surnaturelle et divine.

Ce qui démontrait surtout la légitimité de ce culte, c'étaient les miracles sans nombre par lesquels il plaisait à Dieu de l'autoriser.

La vue de ces ossements inanimés que la vertu divine rendait si puissants à guérir et à sauver, bien loin de porter les hommes à l'idolâtrie, était, au contraire, un lien très-efficace pour les amener à Dieu dont la puissance se manifestait par eux d'une manière si éclatante.

La vue de ces reliques était enfin une exhortation muette mais pressante qui les portait sans cesse à imiter les vertus et la vie exemplaire des Saints. Aux yeux des fidèles, c'était un gage assuré que leurs prières seraient écoutées de Dieu plus favorablement, alors qu'elles lui étaient présentées par ses serviteurs et ses amis.

Évidemment l'idolâtrie n'était pour rien dans ces manifestations de la piété comme de la croyance de nos siècles chrétiens. Depuis les temps apostoliques jusqu'à nos jours, les catéchèses des Pères et des Évêques, les prières de nos liturgies, les monuments de l'histoire, la pratique et l'enseignement formel de l'Église ne laissent sur ce point aucun doute possible. Et ce que nos frères séparés nous ont reproché en dehors de cette pratique et de cet enseignement des siècles, est une calomnie tellement manifeste que nous ne devons y répondre que par cette exclamation douloureuse que Bossuet adressait aux protestants de son époque : « Quoi ! n'y aura-t-il point quelque ministre assez officieux pour nous décharger de l'ennui de redire cent fois la même chose, sans qu'on veuille nous écouter ? (1) »

Parmi ces reliques qui furent l'objet de la vénération des peuples chrétiens, celles de Saint Roch occupent dans l'histoire une place qui eut bien son importance et son illustration. Leur distribution dans les diverses Églises de l'Europe ne sert pas peu à constater l'antiquité du culte du saint pèlerin dans notre pays et son extension merveilleuse dans le monde chrétien.

Depuis la mort bienheureuse de Saint Roch, son corps fut conservé à Montpellier avec le soin religieux que le souvenir de ses admirables vertus avait inspiré à nos ancêtres.

Est-il vrai qu'ils bâtirent sur son tombeau un temple somptueux, comme le dit la légende et comme l'ont écrit plusieurs hagiographes ? nous l'ignorons. Il n'existe dans nos annales aucun document, et nous ne connaissons aucun acte qui fassent mention d'un monu-

(1) Bossuet : Avertissement aux protestants, sur le reproche de l'idolâtrie.

ment semblable. Ces documents étaient-ils au nombre de ceux qui durent disparaître pendant la longue lacune qui existe dans notre chronique du Petit Thalamus et qui comprend presque tout le XV° siècle ? Ces actes ont-ils péri au milieu de tant d'autres qui furent brûlés pendant les guerres de religion ? c'est ce qu'il serait difficile de dire.

Quoi qu'il en soit, ce qu'on ne peut nier ni révoquer en doute, c'est le culte de religieuse vénération dont le corps de Saint Roch fut l'objet dans sa ville natale, durant le XV° siècle et avant le concile de Constance.

Nous avons la preuve de ce fait dans un événement qui se passa dans notre ville, en 1399. *Jean-le-Maingre, Maréchal de Boucicaut*, envoyé par le roi de France, pour pacifier nos provinces, et mettre fin au malheureux schisme qui divisa l'Église après la mort de Grégoire XI, avait repoussé les Aragonais qui formaient la garde de l'anti-pape Benoît XIII, leur compatriote ; il avait établi sa domination dans la Provence et dans le Languedoc, et rendu à ces pays la paix et la tranquillité.

Se trouvant à Montpellier, ce puissant personnage demanda pour prix de ses services une partie du corps de Saint Roch. La cité ne pouvait repousser sa demande, et le maréchal de Boucicaut reçut, en effet, l'an 1399, une partie notable de ces précieuses reliques.

Le corps de Saint Roch était donc conservé, il était donc honoré déjà comme un objet digne de vénération : et les instances faites auprès de notre ville par un aussi grand personnage que le maréchal, pour en obtenir quelques parcelles, témoigne hautement du prix qu'on y attachait à cette époque.

Jean-le-Maingre légua, plus tard, cette partie du corps de Saint Roch aux Trinitaires de la maison d'Arles, dont il estimait l'institut. Ces religieux durent les recevoir avec des transports de joie et de reconnaissance ; ils durent les considérer comme le trésor le plus précieux de leur église et comme un gage de la protection du Saint contre les dangers de la peste auxquels les exposaient leurs fréquents voyages en Orient. On sait que la contagion n'était nulle part plus fréquente et plus terrible que dans ces contrées lointaines où ils allaient remplir leur sainte mission pour le rachat des captifs.

Ainsi la translation de cette partie du corps de Saint Roch chez les Trinitaires d'Arles avait lieu avant le concile de Constance.

Ces dates ont une grande importance et méritent d'autant plus d'attention qu'elles prouvent, à elles seules, que le culte de notre Saint avait déjà sa raison d'être dans la dévotion publique, et qu'il n'attendait pour se produire librement au dehors, que la sanction de l'Église.

Cette haute sanction une fois donnée, ce culte se propage, en effet, avec une rapidité merveilleuse et se traduit partout dans une multitude incroyable de monuments.

Que Montpellier se soit associé à ce concert de prières et d'invocations adressées à l'héroïque Saint auquel il donna le jour, c'est ce qu'il est impossible de nier. Il est à regretter sans doute que ces événements se passent à l'époque même où il existe dans notre ancienne chronique une si longue lacune, et que ces détails si précieux pour notre histoire soient ainsi tombés dans l'oubli. Toutefois, le silence que cette chronique du Petit Thalamus garde à l'endroit de Saint Roch, n'est pas tellement absolu, qu'on ne puisse renouer la chaine de la tradition interrompue. Il y est fait mention, en effet, d'une procession solennelle qui se rendit, en 1505, à l'église des Frères Prêcheurs où une chapelle et un autel avaient été fondés en l'honneur de Saint Roch, et où on déposa un gros cierge de cire blanche portant les armes de la ville, à cause de la peste dont on redoutait alors le fléau. (1)

D'après le texte de la chronique, la coutume d'invoquer Saint Roch dans les calamités publiques, était donc établie à Montpellier; le saint pèlerin avait donc, dans sa ville natale, un autel et une chapelle où ses reliques étaient conservées, selon toute apparence : il était donc en possession d'y recevoir les hommages et les invocations de ses concitoyens.

Or, ce culte ne se produisait pas alors pour la première fois; évidemment son origine et ses traditions remontaient à des temps bien antérieurs, et qui oserait arguer de l'interruption et du silence de notre ancienne chronique pour en nier ou en contester le fait?

Au milieu de ces manifestations de la piété des peu-

---

(1) « L'an mil cinq cens cinq et au moys de mars à cause que en la ville de Montpellier avait doubte de pestilence et y avait eu par avant cours, et affin que Dieu, nostre benoict Créateur, nous voulsit préserver et garder de la dicte pestilence... furent ordonnées trois belles et solemnes processions.

« La première fut commencée le mardi vingt-quatriesme du dict moys de mars..., et, (*après plusieurs stations*) alla passer à l'église du palais à l'onneur et révérence de monsieur Saint Sébastien duquel l'autel est dans la dicte église, et après s'en descendit au couvent des Frères Prescheurs à l'onneur de *monsieur Saint Roc ou quel est en l'église d'icellui est fondée la chapelle*, et en chacune d'icelles fust crié : Sire Dieu, miséricorde ! bien dévotement, et furent mis et ponsés en chacune d'icelles deux gros sierges de cire blanche avecqués les armes de la ville. »

(*Thalamus Parvus*, publié pour la première fois, d'après les manuscrits originaux par la société archéologique de Montpellier, 1840, page 490.)

ples envers Saint Roch, il était naturel de voir se produire partout le désir de se procurer ses reliques. Le souvenir des calamités qui décimèrent l'Europe au XIV⁰ siècle, l'appréhension de désastres semblables d'une part, et, d'autre part, la conviction qu'on avait du pouvoir spécial donné à notre Saint pour guérir et sauver les pestiférés, rendait ce désir aussi ardent qu'il était universel. Il est constant, en effet, que dans les diverses parties de l'Europe on regardait ses saintes reliques comme un palladium contre le mal pestilentiel, et qu'on fit partout des tentatives pour en avoir quelque parcelle.

Parmi les villes exposées plus souvent aux ravages de la peste, il faut compter, en première ligne, l'illustre cité, reine de l'Adriatique, célèbre par son opulence et par son commerce qui la rendait le vaste entrepôt de l'Orient. Aucune ville ne témoigna plus de vénération pour Saint Roch, plus de confiance dans sa protection. Elle crut donc qu'elle serait invulnérable, le jour où il lui serait donné de déposer dans un de ses riches sanctuaires une partie de sa dépouille sacrée.

Par ses marchands alors en relation (1) avec notre pays, Venise avait fait des instances réitérées auprès des pouvoirs qui régissaient notre ville. Elle avait usé de tous les moyens pour faire arriver à nos pères ses sollicitations pressantes afin d'obtenir quelque fragment de ce sacré corps. Mais le trésor des reliques de Saint Roch était resté fermé pour elle, et nos pères s'étaient refusés à se dessaisir d'une partie même de ce précieux dépôt, amoindri déjà par le don fait au maréchal de Boucicaut.

(1) Voyez *Hist. de la Com. de Montp.* tom. II, pag. 42, et, aux pièces justificatives du même vol., une lettre du Doge de Venise, *Rinieri Zeno*, du 15 mai 1267.

Ce fut alors que les Vénitiens se décidèrent à recourir à la ruse ou à l'audace pour s'en emparer. La peste venait de sévir cruellement à Venise : dans l'espace de huit mois, elle avait fait trente mille victimes; l'année 1484, pendant laquelle on avait été témoin de tant de scènes lugubres, n'avait fait que raviver dans cette population le désir ardent de se procurer à tout prix ces saintes reliques. Les prières et les sollicitations n'ayant eu aucun succès, les Vénitiens résolurent de s'en rendre les maîtres, en dérobant l'inestimable trésor.

Comment et par qui ce pieux larcin fut-il commis? c'est sur quoi les annalistes sont partagés de sentiment. Les uns veulent que des marchands aient été chargés de tromper la vigilance de nos pères, et qu'alors qu'on les croyait uniquement occupés de leur trafic ou de leurs affaires, ils aient enlevé furtivement le corps de notre Saint. D'autres racontent, avec plus de probabilité encore, que deux moines de Saint Benoît se rendirent à Montpellier, envoyés par les Vénitiens; que sous le prétexte de leur dévotion à Saint Roch, ils eurent le privilége de s'approcher de plus près du tombeau du Saint, et que, profitant de la confiance qu'inspirait leur habit, et de la solitude dans laquelle on les laissa, ils parvinrent à ouvrir la châsse et à cacher dans leurs sacs ces ossements précieux.

Quoi qu'il en soit, le corps de notre Saint nous fut enlevé, et s'embarquant à la hâte, ses heureux ravisseurs l'emportèrent à travers les flots jusqu'aux extrémités de l'Adriatique.

Au premier signal qui fut donné de l'arrivée de ces reliques si longtemps désirées, les histoires racontent que le peuple de Saint Marc se leva comme un seul homme ; que le sénat, partageant l'allégresse publique vint en corps les recevoir, et qu'aussitôt on mit la main à l'œuvre pour construire une église qui fût digne de posséder un semblable trésor. Nous dirons ailleurs avec quelle munificence royale Venise décora cet illustre sanctuaire.

La translation du corps de Saint Roch eut lieu dans le mois de mars de l'année 1485, sous l'épiscopat de *Gérard*, patriarche de Venise, qui, après avoir reconnu son authenticité, le mit sous la garde de la célèbre confrérie de nobles Vénitiens, qui honoraient notre Saint d'un culte particulier.

Montpellier était donc dépossédé de son trésor. Désormais il ne lui restait plus que la gloire d'avoir donné naissance à cet héroïque apôtre de la charité chrétienne.

Nous ne récriminerons pas sur ce vol fait à notre patrie. Les Vénitiens l'ont glorieusement racheté par le culte qu'ils rendirent à ces saintes reliques, par les chefs-d'œuvre d'art, par les incroyables richesses dont ils les entourèrent. Devant ces monuments de la piété et de la munificence de ce peuple jadis si héroïque, les récriminations et la plainte expirent sur nos lèvres et font place à l'admiration.

A partir de cette époque, le monde chrétien dut s'adresser pour obtenir quelque parcelle du corps de Saint Roch, ou à la ville de Venise qui le possédait presque entier, ou bien à celle d'Arles qui en avait reçu une partie notable.

Nous dirons d'abord les extractions nombreuses qui furent faites de la châsse du Saint dans cette dernière ville, et qu'on dut presque toutes à la demande d'illustres personnages : nous raconterons ensuite les donations provenant de son tombeau à Venise.

Au commencement du XVIe siècle, en 1501, dans

une bulle adressée aux Trinitaires de la maison d'Arles, le pape Alexandre VI enjoint à ces religieux d'accorder plusieurs parcelles de ces reliques à divers monastères récemment fondés dans le royaume de Grenade où la foi catholique venait d'être introduite, les Trinitaires accordèrent un ossement du Saint appelé *nuca dorsi*.

En 1533, sous le pontificat de Clément VII, Guillaume le Vasseur, chirurgien du roi François Ier, obtient un bref apostolique qui l'autorise à extraire une autre parcelle de ce reliquaire. Le roi consent à l'exécution de ce bref, mais à la condition expresse que ce sera avec le consentement du Général de l'ordre et que la relique ne sortira pas de son royaume. Muni de ces pouvoirs, le Vasseur se rendit à Arles, et reçut en présence des religieux et de plusieurs notables de cette ville *un os du cou*, appelé l'*os spondyle*, qu'il transporta à Villejuif, dans les environs de Paris. La fête de la translation de cette relique s'y célèbre chaque année, le premier dimanche de mai, avec des indulgences accordées, soit par les archevêques de Paris, soit par les Souverains Pontifes.

En 1557, *une partie de la tête* du Saint est transférée à Marseille, et déposée avec honneur dans l'église des Trinitaires qui lui était dédiée.

En 1575, le 16 avril, un autre ossement est apporté à Rome par Alexandre Barvich, abbé commendataire du monastère de Sainte-Marie. L'extraction de cette parcelle a lieu, comme les autres, en présence de témoins ; elle est suivie de procès-verbaux et d'actes authentiques.

Ces extractions et d'autres qui probablement avaient eu lieu plus tard, firent craindre au Général des Trinitaires que le trésor de ces saintes reliques ne finit par s'épuiser entièrement. Aussi ordonna-t-il qu'à l'avenir il n'en serait plus accordé de parcelles. Cette ordonnance est du 1er août 1616 ; elle est adressée, en vertu de la sainte obéissance, à tous les religieux et à tous les dignitaires de l'ordre, et accompagnée de la peine d'excommunication encourue, *ipso facto*, par tous ceux qui y contreviendraient.

Cette sévère défense n'empêcha pas ce même Général d'envoyer l'année suivante, au couvent de Douai *un autre fragment de la tête* du Saint, qu'on déposa dans une châsse en vermeil, et qui devint célèbre dans ce pays par de fréquents miracles. Une procession solennelle se faisait tous les ans, dans cette ville, le 16 août. La relique y était portée en grande pompe et avec un immense concours de peuple.

Les prieurs de la confrérie de Saint Roch à Turin, désirant vivement obtenir une relique du Saint, députèrent à Arles le sieur *Jean-Louis Lamberti*, docteur en droit canon; mais sa demande fut repoussée par les religieux ; ils prétextèrent l'ordonnance de leur Général qui leur interdisait de céder même une parcelle de ces reliques pour être portée en dehors du royaume de France. En vain s'étaya-t-il des lettres du duc de Savoie et de l'archevêque de Turin dont il était muni ; en vain présenta-t-il une lettre du cardinal *Bandini*, doyen du sacré collége qui appuyait sa demande ; en vain exhiba-t-il enfin les lettres patentes du roi de France, datées du 28 avril 1619, dans lesquelles ce souverain déclarait consentir à ce qu'il fût fait droit à la requête du député de la Savoie, les religieux n'en persévérèrent pas moins dans leur refus. Lamberti fut obligé de se rendre à Paris auprès du Général de l'Ordre, qui consentit, le 15 mars 1620, à ce qu'une parcelle des reliques de Saint Roch lui fût accordée, avec cette réserve que ce serait sans conséquence pour l'avenir. La châsse fut donc ouverte de nouveau, en présence de l'archevêque d'Arles, des consuls, des hommes notables du clergé et du peuple, et enfin de plusieurs médecins et chirurgiens. On en tira la partie supérieure du *fémur* de la jambe gauche du Saint, qui fut remise au docteur Lamberti et reçue par lui avec de profonds respects. Après l'avoir enveloppée avec soin dans une étoffe de soie blanche, le député de la Savoie accomplit le vœu de la confrérie, et offrit en son nom une châsse d'argent doré revêtue au dedans d'étoffes de soie rouge, voulant que les reliques d'un si grand Saint fussent ainsi plus honorablement gardées.

Parmi les saintes reliques que le roi de Portugal apporta en France, après sa défaite par le roi d'Espagne, Philippe II, et son exclusion du trône, on comptait un fragment de l'épine dorsale et l'os du menton de Saint Roch. Dans l'acte de donation, daté de l'année 1594, par lequel ce prince légua ces reliques à son fils Dom Emmanuel, on trouve, au numéro 24, la mention qui en est faite en ces termes : *Pars spinæ dorsi*, *et mentum S. Rochi*, *confessoris*, XVI *Augusti*. Le prince Dom Emmanuel donna ces dernières reliques à l'abbé supérieur du monastère de Saint-Sauveur à Anvers. Nous aurons occasion de dire plus tard le culte de vénération qui leur fut rendu dans cette ville.

A Rome, on vénère un *doigt* de Saint Roch à Sainte-Marie-la-Neuve. Plusieurs autres parcelles sont honorées dans l'église de Sainte Anne et à la Victoire.

« Malgré la résolution où étaient les Trinitaires d'Arles, de tenir leur châsse fermée à tout le monde, ils ont été souvent obligés, dit Baillet, de l'ouvrir encore pour faire de nouvelles libéralités. Depuis ce temps, l'on en montre dans plus de dix églises à Paris, que l'on expose, ou que l'on porte en procession, le jour de la fête du Saint. Celles que l'on voit dans l'église de la paroisse de son nom, sont encore honorées d'un culte particulier, le dernier dimanche de la Pentecôte, au mois de novembre, jour auquel on célèbre leur translation. » (1) Ces dernières reliques dont parle Baillet, consistent en *un os du bras droit*, lequel fut enfermé dans une châsse d'argent du poids de cent cinquante marcs, et déposé le 22 novembre 1665, dans l'église Saint-Roch que Louis XIV venait de faire achever. (2)

« La reine de France, *Marie Leczinska*, femme de Louis XV, ayant fait ériger, dit Godescard, une chapelle en l'honneur du Saint dans l'église paroissiale de Saint Louis à Versailles, demanda des reliques de Saint Roch à M. *de Jumilhac*, archevêque d'Arles, par une lettre du 11 octobre 1764. Le prélat, pour satisfaire la dévotion de la pieuse princesse, fit l'ouverture de la châsse qui les renferme, et en tira un os assez considérable, qui fut envoyé à la reine. (3)

Les Bollandistes font mention de plusieurs autres parcelles des reliques de Saint Roch, sans dire néanmoins

---

(1) Vies des Saints, au 16 du mois d'août. (Baillet.)

(2) *Cum autem Ludovicus, S. R. E. cardinalis, Dux Vindocinensis* (Vendôme) *partem brachii dextri S. Rochi inde acceptam, et a Francisco, Arelatensium archiepiscopo, capsa argentea inclusam, Parisiis ipse detulisset, Harduinus Parisiensis archiepiscopus, anno 1666, die vero* XXII *mensis novembris, quæ erat dominica ultima post Pentecosten, indicta solemni processione, sacras reliquias per vicos et compita parochiæ S. Rochi, comitante clero et populo, solemni pompa circumductas, collocavit in editiori loco hujus parochialis ecclesiæ. In cujus rei perenne monumentum statuit, ut quotannis dominica ultima post Pentecosten hujus translationis memoria in hac ecclesia celebraretur.* (Propre de l'église S. Roch à Paris.)

(3) Vies des Saints, au 16 août. (Godescard.)

de quelle source elles proviennent. Ces parcelles se trouvent à Bruxelles, dans l'église de Saint Gangéric ; à Pragues dans la Bohême ; à Dure (2), célèbre autrefois par la multitude des pèlerins qui venaient honorer la relique de notre Saint ; à Dindermonde, en Flandre, dans plusieurs contrées de l'Allemagne et de l'Autriche; à Cologne, dans le Luxembourg ; à Saint Laurent de l'Escurial, en Espagne, enfin au port de Césène en Italie, où l'on possède *une dent molaire* du Saint.

Les Trinitaires de Montpellier avaient aussi une relique de Saint Roch qu'ils exposaient chaque année, le jour de sa fête, à l'angle de leur église où sont placés aujourd'hui les fonts baptismaux ; ils y exposaient également le bâton du saint pèlerin.

Cette relique était une parcelle de l'os d'une côte. Elle fut sauvée de la rage révolutionnaire, comme tant d'autres objets sacrés, par le zèle des pieux fidèles. En 1809, elle fut présentée à Monseigneur Fournier, évêque de Montpellier, qui ayant reconnu son authenticité, la déposa dans le piédestal d'une statue de Saint Roch en argent, que les paroissiens dont il était le patron venaient de faire exécuter pour cet usage. De nouvelles lettres authentiques furent données par l'illustre prélat, et dans une ordonnance du 1ᵉʳ août de cette même année, il statua que la fête de Saint Roch serait célébrée désormais dans son église, avec octave solennelle, et que la relique y serait exposée non-seulement pendant ces fêtes, mais encore au troisième dimanche de chaque mois.

Plus tard, en 1838, le culte de Saint Roch singu-

---

(2) *Marcodurum*, les auteurs latins nomment ainsi *Dure*, ville du duché de Juliers en Allemagne.

lièrement augmenté au milieu des ravages que le choléra venait de faire parmi tant de populations, le digne et vénérable curé de cette paroisse crut que le moment était venu de faire valoir les droits qu'avait Montpellier à une relique plus notable que la minime parcelle qu'il possédait : dans l'ardeur de son zèle, il plaida victorieusement la cause de son pays.

L'ancienne châsse qui renfermait les reliques de Saint Roch à Arles, avait péri, pendant la tourmente révolutionnaire, avec tant d'autres objets de prix et de valeur artistique. Cette châsse était en vermeil, surmontée d'une belle statue du Saint de trois pieds de hauteur, et de même matière. Mais avant que ce précieux ouvrage d'orfévrerie devînt la proie des révolutionnaires, de pieuses mains avaient eu soin d'en retirer les saintes reliques, et quand furent passés ces jours d'anarchie et de deuil, ces ossements sacrés, dont les sceaux avaient été religieusement conservés, purent être exposés de nouveau dans la basilique de Saint Trophime, dans une nouvelle châsse en bois doré, peu digne assurément, de la magnificence de l'ancienne. Elle fut placée sous la garde de l'archevêque d'Aix, d'Arles et d'Embrun qui en avait une clef, et des magistrats de la municipalité de la ville d'Arles, qui en avaient une autre. Le concours de ces deux autorités était nécessaire pour ouvrir le reliquaire et extraire quelque portion de ce précieux trésor.

La châsse fut ouverte le 25 mai 1838. Huit parcelles en furent tirées, en présence de Monseigneur *Joseph Bernet*, archevêque diocésain, assisté de son vicaire général, *Alexandre Jacquemet*, de l'archiprêtre, curé de Saint Trophime, et sous les yeux du maire de la ville d'Arles, de plusieurs conseillers municipaux et d'autres témoins signés au procès-verbal qui fut dressé sur les lieux, et dont un original est conservé dans nos archives paroissiales.

Le lendemain, jour de l'Ascension de Notre-Seigneur, les huit parcelles furent remises par Monseigneur l'archevêque à monsieur *Vinas*, curé de la paroisse Saint Roch à Montpellier, pour que la translation en fût faite par lui dans la patrie et dans l'église du Saint.

Tout ayant été disposé, dans notre ville, pour la solennité de leur susception, le 30 mai, elles furent reçues au faubourg de Nîmes par Monseigneur *Thibault*, évêque de Montpellier, et transportées par lui à l'église cathédrale, au milieu d'un très-grand concours de peuple. Le lendemain, elles furent déposées dans l'église Saint Roch, heureuse d'être enrichie de ce précieux trésor.

On se souvient encore de l'allégresse générale avec laquelle notre ville accueillit ces saintes reliques. Ce fut un vrai triomphe pour le noble enfant de Montpellier. Voici en quels termes notre digne prédécesseur nous a laissé ces détails touchants, dans sa vie de Saint Roch : « Le trente et le trente-un mai de cette année, dit-il, resteront à jamais mémorables dans le souvenir des habitants de notre ville... Montpellier, en cette circonstance, ne s'est point démenti et s'est manifesté ce qu'il est dans son enthousiasme. La joie et la jubilation de toute la cité, accourue en foule à la rencontre de quelques parcelles d'ossements d'un de ses enfants, a montré jusqu'à l'évidence que non-seulement il y a de la foi encore dans ses habitants, mais aussi qu'il n'y a plus lieu désormais de les accuser d'indifférence envers un Saint dont l'illustration les honore dans tout l'univers. (1) »

Tel fut, en effet, l'enthousiasme public que, dans peu de jours, on recueillit une somme considérable pour la

---

1 Vie de Saint Roch, par l'abbé V. Montpellier, 1858.

châsse d'argent qui devait renfermer ces saintes reliques, et qu'une fête annuelle fut instituée par Monseigneur l'évêque de Montpellier, afin d'en perpétuer la mémoire.

Il serait difficile de compléter cette histoire des reliques de Saint Roch à Arles. Il ne serait pas étonnant, en effet, qu'au milieu des épidémies qui ont fait dans ces derniers temps de si nombreuses victimes, bien des évêques soient venus réclamer quelques nouveaux fragments de cette sainte dépouille. Apparemment, la châsse de Saint Roch a dû s'ouvrir encore. En faveur de qui? nous l'ignorons.

Ce que nous avons dit des nombreuses distributions qui en furent faites à tant de pays divers, a dû suffire pour montrer l'importance de ces reliques et le prix que le monde chrétien y attache, depuis plus de quatre siècles.

Il nous reste à parler maintenant de la partie principale du corps de Saint Roch qui nous fut enlevée par les Vénitiens. Il paraît que Venise fut moins prodigue de son trésor que la ville d'Arles. Aussi n'avons-nous que très-peu de documents relatifs aux rares concessions qu'elle en a faites.

En 1640, Urbain VIII, ayant affilié la confrérie de Saint Roch de Venise à celle de Rome, les membres de cette illustre corporation envoyèrent *une partie notable du bras* du Saint à leurs confrères de Rome, voulant leur témoigner par ce don précieux combien ils étaient reconnaissants de cette faveur du pape et des indulgences dont il venait d'enrichir leur église.

En 1663, le cardinal de Bonzi, évêque de Béziers et ambassadeur du roi de France à Venise, obtient du nonce apostolique, Jacques Altoviti, en résidence dans cette même ville, un fragment du chef et une parcelle d'une côte du Saint. Le cardinal de Bonzi appartenait à la famille de La Croix de Castries, la plus directement alliée à la famille de Saint Roch. (1) Aussi ces reliques restèrent-elles comme un héritage dans la seigneurie de

(1) Le chanoine *Gariel*, qui écrivait en 1665, nous apprend « qu'on trouve les *Rochs* dans une belle alliance avec la maison de *La Croix*, qui mesla et unit heureusement leur sang et leur vertu : on les trouve de même dans les honneurs et les emplois de Maillorque, d'Aragon et de France. Comme les rochers fermes et inébranlables, les *Rochs*, ont toujours témoigné leur courage et leur constance : et ceux de *La Croix*, ont toujours fait voir par les effets que la croix rouge du costé sénestre de Saint Roch, est restée dans leur cœur, pour n'en sortir jamais qu'en produisant des actions généreuses, zélées et saintes. »

(Gariel, *Idée de Montpellier, recherchée et présentée aux honnêtes gens.*)

— D'Aigrefeuille s'exprime ainsi sur cette parenté : « Les fréquentes alliances qu'il y eut entre la maison de *La Croix* et celle *de Roch*, toutes deux des plus considérables de Montpellier dans le XIIIe et le XIVe siècle, ont donné lieu à l'ancienne tradition qui assure que la maison de La Croix est la même que celle de Saint Roch. Je n'oserais confondre ces deux maisons : mais il est bien certain qu'il ne nous reste aucune maison alliée de plus près à celle de Saint Roch que celle de La Croix. « (*Hist. de Montp.*)

M. le Duc, général de Castries, et M. le Marquis de Castries descendent de cette noble et antique maison de La Croix.

Il existe, dans les archives du château de Castries, un volume de pièces inédites intitulé : *Mémoires pour la vie miraculeuse de Saint Roch, natif de la ville de Montpellier, ornement et patron de la noblesse, et particulièrement de la maison de La Croix, issue du même sang que ce grand Sainct, en faveur de laquelle sont ici rapportées plusieurs généalogies de ceste maison et d'aucunes ses proches alliées, avec les actes pour les justifier, ensemble les preuves de l'histoire des anciens et modernes seigneurs barons et comtes de Castries.*

Dans la *Suite de l'histoire des Vaudois et des Albigeois par le P. Benoît de l'Ordre des Frères Prêcheurs*, on lit aussi une généalogie de la maison du marquis de Castries, où figure le nom du cardinal de Bonzi.

Castries. Il paraît qu'elles périrent, vers la fin du dernier siècle, au milieu de la tourmente révolutionnaire.

Nous ne sachons pas que d'autres parcelles aient été extraites du tombeau de notre Saint à Venise, et tout nous porte à croire que les distributions de ces reliques furent rares et de peu d'importance. Nous avons vu ces précieux ossements, nous avons eu le bonheur de les toucher de nos mains, et tout nous a porté à conclure qu'ils sont dans leur état complet et primitif.

Nous avons à raconter, en terminant cette histoire des reliques de Saint Roch, comment il nous fut donné de voir son tombeau s'ouvrir devant nos yeux, et par quelle insigne faveur, nous avons obtenu l'ossement si notable que la ville de Venise a envoyé par nous à la mère-patrie de son saint protecteur.

Nous étions parti pour Rome avec le dessein de nous rendre ensuite dans cette noble ville, afin d'essayer de procurer à notre cité et à notre paroisse une relique insigne de notre illustre Saint. Quelque précieuses que fussent à nos yeux les parcelles de son corps que nous possédions, elles ne nous paraissaient pas dignes encore de la cité qui lui donna le jour. Elles ne dépassaient pas, pour nous servir de l'expression de notre prédécesseur, *le volume de la pierre précieuse d'un anneau épiscopal.* (1) Il lfalait un de ses membres à la ville qui fût sa mère. Il le fallait d'autant plus que sa patrie s'apprêtait à lui ériger un temple digne enfin de sa haute renommée.

Déjà le saint Siége apostolique avait approuvé et béni ce projet, et dans un bref du 10 avril 1855, Notre Saint Père le Pape Pie IX, heureusement régnant, l'a-

---

(1) Vie de Saint Roch, par l'abbé V... Montpellier, 1838.

vait déclaré une œuvre sainte, et autorisé de son auguste protection.

Témoin de la dévotion que Rome professe d'une manière particulière pour notre Saint, le cœur plein de foi et de courage, nous eûmes une audience de son Éminence le cardinal *Antonelli*. Nous lui exposâmes humblement le motif et le but de notre voyage à Venise, et comme nous ne nous dissimulions pas la difficulté de notre entreprise, nous le suppliâmes à genoux de vouloir bien nous appuyer de sa haute et décisive influence. Le cardinal écouta avec bonté notre prière ; il trouva notre demande aussi juste que légitime ; mais, avant de nous accorder les lettres que nous sollicitions de lui et qu'il daigna nous promettre, Son Éminence voulut entretenir le Saint Père de ce projet.

Le surlendemain, nous étions reçu de nouveau chez le cardinal. Sa Sainteté approuvait nos démarches, et Son Éminence nous remettait la lettre suivante pour le Patriarche-archevêque de Venise.

Monseigneur,

« La ville de Montpellier regardant comme un devoir d'honorer d'une manière particulière Saint Roch qui est né dans ses murs, conçut vers la fin de l'année dernière, le dessein de lui élever un temple magnifique, et voua tous ses soins à cette entreprise. Grâce à la divine Providence, l'œuvre a fait de rapides progrès, après avoir obtenu l'approbation et la bénédiction du Saint Père. Désireux d'enrichir la nouvelle église d'une précieuse relique du Saint auquel elle doit être dédiée, M. l'abbé Recluz, curé de la paroisse Saint Roch de Montpellier, et député par la Commission de l'Œuvre, a résolu de se rendre dans votre ville, qui possède le corps sacré de ce héros du christianisme. En conséquence, je prie votre illustrissime et Révérendissime Seigneurie de l'accueillir avec bienveillance et de se prêter, autant que la chose sera possible, au religieux et pieux désir qui l'a porté à entreprendre un tel voyage.

« Comptant pleinement sur toute votre bienveillance à mon égard, j'ai l'honneur d'être, avec les sentiments de la considération la plus distinguée, de votre illustrissime et Révérendissime Seigneurie, le serviteur dévoué, Card. Antonelli. Rome le 8 juillet 1856. (1) »

Nous sortîmes de chez le cardinal, l'âme pénétrée d'un sentiment de reconnaissance que nous ne saurions exprimer, tant il était profond. Désormais, le succès de nos négociations n'était plus douteux ; plus nous étions prêtre obscur et inconnu, et plus nous bénissions la haute bienveillance qui avait daigné descendre jusqu'à

---

(1)   ILLUST. EV REV. SIGNOR,

La citta di Montpellier stimando essere suo debito l'onorare in particolar modo S. Rocco che vi ebbe i natali, fin dallo scorso anno, die mano, al divisamento di edificargli un magnifico tempio. Grazie alla divina Providenza, l'opera progredisce incoraggiata dell' approvazione del S. Padre e della sua benedizione. Desideroso il Sigr. Abate Recluz, rettore della parrocchia sotto la invocazione del Santo medesimo, et deputato della Commissione dell' opera stessa, di veder arricchita la nuova chiesa di una preziosa reliquia di questo Eroe del Cristianesimo ha stabilito di condursi costà, ove riposa il sagro di lui Corpo per conseguirla. Prego quindi V. S. Illustrissima et Reverendissima ad accogliere benevolmente il nominato Parroco, e saddove le riesca possibile secondare altresi il religioso e pio desiderio che lo ha spinto ad accingersi espressamente ad un tal viaggio.

Mentre faccio il debito conto della sua benevolenza a mio riguardo, mi pregio di confermarmi con sensi della più distinta estima, di V. S. Illustrissima Reverendissima servitor vero Card. Antonelli. Roma 8 juglio 1856.

notre humilité, et donner de la puissance à notre faiblesse. Ce souvenir de profonde gratitude durera autant que nous.

Quelques jours après, nous étions à Venise et nous remettions à son Excellence le Patriarche de cette ville la lettre du cardinal-ministre, secrétaire d'Etat de Sa Sainteté. Après lecture de cette lettre, le Patriarche gagné bientôt à notre cause, daigna nous assurer de son consentement ; mais, ajouta-t-il, la chose n'en est pas moins difficile. Le corps de Saint Roch est fermé à cinq clefs, et ces clefs sont confiées à la garde de diverses autorités de la ville. Leur consentement est nécessaire.

J'établis alors le fait du vol de ces reliques par les Vénitiens. Son Excellence ne le contesta nullement. « Je ne viens pas demander une restitution, lui dis-je, en souriant. — A Dieu ne plaise, reprit sur le même ton l'éminent prélat, nous aurions une émeute à Venise. — Tel n'est pas aussi mon dessein lui répondis-je ; je viens en toute humilité, conjurer votre Excellence de nous céder seulement un membre, une relique insigne de notre glorieux Saint. »

Et comme l'accueil que me faisait le Patriarche était plein de bonté, je m'encourageai à lui dire : « Excellence, il y a en France une noble ville qui a gardé contre Venise d'anciennes et profondes rancunes, cette ville est Montpellier. Elle avait jadis un précieux trésor ; Venise le lui enleva. Il appartient à votre Excellence de faire la paix entre ces deux villes illustres. En entrant dans votre palais, j'ai lu dans vos armoiries, ce mot écrit en gros caractères : *Pax*. Monseigneur, j'ai la certitude que vous nous donnerez la paix. » Le prélat sourit avec une noble bienveillance, et me tendant gracieusement la main, il m'assura de nouveau de sa bonne volonté, et se chargea de toutes les démarches à faire auprès des autorités auxquelles était confiée la garde du tombeau de Saint Roch.

Toutes les difficultés étant aplanies, le 24 juillet, je fus appelé au palais patriarchal, et de là, accompagné du vice-chancelier, notaire ecclésiastique, je me rendis chez Monsieur *Jérôme Tasso*, grand-gardien de l'archiconfrérie de Saint Roch, où je fus reçu avec l'urbanité la plus exquise. Bientôt, nous entrâmes avec lui dans sa gondole qui nous conduisit devant l'église dédiée à notre Saint. Après que nous eûmes prié quelques instants devant son tombeau, on se mit à l'œuvre pour l'ouverture de ce trésor sacré.

Par-dessus l'autel, formé de pierres précieuses, et contre le mur de l'abside, est le tombeau de Saint Roch. On enleva une première enveloppe en bois sculpté, derrière laquelle apparut une autre enveloppe en fer très-lourde, sur laquelle sont les cinq serrures qui furent ouvertes au moyen des cinq clefs qu'on avait apportées. Cette devanture enlevée, nous nous trouvâmes en face de la châsse en vermeil d'un riche travail de ciselure. Cette châsse a six pieds de longueur environ, et à la forme d'un sépulcre. Sur la face de devant sont trois portes. Celles des extrémités sont fermées au moyen de glaces d'un cristal très-pur : celle du milieu est fixe et en argent doré.

Les sceaux étant rompus, les glaces glissèrent dans leurs feuillures : nous étions devant le corps de notre Saint bien-aimé, posé horisontalement comme dans un tombeau, et couvert d'anciennes et très-riches étoffes d'or. Un parfum d'une odeur exquise s'exhalait de ces précieux restes. Je ne crois pas qu'on puisse respirer une odeur plus douce, plus agréable. (1)

Une partie du chef était enfermée dans un globe de cristal, et reposait à l'extrémité du sépulcre sur un riche coussin. Ce fragment est considérable et forme une grosse moitié de la tête du Saint : les autres ossements étaient disposés dans leur ordre naturel.

Le Vice-Chancelier souleva les étoffes du côté des pieds, et tira un os de la jambe. Alors s'engagea une longue et pénible discussion entre le chapelain de l'Archiconfrérie et moi. Le chapelain Michel Basso déclara s'opposer à ce que ce membre me fût donné ; il dit qu'à Rome même on n'avait pas une relique aussi notable, et que sa responsabilité lui faisait un devoir rigoureux de refuser. Passant ensuite sa main sous ces mêmes

---

(1) Ce phénomène n'est pas rare dans l'Église ; il se reproduit au contraire dans une multitude de Saints Qu'il nous suffise de citer ce seul fait que nous lisons dans l'histoire des reliques de Saint Thomas d'Aquin, par *Cartier*, page 6 et suiv.

« Ils ouvrirent le tombeau Aussitôt il s'en échappa une odeur qui semblait venir non pas d'un corps mort, mais d'un amas de précieux parfums. Cette odeur était si puissante et se répandit tellement partout que les moines accoururent sans avoir été appelés.

« Le précieux corps communiquait à tout ce qu'il touchait cette odeur divine qui continuait celle que ses vertus avaient répandue pendant sa vie. »

Quatorze ans après sa mort, on constate le même phénomène.

« A peine la pierre fut levée et le saint corps découvert, qu'il en sortit une odeur céleste qui attira tous les religieux. O admirable prodige de la vertu divine ! la terre n'ose pas corrompre le corps terrestre qui lui avait été confié sans souillure. O preuve de la sainteté du B. Docteur ! le corps qui pendant sa vie s'était élevé vers Dieu dans la prière, ne fut pas réduit en poussière après sa mort. La sentence divine qui ordonne la dissolution de nos corps fut suspendue, pour prouver par ce miracle que le saint docteur avait évité la faute, comme il échappait à la corruption. »

étoffes, à l'endroit de la poitrine du Saint, il en tira une côte qu'il consentait à me céder.

Le choix entre ces deux os ne pouvait être douteux. Celui de la jambe de l'illustre pèlerin, retournant dans sa ville natale, était par sa nature et par son volume une relique bien autrement précieuse, et j'insistais pour l'obtenir. J'appelais de la décision du chapelain à la décision de son Excellence le Patriarche de Venise : je montrais la lettre du cardinal Antonelli que le Vice-Chancelier tenait entre ses mains. Evidemment le cardinal ne parlait pas d'une relique ordinaire, mais bien *d'une relique précieuse*.

Le chapelain s'obstinait de plus fort, lorsque arriva très-heureusement M. le docteur Tessarin, curé de *S. Maria gloriosa dei Frari*, appelé comme témoin. Voyant ce qui se passait, cet ecclésiastique prit la parole et dit au chapelain avec beaucoup de sens et d'esprit : « Seigneur chapelain, s'il s'agissait d'une personne ordinaire comme vous et moi, la côte du Saint que vous offrez à M. le Curé serait certainement un don très-précieux, mais *relativement (relativamente)* à la ville de Montpellier, patrie de Saint Roch à laquelle nos pères enlevèrent ce trésor, *relativement* à l'église monumentale qu'on va y construire en son honneur, *relativement* à la lettre de son Éminence le cardinal Antonelli qui demande une relique précieuse, celle que vous offrez à M. le Curé ne saurait être considérée comme telle : la relique *précieuse* la voilà, et il montrait l'os de la jambe du Saint. »

Comme ces paroles étaient applaudies de tous les assistants, je m'emparai de cet os sacré, et tombant à genoux, je le baisai avec transport.

Cet acte de vivacité française acheva le succès, et la

relique me fut définitivement acquise. Je demandai à l'instant même un docteur en chirurgie, afin qu'il constatât la nature et le nom du membre qui m'était accordé.

On s'occupa, en l'attendant, d'apposer de nouveau les sceaux à la châsse. Après cela, l'enveloppe en fer fut remise à sa place, fermée à cinq clefs et recouverte par l'autre châssis en bois peint et sculpté.

Le docteur chirurgien Jean-Pierre Montavoni étant arrivé, il examina l'os du Saint et déclara que c'était le *tibia* d'une des jambes, ne pouvant déterminer à laquelle des deux il appartenait, l'os étant dépourvu de l'apophyse inférieure.

Avant de dresser le procès-verbal de l'extraction de cette relique, elle fut provisoirement enveloppée de coton et de papier, et scellée ainsi du sceau patriarchal, en attendant qu'elle fût définitivement enfermée dans un tube de cristal, ce qui eut lieu le lendemain à la chancellerie patriarchale.

Le procès-verbal fut enfin signé de nous tous. (1) Comme la joie rayonnait sur mon front, le curé de *Sainte Marie dei Frari* me dit avec esprit et en souriant : *Sicut exsultant victores capta præda* : j'achevai le texte en ajoutant : *quando dividunt spolia* (2) ; mes yeux étaient tournés vers M. le chapelain.

Avant de partir de Venise, je fus reçu une dernière fois par Son Excellence le Patriarche ; je lui exprimai à genoux mes sentiments de vive reconnaissance. Eh bien ! me dit-il avec une exquise bonté, la paix est-elle faite entre votre pays et le nôtre ? Oui, Monseigneur, répondis-je, et c'est par votre Excellence qu'elle a été

---

(1) Voyez ce procès-verbal aux pièces justificatives.
(2) Comme des vainqueurs dans l'ivresse de la victoire, quand ils partagent les dépouilles. (*Isaïe*, IX. 3.)

faite ; ma patrie conservera de vous un souvenir de gratitude éternelle.

Je devais aussi des remerciements à M. le Chancelier qui m'avait fait un accueil plein de sympathie, à M. le Vice-Chancelier qui s'était montré si dévoué et si empressé : je leur témoignai ma vive reconnaissance; ils me remirent la relique enfermée dans son tube de cristal, fermé aux deux extrémités par des couvercles de métal blanchi scellés du sceau patriarchal. Les lettres authentiques, signées par le Patriarche, étaient ainsi conçues.

« Pierre Aurelius Mutti, de l'Ordre de Saint-Benoit, abbé de la Congrégation du Mont-Cassin, par la miséricorde divine, Patriarche de Venise, Primat de la Dalmatie, Métropolitain des provinces de Venise, etc. etc., etc.

« A tous et chacun de ceux qui liront les présentes lettres, nous certifions et attestons qu'au jour d'hier, un *tibia* dépourvu de l'apophyse inférieure a été extrait par notre Vice-Chancelier patriarchal de la châsse où repose le corps sacré de Saint Roch, de Montpellier, confesseur, laquelle se trouve placée sur le grand autel de la magnifique église dédiée à Dieu en notre ville, sous l'invocation de ce même Saint. Cet os précieux a été par nous déposé et placé avec respect dans un tube en verre, muni aux deux extrémités de couvercles en métal blanchi, que nous avons bien serré, au moyen d'un cordon de soie rouge et marqué de notre sceau, sur de la cire rouge d'Espagne, pour en constater l'identité, et nous l'avons offert en présent et donné au très-révérend M. l'abbé Recluz, Chanoine de la cathédrale de Montpellier, et Curé de l'église dédiée à Saint Roch en la dite ville, pour en enrichir cette même église, avec la faculté de pouvoir exposer publiquement cette sainte relique à la vénération des fidèles.

« En foi de quoi, nous avons fait expédier les présentes que nous avons revêtues de notre signature et munies de notre sceau.

« Donné à Venise, en notre palais patriarchal, le 25 juillet 1856. † Aurelius, Patriarche : Jean-Baptiste Ghega, Chancelier. (1) »

A mon retour à Montpellier, je m'empressai d'aller mettre sous les yeux de Monseigneur l'Évêque, la pré-

---

(1) *Petrus Aurelius Mutti, Ordinis S. Benedicti Congregationis Cassinensis Abbas, S. C. R. A. Majestatis a consiliis intimis, Imp. Ordinis Austriaci Coronæ Ferreæ I. classis eques, a supremis dignitatibus coronæ Regni Longobardi Veneti Cappellanus, Abbas Commendatarius perpetuus S. Cypriani de Mauriano, miseratione divina Patriarcha Venetiarum, Dalmatiæque Primas, venetarum provinciarum Metropolita, etc. etc., etc.*

Universis et singulis has præsentes Nostras Litteras inspecturis fidem facimus indubiam, atque testamur, die hesterna per Procancellarium nostrum Patriarchalem Rdum Dominum Ignatium Zorzetto, tibiam inferiori apophysi deficientem ex archa ubi sacrum corpus S. Rochi confessoris Montispessulani requiescit, quæque in magnificentissima ecclesia hujus urbis Deo sub invocatione ejusdem Sancti dicata, super altare majus reperitur, extractam fuisse, quam reverenter reposuimus et collocavimus in tubulo vitreo, operculis ex ære dealbato utrinque munito et funicello serico rubri coloris bene colligato nostroque in cera rubra hispanica impresso sigillo pro illius identitate obsignato, ad majorem Dei gloriam, suorumque Sanctorum venerationem, dono dedimus, et elargiti fuimus, Rmo Dno abbati Recluz, Canonico cathedralis Montispessulani et parocho ecclesiæ dictæ civitatis D. Rocho dicatæ, ad eamdem ecclesiam condecorandam, cum facultate dictam sacram reliquiam publice Christi fidelium venerationi exponendi. In quorum fidem has præsentes manu nostra signatas, nostroque sigillo munitas expediri mandavimus.

Datum Venetiis ad cancell. Patriarch. die 25 julii 1856. Am. Mutti. † J.-Bap. Ghega, Cancell. Patriarch.

cieuse relique avec les pièces qui constataient son authenticité ; et je le priai de vouloir bien prescrire le cérémonial de sa susception dans notre ville.

Ému en présence d'un os aussi notable de notre glorieux Saint, l'éminent prélat ordonna ce jour-là même les principaux détails de la cérémonie, dans un Mandement adressé au clergé et aux fidèles de sa ville épiscopale. (1) Il voulut que la relique fût portée solennellement à l'église cathédrale, aux premières vêpres de la fête de l'Assomption de la Sainte Vierge, pour y être exposée sur l'autel de la chapelle dédiée à Saint Roch, jusqu'au lendemain, après la procession générale du vœu de Louis XIII. Après cette cérémonie, elle devait être transportée et déposée dans notre église, accompagnée de Messieurs les Curés de la ville. Pendant cette translation solennelle, le bourdon de la cathédrale et toutes les cloches des paroisses devaient sonner à grandes volées.

Avant le jour de cette solennité, une Commission composée d'ecclésiastiques désignés par Sa Grandeur dut se rendre au presbytère de Saint Roch, afin d'examiner la relique et d'en constater l'authenticité par la vérification des pièces que nous devions leur soumettre. La Commission ecclésiastique devait être assistée de plusieurs professeurs et docteurs en chirurgie de la Faculté de Montpellier.

Cet examen eut lieu, en effet, le 13 août, sous la présidence de M. *Raynaud*, Vicaire-général. La relique fut reconnue authentique. Il ne restait plus qu'à déterminer à quel membre du Saint avait appartenu cet os si précieux.

---

(1) Voir ce Mandement aux pièces justificatives.

Les docteurs et professeurs de médecine furent alors appelés et déclarèrent que l'os était un *tibia*. Et comme il importait de savoir à quelle jambe il fallait l'attribuer, ils se convainquirent en examinant d'abord sa conformation, et en le comparant ensuite à un autre os de même nature, qu'il ne pouvait avoir appartenu qu'à la jambe gauche. C'est dans ce membre que Saint Roch fut atteint du mal contagieux et qu'il souffrit son long et douloureux martyre : l'affirmation unanime de ces hommes de la science rendait désormais cette relique plus chère et plus vénérable à nos yeux. (1)

Le 14 août, à l'heure des premières vêpres, le pontife, entouré de ses vicaires-généraux et de son Chapitre, la reçut à la porte de la cathédrale, et la prenant avec respect il la déposa sur l'autel de Saint Roch.

La population émue se porta en foule, soit dans cette chapelle, soit dans notre église paroissiale où elle fut rapportée le lendemain avec pompe. Pendant les fêtes de ce saint patron qui durèrent huit jours, le concours de peuple fut continuel.

Nous nous étions concertés avec M. le Curé de Notre-Dame, notre pieux prédécesseur, et le dimanche suivant, la sainte relique parcourut processionnellement les rues de notre ville où le glorieux pèlerin laissa jadis de si touchants souvenirs. Elle stationna surtout au coin de la Vieille-Aiguillerie, où il s'assit sur un banc de pierre en rentrant dans sa patrie, et où il fut arrêté comme un dangereux espion, devant la maison où s'élevait autrefois son antique demeure. Saint Roch rentrait vraiment dans sa ville natale; il rendait de nouveau ses hommages à la *majesté antique* et vénérée de Notre-

(1) Voir ces procès-verbaux aux pièces justificatives.

Dame-des-Tables dont les portes s'ouvraient si gracieusement devant lui ; enfin, il s'établissait parmi nous, il prenait possession du sanctuaire que la piété de ses concitoyens lui a consacré.

Puissions-nous lui ériger un temple qui soit plus digne de ses actions héroïques, de ses bienfaits, de sa haute et universelle renommée ! Puissions-nous voir graver sur ses murs, cette belle inscription qu'on lit dans son église à Venise !

« Reparatam a fundamentis ædem cum turri proxima, divoque Rocho dicatam episcopus... consecravit. Quod templum visentibus felix faustumque perpetuo sit... »

CHAPITRE QUATRIÈME.

In te, Domine, speraverunt patres nostri: ad te clamaverunt, et salvi facti sunt. (Ps. XXI.)

CHAPITRE QUATRIÈME.

DU CULTE DE SAINT ROCH EN ITALIE.

UNANIMITÉ DES TRADITIONS RELATIVES A SAINT ROCH. — VALEUR HISTORIQUE DE CE FAIT. — POURQUOI DANS CETTE HISTOIRE DE SON CULTE, NOUS AVONS DU COMMENCER PAR L'ITALIE. — CULTE DE SAINT ROCH A ACQUAPENDENTE ET A ROME. — FÊTE SÉCULAIRE DE SAINT ROCH A FRASCATI. — SON CULTE A RIMINI, A CÉSÈNE ET DANS D'AUTRES VILLES DES ÉTATS PONTIFICAUX.

Saint Roch laissa des traces nombreuses et profondes de son passage en Italie ; son nom y jouit d'une immense popularité, son culte y est partout en honneur, et quand viennent les jours de la contagion et de la peste, on le regarde généralement comme le protecteur de ces belles contrées où il exerça son sublime ministère d'apôtre de la charité.

Après l'apothéose de notre Saint au concile de Constance, l'Italie, qui fut le théâtre de ses exploits, devait naturellement se faire remarquer par des démonstrations plus vives de sa piété et de sa reconnaissance.

En parcourant cette belle Italie, voici ce que nous avons vu de nos yeux et ouï de nos propres oreilles. Ces détails, tout incomplets qu'ils sont, donneront une idée de ce que nous aurions pu recueillir de documents semblables, si le temps nous avait permis de visiter ce pays avec plus de loisir.

Une remarque importante qu'on fait tout d'abord, c'est qu'en Italie, comme sur tous les autres points de la chrétienté, les traditions sur Saint Roch sont unanimes. L'idée qu'on a de sa vie, de ses vertus, de ses miracles, du pouvoir qu'il exerça contre le mal pestilentiel ; cette idée se formule partout en termes identiques ; jamais la voix des peuples n'acclama un saint avec plus d'éclat et de persévérance. Or, cette unanimité des traditions sur Saint Roch est un fait d'une grande valeur, et la critique la plus sévère est forcée de reconnaître dans un fait pareil, une forte présomption de vérité.

Nous étions parti pour l'Italie avec l'intention de consulter ces traditions dans les villes qu'il visita et qu'il sauva jadis de la peste. Il nous a été donné, en effet, de suivre pour ainsi dire ses pas ; de stationner là où il stationna lui-même ; de pénétrer dans les hôpitaux qu'il consola par sa présence et qu'il sauva par son action ; d'animer, en un mot, par la pensée et à l'aide des souvenirs, les lieux qui furent témoins des prodiges de sa charité. Saint Roch est encore vivant dans ces contrées ; on le trouve partout dans les monuments, comme dans le cœur de ses habitants.

Aussi, dans cette histoire de son culte, avons-nous dû commencer par l'Italie, et dans l'Italie, nous nous sommes arrêté plus spécialement aux villes dont il fut le sauveur.

FÊTE DE SAINT ROCH A ACQUAPENDENTE.

La première de ces cités est Acquapendente, sur la route de Florence et de Siênne à Rome. Cette ville n'offre rien de curieux (1), mais pour l'ami de notre saint pèlerin, elle est un lieu de station importante.

Acquapendente a une confrérie de Saint Roch, et une église dont il est le principal titulaire. Dans cet oratoire, on conserve avec soin et on montre aux voyageurs une antique statue du Saint de grandeur naturelle et en bois peint. Quoique l'exécution n'en soit pas irréprochable, elle a dans sa pose et dans l'expression de ses traits quelque chose de digne et de vénérable. On estime qu'elle est du XVe siècle, et elle ressemble en effet aux statues du moyen-âge.

Nous visitâmes plusieurs chanoines de la cathédrale qui nous donnèrent les détails suivants sur la tradition et sur le culte de Saint Roch dans leur pays. Voici ce que nous écrivîmes sous leur dictée :

« Une tradition populaire très-ancienne porte que ce ce Saint passa jadis à Acquapendente ; qu'il séjourna quelque temps dans ses murs, faisant sa résidence à l'hospice, et qu'il y opéra des guérisons miraculeuses en très-grand nombre.

« C'est pour cela qu'il est honoré dans cette ville d'un culte particulier, et que, chaque année, le 16 août, jour de sa fête, il se fait en son honneur une procession solennelle à laquelle assistent l'évêque, le chapitre, les

---

(1) Il faut excepter son église cathédrale, bâtie sur des cryptes très-anciennes qui servirent jadis au culte des faux dieux. Ces cryptes souterraines ont plusieurs nefs. Les chapiteaux des colonnes portent en relief les animaux qu'on immolait dans les sacrifices païens. On y voit encore l'autel sur lequel coula leur sang. Ce monument mérite d'être étudié par les archéologues.

ordres religieux, à savoir : les Franciscains, les Frères Mineurs conventuels, les Capucins et les Augustins, ainsi que les confréries laïques. En tête de la procession, on porte l'antique statue du Saint, laquelle est religieusement gardée dans le trésor de la confrérie. L'origine de cette confrérie se perd dans la nuit des temps.

« La tradition porte encore que la peste ne doit jamais sévir à Acquapendente, grâce à la protection de Saint Roch et à la promesse qu'il en fit jadis à ses habitants. Et il est constant, en effet, que de mémoire d'homme, la peste n'a jamais ravagé cette cité.

« L'année précédente, 1855, une épidémie cruelle désolait le pays d'alentour, et Acquapendente en était préservée comme par miracle.

« A cette occasion, et en présence d'une calamité si voisine, le premier magistrat de la ville demanda qu'il qu'il fût fait une neuvaine de prières à Saint Roch, et l'évêque se prêta volontiers à ce pieux désir. Et comme le concours du peuple exigeait un vaisseau plus vaste que celui de l'oratoire de la confrérie, il ordonna que la statue du Saint serait portée processionnellement à l'église cathédrale, et que là aurait lieu la neuvaine. »

Le lecteur n'ignore pas que Saint Roch délivra de la peste la ville de Rome. Aussi cette grande cité lui voua-t-elle à jamais le culte de sa pieuse reconnaissance.

CULTE DE SAINT ROCH A ROME.

Rome étant le centre de la Catholicité, le siége suprême où réside le Père et le Docteur infaillible de tous les chrétiens, il importait de connaître le culte rendu à notre Saint par cette Église mère et maîtresse de toutes les Églises.

Il existe à Rome une église paroissiale érigée en son honneur. Elle est située près du Tibre, dans la rue *Ripetta*, une des grandes artères qui, parallèlement avec le *Corso*, conduisent à la Place et à la Porte du Peuple, la principale avenue de la ville sainte.

Cette église fut bâtie en 1499. Postérieurement, elle a été reconstruite plusieurs fois; son architecture actuelle, toute moderne, ne manque pas d'élégance. Elle a trois nefs et un dôme qui s'élève du milieu du transept; sa façade est d'une construction plus récente encore, comme on le voit par cette inscription qu'on lit sur la partie de droite :

« Le S. P. Grégoire régnant, la façade de ce temple dédié à Saint Roch, libérateur des pestiférés, fut avec les fonds légués par Joseph Vitelli, relevée depuis ses fondements, et terminée l'an de Notre-Seigneur 1833 (1). »

Sur le côté de gauche est cette autre inscription :

« Illustre Roch, obtenez par vos prières que la peste cruelle ne détruise pas nos corps mortels, et que la

(1) *Sedente*
Gregorio P. M.
Frons Templi
B. Rocho
peste infectis liberatori
Dicati
Josephi Vitelli (*)
Ære legato
a fundamentis
erecta absoluta
anno D. MDCCCXXXIII.

(*) Joseph Vitelli, pieux bienfaiteur dont le corps repose dans l'église sous un mausolée en marbre blanc.

contagion du péché ne souille jamais nos âmes immortelles. (1) »

A toutes les époques de la peste, on voit les Souverains Pontifes venir chercher dans ce sanctuaire un recours efficace contre ce mal destructeur.

En 1624, c'est Urbain VIII qui vient mettre sa personne et son peuple sous la sauvegarde de Saint Roch.

En 1656, lorsque le fléau commençait à sévir à Rome, Alexandre VII ordonne que des prières publiques soient faites dans cette même église, et le peuple Romain éprouve bientôt les salutaires effets de son intervention tutélaire.

Enfin, de nos jours, pendant que le choléra exerçait ses ravages dans la ville sainte, le pape Pie IX fait ordonner par le cardinal-vicaire que le bras de Saint Roch restera exposé tout le temps de l'épidémie, et accorde des indulgences à tous les fidèles qui visiteront son église et prieront devant cette précieuse relique. (2)

Le saint et illustre Pontife avait donné déjà un témoignage de sa vénération pour Saint Roch et de son attachement à cette église. Étant venu la visiter, en 1852, voyant que le pavé était en mauvais état, et voulant exciter le zèle des paroissiens pour que de riches marbres en fissent l'ornement, il donna lui-même les fonds

(1) *Ne dira attingat*
Mortalia pectora pestis;
Sordida ne fœdent
immortales animos
crimina,
Precibus age tuis,
inclyte Roche.

(2) Un avis pareil avait été donné par le cardinal-vicaire, le 22 août 1837, sous le pontificat de Grégoire XVI, à la première invasion du choléra dans Rome.

pour que l'on commençât cet ouvrage. Et la paroisse Saint Roch doit à sa munificence la belle marqueterie en marbre qu'on admire sous la coupole, et au milieu de laquelle on remarque l'inscription suivante :

PIUS IX, P. M.

UTI PAROECIÆ INCOLAS

AD ÆDIS CURIALIS

PAVIMENTUM

MARMORE STERNENDUM

EXCITARET

D. S. P. OPUS COEPIT

AN. MDCCCLII.

Désirant connaître le cérémonial usité pour les fêtes de Saint Roch dans cette église, le curé de la paroisse, homme de très-grand mérite, nous remit la note suivante que nous reproduisons ici textuellement.

« Le 15 août au soir, à la place des vêpres a lieu la procession solennelle de Saint Roch. Cette procession ne se borne pas aux quartiers qui composent le territoire de la paroisse, elle parcourt les principales rues de Rome et notamment celle du Corso.

« La relique du Saint est entourée d'un grand nombre de flambeaux et portée par un cardinal ou par un évêque. Elle est précédée du clergé, des Ordres religieux et de la confrérie de Saint Roch.

« A la rentrée à l'église, le cardinal officiant bénit le peuple avec la sainte relique qui reste ensuite exposée pendant toute l'octave.

« Le jour de la fête, le concours des fidèles est immense. L'office est pontifical à la messe et aux vêpres chantées en musique.

« La relique est encore exposée solennellement, le

IIIᵉ dimanche après Pâques, et il y a indulgence plénière pour les fidèles qui viennent prier et faire leurs dévotions devant elle.

FÊTE SÉCULAIRE DE S. ROCH A FRASCATI.

Avant de partir de Rome, nous dûmes visiter la ville de Frascati, célèbre par le miracle de l'apparition des images sacrées de Saint Roch et de Saint Sébastien dont nous avons parlé ailleurs.

En arrivant dans cette cité, nous trouvâmes encore les traces d'une grande fête qu'on venait d'y célébrer. Arcs de triomphe, inscriptions mêlées de guirlandes de fleurs et de feuillages. Les murs étaient couverts de placards donnant le programme de cette solennité religieuse et civile tout à la fois. La population de Frascati en était encore tout émue.

Que venait-il de se passer dans ses murs ? A qui avait-on destiné cette pompe inaccoutumée? Quel heureux événement avait-on pris tant de soin de fêter ?

Il y avait deux cents ans, le 18 juin de cette année, que les habitants de Frascati avaient été sauvés de la peste par l'apparition miraculeuse des images de Saint Roch et de Saint Sébastien.

Profitant de cette circonstance, et voulant témoigner leur reconnaissance et leur dévotion envers ces glorieux Saints qui naguère venaient encore de les préserver des ravages du choléra, ils avaient résolu de célébrer cette fête séculaire avec une pompe et un éclat extraordinaires.

Les 24 gardiens du trésor de ces saintes images, les autorités ecclésiastiques et municipales, les membres de l'académie de Tusculum s'étaient unis de concert pour que rien ne manquât à cette démonstration solennelle de leur culte envers leurs célestes patrons.

Les images sacrées avaient pu être transportées de l'église de Sainte-Marie-du-Vivier à l'église cathédrale plus vaste et plus propice pour ces grandes solennités ; on les avait déposées sous un riche monument de forme byzantine ; des nuages avaient été disposés sur leurs têtes, et on y voyait voltiger de gracieuses figures d'anges. D'innombrables bougies, dans des lustres d'or, éclairaient ce magnifique spectacle.

La cathédrale était revêtue de riches étoffes de damas, ornées de franges d'or et de guirlandes de fleurs. De nombreux candélabres, des lampes suspendues aux voûtes illuminaient l'enceinte sacrée.

Trois cardinaux avaient officié pendant ces fêtes qui durèrent neuf jours ; c'étaient le cardinal *Amat*, le cardinal *Cagiano*, évêque de Tusculum et le cardinal *Altieri*. Des orateurs renommés étaient venus rehausser par leur éloquence la majesté de ces saintes cérémonies.

Deux compositeurs célèbres de Rome avaient fait entendre de vrais chefs-d'œuvre de musique sacrée. Tout ce que la grande ville avait de chanteurs habiles, d'instrumentistes savants, s'étaient rendus à Frascati pour l'exécution de ces belles mélodies.

La poésie avait inspiré à plusieurs doctes personnages de magnifiques accents. La comtesse *Henriette Orfei* avait composé en l'honneur de Saint Roch, une harmonieuse cantate dont nous donnons ici le texte. Cette douce prière adressée au grand guérisseur de la peste, et chantée avec accompagnement de harpes, avait produit une délicieuse impression.

HYMNE A SAINT ROCH.

« Salut, ô toi qui fus le rempart et la gloire de Tusculum ! vers toi s'élèvent nos vœux et nos chants, vers toi, le protecteur de tes humbles serviteurs.

« Alors que sur l'homme rebelle grondent déjà les fléaux vengeurs des colères d'en haut, de grâce ! viens nous défendre, que ton crédit auprès de Dieu soit notre salut!

« Resplendissant miroir de toutes les vertus, écoute, laisse-toi attendrir par la prière enflammée qu'exhale l'amour, et que tes compassions descendent à jamais sur nous !

« Que ton bras puissant s'étende sans cesse pour protéger cette terre; pour en éloigner les maladies contagieuses et les horreurs de la mort; et que, par toi, des jours moins sinistres resplendissent sur nous ! (1) »

(1) INNO A S. ROCHO.

Salve, o del Tusculo
Presidio e vanto :
A te sollevisi
Votivo il canto ;
A te degli umili
Proteggitor.

Allor che vindice
Su l'uom rebello
Dall'alto scuotere
S'ode il flagello,
Deh ! tu difendine
Col tuo favor,

Speglio chiarissimo
D'ogni virtude,
La prece fervida
Che amor dischiude
Ascolta, et muovati
Di noi pietà.

Qui ognor distendasi
Tuo braccio forte,
I morbi a sperdere,
L'orror, la morte
E a noi risplendano
Men fosche età.

(*Poesia della contessa Enrichetta Orfei.*)

Le soir, Frascati s'illuminait de mille feux. Depuis la façade de la cathédrale, ardente de lumière; depuis les palais et les habitations des riches jusqu'aux plus humbles demeures, tout étincelait de joyeuses clartés. Les villas *Aldobrandini*, *Torlonia*, *Muti* et autres, avec leurs eaux jaillissantes et leur riche verdure, complétaient par leurs illuminations brillantes ce spectacle vraiment admirable.

La Porte Romaine qui ouvre la voie vers les campagnes et les coteaux si renommés d'Albano, avait été transformée en arc triomphal, avec ses bas-reliefs et ses colonnes. Cette architecture était dominée par un groupe représentant Saint Roch et Saint Sébastien en prières devant le Sauveur des hommes.

Enfin, des feux d'artifices grandioses, de joyeuses fanfares dans les rues et sur les places publiques, des courses de chevaux, une *tombola* de 200 écus romains avaient achevé d'animer l'allégresse publique.

Une foule innombrable d'étrangers étaient accourus à ces fêtes splendides. De toutes parts, les routes étaient sillonnées par de nombreuses caravanes, ou par de pieuses confréries qui venaient en procession, visiter et vénérer les saintes images.

A cette occasion, la confrérie de Saint Roch de Rome s'était rendue à Frascati, accompagnée du curé et du clergé de la paroisse, et avait offert un calice d'un beau travail de ciselure.

Le sénat et le peuple de Tusculum, voulant perpétuer le souvenir de cette fête publique, avaient fait frapper une belle médaille en bronze, qui nous fut donnée sur les lieux. Les deux Saints sont représentés sur une face avec cet exergue :

SEBASTIANO ET ROCHO, PATRONIS COELESTIBUS, S. P. Q. T.

Sur l'autre face, on lit cette inscription :

« En mémoire du XIV° jour des calendes de juillet de l'an 1656, auquel jour ces patrons célestes s'offrirent d'eux-mêmes aux hommages des habitants de Tusculum, et chassèrent la peste de leur territoire. — L'an du Christ 1856, fête séculaire. (1) »

CULTE DE SAINT ROCH A RIMINI, A CÉSÈNE,

ET DANS D'AUTRES VILLES DES ÉTATS PONTIFICAUX.

Saint Roch s'était dirigé vers ces deux villes, après avoir délivré Acquapendente de la contagion. Comme lui, nous suivîmes la voie Flaminienne, et traversant la longue chaine de l'Apennin, nous arrivions à Rimini sur les bords de l'Adriatique.

Rimini est une grande et belle ville. Ses places publiques, ses palais et ses monuments, attestent encore l'importance et la célébrité qu'elle eut au moyen-âge, époque où elle était gouvernée par ses puissants seigneurs.

Monseigneur l'Archevêque nous accueillit avec bonté. Il nous dit que le culte de vénération particulière qu'on rendait à Saint Roch dans son diocèse, remontait à des temps tellement reculés qu'il était impossible de déterminer d'une manière certaine à quelle époque il fallait en attribuer l'origine. Il ajouta que sa fête était célébrée solennellement, et que plusieurs paroisses l'invoquaient comme leur patron titulaire.

(1) *In memoriam*
D. XIV. *Kal. Jul. an* MDCLVI
quo cœlestes patroni
sese Tusculanis colendos
dedere
Pestilitatemque
ab ipsis depulere
An Chr. MDCCCLVI
Festum sæculare.

L'éminent prélat daigna nous faire conduire par deux chanoines de sa métropole à l'église dédiée à notre Saint. La date de sa construction est de 1618. Jadis, elle appartenait à une riche confrérie de Saint Roch qui n'existe plus. On remarque dans cette église de belles fresques représentant les scènes principales de la vie du saint pèlerin. Les murs extérieurs étaient eux-mêmes couverts d'autres peintures dont il reste aujourd'hui quelques traces.

Dans le *Sito Riminese* de Raphaël Adimarsi, ouvrage qui traite de tout ce qui a rapport à l'histoire ecclésiasque de ce diocèse, nous lûmes à la bibliothèque de la ville fondée par *Gamba-longa*, le passage suivant relatif à cette église et à cette confrérie :

« Saint Roch, confesseur de Montpellier, en France. Sa confrérie est nombreuse et possède une église et un oratoire assez vaste, contigu à l'église des R. P. de Saint Augustin par lesquels elle est desservie. Le costume de cette confrérie est noir. Elle fait, le jour de la fête de son titulaire, une procession solennelle par suite d'un vœu public. Cette église est très-fréquentée soit à cause de la dévotion qu'on a pour ce Saint, soit à cause des indulgences qui y sont attachées. Plaise à Dieu notre Sauveur que ces prières soient méritoires auprès du Saint, afin qu'il daigne intercéder sans cesse auprès de sa divine Majesté pour toute cette ville et pour son peuple, et le préserver du mal contagieux de la peste (1). »

(1) *S. Rocco confessore da Montpellieri di Francia, Confraternita che è seguita, ha la chiesa e oratorio da buona capacità e contingua con li M. R. P di sant Agostino, dalli quali e officiata detta chiesa. Si veste di nero, e se li fa una processione solenne, per voto publico, il giorno del suo Titolo ch'è molto frequentata, si per la devotione di detto Santo, come per l'indulgenze che vi sono, e consecrazione di detta chiesa. Piaccia a Dio*

Le vœu public dont il est fait mention dans ce passage, est accompli, chaque année, par le chapitre métropolitain, lequel se rend dans cet oratoire le jour de la fête de Saint Roch.

De Rimini, on arrive en quelques heures de route à Césène, la patrie de Pie VI et de Pie VII. Notre Saint est encore là en grand honneur.

Dans sa chapelle, à la cathédrale, on remarque par-dessus l'autel une peinture de forme ovale qui représente ses traits. Ce portrait est surmonté de l'inscription suivante :

« Vrai portrait de Saint Roch qui délivra de la peste la ville de Césène, l'an 1501. (1) »

Dans l'église Saint-Dominique, on admire un beau tableau du glorieux pèlerin à genoux, et entouré de trois autres saints personnages.

Césène a une église paroissiale dédiée à son protecteur. Ce sanctuaire situé au faubourg, appartenait autrefois au Tiers-Ordre de Saint François. Il possède plusieurs beaux tableaux représentant 1° Saint Roch en prière devant une madone ; 2° conduit par des anges auprès des pestiférés ; 3° recevant par le ministère des anges la promesse écrite de son pouvoir spécial contre la peste.

N. S. che l'orazioni fiano meritorie appresso esso Santo, accio si degni intercedere continuamente appresso S. D. Maesta, per tutta questa citta e suo popolo, e preservarsi dal contagioso malo della pestilenza. »
Sito Riminese di Raffaele Adimarsi da Rimino, dove si tratta in particolare di tutte chiese et cose ecclesiastiche che sono nella citta e fuori di essa. (Lib. 1, pag. 124.)

(1) *Vera effigies*
Divi Rocchi
civitatis Cæsenæ
peste liberatoris
anno MDI.

En partant de Césène pour se rendre à Venise, le voyageur rencontre sur sa route de grandes et illustres cités où le culte de Saint Roch est encore l'objet d'une singulière vénération. Nous avons stationné dans chacune de ces villes, et voici en peu de mots, ce que nous y avons remarqué relativement à notre Saint.

A Forli, dans l'église cathédrale, si riche par la beauté et le nombre prodigieux de ses marbres, nous avons prié devant un autel et une belle image de Saint Roch.

A Imola, Saint Roch est le patron de l'église paroissiale de *Santa Maria del Valverde*. Son image décore un des compartiments du rétable du maître-autel.

A Imola, comme dans la plupart des autres villes, on rencontre presque toujours une rue ou une place publique portant le nom de Saint Roch.

A Bologne, dans la vaste sacristie de l'église métropolitaine est un beau tableau de Guido Reni représentant Saint Roch et le Pape Grégoire XIII devant la divine Mère des douleurs. (1)

La chapelle de notre Saint se distingue dans cette illustre basilique par l'élégance et la richesse de ses décorations toutes en marbres précieux. La peinture qui orne le rétable est digne d'attention et d'étude. Sur le premier plan est le Saint montrant sa plaie ; au second plan, des anges portent ses insignes et ses attributs. L'un tient son bourdon de pèlerin, l'autre montre d'une main le pain qui sustenta le serviteur de Dieu dans la forêt de Plaisance. Son autre main est appuyée sur le

---

(1) Ce fut sous le pape Grégoire XIII, que le nom de Saint Roch fut inséré dans le Martyrologe Romain, et que la Sacrée Congrégation des Rits permit, le 16 juillet et le 26 novembre 1629, qu'on en fît publiquement l'office. (*Baillet*, *Vies des Saints*.)

fidèle animal qui fut le ministre de la Providence. Enfin, un troisième ange montre la palme qui fut le prix de son héroïque charité.

Dans la basilique de Saint Pétrone, monument grandiose de l'architecture gothique italienne, on remarque encore une belle chapelle dédiée à Saint Roch, avec un tableau du *Parmegianino*, qui est estimé comme un de ses meilleurs ouvrages. Sur cette peinture, on lit ces paroles tirées de nos livres saints :

> *Si orta fuerit pestilentia,*
> *Exaudies de cœlo.* (II, Paral. VI.)

L'église de *Saint-Jacques-le-Majeur* a aussi une riche chapelle de Saint Roch, pour laquelle *Louis Carrache* fit son magnifique tableau représentant le Saint consolé par un ange.

Bologne possède une église consacrée spécialement à notre glorieux pèlerin. L'intérieur est orné de belles fresques qui furent exécutées avec autant d'habileté que de désintéressement par de jeunes peintres de l'école bolonaise. Elles sont des premières années du XVIIe siècle, et ont été illustrées en 1830 par le graveur *Gaëtano Canuti*, à l'occasion de la restauration de cet oratoire. Elles représentent l'histoire entière de Saint Roch. Cette église appartient à la confrérie de notre Saint, qui s'occupe, comme toutes les autres associations de ce genre, du soin des malades et de la sépulture des morts.

À Ferrare, le Versailles de l'Italie à cause de la vaste étendue qu'occupe cette ville, du nombre de ses palais et de ses monuments grandioses et de sa population si minime, à Ferrare, le culte de Saint Roch n'est pas moins en honneur que dans les autres cités de cette contrée jadis si célèbre.

A Padoue, dans l'église de *Santa Maria del Torresino*, nous avons admiré une grande peinture d'*Honorati*. Saint Roch y est représenté intercédant pour les pestiférés devant Notre-Dame-des-Douleurs. Cette ville fait profession d'un culte particulier de dévotion à notre Saint.

Les églises de Padoue témoignent de l'éclat de sa foi et de son ancienne opulence. Peu de grandes cités s'acquittèrent avec plus de munificence de la dette de leur reconnaissance envers le Saint qui illustra leur pays. La basilique de Saint-Antoine-de-Padoue est un monument de premier ordre, et la vaste chapelle où son corps y est vénéré, étonne par la multitude des richesses artistiques et des objets de grand prix qu'on y admire. Honneur aux villes qui célèbrent avec tant de magnificence la gloire de leurs grands hommes !

Il nous reste à raconter à nos lecteurs les hommages de singulière vénération que Venise et Plaisance rendirent à notre Saint, et c'est par là que nous terminerons cet exposé rapide de son culte en Italie.

CHAPITRE CINQUIÈME.

Dies autem victoriæ hujus festivitatis, ab Hebræis in numero sanctorum dierum accipitur, et colitur a Judæis ex illo tempore usque in præsentem diem. (Judith XVI. 31.)

CHAPITRE CINQUIÈME.

DU CULTE DE SAINT ROCH EN ITALIE.

(Suite.)

SOURCES AUXQUELLES NOUS PUISONS NOS DOCUMENTS SUR LE CULTE DE SAINT ROCH A VENISE. — ORIGINES DE LA CONFRÉRIE, SES PREMIERS ACTES, SON HÉROÏQUE CHARITÉ PENDANT LA PESTE. — CONSTRUCTION DE L'ÉGLISE DÉDIÉE A SAINT ROCH, SON HISTOIRE. — TABLEAU DU TITIEN. — LA CONFRÉRIE BATIT UN PALAIS MAGNIFIQUE POUR Y TENIR SES ASSEMBLÉES. — GRANDS ARTISTES APPELÉS PAR ELLE POUR DÉCORER L'ÉGLISE ET LE PALAIS. — RICHESSES ARTISTIQUES QU'ON Y ADMIRE. — USAGE QUE FAIT LA CONFRÉRIE DE SES IMMENSES REVENUS. — CÉLÉBRITÉ DU CULTE DE SAINT ROCH A VENISE. — PLUSIEURS VILLES DÉPOSENT DEVANT SON TOMBEAU DES ÉTENDARDS PEINTS PAR LES PLUS GRANDS MAÎTRES. CELUI D'ANNIBAL CARRACHE. — LES FAITS DE LA VIE DE SAINT ROCH, CONFIRMÉS A PLAISANCE. — LÉGENDE DU BATON DU SAINT CHANGÉ EN POIRIER.

Le culte de Saint Roch à Venise se distingue par l'antiquité de son origine et par la magnificence des monuments que cette ville célèbre éleva en son honneur. Venise est bien sans contredit, la première cité de l'Italie qui, après son apothéose à Constance, lui érigea des autels.

Dans nos recherches à la Bibliothèque Ducale, nous avons consulté avec fruit le savant ouvrage de *Flaminius Cornélius*, sur les *Antiques Monuments* de cette métropole. Il contient sur les origines et sur l'histoire de la fameuse confrérie de Saint Roch à Venise, de précieux documents. Ce travail historique fut dédié à Benoît XIV, et ce grand Pape en a fait de magnifiques éloges. (1)

Dans un *Mémoire historique et artistique sur l'archiconfrérie de Saint Roch*, nous avons également trouvé des documents utiles sur les chefs-d'œuvre d'art qui décorent l'église et le palais de cette illustre corporation. (2)

D'après ces documents authentiques, l'origine de la confrérie de Saint Roch remonte à l'année 1415, à l'époque, dit Cornélius, où le XVIe concile œcuménique assemblé à Constance, ayant approuvé par le témoignage public de sa vénération la sainteté et le culte du serviteur de Dieu, les peuples implorèrent partout avec succès sa protection contre les ravages de la peste. (3)

Vers ces mêmes temps, on voit apparaître à Venise une autre association du même genre, mais de moindre importance. Elle s'établit dans l'église de *Sainte-Marie-Glorieuse*. Un décret du conseil des Dix de 1480 distingue ces deux sodalités, en donnant à la première le nom de *grande*.

(1) *Ecclesiæ Venetæ Antiqua Monumenta.* (Venetiis, 1749.)

(2) *Memorie storico-artistiche sull' arciconfraternita di San Rocco. Operetta basata su documenti autentici. Venezia. Tipografia Bazzarini.*

(3) *Eo scilicet tempore, quo XVI Synodus œcumenica Constantiæ coacta D. Rochi sanctitatem et cultum publico venerationis testimonio approbavit, ejusque patrocinium adversus fœde gliscentem pestilentiam prospero eventu populi passim omnes implorarunt.*

Ces pieuses corporations qui s'organisèrent si rapidement après le concile, font naturellement supposer que Saint Roch était, avant ce concile, l'objet de la vénération des Vénitiens, et que, chez eux comme chez nous, son culte remonterait à l'époque même de sa bienheureuse mort.

Primitivement, la confrérie de Saint Roch tient ses assemblées dans l'église de *Saint Julien*. Le même historien raconte ainsi ses premiers actes qui montrent combien cette antique corporation s'était pénétrée de l'esprit de charité et de sacrifice de notre Saint. (1)

« Pendant qu'elle s'exerçait dans ce temple à la pratique assidue de tous les devoirs de la piété chrétienne, la ville, dit-il, fut envahie, par le mal pestilentiel. Et comme en peu de jours, la contagion avait déjà fait des milliers de victimes, sur un décret du Conseil des Dix du 30 novembre 1477, l'association de Saint Roch s'efforça par des œuvres d'humilité et de pénitence, d'écarter de la cité le courroux du Seigneur.

« Au jour indiqué pour cette solennelle supplication, on vit quantité de ses membres, au nombre de cent, le visage voilé et les épaules nues, se frapper pu-

---

(1) *Dum igitur in ea ecclesia piorum virorum cœtus assiduis sese exercet christianæ religionis officiis, horrida pestis urbem invasit. A qua cum in dies multa hominum millia absumerentur, religiosum D. Rochi sodalitium, interveniente decemviralis Concilii decreto, anno MCCCCLXXVI, die xxx novembris edito, iram Altissimi humilis pœnitentiæ operibus ab urbe avertere studuit, solemnique supplicatione indicta, plurimi ex confratribus centesimum æquantes numerum, obtecto vultu, nudatisque humeris publice flagellis se cædere maxima cum urbis admiratione voluerunt: nec eorum pietati satis fuit sanguinem pro populi peccatis effundere, sed et animam pro fratribus ponentes, spreto timore mortis, confratrum defunctorum corpora pestifero morbo exanimata ecclesiasticis ritibus, tumulo dederunt.*

bliquement de verges, à la grande admiration de toute la ville. Mais leur piété ne se borna pas à répandre ainsi leur sang pour les péchés du peuple : faisant généreusement le sacrifice de leur vie, et méprisant toute crainte de la mort, on les vit encore s'occuper à ensevelir avec les cérémonies de l'Église les corps de leurs confrères que ce mal contagieux avait privés de la vie. »

Tant de vertu jointe à de si héroïques sacrifices, devait produire sur ce peuple une impression profonde et gagner à la confrérie de Saint Roch de nombreux et fervents prosélytes. Elle s'accrut à tel point qu'il devint nécessaire de construire une église plus vaste qui fut dédiée à son Saint Patron. Le patriarche *Maffeo Girardi* en posa la première pierre, le 15 juillet 1478.

Peu d'années après, en 1484, la peste sévit encore à Venise, et avec plus de fureur. Dans huit mois, trente mille victimes succombèrent sous les coups du fléau.

Ce fut alors, comme nous l'avons dit ailleurs, que les Vénitiens résolurent de s'emparer du corps de Saint Roch, et que, par un pieux larcin, ils devinrent les possesseurs de ce précieux trésor, regardé à cette époque comme une sûre garantie contre ces calamités désastreuses.

A l'occasion de la susception de ces saintes reliques, le Conseil des Dix autorisa la confrérie à bâtir un temple plus vaste et plus somptueux encore. La noble corporation épuisa ses ressources dans cette entreprise, et comme il fallut faire un appel à la pieuse générosité des fidèles, on employa le moyen suivant, qui honore tout à la fois la religion qui l'inspira, l'artiste immortel qui le mit en œuvre, et le peuple chrétien qui le couronna de tant de succès. Laissons raconter encore l'historien Flaminius Cornélius.

« La bonté divine, dit-il, pourvut abondamment aux dépenses que nécessitait l'achèvement de cette grande et magnifique entreprise. On avait exposé contre le pilier de la principale chapelle un tableau de *Titien*, représentant le Christ Rédempteur avec sa croix sur l'épaule, et avec une corde au cou tirée par un de ses bourreaux. Cette image vénérable avait été peinte avec des couleurs si vives et si animées ; les traits de l'auguste Victime avaient une expression de si navrante douleur, et les Vénitiens furent pénétrés de tant de pitié à son aspect, qu'on recueillit en peu de jours d'abondantes aumônes qui suffirent pour achever cet édifice splendide. (1) »

« Postérieurement, cette église ne parut encore ni assez élégante ni assez solide : et comme elle menaçait ruine, elle fut rebâtie en 1765. Le riche sanctuaire qui lui succéda est celui où repose aujourd'hui le corps de Saint Roch. Il coûta à la confrérie 70,000 ducats, somme énorme pour cette époque. »

A côté de ce temple dédié à notre Saint est un palais d'une rare magnificence où se tenaient et où se tiennent encore les assemblées de cette corporation fameuse qui

---

(1) *Impensas tanto tamque sumptuoso operi necessarias affluenter pietas divina suppeditavit, siquidem cum ad pilam sacelli majoris exposita fuisset veneranda imago Jesu Redemptoris fune a carnificibus pertracti, vivis adeo coloribus et dolenti forma a Titiano expressa, ut intuentes ad miserationem attraheret, tanta civium veneratio, tantusque piæ condolentium affectus secutus est, ut ex eleemosynis sponte oblatis splendidissimum ædificium ad perfectionem deduceretur.*

Sacram postmodum effigiem, ut decentius honoraretur, Collegii Rectores loco moveri, et ad elegans altare a selectis lapidibus extructum, in sacello ad lævam principis aræ sito, deduci. In pila vero ejusdem imaginis exemplar candido marmore exsculptum collocari mandarunt. (Ibid.)

n'eut pas sa pareille en Europe et dont les membres s'élevaient jadis au nombre de cinq cents. (1)

Ce majestueux édifice ne serait pas indigne d'une résidence royale, tant à cause de ses grandes proportions qu'à cause de la richesse et de la profusion de ses ornements. Ses fondements furent posés en 1517, et on le terminait en 1549. On y dépensa 47,000 ducats en or; l'architecte *Scarpagnin*, qui en dirigea les travaux, y acquit sa juste et bien légitime célébrité. Enfin, les artistes les plus renommés de l'école vénitienne furent appelés à concourir à sa décoration.

Nous regrettons vraiment de ne pouvoir donner ici qu'un aperçu rapide et incomplet des innombrables chefs-d'œuvre que renferment ces deux grands monuments consacrés au culte et à la gloire de Saint Roch.

A l'extérieur, on admire les colonnes, les statues et les reliefs qui sont d'une rare beauté. A l'intérieur, tous les murs sont couverts de peintures dont plusieurs sont de grandes dimensions. L'histoire de l'Ancien et du Nouveau Testament, les scènes de la vie entière de Saint Roch sont représentées sur ces murs et traitées de main du maître.

Le Tintoret s'est immortalisé dans les nombreux et sublimes travaux qu'il exécuta, tant dans l'église que dans le palais connu sous le nom de *la Scuola*. L'histoire raconte qu'un grand concours fut ouvert par la noble confrérie, et que les artistes vénitiens les plus renommés furent invités à exposer chacun leurs œuvres. Le Tintoret, doué tout à la fois d'une science merveilleuse de son art et d'une fécondité prodigieuse d'invention, peignit, en quelques heures, son tableau de Saint Roch

(1) *Questa famosa arciconfraternita di cui forse non avvi la seconda con pari scopo in Europa.*

en pied qui décore le plafond d'une des salles de ce monument. OEuvre admirable qui lui valut les éloges de ses rivaux et la préférence que la confrérie lui donna sur eux. (1)

Parmi les chefs-d'œuvre de ce peintre célèbre, nous citerons seulement les quatre grandes scènes de la vie de Saint Roch dont il décora le sanctuaire de l'église : 1° Saint Roch guérissant les pestiférés dans un hôpital ; 2° Saint Roch fortifié dans sa prison par un ange ; 3° Saint Roch guérissant les animaux ; 4° Saint Roch pris pour un espion et conduit en prison. Les deux premiers tableaux sont traités à la manière de *Titien* et de *Michel-Ange* que ce grand maître étudia plus spécialement. Il peignit aussi dans les salles du palais d'autres scènes de la vie du Saint, avec une incroyable fécondité de génie.

Mais il faut signaler surtout avec honneur son grand et admirable tableau de la *Crucifixion de Notre-Seigneur*. (2) Le Tintoret s'est vraiment surpassé lui-

---

(1) *In lacunari admirandam veri D Rochi imaginem Tinctoretus admirabili arte repræsentavit. De hac D. Rochi effigie memoriæ proditum est, quod dum ædificatæ ædis tempore, plurimi ejus ævi illustres pictores certatim labores suos ad tanti ædificii ornatum exhiberent, sodalitatis rectores jusserunt ut unusquisque diagramma aliquod in suæ peritiæ testimonium efformarent, quæ dum alii parant, Tinctoretus non celeritate minus quam scientia præditus, imaginem divi Titularis in laqueari collocandam obtulit. Cujus pulchritudinem cum æmuli quoque, ut par erat, laudibus extulissent, ad locum ornandum cæteris sese subducentibus, unanimi confratrum consensu electus fuit.* (Ibid.)

(2) *Quod autem celeberrimum illustris authoris opus extat, est Jesu Redemptoris crucifixio... cujus meritum cum ipsi authori placuisset, eidem nomen suum inscribere voluit, anno 1565, quod tribus tantummodo ex suis operibus supposuisse pro certo habemus.* (Ibid.)

même dans cette peinture. Aussi voulut-il signer ce chef-d'œuvre, ce qu'il n'a guère fait que pour trois de ses savantes compositions.

Titien n'est représenté dans cette nombreuse collection que par deux ou trois tableaux, mais ces tableaux sont des œuvres capitales. Nous avons parlé déjà du Christ traîné la corde au cou par ses bourreaux. Cette peinture est dignement placée ; elle orne un des autels de l'église. Titien fit aussi pour le palais de la *Scuola*, son beau tableau *de l'Annonciation*.

Parmi les autres grands maîtres qui travaillèrent à la décoration de l'église et du palais de Saint Roch, nous devons citer *Antoine Zanchi*, qui peignit avec tant de verve la peste de 1630 ; *Pierre Négri* qui représenta Venise délivrée de ce fléau ; *Jérôme Pellegrini*, auteur de la belle fresque de la coupole, dans laquelle Saint Roch présente la confrérie sous l'emblème d'une femme vêtue de blanc, à la charité éclairée du flambeau de la religion : et enfin le *Pordenon*, *Vivarini*, *Antoine Fumiam* et autres maîtres, dont il serait trop long de mentionner ici les œuvres.

Les diverses statues de Saint Roch sont dues au ciseau des sculpteurs les plus célèbres de cette époque si féconde en hommes de génie. (1) L'histoire entière du Saint, sculptée en relief sur les boiseries de la grande salle de la *Scuola*, est l'œuvre admirable de *Jean Marchiori*. La confrérie a édité dans ces dernières années ces scènes de la vie de Saint Roch en 24 tableaux accompagnés de textes.

Les marbres les plus précieux, le porphyre, l'agate, le lapis-lazuli furent prodigués dans la décoration de

---

(1) Celle qui est sur l'autel est de *Jérôme Campagna*, renommé par ses chefs-d'œuvre.

ces deux édifices. Impossible de voir un assortiment plus complet de toutes les richesses et de toutes les merveilles de l'art chrétien.

En présence de tous ces trésors, on se demande comment une confrérie put suffire à tant de dépenses, et on ne le comprendrait réellement pas, si l'on ne savait que cette antique corporation ne comptait pas seulement dans ses rangs d'honnêtes bourgeois, mais qu'un très-grand nombre de ses membres appartenaient à la noblesse et au sénat. Les doges eux-mêmes s'inscrivaient en tête de son catalogue, et aujourd'hui même les empereurs d'Autriche s'honorent d'y inscrire leurs noms. (1)

Ainsi composée de toutes les notabilités du pays, la confrérie de Saint Roch devait avoir à sa disposition des ressources très-grandes dans une ville aussi riche et aussi puissante que Venise. Jadis, ses revenus annuels se portaient à la somme de 60,000 ducats. De nos jours, ils ne sont pas moindres de quarante mille écus. La confrérie de Saint Roch pouvait donc entreprendre ces grands et magnifiques travaux.

Mais là ne se bornaient pas tous les efforts de son zèle. Comme les œuvres de piété et de miséricorde étaient le but principal de son institution, elle employait chaque année, dans la pratique et l'exercice de ses diverses œuvres, des sommes très-considérables. (2) Son

---

(1) *La confraternita di S. Rocho era composta in antico non solamente di oneste persone del popolo, ma eziandio di nobili e gravissimi senatori. In seguito il Doge di Venezia era sempre il primo de confratelli. Fu per questo che S. M. Francesco I. degnossi benignamente di permettere che incominciasse d'all' augusto suo nome la serie degli individui componenti l'Arciconfraternita, e che S. M. Ferdinando I. suo successore seguì religiosamente l'esempio del padre suo.* (Mem. stor. artist.)

(2) *La confrat. di S. Rocco fu in ogni tempo zelante del culto divino. Il suo tempio divenuto uno di più illustri santuarii*

église étant une des plus riches de la cité, elle était aussi pourvue des plus beaux ornements pour le service divin. Elle faisait célébrer dans l'année jusqu'à huit mille messes, 2,465 ducats étaient consacrés à cette pieuse destination, sans compter ce qu'elle employait à l'entretien de son chapelain et de la maîtrise toute composée d'ecclésiastiques.

Dans les calamités publiques et surtout en temps de peste, elle distribuait aux malheureux des secours de tout genre. Ses aumônes mensuelles et hebdomadaires accordées à des familles indigentes s'élevaient à de très fortes sommes.

La confrérie dotait encore quantité de filles honnêtes mais pauvres; elle délivrait un grand nombre de prisonniers pour dettes; elle subvenait largement à l'entretien des hôpitaux et des monastères, à la décoration des églises qui manquaient de ressources. (1).

Par ces détails, on peut aisément comprendre la haute influence de cette noble corporation et le culte d'honneur et de dévotion qu'il devait procurer à Saint Roch, son glorieux patron.

Telle était, en effet, sa renommée que les princi-

---

della citta, era fornito di sacri arredi ricchissimi In esso celebravansi ogni anno circa ottomila sacrifizi, pei quali la scuola esborsava 2,465 ducati. Manteneva inoltre con decoro il proprio cappellano, ed un numero sufficienti di sacerdoti coristi (Ibid.)

(1) Nelle publiche calamità, e segnatamente all'infelice epoca della peste, somministrò larghi soccorsi ai bisognosi Oltre a ciò continue erano le elemosine settimanali et mensili a numerose famiglie indigenti.

Molte chiese, monasteri ed ospitali, l'infermeria de carcerati (e fra questi quei erano detenuti per debiti) povere, oneste donzelle di tutte le classi, procuravano perenni gl'influssi della carita della Ireconfraternita. Tale era l'uso che faceva dell'ingente sua rendita annuale di quasi sessanta mila ducati. (Ibid.)

pales villes de l'Italie, sauvées de la peste par son intervention, envoyaient à son sanctuaire de Venise de précieux étendards de soie peints par les grands maîtres de cette époque : ces bannières restèrent longtemps exposées devant le tombeau du Saint. Une seule a été conservée, c'est celle que peignit *Annibal Carrache*. La confrérie de Saint Roch de Bologne vint la déposer, en 1605, dans ce sanctuaire vénéré, comme un témoignage éternel de la dévotion et de la reconnaissance de cette ville. *In perenne venerationis et grati animi testimonium.* (1)

Ainsi ces deux célèbres monuments érigés par la république vénitienne en l'honneur de Saint Roch, demeurent comme un témoignage parlant de l'antiquité et de la splendeur de son culte dans cette ville ; *elegante offre due testimoni parlanti del suo antico splendore.* (2)

Et quoique dans l'état de décadence où se trouve aujourd'hui cette cité jadis si fameuse, le culte de notre Saint ait beaucoup perdu de cette splendeur antique ; quoique ses Doges ne viennent plus, escortés du sénat et de la noblesse du pays, rendre leurs hommages à Saint Roch, au jour de sa fête solennelle, l'illustre pèlerin n'est pas moins resté le patron (3), le protecteur

---

(1) *Antiqui cultus D. Rocho exhibiti testimonia erant vexilla quædam serica depicta a variis Italiæ civitatibus in gratiarum actionem ipsius Divi sepulcro oblata. Ex iis unum adhuc accurate asservatur, celeberrimi Annibalis Caracti labor, quod piissima D. Rochi Bononiensis sodalitas Venetias, ut Divi Tutelaris sui exuvias veneraretur, anno 1605, in perenne venerationis, et grati animi testimonium obtulit.* (Flam. Corn.)

(2) *Memorie storico-artistiche.*

(3) En 1806, sont supprimées les corporations religieuses et laïques : l'archiconfrérie de Saint Roch est seule maintenue par la considération que ce Saint était regardé à Venise comme un des principaux protecteurs de la cité. Le décret du Vice-Roi qui ordonne

bien-aimé de cette noble ville. Son nom toujours vénéré n'a rien perdu de ses droits à l'amour et à la pieuse reconnaissance des Vénitiens. (1)

CULTE DE SAINT ROCH A PLAISANCE.

Parmi les villes qui furent le théâtre de la charité de Saint Roch, Plaisance avait naturellement à nos yeux une grande importance, et dans notre pèlerinage, elle devait être pour nous un lieu de station à part.

C'est là que notre Saint opéra les derniers travaux de son zèle; c'est là que, se dévouant pour ses frères décimés par la peste, il fut atteint lui-même de ce mal: c'est là enfin qu'il endura sa douloureuse passion, et qu'il se montra le glorieux martyr de la patience et de la résignation chrétiennes.

En visitant ce pays, on est vivement frappé de l'exactitude et de la vérité des faits racontés dans cette partie de son histoire. On voit encore l'agreste et solitaire vallée où il se retira et où il trouva un abri dans les profondeurs des bois. Le pieux voyageur peut se désaltérer à la source miraculeuse qui jaillit à ses côtés, dans les eaux de laquelle il lava sa plaie et qui servit à étancher sa soif; on peut se reposer encore sous l'humble cabane qui abrita sa souffrance et sa misère. On va s'agenouiller et prier dans l'oratoire si vénéré de *Sainte-Marie-de-Bethléem* où le Saint fit sa prière avec tant de ferveur en arrivant à Plaisance. Le noble seigneur qui fut converti par lui d'une manière si merveilleuse, qui devint

que l'église et la société de Saint Roch seront conservées, est du 18 juillet 1806 (*Mem. st. art.*)

(1) La fête de Saint Roch était jadis obligatoire dans les États de la République de Venise. Sur les côtes de l'Adriatique, dans la Dalmatie, dans l'Istrie et jusque dans l'Archipel, bien des églises l'invoquent comme leur patron.

son disciple, son compagnon, son imitateur héroïque, *Gothard Pallastrelli* vit encore dans les descendants de son antique famille.

Il importait d'étudier ces monuments, d'en constater l'authenticité et l'influence qu'ils avaient eue nécessairement sur le culte de notre Saint à Plaisance.

Et d'abord, telle fut la vénération dont le peuple entoura le sanctuaire de *Sainte-Marie-de-Bethléem*, illustré par la prière de Saint Roch et par son portrait peint par son disciple Gothard, le concours des fidèles y était si nombreux que les R. P. Servites, qui étaient en possession de le desservir, furent obligés de l'agrandir. Et comme il y avait à Plaisance plusieurs autres églises dédiées à la Mère de Dieu, ces religieux la mirent sous le vocable de Sainte Anne, nom sous lequel elle est connue depuis.

Pendant la peste qui ravagea Plaisance, en 1529, la ville fit vœu de construire une église qui serait dédiée à Saint Roch. Ce vœu fut fidèlement accompli, et ce pieux oratoire s'éleva bientôt à côté de celui de Sainte Anne.

Dans cette église de Sainte-Anne fut déposée, en 1533, une antique statue de Saint Roch. Elle fut placée dans la chapelle où l'on conserve l'image sacrée de la Vierge Mère, laquelle, selon la tradition populaire, parla à Saint Roch.

Dans les deux pestes de Milan, l'une sous Saint Charles Borromée, et l'autre du vivant du pieux cardinal Frédéric Borromée, un grand nombre de Milanais vinrent se réfugier auprès de ces oratoires, et l'on assure qu'aucun d'eux ne périt. (1)

(1) Dans le Synode provincial tenu à Milan, en 1572, Saint Charles Borromée exhorte les évêques et les curés à s'inspirer en temps de peste, et à s'animer des exemples de Saint Cyprien, martyr, de Saint Basile le grand, de Saint Nicolas, de Saint Bernardin de Sienne, et *surtout de l'exemple de Saint Roch.*

Quant à l'humble cabane de Saint Roch, qui se trouve encore près du village de *Sarmato*, il est constant qu'elle fut convertie bientôt en chapelle, et que, plus tard, on y célébra même la messe à diverses époques de l'année et surtout le jour de la fête du Saint.

La source qui jaillit de terre à sa prière fut aussi l'objet de la vénération publique. Elle porte encore aujourd'hui le nom de *fontaine de Saint Roch*.

Enfin, le récit de ce qui se passa dans la forêt de Sarmato, entre Saint Roch et le seigneur Pallastrelli, est pleinement confirmé par l'existence et par les traditions de sa famille. Cette antique maison qui se trouve mêlée aux événements les plus glorieux de l'histoire de Plaisance et qui donna à son pays tant d'hommes illustres par leur courage ou par leurs vertus, s'honore surtout de deux personnages qui, sortis de son sein, relevèrent encore la gloire et l'honneur de son blason.

Le premier de ces personnages est *Saint Gothard Pallastrelli*, le compagnon et le disciple de Saint Roch.

Le second est le fameux *Christophe Colomb* qui découvrit l'Amérique. La femme de ce grand homme était une *Pallastrelli*.

Nous avons l'honneur d'être en correspondance avec un membre de cette noble famille. Monsieur le comte *Bernard Pallastrelli* a eu la bonté de mettre à notre disposition bien des documents et des notes critiques qui, dans cette histoire, nous ont été très-utiles et dont nous sommes heureux de le remercier ici.

Ce savant gentilhomme, si versé dans la connaissance des annales de son pays, déclare formellement qu'il n'y a pas lieu d'élever le moindre doute sur la conversion de son aïeul Gothard, et sur les scènes touchantes qui se passèrent entre Saint Roch et lui. « Bien des choses, nous dit-il, ont été écrites par les auteurs qui pourraient être contestées; pour ces derniers faits, tenez-les comme certains et authentiques. »

En présence de tous ces monuments, qui rendent la mémoire de Saint Roch si vivante dans ce pays, il était naturel de voir ses habitants s'adresser à lui avec plus de confiance, aux approches ou sous les coups du fléau pestilentiel.

Qu'il nous suffise de citer un seul fait de ce pieux recours de Plaisance à sa puissante et tutélaire intervention. Pendant que le choléra désolait l'Italie en 1855, sa population se souvenant que jadis il avait été le sauveur de la cité, voulut être placée sous sa protection. Des prières publiques furent faites, et l'affluence fut grande dans les deux sanctuaires de Sainte Anne et de Saint Roch dont nous avons parlé.

Cette dernière église était richement ornée, et le peuple lisait avec émotion les inscriptions suivantes mêlées à des guirlandes de fleurs et de feuillages. Monsieur *François Torre*, chanoine de la métropole et professeur de théologie au séminaire, nous en donna la copie. Comme elles sont la fidèle expression du culte et de la dévotion de ce peuple envers Saint Roch, nous croyons devoir les citer textuellement (1)

(1) *Divi Rochi*
Pestilitatis depulsoris
potens munimen diu experti
sodales hujus ædiculæ
etiam
V. M. Matri misericordiæ
novissime se dediderunt,
læti duplici patrocinio,
Ære Fratrum atque piorum conlato
festa in triduum
auspicantur
Cœlites vota terrigenum

I.

Roch
par charité
se dérobe à sa patrie.
Il apparaît en Étrurie.
Il vint sur la terre de Lombardie,
et la peste
devant lui s'éloigna.

II.

Au XIVe siècle,
l'ange exterminateur
désolait
notre cité,
Roch arrive
comme l'ange de la vie,
et nos ancêtres
furent sauvés. (1)

(1) *I.*

Rocco
per carità
si tolse alla patria
apparve in Etruria,
si volse al suolo insubre,
e la peste
vi si dileguò.

II.

Nel sec. XIV,
l'angelo sterminatore
desolava
la nostra città.
Rocco passò
come angiol di vita
e gli avi
fur salvi.

III.

A Plaisance, il commença
à souffrir avec héroïsme ;
ici, il opéra de grand prodiges.
Il reçut le don glorieux de la prophétie,
Revenu (de la forêt),
par le signe de la croix,
il a changé
les pâleurs de la mort
en vives allégresses.

IV.

Nous fûmes
ses enfants bien-aimés.
Il ne se sépara de nous
que par ordre du ciel.
La première fois
qu'il entendit
la voix des anges,
c'est ici qu'il était. (1)

(1)   III.

In Piac. si iniziò
all'eroismo de patimen
alla poten de prodigi
alla gloria de vaticinii.
Rientrato
col segno di croce
converse
lo squallore della morte
in tripudio.
    IV.
Eravamo
i suoi prediletti,
ne stanosi da noi
che per ordine divino.
La prima volta
che gli risunonò
la voce dei celesti
era qui.

V.

En mourant,
il nous légua pour nous rassurer
sa promesse formelle et certaine ;
et à ses pieds bienheureux
le monde entier se prosterne,
Nous, aux jours de la peste,
nous éprouvâmes son secours
toujours,
et d'une manière spéciale.

VI.

Habitants de Plaisance,
l'année 1855
ne fut que trop funeste pour nous ;
mais le glaive vengeur,
à la prière de Saint Roch,
s'arrêta,
à son autel. (1)

---

(1) *V.*

Partendo
ci lasciò in conforto
di una solda promessa.
a lui poscia beato
si prostrò l'universo
noi, nella pestilenza,
ne sentimo l'aita
sempre
e specialmente.

VI.

Placentini,
il MDCCCLV
ci corse troppo funesto,
la spada ultrice
al cenno di S. Rocco
si arrestò
al suo altare.

venons rendre nos hommages
pour ses bienfaits passés et futurs. (1)

Maintenant, que l'imagination populaire ait ajouté de merveilleuses légendes à ce que ces monuments vénérables avaient d'authentique, c'est ce dont il ne faut pas s'étonner. Non-seulement la légende ne détruit pas le fait miraculeux, mais elle le suppose, et, d'une certaine manière, elle l'établit. Si la ville de Plaisance et ses environs n'avaient pas été le théâtre de la charité, de la puissance, des miracles de Saint Roch, l'imagination populaire n'avait aucune couleur à donner à ce qui n'existait pas, et ces poétiques légendes n'avaient plus dès lors ni leur cause ni leur raison d'être.

Voici en quels termes le comte *Frédéric Scotti*, allié à la famille des Pallastrelli, chantait une de ces suaves légendes relative au bâton de Saint Roch changé en poirier le jour où notre Saint le planta en terre.

« O bienheureux Roch, que l'heureuse ville de Montpellier nous a donné, vous protégez *Caorso* quoique déchiré par des divisions intestines.

« Du haut du ciel, vaincu par les prières de la rustique population de Sarmato, vous abaissez sur ce lieu vos regards compatissants, et vous agréez le sanctuaire qu'elle vous a consacré.

« Votre cabane couverte de chaume est chargée d'or par le peuple reconnaissant, et les rayons du soleil se jouent à travers les treillis, sur le jaune métal.

« On se souvient qu'un jour, dompté par le mal et la fatigue, vous vous êtes reposé dans ce lieu, et qu'un

(1) *rechiamo i nostri ommagi*
per le passate e futuri
beneficenze.

chien vous apportait, chaque jour dans sa gueule, le pain qui vous manquait.

« Cette cabane, alors la propriété des Pallastrelli, passa, plus tard, dans l'héritage de ma famille et en fut considérée comme le joyau le plus précieux.

« Vous changez en arbre verdoyant la branche de poirier qui vous sert de bâton, et, chose merveilleuse et unique en son genre ! la même nuit qui voit naître les fleurs, voit aussi mûrir les poires.

« Ces poires se conservent intactes pendant plusieurs années, et deviennent un préservatif assuré contre les atteintes de la peste et les ardeurs empoisonnées de *Sirius*.

« Ces prodiges eurent lieu jusqu'au jour à jamais néfaste où votre sanctuaire fut profané par l'assassinat d'un parent par son parent, et par le viol d'une jeune fille priant à votre autel.

« Ces crimes, ô Roch, firent cesser votre bienveillance pour Sarmato : aussi, le poirier, ce témoin de vos bienfaits, se dessécha. (1) »

(1) HYMNUS AD DIVUM ROCHUM SARMATICUM.

Litibus diris licet implicatum,
Dive castellum Roche Pessulanum,
Quem dedit nobis regio secunda
Numinis aura.

Sarmatum multa prece supplicantis
Rustici victus tamen ex Olympo,
Respicis summo: tibi nec dicatas
Despicis aras.

Hoc memor te olim jacuisse campo,
De via fessum tibi et indigenti
Ore correptam cererem attulisse
Crebra catellum.

Quo Pallastrellum domus obtinebat
Tempore hanc sedem domui relictam

Il nous resterait bien à dire encore sur le culte de Saint Roch en Italie; mais il est temps de montrer aussi combien il fut glorieux et efficace dans d'autres contrées de l'Europe.

Post meæ, ut tamquam decus ignis esset
Omne parentum.

Et pyrum cujus recubas sub umbra,
Ferre das flore pyra, et ipsa eadem
Nocte, rem produnt monimenta qualem
Rara priorum.

Quæ pyræ haud paucos superant in annos
Præsidi contra validi periclum :
Si luem quando minitatur ardor
Sirius agris.

Donec (indignum facinus!) propinqui
Cæde funestat decus hoc propinquus,
Et sacras raptu vigilantis ante
Virginis aras.

Hæc tuam mentem, Roche, reddiderunt
Sarmato aversam solo, et oppidanis :
Hujus est autem pyrus arefacta
Testis abundans.

(Frederici Scotti Placentini, jurisconsulti opera ad mansueliores musas pertinentia. Bononiæ 1580.)

CHAPITRE SIXIÈME.

Pertransiit usque ad fines terræ. (1. Mach. 1.)

CHAPITRE SIXIÈME.

CULTE DE SAINT ROCH EN BELGIQUE ET EN ESPAGNE.

DES DOCUMENTS AUTHENTIQUES PROUVENT QUE LE CULTE DE SAINT ROCH A ANVERS REMONTE A PLUS DE TROIS SIÈCLES. — FONDATIONS FAITES EN FAVEUR DE SA CHAPELLE. — ELLE EST ENRICHIE D'UNE RELIQUE DU SAINT. — ÉDIT DE PHILIPPE II ROI D'ESPAGNE EN FAVEUR DE LA CONFRÉRIE DE SAINT ROCH. — STATUTS DE CETTE ASSOCIATION APPROUVÉS PAR LE PAPE ALEXANDRE VII. — ÉLECTION DE SON GRAND-PRÉVÔT. — LETTRES DU CHAPITRE D'ANVERS RELATIVES AU CULTE DE SAINT ROCH DANS CETTE VILLE ET ENVOYÉES AUX HAGIOGRAPHES BOLLANDISTES. — CULTE DE NOTRE SAINT EN ESPAGNE ET EN DANEMARK. — OFFICE PROPRE DE SAINT ROCH A SCHLESWIG.

Parmi les villes de la Belgique où le culte de Saint Roch fut le plus en honneur, les savants Bollandistes citent la ville d'Anvers, et donnent à ce sujet de précieux documents qu'il importe de reproduire ici. (1)

D'après ces pièces authentiques, une chapelle aurait été dédiée à Saint Roch dans cette ville dès le XV° siècle. En 1512, une fondation est faite en sa faveur et lui assure à perpétuité un revenu annuel de quatre florins.

(1) Boll *Gloria posthuma apud Antuerpienses.*

Par d'autres fondations, des messes doivent être célébrées presque chaque jour, sur l'autel consacré à notre Saint. (1)

Plus tard, comme nous l'avons déjà dit, une relique de Saint Roch provenant du trésor de la chapelle royale du roi du Portugal est donnée à cette chapelle par un abbé du couvent de Saint-Sauveur de l'Ordre de Citeaux. Cette relique se compose d'un fragment de l'*épine dorsale* du Saint. Elle est reconnue authentique par l'évêque d'Anvers, le 20 mai 1672, et enfermée dans une châsse d'argent. (2)

Comme presque partout ailleurs, un hôpital est adjoint à la chapelle, et la voie publique qui y conduit porte le nom de *Rue Saint-Roch*.

Ce pieux sanctuaire ne manqua pas de célébrité. En 1563, Philippe II, roi d'Espagne, rend un édit par lequel il reconnaît et approuve les diverses fondations qui ont été faites en sa faveur, et défend qu'il y soit porté atteinte contre les intérêts de la confrérie à laquelle il veut qu'appartienne l'administration de ses biens présents et à venir. (3)

Les savants Bollandistes s'adressèrent au commencement du dernier siècle au doyen de l'église collégiale de Saint-Jacques où la chapelle et la confrérie de Saint Roch sont érigées, et lui demandèrent les documents authentiques qu'ils possédaient sur le culte de ce Saint à Anvers. Le doyen du chapitre remit à *Jean Pinius*, hagiographe de Saint Roch, la pièce suivante que nous traduisons parce qu'elle résume toute l'histoire de la confrérie placée sous le patronage de notre glorieux

---

(1) *Boll.* n° 4, 6, 2.
(2) François Diericx.
(3) *Ibid.* n° 7.

pèlerin, et tout ce qui se rattache à son culte dans cette ville.

« Nous, doyen et les membres du Chapitre de l'insigne église collégiale et paroissiale d'Anvers, sur la demande qui nous a été adressée par les RR. PP. hagiographes de la Compagnie de Jésus (1), faisons savoir et déclarons que, dans le but de préserver cette ville de la peste par les mérites et la protection de Saint Roch, l'Illustrissime et Révérendissime seigneur évêque, Ambroise Capello, institua dans la chapelle de la dite église collégiale, dédiée à ce Saint (2), la confrérie dont il est le patron, le 12 avril 1658, lui donnant entr'autres règlements celui qui prescrit qu'un chanoine du dit Chapitre devra en avoir toujours la direction ; laquelle confrérie avec ses statuts fut approuvée et autorisée, le mois suivant, par le pape Alexandre VII, de pieuse mémoire.

« La fête de Saint Roch est donc célébrée chaque année, solennellement et avec octave, le 16 du mois d'août. A l'origine de la confrérie, les vêpres étaient chantées en musique et en grande pompe, et il y avait chaque jour une prédication. Mais à la longue, le concours du peuple devenant moins nombreux, on statua que le sermon n'aurait lieu que le premier jour, et cet usage s'est conservé jusqu'à aujourd'hui.

« Après l'office de ce premier jour, on fait le soir, autour de la paroisse, une procession solennelle remar-

---

(1) *Nos, Decanus et Capitulum insignis ecclesiæ collegiatæ et parochialis S. Jacobi Antuerpiæ, ad requisitionem RR. PP. hagiographorum e Societate Jesu, notum facimus et declaramus, quod, ut meritis et patrocinio divi Rochi confessoris, contagiosa lues averteretur ab urbe...* (Ibid. n° 21.)

(2) Il s'agit ici de l'institution canonique. La confrérie existait déjà depuis longtemps. Elle fut régulièrement constituée *Ad majorem splendorem*

quable par la multitude qui y assiste et par l'innombrable quantité de flambeaux qu'on y porte.

« Une image de la Mère de Dieu, richement décorée, ouvre la marche de la procession : viennent ensuite les reliques de Saint Roch dans leur châsse d'argent placée sur un brancard argenté. Elles sont précédées d'une statue en bois d'un beau travail de sculpture représentant le Saint lui-même. Enfin le Très-Saint Sacrement est porté par le chanoine directeur de la confrérie, accompagné du chapitre et de tout le clergé. Pendant toute l'octave, le directeur officie solennellement et préside chaque soir au chant des litanies qui est suivi de la bénédiction du Saint Sacrement. Le dernier jour, on fait une autre procession autour de l'église, à laquelle assistent le chapitre et le clergé portant des flambeaux. (1)

« Autrefois, on célébrait en l'honneur de Saint Roch une fête trimestrielle. Mais le zèle s'affaiblissant et par suite les offrandes des fidèles diminuant, cette fête ne se maintint pas, et on dut se borner à la solennité principale et annuelle. Il faut excepter cependant les temps où le pays est menacé de la contagion, comme à l'époque où la peste ravageait la ville de Marseille en

---

(1) *Post quæ officia subsequitur prima vespera honorabilis per magnum parochiæ circulum processio, quam ingens tædiferorum numerus spectabilem reddit ob incredibilem populi concursum. Hac in processione defertur Deiparæ Virginis imago pretiosissime adornata, quam sequuntur divi Rochi reliquiæ in argentea capsa majori tumbæ deargentatæ superimposita : utrumque præcedit hujus Sancti imago lignea artificiose exsculpta ; Sanctum autem sanctorum in venerabili Sacramento dein per R. Dominum Canonicum Directorem (concomitante toto clero et capitulo) defertur, qui et per totam octavam sacrum solenne, et Litanias vesperi cum dicto Venerabili persolvit, finiendo ultimam octavæ diem cum processione per ambitum ecclesiæ, quam capitulum cum suo clero denuo comitatur cum lumine.*

1720, auquel temps la dévotion des fidèles envers ce Saint se manifestait avec plus de zèle. (1)

« En foi de ce, nous avons fait expédier les présentes munies du sceau du chapitre, le 11 août 1736. »

Une chose digne de remarque dans l'histoire de cette confrérie de Saint Roch à Anvers, est l'élection de son Directeur ou Grand-Prévot. Cette élection se fit en 1675, en présence des consuls et du sénat de cette ville, et elle fut confirmée par l'évêque. Le premier directeur nommé fut *Alexandre Roclans*, chanoine de grand mérite, qui avait fait orner magnifiquement la chapelle du Saint. (2)

Cette charge devait être héréditaire dans sa famille d'après les statuts de la confrérie; elle le fut, en effet, jusqu'en 1728, époque où, faute de successeur, elle passa entre les mains de Philippe-Jacques de Cano, chanoine de la collégiale de Saint Jacques, descendant par les femmes de la famille de Roclans. (3)

La châsse d'argent qui renfermait la relique de Saint Roch portait cette inscription gravée sur la face postérieure : *Sum Alexandri Roclans equitis. D. de Moll. Balem. Deschel, etc, Sodalitatis S. Rochi patroni perpetui MDCLVIII.* (4) Ces titres du chanoine Roclans indiquent assez combien sa famille était noble et puissante.

Disons, en terminant, que depuis l'érection de la confrérie, cette corporation se recrutait principalement dans les rangs de la noblesse, ainsi que l'attestent ses registres. On y voit, en effet, les signatures et les armoiries d'un grand nombre de seigneurs et d'hommes

---

(1) *Nisi singulariter quandoque, necessitate urgente, ut anno 1720 peste apud Massilienses grassante, devotio erga prædictum Sanctum exhibeatur.*

(2) *Boll. n° 18 et 19.*

(3) *Ibid. n° 20.*

(4) *Ibid. n° 23.*

de qualité, parmi lesquelles on distingue les signatures et les armoiries des évêques d'Anvers, Ambroise Capello et Ferdinand Van Beughem.

Ce témoignage suffirait, à lui seul, pour montrer à la fois et l'importance de cette corporation et la célébrité du culte de notre Saint dans ces contrées.

CULTE DE SAINT ROCH EN ESPAGNE.

Dans ce catholique royaume, on peut l'affirmer avec assurance, il n'est pas une ville, il n'est peut-être pas un village qui n'ait voué à Saint Roch un culte de vénération et de reconnaissance. Son nom est donné aux enfants presque aussi souvent que ceux de Jean, de Pierre, de Paul, de Jacques.

Un grand nombre de paroisses ont été mises sous son vocable. Une ville de l'Andalousie porte son glorieux nom, et lorsque Gibraltar fut devenu la proie de l'Angleterre, les Espagnols établirent auprès de cette ville un camp de surveillance, devenu fameux depuis dans l'histoire, et lui donnèrent le nom de *Camp de Saint Roch*.

Ce peuple généreux étendit bien loin, comme on sait, ses découvertes et ses conquêtes dans le Nouveau-Monde. Les Espagnols et les Portugais n'étaient pas seulement de hardis et intrépides navigateurs, ils étaient aussi des hommes de foi et de religion, et comme ils avaient l'habitude de donner aux pays dont ils faisaient la conquête le nom des Saints qui étaient les plus vénérés dans leur mère-patrie, le nom de Saint Roch ne pouvait être oublié par eux. A l'extrémité septentrionale du Brésil s'élève sur les bords de l'Océan, un cap qui domine ces contrées; ils l'appelèrent le *Cap Saint-Roch*.

Il ne faut pas oublier que notre ville fut longtemps une ville espagnole; que Saint Roch appartenait à ce peuple par droit de naissance, par les nombreux rapports de sa famille avec la monarchie aragonaise, par les bienfaits dus, plus tard, à sa céleste intervention. Il n'est donc pas étonnant que Saint Roch ait obtenu chez cette noble nation tant de popularité, et que son culte ait été introduit par l'Espagne dans ces contrées lointaines conquises au christianisme et à la civilisation.

Ceci expliquerait pourquoi le saint pèlerin est honoré dans le Nouveau Monde presque autant que dans notre vieille Europe. Il est certain, en effet, que dans ces chrétientés de l'Amérique, le nom de Saint Roch est en bénédiction; que quantité de monuments sont érigés en son honneur; que tous les jours, on en construit de nouveaux; que nul autre Saint, enfin, n'y est plus populaire et plus vénéré.

Pour nous restreindre à ce qui concerne l'Espagne elle-même, où il nous a été plus facile d'obtenir des documents authentiques, nous devrons nous borner encore à un aperçu rapide sur le culte rendu à notre Saint dans ce royaume.

A Madrid, la fête de Saint Roch est célébrée en grande pompe dans les églises paroissiales de *Saint-Louis*, où la neuvaine en son honneur s'ouvre dès le 8 du mois d'août; de *Saint-André*, où ces exercices commencent le jour même de la fête. Les religieux de *Saint-Placide* ouvrent ces mêmes fêtes le 15 au soir, après les secondes Vêpres de l'Assomption de la Sainte Vierge. Dans ces divers sanctuaires, cette neuvaine est célébrée avec une très-grande solennité. Le saint Sacrement est exposé; on chante les *Goigs* ou louanges *del glorios Sant Roch*, cantiques composés dans la langue du pays : chaque jour il y a prédication, et le jour de la fête on fait le panégyrique du Saint.

A Saragosse, dans le royaume d'Aragon, la fête de Saint Roch n'est pas célébrée avec moins de solennité dans les paroisses de *Saint-Michel* et de *Sainte-Madeleine*. Cette dernière paroisse a une confrérie dont notre Saint est le patron titulaire. Il existe à Saragosse un usage touchant que nous devons rapporter ici. Lorsqu'un membre de cette confrérie est malade et en danger de mort, on porte auprès de lui une statue de Saint Roch, afin qu'à cette vue, se rappelant sa résignation dans les maux, son recours à Dieu, sa douce et précieuse agonie, le malade soit encouragé à pratiquer les vertus chrétiennes qui doivent l'aider à souffrir et à mourir saintement. Cette faveur est accordée aux malades qui la réclament, quoique d'ailleurs ils n'appartiennent point à la confrérie.

Dans la Biscaye et dans la Galice, on compte plusieurs églises consacrées à Saint Roch qui sont l'objet de la vénération publique, et auxquelles on se rend en pèlerinage. Au nombre de ces pieux sanctuaires, nous citerons celui de Vigo, où le concours des fidèles est immense le jour de sa fête.

Dans le royaume de Galice, le peuple se prépare à la solennité du 16 août par une neuvaine qui se fait le soir en famille dans chaque maison. Après ce saint exercice, les enfants unis à leur parents, chantent les *Goigs* du glorieux Saint Roch.

Dans la vieille Castille, notre Saint n'est pas moins vénéré. Il est le patron titulaire de Fuentes de Nava. Les villes de Dueñas de Cordibilla, de Torrequemada, de Villaverde-Monjina, célèbrent sa fête avec une très-grande solennité.

A Melgar de Fermental, à Pedrosa del Principe, à Castrillo, à Matajudios, à Victoria, on fait, le jour de sa fête, de belles processions dans lesquelles la statue du Saint est portée solennellement.

Dans le royaume de Valence, Saint Roch est le patron titulaire de la ville épiscopale de Ségorbe. La fête du 16 août se termine par une procession générale.

Dans cette partie de l'Espagne, on compte plusieurs ermitages renommés dont notre Saint est le titulaire, et où son culte attire un grand nombre de fidèles. Ces ermitages sont à Villa-de-Gerica, à Villa-de-Viver, à Lugar-del-Toro, dont Saint Roch est le patron, à Ademuz, à Alpuente, à Altura, à Ulldecona, à Onda et enfin à Siguenza. Ce dernier sanctuaire, construit et embelli par les évêques de ce diocèse, est un magnifique établissement où la fête de notre Saint se célèbre avec la plus grande pompe.

Il existe encore à Monte-Agudo, à Tabaja et dans beaucoup d'autres villes de l'Espagne, des ermitages dédiés au saint pèlerin, et fréquentés par une multitude de fidèles.

A Gandia, le 16 août n'est pas seulement un jour de fête religieuse, ce jour est aussi une fête civile marquée par des réjouissances publiques.

Enfin à Valence même, la fête de Saint Roch se célèbre très-solennellement. Ce diocèse a un office propre en son honneur qui lui a été accordé par le Saint Siége apostolique.

Dans la principauté de Catalogne, il existait à Barcelone une ancienne chapelle qui s'élevait sur un arc, à la place neuve. Le marteau révolutionnaire a fait disparaître, il y a peu d'années, ce monument, mais les habitants de cette ville n'ont rien perdu de leur vénération pour notre Saint et de leur reconnaissance pour ses bienfaits aux temps de la contagion. A une époque où la peste ravageait cette illustre cité, la population fit le vœu de célébrer sa fête avec pompe, dans l'église collégiale et paroissiale de Sainte-Anne. Le maire et le conseil municipal de Barcelone, escortés de leurs huissiers et de leurs bedeaux, se rendent, le 16 août, à cette église où ils sont reçus par le clergé au son de toutes les cloches. Ils prennent place dans le sanctuaire et assistent à la messe chantée à grand orchestre ; ils entendent le panégyrique du Saint. La cérémonie terminée, ils sont reconduits par le clergé à la porte de l'église, pendant que la musique exécute la marche royale ; le soir, commencent les exercices de la neuvaine.

Dans l'église de Notre-Dame-des-Anges appartenant à l'ordre des religieuses Dominicaines, les fêtes de Saint Roch sont aussi célébrées solennellement. Les offices, pendant neuf jours, se font en musique et sont accompagnés de prédications et de cantiques en l'honneur du Saint ; et quand cette neuvaine est finie, la dévotion des fidèles fait continuer pendant plusieurs jours et à ses frais ces saints exercices, pour obtenir la protection de Saint Roch, ou lui rendre des actions de grâces.

Ces fêtes se célèbrent aussi dans plusieurs autres églises. Un quartier de Barcelone qui lui est plus spécialement consacré, illumine le soir ses maisons. Les journaux de cette ville ont parlé avec éloge des illuminations qui ont eu lieu cette année dans les rues des *Carders* et de *l'Arc-de-Vidal*, ornées de guirlandes de fleurs et de feuillages.

On est dans l'usage, à Barcelone, de bénir solennellement, le soir du 15 août, un grand nombre de petits pains que l'on distribue pendant la neuvaine, comme un mémorial du pain que le chien du seigneur Pallastrelli apportait à Saint Roch dans la forêt de Plaisance.

A Cervera, on bénit aussi de l'eau en mémoire de la source miraculeuse qui sourdit auprès de lui et dont les eaux lui servirent pour laver sa plaie et pour étancher sa soif. Cette eau est distribuée à la porte de l'église, le 16 août.

La fête de Saint Roch se célèbre à Cervera avec une grande solennité; elle est annoncée la veille par les deux bourdons de l'église. Le corps municipal, accompagné d'une brillante musique, vient assister à la messe et à la procession, en vertu d'un vœu public qui fut renouvelé pendant la peste de 1777, et qui fut suivi de la disparition presque subite de ce fléau. Une belle statue du Saint est portée dans cette procession, et déposée à la rentrée sur le maître-autel.

Dans la ville épiscopale de Girone, Saint Roch est honoré d'un culte spécial dans l'église de *Saint-Félix*, dans celle du séminaire où l'on vénère une statue du saint pèlerin, et enfin dans celle de *Saint-Pierre*. Les habitants des rues qui environnent cette dernière église, l'invoquent comme leur patron et illuminent leurs maisons, le jour de sa fête.

A peu de distance de Girone, à Vilablareix existe un sanctuaire dédié à Saint Roch. On est dans l'usage d'y chanter chaque année, le IIe dimanche du carême, une messe solennelle à laquelle assiste la municipalité, au milieu d'un immense concours de fidèles.

A Olot, on visite un autre sanctuaire consacré à Saint Roch. Dans cette localité, il existe encore un vœu public que la municipalité et la population remplissent fidèlement. Une rue d'Olot porte le nom de notre Saint, et ses habitants ne manquent pas d'illuminer leurs maisons à la solennité de sa fête.

La plupart des villes de la Catalogne sont dans l'usage de chômer cette fête, et de la célébrer avec la pompe d'une fête patronale.

A Tortose, le jour de Saint Roch est tout à la fois un jour de fête et de cérémonies religieuses, et un jour de réjouissances publiques qui se terminent par de brillantes illuminations.

Dans les îles Baléares, Saint Roch est l'objet d'une très-grande vénération. Plusieurs chapelles lui sont dédiées à Majorque ; plusieurs rues portent son nom. Sa fête se termine généralement par des feux d'artifice et des illuminations.

Dans cette île, notre Saint est le patron titulaire d'Alar. Après les cérémonies solennelles de sa fête, ont lieu chaque année des agapes chrétiennes qui sont servies aux frais de la ville : on n'y compte pas moins de trois à quatre cents convives. Les restes de ce repas sont distribués aux pauvres.

La ville de la Seu d'Urgel s'est obligée par vœu à férier le jour de la fête de Saint Roch. On trouve encore ce même vœu dans la plupart des paroisses de cette contrée.

A Bellpuig, on visite une belle église dont notre Saint est le titulaire. Il y a dans cette localité une confrérie de Saint-Roch qui jouit d'un grand renom, soit à cause du nombre des confrères, soit à cause de ses richesses d'autrefois dont elle a été dépossédée en 1835 par la révolution.

Sur la porte de l'église de Bellpuig est une galerie où on célèbre la messe le jour de la fête du Saint. Les fidèles obligés par vœu à l'entendre, se tiennent sur la place qui précède l'église et qui peut contenir jusqu'à quatre mille personnes. Pendant ces fêtes, cette place est convertie en église : elle a son jubé, sa chaire, et les offices s'y célèbrent accompagnés par une brillante musique.

Nous ne multiplierons pas davantage ces détails déjà nombreux sur le culte de Saint Roch en Espagne. Nous craindrions de fatiguer nos lecteurs. Il faudrait tout un gros volume pour raconter, d'une manière complète, les témoignages de publique vénération que ce catholique royaume rend à notre Saint bien-aimé.

Nous avons parlé des cantiques que ce peuple religieux chante en son honneur pendant les solennités de sa fête ; qu'il nous suffise de citer ici un seul de ces *Goigs* populaires que nous empruntons à la ville de Barcelone.

« LOUANGES EN L'HONNEUR DU GLORIEUX SAINT ROCH, PROTECTEUR CONTRE LA CONTAGION ET LE MAL DE LA PESTE. »

I.

Telle est votre sainteté
O Roch, prince par excellence,
Que Dieu vous donna le pouvoir
De guérir de tout mal contagieux. (1)

(1) GOIGS DEL GLORIOS SANT ROCH, ADVOCAT CONTRA LO CONTAGI Y PESTILENCIA QUES VENERA EN SA PROPRIA CAPELLA.

I.

Tal es vostra santedat,
Sant Roch, princep de excellencia ;
Que os ha dada potestat
De curar de pestilencia.

II.

Issu de haut lignage,
Seigneur de Montpellier,
Vous entreprîtes votre pèlerinage
Pour servir Dieu
Dont vous fûtes aimé,
Comme votre histoire l'a prouvé, etc.

III.

Méprisant la vanité
De votre grand patrimoine,
Vous évitâtes bien des péchés
En évitant ainsi ce piége du démon;
C'est pourquoi Dieu vous a accordé
Un don d'une si grande excellence, etc.

IV.

Vous visitâtes l'Italie,
Vêtu comme un pèlerin, (1)

---

(1)
II.

Foreu de molt alt llinatge
Y senyor de Montpeller,
Dirigint vóstre viatge,
Servint al Deu verdader ;
Y foreu de ell tant amat
Com ho diu la experiencia, etc.

III.

Menyspreant las vanitats
De vostre gran patrimoni,
Desterrareu molts pecats,
Oposant vos al dimoni :
Perso se os fou otorgat
Un do de tanta excellencia, etc.

IV.

En la Italia passareu
En habit de peregri,

Vous guérîtes les peuples
Atteints de ce mortel venin ;
Vous fûtes leur avocat
Auprès de la divine Essence, etc.

V.

Vous fîtes de grands prodiges
Par le signe de la croix.
Vous guérîtes des multitudes pestiférées
Par la seule vertu de Dieu.
La renommée publie depuis
Votre grande puissance, etc.

VI.

Dieu voulut qu'elle vous saisit,
Cette contagion si cruelle ;
Mais gardant la paix de votre âme,
Vous recourûtes au ciel,
Et vous fûtes bientôt délivré
Par la divine clémence, etc. (1)

(1) *Moltas personas curáreu*
Del contágios vert:
Teñint vos per advocat
Devant la divina Essencia, etc.

V.

Grans prodigis heu obrats
Ab lo senyal de la creu,
Curant molts inficionats
Sols ab la virtut de Deu :
Ha la fama publicat
Vostra virtut y potencia, etc.

VI.

Volgué Deu os encontras
Aqueix contagi cruel,
Y en lo punt sens embarás
Recorreguereu al cel:
Luego foreu deslliurat
Per la divina clemencia, etc.

VII.

Un grand nombre de contrées
De cette peste mortelle
Se virent par vous délivrées.
Dans des douleurs pareilles,
Soyez toujours notre avocat
A la suprême audience, etc.

VII.

Ce qu'on admira surtout
C'est, lorsque Barcelone
Était dévorée par ce feu pestilentiel
Qui décimait ses habitants;
On vit bien qu'on était sans ressource
Alors qu'on était privé de votre présence.

IX.

Ce qui se passa dans ces jours,
Devint pour tous la preuve certaine (1)

---

(1)   VII.

Molts en vilas y ciutats,
De aquest contagi mortal
Per vos están deslliurats
Y libres de semblant mal;
Siaunos sempre advocat
En la suprema audiencia : etc.

VIII.

Lo que mes es de admirar,
Fou quant tota Barcelona
De contagi s' veu cremar
No perdonant á persona:
Tot lo mon se mirá islat,
Faltant la vostra presencia, etc.

IX.

Serví á tothom de prová
Lo que á las horas pasá.

Que la peste ne pénétrera pas
Dans cette contrée,
Parce qu'elle s'est placée sous votre protection
Pour être préservée d'une aussi cruelle souffrance.

REFRAIN.

Puisque nous avons un aussi puissant avocat,
De nos péchés faisons pénitence ;
Par lui nous serons délivrés
De contagion et pestilence. (1)

Dans ce rapide aperçu sur le culte de Saint Roch en Europe, nous ne devons pas omettre l'antique ville de Schleswig, dans le Danemark.

Dès le XIe siècle, cette cité avait un évêque et ne manquait pas d'importance, si l'on en juge par son admirable cathédrale construite dans le XIIIe siècle avec les granits du Groënland et les marbres de l'Italie. Toutes les grandes et belles inspirations de l'art chrétien au moyenâge furent prodiguées dans ce magnifique monument ; toutes les villes, toutes les bourgades de la Scandinavie voulurent contribuer à l'enrichir. La cathédrale de Schleswig était bien, sans contredit, une des merveilles du nord.

Longtemps avant la révolte de Luther, cette contrée

---

(1)   *Que sols en aquesta terra*
Tal malaltia no entrà :
Perque en vos ha confiat
En tal mal y en tal dolencia, etc.

TORNADA.

Puix tenim tal advocat,
Fent dels pecats penitencia,
Serém per ell deslliurats
Del contagi y pestilencia.

lointaine présentait une chrétienté florissante où le culte de notre glorieux Saint était en honneur. L'évêque de Schleswig avait dû siéger au concile de Constance : il avait dû communiquer à ses diocésains son admiration, son amour, sa confiance pour Saint Roch ; et, comme son peuple était plus exposé qu'un autre au fléau de la peste, par son voisinage de la mer et par son commerce avec les étrangers, cette dévotion du pontife danois avait dû trouver un accueil aussi empressé que sympathique dans la religion de ce peuple. Toujours est-il que peu après le concile, l'Église de Schleswig était en possession d'*un Office propre de Saint Roch*.

Ce monument liturgique, par son style en prose rimée, par sa contexture, appartient évidemment au XVe siècle ; il fut peut-être le premier office composé en l'honneur de Saint Roch. Nous avons sous les yeux un bréviaire gallican romain, anciennement à l'usage du diocèse d'Agde. Ce bréviaire fut imprimé à Valence, en 1510, sous l'épiscopat de M. de Vesc et remplacé, plus tard, par le bréviaire romain, à la suite du synode de Narbonne, en 1609.

Or, dans ce rit gallican romain, l'office de Saint Roch est copié textuellement du bréviaire de Schleswig. D'où il est facile de conclure que ce dernier existait déjà dans le XVe siècle, à moins de dire que les évêques danois l'empruntèrent à la liturgie agathoise, ce qui n'est nullement vraisemblable à une époque où les rois scandinaves embrassaient bientôt l'hérésie de Luther, et faisaient cesser dans leurs États le culte catholique.

Quoi qu'il en soit, l'Office de Saint Roch dans le bréviaire de Schleswig était un document trop précieux pour ne pas mériter une place dans cette histoire. Les Bollandistes l'ont donné en entier dans leur collection,

Pour nous, nous n'en citerons que les passages suivants ;
ils suffiront pour que le lecteur puisse juger de la valeur de ce pieux monument.

Aux premières vêpres, on lit cette antienne :

« O médecin prudent et libérateur de la peste, nous vous saluons ! O Roch, délivrez nos corps de l'épidémie, et intercédez pour nous auprès du Roi de gloire. » (1)

INVITATOIRE.

« Adorons le Seigneur qui a fait de grands prodiges, en donnant au monde un nouveau médecin dans la personne de Roch. » (2)

HYMNE.

« Que l'univers célèbre les louanges de Saint Roch ; que la cour céleste soit dans la joie, que la terre fasse entendre ses harmonies, et que toute bouche redise en chœur ce cantique !

« Que la terre se réjouisse surtout d'avoir possédé un hôte aussi illustre ; qu'elle soit florissante sous sa protection tutélaire, car Dieu le suscita comme un médecin puissant pour éloigner d'elle l'horrible mal de la peste.

(1) *Ave, prudens medice, pestisque profligator: in membris epidemiæ sis nobis sublevator, et apud Regem gloriæ, o Roche, suffragator !*

(2) *Adoremus Dominum, qui stupenda fecit, novum mundo medicum Rochum quando dedit.*

HYMNUS.

Rochi conjubilent omnia laudibus,
Axis stelliferi regia gaudeat,
Et mundi teretis concrepet orbita
    Sit vox una canentium.

Felix illa suo gaudeat hospite,
Hæc patrocinio floreat inclyto;
Rochum nam medicum nunc habet optimum
    Qui pestem fugat horridam.

« Après avoir donné ses richesses aux pauvres, et s'être donné lui-même pour se faire le protecteur des malheureux, il guérit les pestiférés d'une merveilleuse manière, non pas avec des remèdes humains, mais par la vertu du signe sacré de la Croix.

« Ce privilége excellent, il méritait de l'obtenir, celui dont le zèle ardent et le cœur généreux dédaigna la richesse de son patrimoine, les délices de la vie et la gloire du commandement, ne gardant rien pour lui.

« Aux jours désastreux de la peste, que nos cœurs tremblants implorent sa protection; que notre confiance en lui soit entière; que pures soient nos âmes, et soudain, il sera parmi nous comme un pieux sauveur. »

« O Dieu, unique dans votre Trinité, nous vous supplions d'écarter de nous, par les mérites de Saint Roch, les maux qui nous menacent; que vos serviteurs vivent en paix, qu'ils vous glorifient dans tous les siècles. Ainsi soit-il. »

Hic qui cuncta simul pauperibus bona,
Et sese miseris subsidium dedit,
Ægros mirifico sublevat omine,
 Non herba, cruce sed sacra.

Hæc illi merito gratia reddita,
Summo qui studio, cordeque fervido,
Res et delicias, stemmaque gloriæ
 Sprevit, nil retinens sibi.

Hujus præsidium rebus in arduis,
Poscamus pavido pectore singuli;
Sit perfecta fides, mensque sit integra,
 Nobis mox aderit pius.

Te simplex Deitas, Trinaque poscimus,
Ut Rochi meritis noxia subtrahas:
Des pacem famulis, nos quoque gloriam
 Per cuncta tibi secula. Amen.

Les principales scènes de la vie de Saint Roch, l'invocation de son nom par les Pères de Constance, la délivrance de cette ville, ses miracles de guérison dans la Picardie et dans la capitale de la France, sont résumés dans les antiennes et les répons de cet office.

Une antienne de *Laudes* fait mention d'une peste dont Schleswig aurait été délivrée par son intervention. « Notre cité se presse avec confiance auprès de Saint Roch, depuis le jour où il éloigna de nous le fléau contagieux. (1) »

L'office se termine par une pieuse invitation adressée au monde entier, pour que, dans ces cruelles calamités, on ait recours à Saint Roch. (2)

Pendant que cette chrétienté du Nord rendait à notre glorieux Saint des hommages si solennels, à une autre extrémité du monde, à Jérusalem, son culte ne se célébrait pas, comme disent les Bollandistes, avec moins de splendeur ; *non sine nominis splendore*. Dans le calendrier des offices propres de cette insigne Église patriarcale, la fête de Saint Roch se trouve classée, en effet, sous le rit d'*office double*. Ce qui est d'autant plus remarquable que, dans le cours de l'année ecclésiastique, le nombre des Saints qui figurent dans ce calendrier est d'ailleurs assez rare.

Nous ne taririons pas vraiment, si nous voulions multiplier ces citations. Le Piémont, la Savoie, l'Autriche, les provinces catholiques de l'Allemagne, où le culte de Saint Roch jouit de tant de popularité, nous offriraient de nombreux et illustres documents de ce genre.

---

(1) *Adstipulatur eadem hæc nostra domus firmiter, ex qua tum pestis rabiem Rochus fugavit fortiter.*

(2) *Ergo totus illum mundus petat fundendo lacrymas, ne furat epidemia.*

Il est temps de passer à notre patrie ; de résumer en peu de mots l'histoire de ce culte en France, et de raconter enfin à nos lecteurs, ce que la ville natale de notre Saint bien-aimé a fait jadis, et surtout ce qu'elle a fait de nos jours pour sa gloire.

CHAPITRE SEPTIÈME.

Hic est fratrum amator et pópuli : hic est qui multum orat pro populo et universa civitate. (II. Mach. 15.)

Curavit gentem suam, et liberavit eam à perditione : et adeptus est gloriam in conversatione gentis. (Eccli. 50)

CHAPITRE SEPTIÈME.

DU CULTE DE SAINT ROCH EN FRANCE ET A MONTPELLIER.

CULTE DE SAINT ROCH A PARIS. — SA FÊTE CHÔMÉE PAR LE PEUPLE. — PRÉCIEUX DOCUMENTS QUE NOUS FOURNIT NOTRE CORRESPONDANCE AVEC LE CLERGÉ DE FRANCE SUR LE CULTE DE NOTRE SAINT. — POPULARITÉ DU CULTE DE SAINT ROCH EN CORSE. — CULTE DE SAINT ROCH A MONTPELLIER. — PROJET D'UNE ÉGLISE MONUMENTALE A ÉLEVER EN SON HONNEUR. — LE PAPE PIE IX BÉNIT CETTE ENTREPRISE. — LA CONSTRUCTION DE L'ÉGLISE SAINT-ROCH EST VOTÉE PAR L'ADMINISTRATION MUNICIPALE.

Dans le cours de cette histoire, nous avons eu occasion de mentionner plus d'une fois les fêtes et les monuments fondés dans les diverses parties de la France en l'honneur de Saint Roch.

Il y aurait bien à faire pour compléter ce qui resterait à dire sur tant d'autres monuments dédiés à ce saint guérisseur des peuples. Nous devrons donc nous borner encore à ce que ces faits offrent de plus saillant.

Parmi les villes de France qui rendirent à Saint Roch les hommages de leur vénération et de leur reconnaissance, Paris doit être placé en première ligne. L'église qui lui est dédiée dans cette ville est un monument d'une beauté remarquable : son origine est ainsi racontée dans l'office propre du Saint, en usage dans cette paroisse.

« Après le concile de Constance, des images du serviteur de Dieu furent exposées en tous lieux : partout on lui dédia des oratoires et des temples, parmi lesquels on distingue l'église qui lui fut consacrée à Paris. D'abord, ce n'était qu'une chapelle érigée en l'honneur *des cinq plaies du Sauveur*. En 1633, elle devint église paroissiale *sous le vocable de Saint Roch*. Mais bientôt, le nombre des paroissiens s'étant considérablement accru, et cette chapelle trop étroite ne suffisant plus, elle fut démolie et remplacée par un temple remarquable par sa magnificence, par ses vastes proportions et par l'élégance avec laquelle il fut construit. Cet édifice commencé à grands frais, interrompu et continué à plusieurs reprises, fut enfin terminé vers le milieu du XVIIIe siècle, (1) »

Louis XIV et la Reine-Mère avaient posé la première pierre de ce splendide monument, en l'année 1653.

Dans une autre principale église de Paris, à Saint-Sulpice, la piété publique érigea à notre Saint une chapelle qui a été embellie, de nos jours, et enrichie de peintures à fresque de *Pujol*, représentant plusieurs scènes de la vie du saint pèlerin.

---

(1) *Hinc ubique locorum ejus imagines expositæ, et sacella templaque sub ejus nomine Deo dicata fuerunt; inter quas Parisiis eminet ecclesia, quæ ex capella primum extructa in honorem quinque plagarum Christi, anno D. 1633, in parochiam sub invocatione S. Rochi erecta est. Ex cujus erectionis tempore, cum, crescente subsequentium annorum numero, cresceret pariter numerus parochianorum, prædictam capellam in parochiam recens erectam sed arctioribus limitibus circumscriptam, funditus evertere operæ pretium fuit, novumque templum majestate augustiorem, ampliori spatio ac elegantiori arte elaboratum ædificare, et veteri ecclesiæ substituere. Quod quidem ædificium magnis sumptibus inceptum, et identidem interruptum ac resumptum, tandem paulo ante decimi octavi seculi medium, auctioribus impensis ad decentiorem Dei cultum, majusque populi commodum penitus absolvitur.*

Telle était la dévotion des Parisiens pour Saint Roch, que, peu à peu, sa fête devint chômée comme les fêtes qui sont de précepte. Ce fait si étonnant est ainsi rapporté par Baillet. « L'observation de sa feste, dit cet auteur, s'est insensiblement introduite dans plusieurs églises, mais moins par aucun statut de synode, ou par aucune ordonnance de prélats que par la dévotion particulière des peuples qui réclament son intercession contre la peste. Hardouin de Péréfixe, archevêque de Paris, avait entrepris de la supprimer dans la ville avec beaucoup d'autres, l'an 1666. Mais quoique la suppression ait subsisté pour la plupart des autres festes, ni lui ni son successeur François de Harlay ne purent empêcher le peuple de continuer celle de Saint Roch. Son office n'y est que pour les lieux où sont ses reliques ou les confréries établies en son honneur : partout ailleurs, l'Eglise de Paris se contente d'une simple commémoration dans l'office de l'octave de l'Assomption ; et l'autre partie du clergé séculier et régulier qui suit le rit romain dans cette grande ville y fait l'office de Saint Hyacinthe, tandis que les boutiques y sont fermées en l'honneur de Saint Roch. »

En commençant notre œuvre pour la construction d'une église monumentale dédiée à notre Saint dans sa ville natale, nous dûmes nous adresser au clergé de France et réclamer son pieux concours qui ne nous a pas fait défaut. Le clergé de France comprend toutes les grandes œuvres ; il les patronne, il les accrédite, il les mène à bien. Quelle est l'œuvre sainte qui n'a pas été encouragée, soutenue et propagée par lui ? Toutes les grandes œuvres entreprises dans notre siècle doivent à l'Église de France ou leur naissance ou leur prospérité.

Notre appel fut donc écouté ; il fut accueilli avec une faveur, une bienveillance marquée. De toutes les parties de la France, nous reçûmes bientôt de nos vénérés collègues dans le sacerdoce un très-grand nombre de lettres que nous avons recueillies avec soin, et que nous conservons dans nos archives paroissiales.

Or, parmi ces lettres, se trouvent des documents sur le culte de Saint Roch en France, d'autant plus précieux qu'ils émanent d'une source plus sûre et plus authentique.

Pour ne pas nous exposer à tomber dans des longueurs et des redites inévitables, nous nous bornerons à donner ici un sommaire ou résumé général de ce que contiennent ces documents.

Il résulte de cette correspondance, que le culte de Saint Roch serait bien autrement populaire dans notre pays, que ce que nous avions pu croire d'abord.

Il existe en France une multitude de monuments aussi antiques que vénérables, attestant avec quelle faveur le culte de notre Saint fut adopté par nos pères. Ces monuments sont des églises, des chapelles, des autels, des statues érigés en son honneur; des vœux publics par lesquels les populations s'engagèrent à célébrer sa fête avec pompe, à faire des processions solennelles, à chômer cette fête comme les fêtes de précepte.

Saint Roch est le patron titulaire d'un nombre considérable de paroisses ou d'églises en France. Dans un nombre bien autrement considérable d'églises, on lui consacra des autels, des statues et des images.

Sa fête est célébrée presque partout avec solennité, ou avec une dévotion spéciale.

Dans les temps d'épidémie, c'est toujours à Saint

Roch que recourent les populations, l'invoquant comme un protecteur et un sauveur puissant.

Au témoignage de ces populations, ce recours à son intervention est toujours suivi de salutaires effets.

Par une conséquence nécessaire de ces bienfaits, la reconnaissance publique lui érigea de nos jours d'innombrables monuments. Nous citerons seulement celui qui fut érigé en son honneur par les habitants de la ville d'Auch. Sur le parvis de l'admirable cathédrale de cette ville, s'élève une statue de notre Saint, de grandeur colossale, entourée de deux grands candélabres en pierre. Sur le piédestal on lit cette inscription :

« AU BIENHEUREUX SAINT ROCH.

« Pendant que la contagion du choléra sévissait à Paris, après avoir ravagé bien d'autres régions, au moment où elle menaçait la France entière, afin que les prières de Saint Roch éloignassent ces sinistres présages, les habitants de la ville d'Auch lui dédièrent très-pieusement cette statue, l'an 1832. » (1)

Saint Roch possède dans cette basilique d'Auch une chapelle et un tableau qui le représente à genoux et

(1) BEATO ROCHO.

Dum
cholera pestilens
multis regionibus
vastatis
Lutetiam popularetur
toti Galliæ imminens,
ut Sancti preces
omen avertant,
Aresci maxime pie
statuam consecrarunt
An. MDCCCXXXII.

priant. Un ange lui apparaît et lui présente cette légende : « O Roch, ceux qui vous invoqueront avec confiance, resteront à l'abri des terribles atteintes de la contagion ; *Roche, qui te pie invocant, a nullo pestis cruciatu lædentur.*

En terminant ce rapide aperçu sur le culte de Saint Roch en France, nous n'avons garde d'omettre les documents précieux que nous devons à Monseigneur l'Évêque d'Ajaccio. Ce digne prélat daigna prendre notre œuvre de Saint Roch sous sa haute protection, et la recommander aux prêtres de son diocèse avec de pressantes paroles. Dans une belle circulaire adressée à son clergé, l'éminent évêque s'exprime en ces termes relatifs tout à la fois à notre Saint et à notre œuvre. (1) « Nous ne saurions refuser, dit-il, notre modeste concours à une œuvre si digne de nos sympathies les plus vives, puisqu'il s'agit de glorifier un Saint qui occupe une si large place dans nos affections religieuses, un serviteur de Dieu dont le nom est si vénéré, si aimé, si dévotement invoqué parmi nous, un bienheureux enfin dont le culte est tellement répandu dans notre île, qu'il n'y a peut-être pas une seule paroisse où l'on ne rencontre un oratoire, un autel, ou une image érigée en son honneur...

« Menacés sans cesse par les fléaux du ciel ; visités naguère par la terrible maladie qui a fait ailleurs de si terribles ravages, et qui, récemment encore, est venue de nouveau s'installer à nos portes, et jusque dans nos foyers ; respirant à peine sous la triple étreinte de l'épidémie, de la guerre et de la disette, pourrions-nous opposer aux traits de la colère divine un bouclier plus

---

(1) Circulaire de Monseigneur l'Évêque d'Ajaccio au clergé de son diocèse, à l'occasion de la loterie Saint-Roch, pour l'édification d'une église en l'honneur de ce Saint dans la cité qui lui donna le jour. (du 8 septembre 1855.)

puissant que le nom tutélaire du glorieux thaumaturge à qui fut départi d'en haut le don de secourir tous les malheureux, de guérir toutes les maladies et de détourner toutes les calamités ; devant les images duquel il est inouï qu'un peuple gémissant se soit jamais prosterné en vain ?...

« Entrons donc dans la grande pensée qui nous est proposée, dans un but à la fois si religieux et si patriotique. Témoignons, nous aussi, de notre dévotion pour le bienheureux thaumaturge de Montpellier, de notre gratitude pour sa protection, dont nous avons si souvent éprouvé les effets. Apportons notre pierre à l'édifice qui va s'élever sur le lieu d'où jaillit la première étincelle de tant de vertus, où s'alluma le flambeau d'une vie si précieuse. Ce monument ne doit pas être l'ouvrage d'une seule cité, mais celui de la France et de la catholicité entière, puisque c'est à toute l'Église que Saint Roch appartient par le bienfait universel de son intercession et de ses miracles. Aussi, les souvenirs qui s'y rattacheront lui imprimeront le cachet d'une sorte d'ex-voto national, aux yeux des contemporains et de la postérité. »

Nous nous estimons heureux d'avoir obtenu à l'appui de notre entreprise d'aussi éloquentes paroles, et nous sommes heureux aussi d'avoir cette occasion de témoigner à l'éminent prélat notre profonde reconnaissance.

Et maintenant qu'a fait notre ville pour son glorieux Saint? Fut-elle ingrate envers lui, comme quelques-uns l'en ont accusée? Faut-il dire d'elle ce que Jésus-Christ a dit de son pays : *Un prophète n'est sans honneur que dans sa patrie et dans sa maison parmi les siens ?* (1)

---

(1) *Non est propheta sine honore, nisi in patria sua, et in domo sua, et in cognatione sua.* (Marc, vi. 4.)

Nous ne le pensons pas, et un aussi grave reproche ne saurait être adressé à Montpellier.

Ce qui a donné lieu à cette accusation, c'est, d'une part, le silence que gardent nos anciennes chroniques sur Saint Roch et sur son culte, pendant tout le XV° siècle, époque où son nom devint si populaire en Europe : c'est, d'autre part, l'absence presque absolue dans nos archives, des pièces et des documents qui devraient cependant se rapporter à sa personne et à son culte.

Et d'abord, le lecteur doit se rappeler qu'il y a interruption dans nos chroniques locales, pendant cette période presque entière du XV° siècle. Les temps qui précédèrent la renaissance des lettres, furent des temps de décadence dans les études, surtout pendant que les Anglais occupaient la majeure partie de la France. De là cette lacune historique qu'on trouve dans les chroniques de la plupart des villes de notre nation.

Que si l'on considère, d'autre part, que pendant les guerres de religion, Montpellier fut occupé par les calvinistes qui livrèrent aux flammes tant de précieux documents de notre histoire ecclésiastique, on comprendra facilement cette rareté des pièces historiques relatives à Saint Roch et à son culte.

Telle est la remarque judicieuse que Garicl faisait avant nous. « Les miracles de Notre-Dame, disait-il, ceux de Saint Firmin, de Saint Cléophas et de tant d'autres ont passé par les flammes : on n'aura pas eu plus de respect pour ceux de Saint Roch, et les registres particuliers qui pourraient en parler, auront péri avec tant d'autres registres des églises de Montpellier et de Maguelonne. » (1)

(1) Saints orig de Montpellier.

La fureur de détruire fut portée si loin à cette époque malheureuse, que plus de soixante églises ou chapelles de notre ville furent démolies ou pillées par les protestants.

Ce témoignage n'est pas suspect, il est extrait d'un manuscrit d'un auteur protestant cité par d'Aigrefeuille : « Ainsi, concluait cet écrivain, ce qui avait été faict ou entretenu depuis quatre ou cinq cents ans, un demi jour a suffi pour l'anéantir. » *Ce demi jour* se renouvela bien des fois à cette époque de ruines, mais il se produisit surtout, le 13 octobre 1561.

Si tant de documents qui périrent alors, étaient parvenus jusqu'à nous, quelles pièces de conviction ne nous fourniraient-ils pas contre ceux qui arguent aujourd'hui de leur disparition, que la patrie de Saint Roch fut ingrate ou indifférente envers lui ?

Mais, est-ce donc que ces témoignages des siècles passés manquent totalement dans l'histoire posthume du noble enfant de Montpellier? A nos yeux, aux yeux de ceux qui étudieront attentivement et de bonne foi, les origines et les développements de son culte parmi nos ancêtres, Saint Roch reste encore suffisamment attesté comme il fut surabondamment glorifié dans ces âges reculés.

Sans avoir la moindre prétention à faire de la science dans un livre comme le nôtre, nous constatons tout d'abord que, dans l'église épiscopale de Maguelonne sous la juridiction de laquelle était alors notre ville, le culte de Saint Roch fut officiellement autorisé pendant le XVe siècle.

Nous avons la preuve bien authentique de ce fait dans les livres liturgiques de cette antique cathédrale.

Dans le calendrier d'un *Psautier de Maguelonne*,

précieux manuscrit que possède notre ville et dont l'origine remonte au moins au milieu du XVe siècle, la fête de Saint Roch est indiquée au 16 août comme dans toute la chrétienté. Le nom du Saint n'y a pas été intercalé, plus tard, comme dans le calendrier du Petit Thalamus ; il est bien évident au contraire qu'il a été écrit en même temps que le calendrier lui-même, dont la date n'est pas douteuse. (1)

Dans un *Missel* de cette même église, *Missale Magalonense*, on lit également, au 16 août : *Sancti Rochi, martyris*. Ce beau manuscrit donné à M. Castan, procureur-général près la cour royale de Montpellier par Son Éminence Monseigneur de Cambacérès, archevêque de Rouen, est devenu plus tard la propriété de la famille de Massillian. Ce manuscrit appartient au XVe siècle, au jugement des archéologues.

Ainsi Saint Roch est *suffisamment attesté*, même dans le XVe siècle à Montpellier. Postérieurement, il ne saurait y avoir de difficulté. Malgré le vandalisme des religionnaires, son nom est trop souvent cité dans les pièces et dans les monuments historiques restés dans nos archives, pour qu'il puisse s'élever le moindre doute sur ce point.

Nous avons à constater maintenant que le culte de Saint Roch ne fut pas sans éclat et sans gloire parmi nos aïeux.

Antérieurement au XVIe siècle, le culte de Saint Roch, comme nous venons de le prouver, était établi déjà dans le diocèse de Maguelonne. Il avait déjà ses autels et ses fêtes; et qui oserait, encore une fois, assu-

---

(1) Il existe, sur ces deux manuscrits, un remarquable travail de M. Eugène Thomas, notre savant archiviste.
Voir *les Mémoires de la Société archéologique de Montpellier*. tom. III. page 89.

rer que ce culte ne remontait pas à la date du concile de Constance ?

A partir du XV⁰ siècle, il se produit dans notre pays, nous ne dirons pas avec plus d'éclat, (en l'absence de textes historiques comment savoir ce qui se passait dans le siècle précédent?) nous dirons seulement d'après nos monuments historiques, que le culte de Saint Roch s'y produit d'une manière vraiment solennelle.

Nous avons déjà parlé d'une procession qui se rendit, en 1505, à la chapelle de notre Saint aux Frères Prêcheurs, pour obtenir par son intercession, la cessation de la peste et où *on cria moult dévotement: Sire Dieu, miséricorde!* comme le raconte le Petit Thalamus.

Il est bien évident que Saint Roch était déjà depuis longtemps le protecteur et le patron de Montpellier. Chaque année, on voyait les consuls accompagnés de leurs greffiers se rendre dans sa chapelle pour lui rendre les hommages de leur dévotion. C'est ce qu'atteste le vieux cérémonial de la ville : « Item, le 16 d'août, est la feste de moss. Sainct Roq, enfant de Montpellier, et est fondée une chapelle aux Jacobins, et les sieur consuls vont cade jour aux honneurs audit convent, et n'y a que ung pavillon, et sonne la cloche de Notre-Dame-des-Tables, ledit jour en l'honneur du Sainct. »

Un habitant de Montpellier, *Jacques de Capons*, fonda en 1507, par testament, une messe quotidienne à perpétuité dans cette même chapelle. (1)

« Lors de la peste de 1640, les consuls firent vœu, le dimanche de la Pentecôte de cette même année, après s'être confessés et avoir communié dans la cha-

(1) *Hist. de la Com. de Montp.* tom. III. pag. 289.

pelle du consulat, d'employer six cents livres à orner et embellir une chapelle, en telle église qu'il plairait à Monseigneur l'Évêque de leur désigner, en laquelle tous les ans à perpétuité serait dite une grand'messe chaque jour et fête de Saint-Roch, où les consuls assisteraient en robes rouges, communieraient et feraient ferventes prières à Dieu à ce qu'il lui plaise garantir et préserver la ville dudit mal contagieux. »

« A suite de quoy ledit sieur Évesque ayant assigné ladite chapelle dans l'église Saint-Pierre... et ledit jour dudit Sainct Roch étant venu, les dicts sieurs consuls (avec leur suite) partirent processionnellement de ladite maison consulaire avec la croix et les prêtres et curés qui estoient pour lors dans la ville, et allèrent dans la dite église Saint-Pierre, où ils commencèrent d'acomplir le dit vœu à ceste intention et communièrent tous ensemble... » (*Cérém. de Montp.*)

Le 19 octobre suivant, les Pères Jésuites faisant l'ouverture de leur collége pour la rentrée des classes, au lieu des *harangues et discours en latin* qu'on était dans l'usage de prononcer à cette occasion, en présence de l'évêque, des consuls, des dignitaires et des personnes notables de la ville en très-grand nombre : *Le Père qui devait, la dite année, faire la rhétorique fit un long et grand discours à la louange de Saint Roch, natif de Montpellier, sur le sujet de la dernière peste qui avait été en ladite ville. Duquel discours les assistants furent grandement satifaits.* (Ibid.)

« Le 16 aout 1641, les consuls, accompagnés de leur suite, allèrent entendre la messe à Saint-Paul, où les religieux Trinitaires font le service divin, et où il y a une relique de Saint Roch, à l'occasion de laquelle il y a indulgence plénière. Après le serment, il fut fait une procession à laquelle assistèrent lesdits consuls et où furent portées les reliques par quatre jeunes garçons. » (*Ibid.*)

En 1661, le pape Alexandre VII octroye des indulgences à une confrérie de Saint Roch érigée déjà dans cette même église des Trinitaires. (1)

Dans cette année 1661, on voit apparaître une autre confrérie dans l'église Notre-Dame-des-Tables dont Saint Roch fut aussi le patron. *Monseigneur le marquis de Castries, gouverneur de la ville et citadelle de Montpellier fut élu le premier prieur, à cause*, dit encore notre cérémonial, *que sa maison eust l'honneur et advantage d'avoir produict si glorieux Sainct.* Les dignitaires de cette confrérie étaient pris dans les hauts rangs de la société.

Une chapelle de Saint Roch existait dans l'église des Frères-Prêcheurs devenue de nos jours, l'église paroissiale de Saint-Matthieu. Dans un testament du 15 février 1660, *Messire Jean de Rignac, conseiller du roi, maître-général en la Cour des Comptes aides et finances de Montpellier, voulant recognoître en ce monde, la grande protection qu'il a reçue du B. Sainct Roc, patron général et honeur de toute la famille dont le dit testateur est né*, avait légué une somme de douze cents livres pour l'érection de cette chapelle et pour la célébration du nombre de messes détaillé dans ce testament. (2)

« En 1664, les consuls exposent à l'évêque de Montpellier que Dieu ayant exaucé leurs prières par la cessation de la peste, et d'autant que depuis ledict tems (1640) l'église paroissiale de Nostre-Dame, a esté re-

---

(1) Voir le bref aux pièces justificatives.
(2) Voir ce testament aux pièces justificatives

bastie, et qu'en icelle a esté faicte une chapelle en l'honneur de Sainct Roch, en laquelle il serait plus commode et plus à l'édification de tout le peuple que le dict vœu fust rendu à l'advenir, plustost qu'en la dicte esglise cathédrale, quy est à l'extrémité de la ville et fort incommode pour le concours du peuple. »

Sur cette requête, l'évêque de Montpellier, François Bosquet, un des plus savants prélats de son temps, *permet et ordonne que désormais lesdits consuls et leurs subcesseurs en la dicte charge, rendront le susdit vœu annuellement au jour de la feste de Sainct Roch, et en la forme et manière susdictes, dans la chapelle dédiée à Sainct Roch, dans la dicte église de Nostre-Dame.* » (Cérém. de M.) (1)

A dater de cette année, les consuls viennent, en effet y rendre leur vœu, et le Cérémonial de Montpellier ne manque pas d'en faire mention annuellement. La messe à laquelle ils assistaient se célébrait à sept heures du matin. L'évêque de Montpellier y officia lui-même bien des fois. Les consuls se rendaient solennellement à l'offrande, et communiaient pour satisfaire au vœu de la Commune. Après la messe, les nouveaux consuls qui n'appartenaient pas encore à la confrérie de Saint Roch s'y faisaient enrôler, et apposaient leur signature sur le registre. La cérémonie se terminait par une procession à laquelle assistaient les consuls et leur suite, marchant après la confrérie et suivis par le peuple.

Pendant la peste de 1721 qui ravagea si cruellement la Provence, les consuls qui faisaient dire tous les jours une messe dans la chapelle de Saint Roch à Notre-Dame, donnèrent un tableau du Saint qui fut placé dans cette église avec cette inscription :

(1) Voir ces documents aux pièces justificatives.

Au Bienheureux Roch,
leur très-saint concitoyen.
La ville et les consuls de Montpellier
implorent son secours dont ils éprouvèrent
souvent les salutaires effets contre la peste (1)
imminente.

De ces documents authentiques, il résulte que le culte de Saint Roch remonterait parmi nous au commencement du XVe siècle ; que dans les siècles suivants, il se célébrait à Montpellier, avec pompe et avec un grand concours du peuple ; qu'à toutes les époques de notre histoire marquée par la peste (2), nos pères l'invoquèrent comme un puissant protecteur ; qu'au sein de ces calamités publiques, des vœux furent faits au nom de la ville et de ses consuls ; que ces vœux furent fidèlement tenus ; que Saint Roch, en un mot, jouit dans notre pays d'une incontestable popularité, pen-

(1) *Beato Rocho*
concivi sanctissimo
civit. et coss. Monspell.
opem quam experti sunt
contra impendentem luem implorant.

(2) *Ranchin*, un de nos médecins les plus distingués du XVIe siècle, écrivait ces vers qui montrent avec quelle piété on invoquait Saint Roch à ces époques.

Sire Saint Roch, de Dieu amy,
Moult dévotement je te pry,
Que moy, ton humble serviteur,
Me garde de ce haut périr
De la peste que voy courir !
Hélas ! qui saurait bien conter,
Tes miracles et raconter
Ceux que tu as faict en ta vie !
Par toi cessa l'épidémie
De Tournay, Abbeville, Amiens,...

dant cette période de plus de quatre cents ans. Comment affirmer, après cela, que la ville de Montpellier fut ingrate ou indifférente à l'égard de son noble et glorieux Saint ?

Que si, dans ces siècles passés, le culte de Saint Roch avait obtenu dans notre ville tant de popularité, sa nouvelle apparition parmi nous, après la tempête révolutionnaire, son histoire dans le cours de notre siècle ne furent pas non plus sans gloire.

A peine le calme était-il rétabli en France, qu'on vit des hommes de cœur et de foi s'occuper, dès l'année 1800, de renouer la tradition interrompue des solennités du saint patron de Montpellier.

Considérant que l'église de *Saint-Paul*, l'ancienne église des Trinitaires, possédait jadis des reliques de Saint Roch; que son bâton de pèlerin y était exposé chaque année, le jour de sa fête; que son culte, en un mot, se célébrait dans ce sanctuaire avec plus de solennité qu'ailleurs, ces hommes pleins d'ardeur et de zèle, choisirent cette église pour la dédier à Saint Roch, afin qu'il protégeât de nouveau la cité et la France.

L'autorité ecclésiastique applaudit à leur projet; l'administration municipale leur prêta main-forte pour l'exécuter. Ce fut une des premières ruines que la religion désolée vit se relever au milieu de tant de lamentables ruines.

Il est de notre devoir de nommer ici les généreux fidèles qui accomplirent cette œuvre de restauration. Nous trouvons leurs noms écrits dans un bail de location qui fut passé entre eux et M. Acariès devenu l'acquéreur de l'église Saint-Paul et de la majeure partie du couvent des Trinitaires chassés par la révolution.

C'étaient *Louis Pouget*, ancien boulanger, (nous citons le texte même de cet acte de location), *Jean Soulairol*, fabricant de peaux, et *Jean Bonnard*, négociant. Que ces noms soient bénis et vénérés sur la terre! que Dieu les glorifie éternellement dans le ciel!

Quelques jours suffirent à leur zèle pour purifier le lieu saint profané, et Saint Roch devint le *patron titulaire* de cette église. Saint Paul ne fut désormais que son *patron secondaire*.

En 1803, sous l'épiscopat de Monseigneur Rollet, la nouvelle église Saint-Roch fut érigée en succursale. Elle était alors administrée par M. Pierre Félix, digne ecclésiastique qui avait puissamment contribué à la meubler des premiers objets nécessaires au culte divin. Le 25 janvier 1828, elle fut érigée en cure de seconde classe.

La série des curés qui gouvernèrent la paroisse Saint-Roch, avec autant de zèle que de sagesse, mérite bien aussi d'avoir sa glorieuse place dans cette histoire. « Que les prêtres qui gouvernent bien, dit Saint Paul, soient doublement honorés, surtout ceux qui s'adonnent avec ardeur au ministère de la parole et de l'instruction, et tout à la fois à l'ornement de la maison de Dieu et à la majesté de son culte. (1)

Ces ecclésiastiques vénérés ont reçu dans le ciel la récompense de leurs utiles labeurs. (2) Les deux qui sont encore en vie furent jugés dignes d'occuper des postes

---

(1) *Qui bene præsunt presbyteri, duplici honore digni habeantur : maxime qui laborant in verbo et doctrina* (I. Tim. v.)

(1) M. *Pierre Félix*, premier curé de la paroisse Saint-Roch et M *Jean-Antoine Crespin* qui lui succéda, sont inhumés au cimetière du séminaire. M. Crespin était docteur en théologie, et renommé par sa science et par ses prédications. Il mourut en chaire, en terminant son prône du matin, le 26 septembre 1824. On grava sur sa tombe ces glorieuses paroles qui terminent son épitaphe : *Il fut le père de sa paroisse, le conseil de la ville et la gloire du Clergé.*

plus éminents et plus difficiles. Tous eurent à cœur d'exalter et de populariser plus que jamais le culte de Saint Roch, et, il faut le dire à l'honneur de la population de Montpellier, ils n'eurent pas grand' peine à y réussir.

Tous les ans, le jour de sa fête, célébrée avec octave solennelle par ordonnance de Monseigneur Fournier du 1er août 1809, le concours des fidèles dans son sanctuaire était immense; l'église ne désemplissait pas de pieux visiteurs.

Pendant les diverses invasions du choléra en France, et surtout lorsqu'il ravagea nos provinces méridionales, le recours à Saint Roch fut plus universel encore. C'était un spectacle touchant de voir avec quelle dévotion, avec quelle confiance ce peuple se portait vers l'église où il était plus spécialement invoqué, et où l'autorité diocésaine avait ordonné des prières publiques.

Le danger était vraiment imminent. Plusieurs villes voisines de Montpellier étaient décimées par la contagion, et les hommes de la science si justement renommés dans ce pays, s'attendaient à une invasion prochaine de cette terrible maladie dans notre ville. Malgré leurs alarmes, malgré les alarmes bien autrement sinistres de la population, le passage du fléau à Montpellier laissait à peine quelques traces, et la ville natale de Saint Roch en était préservée !

A la dernière invasion du choléra dans nos pays, en 1854, une procession solennelle eut lieu pendant les fêtes de ce puissant préservateur de la santé publique. Les journaux de Montpellier évaluèrent à plus de dix mille personnes le nombre des fidèles qui étaient venus y assister.

Au milieu de tant de pieux élans vers le saint protecteur de la cité, il était naturel de voir se produire au sein d'une population aussi religieuse que la nôtre, le vœu d'élever enfin en son honneur un temple plus vaste et plus splendide que celui qu'on lui avait dédié.

Ce dernier temple n'était pas même sa propriété. Depuis l'expiration du bail dont nous avons parlé, la ville payait, chaque année, le loyer de la maison de Dieu et de Saint Roch! Un pareil état de choses ne pouvait durer plus longtemps. Aussi ce vœu si légitime de la population était-il exprimé en toute circonstance et toujours d'une manière plus unanime. Les journaux de la cité l'enregistraient souvent dans leurs colonnes et dans les termes les plus pressants. En terminant son excellente histoire de la Commune de Montpellier, M. le professeur Germain écrivait ces nobles paroles qui n'étaient, au fond, qu'un écho très-éloquent de ce vœu de la cité.

« Faut-il le dire? malgré cette confiance assidue et les marques éclatantes de protection dont Saint Roch ne cesse de combler les habitants de sa ville natale, il n'a pas encore obtenu dans cette ville les honneurs d'un monument convenable. Il a des temples d'une architecture splendide dans toute la chrétienté, excepté dans le pays qui l'a vu naître et mourir. Il n'a pas même une chapelle digne de lui dans la cathédrale de Montpellier, et quant à l'église paroissiale placée sous son invocation, le touriste le plus indifférent la trouverait indigne d'une cité qui aurait le moindre sentiment de l'art chrétien.

« Noblesse oblige, dit un proverbe. S'il est honorable d'avoir d'illustres ancêtres, il faut payer tribut à une telle prérogative. Ne compte pas qui voudrait des grands hommes parmi ses aïeux...

« Nous aussi, nous surtout, nous avons une dette

de reconnaissance à acquitter envers Saint Roch, qui est pour nous plus qu'un citoyen, plus qu'un héros, puisque nous l'invoquons tous les jours comme un protecteur généreux et puissant. Pourquoi la ville de Montpellier tout entière ne contribuerait-elle pas à élever un temple monumental à ce bienfaisant ami de Dieu?... »

Le savant professeur concluait en proposant d'ériger à Saint Roch une église par souscription, et d'inscrire sur son frontispice cette devise, qui indiquerait aux âges futurs le caractère de sa fondation :

A SAINT ROCH, SA VILLE NATALE RECONNAISSANTE.

Enfin, la résolution prise par l'administration municipale d'acquérir l'église et les locaux que les Trinitaires occupaient avant la révolution, eut son accomplissement, et la ville prit possession de ce sanctuaire et de toutes ses anciennes dépendances.

Mais cette église, vermoulue faute d'entretien, salie par l'humidité, avait fini, malgré ses formes massives, par manquer de solidité ; elle était insuffisante et digne à peine d'un village. De toutes parts, on demandait plus instamment que jamais sa démolition et l'érection d'un temple monumental, digne enfin de la cité et de son Saint.

C'est alors que nous eûmes la pensée de prendre l'initiative, et de réaliser un projet devenu si populaire. A l'exemple de plusieurs curés de France qui s'étaient servis avec succès du moyen *de la loterie* pour exécuter des œuvres de ce genre, nous nous adressâmes à l'autorité supérieure et, avec notre Conseil de Fabrique, nous demandâmes qu'il nous fût permis d'ouvrir une loterie au capital de douze cent mille francs, qui prendrait le nom de *Loterie Saint-Roch*.

M. Costa, préfet de l'Hérault et M. Pagezy, maire de Montpellier, accueillirent avec empressement cette proposition, et nous promirent leur concours actif et puissant.

L'administration municipale adopta ce projet avec une faveur très-marquée. Elle le prit sous sa direction, et voulut en faire son œuvre.

Peu de jours après, la loterie Saint-Roch était autorisée par S. M. l'Empereur. Une commission de surveillance composée de tout ce que la ville de Montpellier avait de plus éminent et de plus honorable dans les diverses administrations et dans les notables du pays, présidée par M. le Préfet, aidée du concours des députés du département et de Monseigneur l'Évêque, fut nommée, et donna tout de suite à cette œuvre une marche de direction qui contribua puissamment à son succès. L'administration de la loterie fut confiée à M. Amédée Vernhette, ancien préfet, connu par sa capacité et par la haute honorabilité de son caractère.

L'œuvre de Saint Roch était donc constituée. Dans une Lettre Pastorale adressée au Clergé et aux Fidèles de son diocèse, Monseigneur l'Évêque de Montpellier l'établissait et la recommandait efficacement dans ces chaleureuses paroles :

« Saint Roch n'avait pas d'Église aux lieux qui l'ont vu naître et mourir, et Saint Roch est peut-être de tous les Saints le plus populaire. Mais le peuple qui l'invoque et en est presque toujours exaucé, ce peuple du Languedoc, aux instincts si généreux et à la foi si expansive et si vive, s'est dit : Il faut que notre Saint ait dans sa ville natale un temple digne lui, digne de la France entière, dont il est l'enfant et l'ami, comme il est notre compatriote et notre frère. Eh bien ! ce temple, Saint Roch l'aura....

« Protecteur donné à l'Église par le ciel, contre les fléaux qui, de temps en temps, viennent désoler la terre, Saint Roch, votre glorieux concitoyen, verra l'époque actuelle, plus intelligente que sa devancière, lui élever enfin, dans sa patrie, un temple vraiment digne de la foi de vos aïeux et de cette piété à vous que vient de célébrer, en des paroles émues, la bouche la plus auguste qui puisse s'ouvrir sur le monde, pour l'enseigner et le bénir. » Ainsi s'exprimait le premier pasteur de notre diocèse. (1)

Dès le début de notre œuvre, l'éminent prélat avait eu l'heureuse inspiration de s'adresser au Saint Siége Apostolique, et de solliciter la protection suprême du Pape pour donner plus efficacement encore à cette entreprise tous les caractères d'une œuvre sainte; et le Pape l'avait en effet approuvée. Il lui avait donné sa bénédiction si puissante pour accréditer et féconder dans le monde les saintes entreprises. Dans un bref du 28 avril 1855, le Souverain Pontife s'exprimait en ces termes :

PIE IX PAPE,

VÉNÉRABLE FRÈRE, SALUT ET BÉNÉDICTION APOSTOLIQUE.

Vos lettres du 24 mars dernier nous font connaître une chose assurément bien digne de la piété et de la religion qui dominent dans votre ville épiscopale, et de nature, par conséquent, Vénérable Frère, à remplir votre cœur de joie et d'allégresse. En effet, plusieurs de ses habitants les plus considérables par leurs fonctions, leur autorité ou leur fortune, se sont proposé, ainsi que vous nous l'écrivez, d'honorer Saint Roch,

(1) On peut lire ce Mandement tout entier aux pièces justificatives.

leur concitoyen, d'un culte plus solennel que jamais, et de l'entourer des démonstrations d'une tendre piété. C'est dans ce but qu'ils ont résolu d'élever un temple qui, dédié au Dieu très-bon et très-grand, en l'honneur de ce Saint, témoigne hautement de l'antique et pieuse dévotion que professe cette ville si illustre, et qu'elle a fait éclater surtout envers le Bienheureux qui a pris naissance dans ses murs. Et Nous aussi, nous donnons notre approbation à l'excellente pensée de ces hommes, et de plus nous croyons devoir leur décerner, Vénérable Frère, les éloges qu'ils méritent, puisque nous reconnaissons qu'en formant ce projet, ils ont voulu se confier et se recommander encore davantage, eux et la ville tout entière, à la protection tutélaire de leur patron et concitoyen.

Daigne le Dieu tout-puissant exaucer ce vœu général pour le salut et la conservation des habitants de cette ville si éminemment religieuse; et que du haut des cieux, où il réside, le Bienheureux Roch se montre, dans toutes les calamités, le patron et le protecteur fidèle du pays qui l'a vu naître! Aussi est-ce notre désir qu'elle soit le présage du succès d'une si grande et si bonne œuvre, la bénédiction apostolique que Nous vous donnons du fond du cœur et avec la plus tendre affection, à vous-même, Vénérable Frère, ainsi qu'au Clergé et au peuple fidèle de votre diocèse tout entier.

Donné à Rome, près Saint-Pierre, le 28 avril 1855.

L'an IXe de notre Pontificat.

PIE IX, PAPE. (1)

(1) *Venerabili Fratri* CAROLO, *Episcopo Montispessulani.*
PIUS PP. IX.
VENERABILIS FRATER, SALUTEM ET APOSTOLICAM BENEDICTIONEM.
Litteræ tuæ IX kalendas aprilis ad Nos datæ, rem nuntiant

Aidée du concours de tant d'hommes éclairés, bénie par l'Évêque du diocèse, bénie et autorisée par le Père bien-aimé de la grande famille chrétienne, l'œuvre de Saint Roch devait désormais arriver heureusement à son terme.

La loterie ne réalisa pas, il est vrai, tous les bénéfices qu'on avait espérés, mais elle acquit à l'œuvre de précieuses ressources avec lesquelles la ville de Montpellier peut construire aujourd'hui une église monumentale en l'honneur de son Saint.

Cette opération terminée, on s'occupa d'arrêter un plan pour l'exécution de ce projet. L'idée qu'on avait eue de transporter à Montpellier l'église abbatiale de Valmagne, chef-d'œuvre d'architecture gothique, me-

pietate ac religione Episcopalis istius Urbis omnino dignam, in quibus propterea æquum est ut gaudeas et exultes, Venerabilis Frater. Multi etenim, ut scribis, qui istic plurimum vel officio, vel auctoritate, vel opibus valent, nunc sibi proposuerunt Sanctum Rochum concivem suum majore usque pietatis studio colere ac prosequi. Statuerunt idcirco Templum ædificare, quod Deo Optimo Maximo in honorem Sancti ipsius dicatum, avitam et pietatem et devotionem testetur qua imprimis erga ipsum Civem suum beatissimum præstat atque eminet Civitas ista clarissima. Egregiam hanc eorumdem hominum voluntatem Nos etiam probamus, imo meritis, ut par est, celebramus laudibus, Venerabilis Frater, quandoquidem reputamus animo eos id cepisse consilii quo se Urbemque ipsam patroni et concivis tutelæ ac præsidio majorem in modum committerent ac commendarent.

Publica ejusmodi vota rata habere velit pro salute et incolumitate religiosissimæ istius Urbis Omnipotens Dominus, et in qualibet necessitate Beatus Rochus patronum se adjutoremque fidissimum patriæ isti suæ e cœli sedibus exhibeat. Ac tanti boni auspicem esse cupimus Apostolicam Benedictionem, quam ex imo cordis depromptam Tibi, Venerabilis Frater, atque omni Tuæ istius Ecclesiæ Clero ac fideli Populo universo peramanter impertimur.

Datum Romæ, apud S. Petrum, die 28 aprilis 1855, Pontificatus Nostri anno IX.

PIUS PP. IX.

nacé d'une ruine prochaine, parut inexécutable, à cause de la difficulté de l'entreprise, et des énormes dépenses qu'elle nécessiterait.

Ce fut alors qu'on eut la pensée d'aller étudier l'église de Notre-Dame-de-Châlons (sur Marne) et celle de Belleville à Paris, que M. Lassus, architecte de l'empereur, achevait de faire construire sur ce modèle de l'art gothique.

L'église de Notre-Dame-de-Châlons nous parut un monument d'autant plus parfait, qu'il reproduisait, avec des proportions moins grandes, l'église de Valmagne, dans ce qu'elle a de plus remarquable, c'est-à-dire, le chœur avec ses chapelles rayonnantes. Les nefs de Châlons et la façade de Belleville étaient d'ailleurs d'un bien meilleur style et d'un bien plus bel effet.

Le plan qui consistait à reproduire ainsi l'église de Valmagne, en s'inspirant de tout ce que nous avions admiré dans ces deux derniers monuments, ce plan fut confié aux études de M. Cassan, architecte de notre ville, homme d'intelligence et d'avenir.

Il fut présenté au Conseil Municipal, et son exécution immédiate fut définitivement arrêtée le 24 décembre 1857. (1).

Que nos souscripteurs à *l'OEuvre Saint Roch*, que tous nos bienfaiteurs dont les noms sont inscrits dans nos archives paroissiales et qui ont droit à nos prières, à perpétuité, que nos bienfaiteurs soient donc bien assurés que cette grande œuvre n'a plus à suivre, maintenant, que la marche obligée des formalités administratives et que, très-prochainement, la ville de Mont-

(1) Voir aux pièces justificatives les documents relatifs à cette affaire.

pellier mettra généreusement la main à l'œuvre pour ériger à son Saint un magnifique monument.

La noble ville n'a rien perdu de la splendeur de son passé. Elle a l'habitude des grandes choses ; elle tiendra l'engagement d'honneur qu'elle a pris à l'égard de la France et de l'Europe.

FIN.

APPENDICE.

APPENDICE.

I.

NOTICE SUR LES MONUMENTS PRIMITIFS DE LA VIE DE SAINT ROCH.

I. *Vita S. Rochi, auctore Francisco Diedo, civitatis Brixiensis præfecto.* 1478.

C'est le premier travail que l'on connaisse sur la vie et les actes de Saint Roch. Son auteur, François Diédo, noble patricien de Venise, très-versé dans l'étude des sciences divines et humaines, orateur habile, écrivain élégant, célèbre par plusieurs ouvrages de jurisprudence et d'histoire, chargé par son pays de plusieurs commissions importantes auprès du Pape et des princes de la chrétienté, Diédo était bien, sans contredit, un des personnages les plus éminents de la république vénitienne.

Nommé gouverneur de Brescia, il avait vigoureusement défendu cette ville et en avait fait le rempart et la sauvegarde de Venise contre les attaques de ses ennemis. En 1477, la peste désolait ses habitants. L'illustre écrivain nous apprend que, dans cette calamité nouvelle, la noblesse et le peuple de Brescia s'engagèrent par un vœu solennel à bâtir en l'honneur de Saint Roch un temple digne de la renommée de ce Saint, espérant que, par son intervention dont la puissante efficacité était déjà bien connue, Dieu daignerait écarter de cette ville le fléau destructeur.

De son côté, le pieux gouverneur fit vœu d'écrire l'histoire de notre Saint. On mit la main à l'œuvre, et bientôt, grâce aux prières de Saint Roch et à la clémence divine, le terrible fléau disparut, comme il le dit lui-même, dans la préface de son livre : *Rochi precibus ac Dei clementia civitas omnis epidemia prorsus vacua rediit, ac si nunquam antea hujusmodi ægrotatione correpta fuisset.*

Diédo composa son histoire de Saint Roch sur les traditions populaires consignées déjà dans plusieurs écrits en langue vulgaire. Son style élégant et correct peut être cité comme un bon modèle de la latinité de cette époque. Mais si le noble écrivain possède les qualités des auteurs renommés de son temps, il faut avouer qu'il en a aussi les défauts; et quoique l'esprit chrétien domine dans ses récits, le langage païen de la renaissance s'y révèle, en plusieurs endroits, d'une manière fâcheuse.

A ce regrettable défaut, il convient d'ajouter surtout un défaut de critique qui lui fait raconter comme vrais des faits évidemment apocryphes, tels que la guérison du prétendu cardinal Britonique et la présentation de Saint Roch au Pape.

Quoi qu'il en soit, à cause du mérite de l'écrit de ce grand personnage, sa vie de Saint Roch obtint le plus grand succès. L'historien Philippe de Bergame, et le docte dominicain Pierre-Louis Maldura, professeur de l'université de Bologne qui vivait de son temps, en firent de magnifiques éloges. (1)

---

(1) *Jacobus Philippus Bergomensis hunc meritis ornat laudibus ad annum Christi* 1471. Franciscus Diedus, nobilissimus

Les Bollandistes ont publié dans leur recueil des Actes des Saints, l'ouvrage de Diédo, après l'avoir collationné avec plusieurs anciens manuscrits. Comme ce travail est la source à laquelle ont puisé ceux qui écrivirent

Venetorum patricius, philosophiæ et juris Pontificii et civilis consultissimus, et Reip. Venetæ inprætermisse deditus, hisdem etiam temporibus ob doctrinam et dicendi eloquentiam non modo a senatu Veneto, sed apud Pontificem Maximum, atque alios christianos potentatus, ad quos sæpius orator missus est, maximo in pretio et honore habitus. Quia licet leges et poemata et historias egregie calluerit, et philosophiam et res divinas perspicacissimo ingenio subtilissime intellexerit, hic historiam divi Rochi confessoris ob pestis periculum, dum Brixiæ præfectus esset, eleganti stilo in lucem produxit, atque alia devotionis opuscula composuit. Demum cum capitaniatus officio Veronæ in anno Domini MCDLXXXIII fungeretur, ibidem vita excessit.

. . . .

67. — Magnifico et Clarissimo Francisco Diedo, senatorii Ordinis columnario, philosophiæ alumno, Cæsarei Pontificiique juris consultissimo, et Brixiæ præfecto bene merito, salutem dici plurimam Petrus Ludovicus Maldura. Quanquam bonorum operum est proprium, ut externo commendatore non egeant, sed gratiam suam ipsa testentur; plusque sit, quod probatur aspectu, quam quod sermone laudatur; suo enim utitur testimonio, non alieno suffragio : opusque a te viro excellentissimo ad divi Rochi laudem superiori stilo conditum, id ipsum propter appositam eruditi sermonis elegantiam, et maximarum rerum copiam atque gravitatem, totius Brixiæ, cui dum imperares, hoc egisti, locupletissima fide attestetur, adeo ut nullius vel acutissimi malevoli censura opprimi, vel doctissimi commendatione extolli possit : mearum tamen ipse partium arbitratus sum pro flagrantissimo meo in Rochum amore ac reverentia, tibi pro tanto christianis viris munere donato et gratulari, et gratias simul immortales agere, quod tanti Viri laudes et præconia, quæ longa sibi vigilia et manu prævia paraverat, diutius in obscuro jacere non tulisti.

68 — Tam enim acute, tam presse, tam graviter omnia complexus; mores, acta, vitam, universa, ut compendioso hoc tuo opusculo nihil uberius, nihil lautius, nihil denique elimatius dici aut cogitari possit, aut queat. Etenim rem antea penitus incognitam ita cunctis ante oculos posuisti, loca tam antiqua quam

plus tard la vie de notre Saint, nous avons cru devoir le publier nous-même dans ce volume, afin que le lecteur ait sous les yeux une œuvre à peu près complète sur ce héros chrétien.

II. *Acta breviora, auctore anonymo. Ex MS. Belfortii.*

L'auteur de cette légende est inconnu. On ignore également l'époque à laquelle elle fut écrite. Quoique les faits qui y sont rapportés soient en substance les mêmes que ceux qui sont racontés dans la légende de Diédo, elle offre cependant quelques différences notables dans la manière de les exposer, et elle peut être regardée comme une critique de celle du vénitien.

Elle est élégante dans sa concision, et la Vie du Saint est narrée par cet auteur d'une manière plus correcte et plus heureuse. Tel est le jugement des Bollandistes sur ce monument historique. (1)

vetera denominatione designando, miracula non subticendo, ut in posteris Rochi vita, quæ jamdiu vel incuria scriptorum, vel exigua in Deum religione in tenebris obruta jacuerit, tua opera tuo studio, tua sanctimonia testatissima facta sit. Quamobrem non dubito tam laudabile compendium omnibus longe probatum iri : plerosque etiam crediderim affuturos, qui tuo exemplo adducti, abs te paratum sibi existimantes argumentum, Rochi merita longiori orationis ambitu extollere conabuntur.

(1) 87. — *Nec vero exemplar Ms. Belfortianum, de quo superius injecta est mentio; a prælo arcendum videtur. Primo quia Ms. est. nec, quantum scimus, hactenus editum. Secundo, quia tametsi auctor sit incerti nominis ac temporis, non tamen certo nobis constat, an is ante Diedum non scripserit Vitam Sancti Rochi extra Italiam, et forte in Gallia, cum ex collatione apographi Belfortiani cum aliis duobus exemplaribus, perspicue constet, illud in Gallia fuisse asservatum. Tertio, quia satis breve ac nitidum. Quarto, quia tametsi in narrationis substantia fere conveniat cum Diedano, multum tamen differt in narrationis modo, ita ut hoc, critica istius censeri posse videatur. Quinto, quia videtur auctor rectius ac sincerius, dicamus etiam*

Nous ignorons si ce manuscrit de la bibliothèque de M. de Belfort a été publié ailleurs que dans la collection de ces savants hagiographes : et comme leur volumineux recueil est assez rare et qu'il n'est pas toujours facile de se le procurer, nous avons dû publier nous-même cette précieuse légende comme complément de notre histoire du saint pèlerin. On trouvera l'une et l'autre légende à la suite de cet article biographique.

III. *Divi Rochi Narbonensis vita, per Joannem Pinium, Tolosanum, senatorem et oratorem regium edita.*

Jean de Pins était évêque de Rieux et ambassadeur du roi de France, à Venise. Il écrivit sa légende de Saint Roch dans cette ville, où le culte de notre illustre pèlerin était l'objet d'une très-grande dévotion. L'auteur nous apprend qu'il composa cet ouvrage pendant une longue attaque de goutte qu'il éprouva dans l'été. Sa vie de Saint Roch parut à Venise en 1516, et elle fut publiée à Paris, la même année.

Erasme cite Jean de Pins comme un écrivain pur et élégant : quelques-uns ont préféré sa légende de notre Saint à celle de Diédo. Elle est moins verbeuse et sent moins l'amplification que celle du sénateur vénitien, quoique au fonds elle soit identique à la sienne dans l'exposition des faits.

felicius, non signasse temporis characteres, e quibus chronotaxis rerum a Sancto gestarum formari possit. Et vero maluerit fortasse anonymus ille nullos hujusmodi characteres signare, quam ita incertos atque obscuros, ut nec principium nec exitum in eisdem solide invenire posset. Hisce itaque de causis simul junctis Acta hujus anonymi tuis, lector, oculis subjiciemus post hanc qualemcunque Vitam a Diedo compositam; utramque in numeros et capita dispertitam more nostro.

VI. *Vita di San Rocco da Bartolomeo Bagarotti, publicata in Piacenza, nell'anno* 1525.

Cet historien jouit à Plaisance d'une grande autorité. L'auteur de la légende manuscrite de Saint Gothard que nous citons plus bas, lui fait des emprunts assez fréquents et le présente comme un curieux et habile investigateur de tout ce qui se rattache à l'histoire de son héros, disciple et compagnon de notre Saint ; *curioso indagatore delle cose che opero San Rocco in questa cita.*

V. *Patria casata, educazione e costumi di Gotardo, e come visse ne tempi del glorioso San Rocco.*

Ce précieux manuscrit porte la date de 1615. L'auteur anonyme a voulu démontrer, et démontre en effet victorieusement, que le Saint Gothard honoré jadis à Plaisance n'est et ne peut être que le compagnon et le disciple de Saint Gothard Pallastrelli.

Ce travail historique est dû vraisemblablement à la plume de quelque savant Bénédictin. La famille Pallastrelli en possède l'original. Don Sixte Pallastrelli religieux de cet ordre en fit une belle copie en 1807. Une autre copie a été faite pour nous par Monsieur le comte Bernard Pallastrelli, un des descendants de cette illustre maison. Cet ouvrage nous a été d'une grande utilité dans nos études sur Saint Roch et sur son disciple Gothard. Les scènes qui se passèrent entre ces deux personnages sont racontées d'une manière aussi intéressante que solide. Les détails de critique qui abondent dans tout le cours de ce travail révèlent certainement une main de maître. Le manuscrit se termine par ce titre : *Leggenda di San Gottardo, nobile Placentino, di* casa dei Sign. Palestrelli di Piacenza, compagno di San Rocco, del 1522.

VI. *Poème spirituel contenant l'histoire de la vie, mort et miracles de Sainct Roch, composé par Jean Fermeluys, escrivain et maître d'escole à Paris,* 1619.

Comme Diédo, l'auteur fit vœu d'écrire ce livre pendant la peste qui désola Paris, en 1606. C'est ce qu'il nous apprend lui-même dans ce passage de sa préface qui mérite d'être cité ici :

« Il y a plusieurs raisons pour les quelles j'ay faict élection particulière de ce sujet ; entre lesquelles j'en remarque trois principales : la première est, que toutesfois et quantes que ce très chrestien Royaume de France, et principalement la ville de Paris a esté affligée de maladie contagieuse, ayant eu recours à Dieu, par les mérites sacrez de la Vierge, sa Saincte Mère, et priere et mérites du bienheureux S. Roch, il est certain quelle a tousjours recogneu les effects du céleste secours, et que Dieu en a retiré son fléau, et dissipé les orages pestilentieux qui l'agitoient, comme il se verra par la suite de cette histoire : La seconde raison est, le tems et la saison où nous sommes, qui nous menace d'une telle tempeste et ruine si déplorable : et la troisième et dernière raison qui me touche en particulier est, qu'en l'an 1606, au mois de juillet, le mal contagieux faisant ressentir à plusieurs la rigueur de ses cruelles et mortelles atteintes : la maison où lors je faisois ma demeure fut tellement infectée de ce poison mortel, que plus de dix à douze personnes, tant hommes que femmes, grands que petits, furent que frappez que morts. Dieu m'en ayant (par son infinie bonté, prières, de la Saincte Vierge et intercession du grand S. Roch) préservé et garanty, et redonné la guarison et la santé à mon espouse, qui en fut lors cruellement et longuement affligée. »

Le pieux maître d'école déclare avoir « pris et tiré son Traicté le plus exactement qu'il lui a esté possible de plusieurs légendes des vies des Saincts, tant anciennes que modernes, conformément aussi à ce qui est représenté par les figures estants en la tapisserie qui se voit es festes solennelles en la chapelle desservie sous le nom de ce grand Sainct, en l'église et paroisse royale de Sainct Germain-de-l'Auxerois. »

L'Auteur déclare aussi vouloir traicter naïfvement d'une « Histoire autant véritable et saincte qu'admirable et miraculeuse. »

Son poëme se fait remarquer, en effet, par la couleur naïve de son époque, et à ce point de vue, il ne manque pas d'intérêt.

M. le docteur Kühnholtz, Bibliothécaire de notre École de Montpellier, nous avait fait connaître l'existence de cet ouvrage à la Bibliothèque impériale. Nous dûmes au zèle et à l'obligeance de M. de Vallat, consul français résidant alors à Paris, la communication qui nous en fut faite et la copie que nous possédons.

VII. *Mémoire manuscrit de Pier Maria Campi, auteur de l'Histoire ecclésiastique de Plaisance*, 1651.

Dans ce mémoire, l'historien expose et établit tout ce qui a rapport à l'histoire de Saint Roch et de Gothard Pallastrelli, son concitoyen.

VIII. *Il sacrifizio a placare l'ira di Dio contro il prossimo, o sia la vita di San Rocco in extratto della verità piu purgata, cavata dal confronto degli autori, e ridotta in ristreto da Francesco Maria Pichiani per animare la città di Piacenza a nuova confidenza nel Santo già suo benefattore.* Piacenza, nella stamperia Ducale di Lealdo Bazacchi, 1713.

Cet ouvrage ne présente rien de nouveau sur Saint Roch; il contient seulement de précieux documents sur le culte des habitants de Plaisance envers notre Saint.

A cette série des auteurs qui écrivirent primitivement la vie de notre illustre pèlerin, il convient d'ajouter

Vie de Saint Roch par Maldura, de l'Ordre des Frères Prêcheurs, traduite en français par d'Andilly.

Vita S. Rochi, auctore Matthia Paulo Eburone. — Leodii 1635, *in*-12. Inscrite dans la Bibliothèque historique du P. Lelong, sous le n° 4655.

VITA SANCTI ROCHI

AUCTORE FRANCISCO DIEDO, CIVITATIS BRIXIENSIS PRÆFECTO.

PRÆFATIO AUCTORIS.

Franciscus Diedus, philosophus, juridicus, Brixiæ præfectus, Reipublicæ et civitati Brixiæ salutem. Etsi de Rocho, cujus vitam scripturi sumus, certi nihil ex veteribus sacrisque codicibus compertum habemus; ne tamen hujus Viri sanctissimi genus, peregrinatio, vita atque obitus in obscuro sint, tum ex barbaris quibusdam fragmentis, tum ex Latinis, vernali tamen lingua, crassaque Minerva conscriptis, nonnulla collegimus, ex quibus Dei servum fuisse, divinitusque parentibus donatum comperimus; cujus amœnitate, sanctitate gloriaque pellecti, hunc nobis præ cæteris imitandum, prosequendum, ornandumque censuimus. Nam etsi multa litterarum studia sunt, quæ hominibus decus afferre possunt; illud tamen in primis optandum arbitror, quod ad rectam vivendi rationem pertinet. Quamquidem institutionem nemo unquam [digne] satis laudare, extollere, complective potuit. Si enim clarissimorum Græcorum ac Romanorum recordatio [eorumque gesta] quæ vana sunt, et Gentilibus propria, mortalium animos ad gloriæ studium vehementer accendunt: quanto magis Sanctorum [virorum] gesta, et eorum vitam atque mores imitari debemus, qui corpus animamque simul salvant, nosque suis optimis institutis divino munere dignos efficiunt?

2. Qua ex re nobis hos imitandos proponamus, hos intueamur contemplemurque. Plerumque [enim] in hominibus instruendis pictores imitamur (qui non solum verbis, verum etiam quibusdam propositis imaginibus discipulos erudiunt) quo facilius illorum animos ad optimarum artium cultum accendamus. Quod cum ita sit, cogitantibus nobis, quonam pacto Deum nostra culpa iratum, benignum nobis redderemus, urbemque hanc Brixiam præclarissimam, truculentissima peste pene obrutam, liberare possemus, urbem (inquam) Venetæ Reipublicæ præsidium atque propugnaculum, quod belli tempestate, cum in eo res esset, ut omnia ferro flammisque ab hostibus vastarentur, stabat, quidquid acerbius est morte, pati potius, quam a Venetorum fide deficere : dignum duximus, Clarissimi Cives, ut vos non fugit [tria] hæc Deo optimo maximo vovere. Primum quidem, ut [si] Rochi precibus vestros animos ad veram sui cognitionem disposuisset, quantum humana fragilitas pateretur, nos nullo jure ejus majestatem offensuros; templum, id est basilicam Veneta civitate et Rocho gloriosissimo dignam erigere; postremo, nos, ejus historiam ac vitæ seriem contexere, ut Sancti hujus exemplo cæteros ad bene, beate, recteque vivendum alliceremus. [Quibus peractis], jactis quoque templi fundamentis, non physicorum aut cæterorum hominum præsidio, verum Rochi precibus ac Dei clementia ita civitas omnis epidemia prorsus vacua rediit, ac si nunquam antea hujuscemodi ægrotatione correpta fuisset.

3. Qua de re quamvis sanctissimus hic Vir apud Germanos et Gallos satis claruerit, et mira sanctitatis documenta præstiterit, hoc [tamen] recenti munere nostraque tempestate maximo tantæ rei exemplo ducti, non

prius linguam calamumve compescuimus, quam votum nostrum persolvissemus. Neve tantorum rerum memoria nostris futurisque [seculis litteris mandanda] prorsus delitesceret; voluimus parum id otii, quod nobis a publicis privatisque negotiis relictum est, ad hæc vertenda conferre; partim ut immortali Deo et Rocho placeremus; partim ut civitati huic nostræ, quam apprime diligimus, jocunditatem, eruditis quoque viris oblectationem afferremus. Nostræ itaque lucubrationi, cives optimi, mentem accommodate, et Rochi instituta quæ [cæteris] vitæ austeritate, gloriæ magnitudine certare possint, perlegite: quæ, cum sempiterna memoria digna sint, non admirari non possumus, aliquot ætatis nostræ viros doctissimos hoc scribendi sive interpretandi munus non sumpsisse [tamdiu que] apud barbaros et in obscuro delituisse, passos fuisse. Neminem itaque adeo iniquum in me judicem futurum arbitror, qui opusculum hoc nostrum damnet, quo votum persolvimus nostrum. Quod etsi dignitati ac sancti Viri meritis non respondet, hoc saltem doctis emolumentum afferet ut, castigatis nostris erroribus, illi eloquentius, copiosiusve clarissimi Rochi vitam possint exornare. Si tantum pusilla hæc scripta nostra accuratius legere non dedignabuntur, hanc fortasse non injocunde inutiliterve impensam a nobis operam judicabunt. Valete. Pridie kalendas junii anno Domini millesimo quadringentesimo septuagesimo octavo.

CAPUT I.

SANCTI ORTUS, EDUCATIO, CONTEMPTUS MUNDI, MORS PARENTUM; BONA IN PAUPERES DISTRIBUTA.

---

4. Rochum patre Joanne, matre vero Libera nomine, genitum constat. Is patriam habuit Montempessulanum quæ olim Agatha, sive Agathopolis appellabatur, Narbonensis Galliæ oppidum non ignobile : [cui, aliisque] nonnullis pater ipse, non tyrannorum more, sed justitia, integritate, prudentia, divino timore, suorumque omnium benevolentia et gratia imperavit. Qui [tametsi] militarem disciplinam per omnem fere ætatem exercuit, et in ea versatus est; seculi tamen hujus mollitiem, illecebrasque veluti caduca, parvique momenti aspernatus, omni fide et charitate Deum coluit, non ignarus homini [Deum timenti] nihil uspiam deesse, fortunasque omnes ad eum undique confluere, omniaque pro votis illi cedere. Quapropter Deum immortalem in rebus omnibus agendis [auspicem] sibi proposuit.

5. Is uxorem infœcundam et sterilem ad senectam usque perductam, ignarus, quo pacto prolem ex ea compararet (quam mirum in modum optabat) : quod omnibus a natura est [insitum] posteritatem ex nobis, quibus perpetuari censemus appetere, adhortatur, ut immortalem Deum ac Virginem Salvatoris Genitricem supplex adeat, oretque sibi filium dari, omnibus utilem ac fructuosum, Deo gratum, cujus gloriam non tueatur modo, verum augere ac illustrare contendat. Conjunx viro ob

sequentissima, luminibus in cœlum erectis, Dei ac Virginis opem his verbis implorat :

6. Te rerum omnium parens, teque mundi regina, Virgo mortalium spes unica, afflictorum omnium jocundum ac dulce refrigerium, cujus ope cuncti mortales utimur, servos tibi debitos, in te ac tua erga omnes pietate et miseratione sperantes, ne deseras, obsecro, votisque nostris (si modo christianæ reipublicæ conducat) annuito. Optamus enim filium, non ut patrimonium augeat, fortunas conquirat, res humanas pro libidine misceat ; sed ut illas pauperibus eroget, tibi deserviat, laudem et gloriam tuæ majestatis prædicet, pro te et nominis [tui] amplitudine cruciatus omnes, mortem denique subire non dubitet. His dictis mulieri visum est, Deum ac Virginem ejus annuisse votis. Domum itaque reversa, virum convenit, remque omnem aperit, honestum consortium divinumque conjugium ineunt, ac filium gignunt.

7. Erat autem annus hic ab incarnato Verbo millesimus ducentesimus nonagesimus quintus [Olympiadis vero quingentesimæ undecimæ annus secundus] quo Rochus ille felix, et divinarum rerum peritissimus in lucem emersit : cujus nominis interpretationes cæteris relinquimus : cum multæ variæque ab eruditis viris describantur. Hoc unum tamen fateri audeo, virum fuisse omnibus sceleribus exutum, virtutibusque refertum. Nec mirum cuipiam videatur, Deo aspirante, hunc genitum : nam quis neget mulieri divini spiritus auram ingeri posse, et ab ipso Deo quædam sobolis principia infundi, ac Deum cum homine charitatis communiorem habere ? Ex qua quidem gratiæ consequuntur, quarum auxiliis hominem hoc pacto generari, non absurdum videtur. Nec tamen hoc, ejuscemodi existimes, ut quæ

fabulis prodita sunt apud Phrygas de Athii; apud Bithynidas de Herodoto; de Endymione apud Arcadas, et apud Romanos de Numa : quos omnes cum immortalibus consortium habuisse fabulantur, divinitatemque inquiunt sapientum congressus minime aspernari.

8. Vana hæc et gentilibus propria. Ea enim tempestate dæmones, divina tamen permissione, pro arbitrio agebant. Nos vero, qui sacrosanctam Ecclesiam imitamur, sic Rochum genitum arbitramur, ut Joannem Baptistam ex Elizabeth et Zacharia, senio jam confectis, divino afflatu, eorum bonitate et erga Deum fide, genitum fuisse credimus. Mater itaque miræ pulchritudinis puerum et rubra cruce in pectore signatum conspicata obstupuit, summaque voluntate affecta est, existimans eum Deo fore gratissimum, illumque propriis uberibus educare decrevit : qui sicut miraculo conceptus ac genitus, sic bonitatis ac sanctimoniæ signa præsagiaque sanctissimus infans præ se tulit. Nam cum mater in beatæ Virginis memoriam Mercurii et Veneris diebus semel tantum vesceretur; puer quoque, ut et ipse honorem Deo redderet, et inediæ corpus tenella ætate disponeret, iisdem diebus semel tantum lac ex uberibus hausit. Cumque ad quintum ætatis annum pervenisset ab apostolo Paulo edoctus, ut corpus castigaret, et in servitutem redigeret, cibo potuque parcissime utebatur.

9. Duodecimum vero agens annum, delicias omnes et magnificos apparatus, impensas, amplioresque sumptus perosus, in pauperes et egenos liberalitatem complecti maluit. Exteros præterea et peregrinos æque ut proprios cives dilexit, hilari facie, sermone [fere] divino, humanitate, morum dignitate, animique splendore cæteris omnibus id ætatis prælatus, eumdem se mortalibus præstitit. Pauperes vero præ cæteris observare, solari,

juvareque pro suo posse proposuit. Si quid vero temporis illi supererat, non ad voluptates ac delicias animum declinabat, sed ad summum Dei cultum, ejusque vires et amplitudinem inquirendo, quantum ætate poterat, summo perfectus ingenio tantum profecisse cunctis visus est, ut magnum et singulare nomen atque gloriam adeptus sit.

10. Joannes interim pater ætate morboque appropinquans, Rochum accersiri jubet; quem in hunc modum allocutus est: Tempus adest, mi fili, quo seculi hujus tempestates, procellas, fluctuationesque deseram, et meorum operum præmia consequar, cum Deo quoque immortali, si me hoc munere dignabitur, locum habeam. Verum cum te præ cæteris omnibus diligam, et in te uno exornando curas omnes cogitationesque defixerim, quædam tibi commemoranda existimavi, quæ ad bene, beate, recteque vivendum conducere visa sunt. Te itaque per Superos oro ac obtestor, ut mea hæc præcepta non despicias. Deum igitur imprimis colito, et Salvatoris tormenta cruciatusque sæpissime reminiscitor, quibus nos salvos esse voluit, humanumque genus omnium scelerum ac vitiorum labe depravatum perditumque insonti cruore ab imis Acherontis penetralibus, æternisque noctibus in lucem revocavit. Pupillis item, viduis, idque genus, omnibus substantiis, alieno suorumque præsidio destitutis, opem ferto. Avaritiæ præterea tenacitatem, flagitiorum omnium perniciosissimam, quam nemo sapiens unquam secutus est, caveto.

11. Nam si fortunas, quibus abundaveris, pauperibus erogaveris, si virgines parentibus atque opibus destitutas, viro locaveris; si mulieres obscœne prostitutas, ab errore subtractas, conjugio devinxeris; si denique clementiam observaveris, scito te hominibus atque Deo

gratum fore : si hospitalitatem celebraveris, morbo gravatos adire, et manibus tractare non indignum putaveris, cuncti mortales Dei consortio te dignum judicabunt. Rochus obtemperaturum se patri promittit, qui paulo post e vita migravit. Justis itaque, patrio more, solenni pompa peractis, dum sanctus hic adolescens in lacrymis adhuc esset, patrisque funeribus angeretur, priusquam vigesimum exegisset annum, matrem squalore moeroreque confectam amisit. Eorum igitur, quae pater monuerat, non oblitus, nec inertiae aut socordiae, non luxui aut vitiis deditus, non lasciviis aut nequitiis pessumdari passus est; sed verae lucis doctrinam imitatus, quae, inquit, Vendite quae possidetis, eleemosynam date, sacculosque vobis facite, qui non veterascunt, [thesaurum] indeficientem in coelis disponite, quem fur non appropriat, neque tinea corrumpit; hereditarias opes egenis clam impartitur, Christi dogmata imitatus qui vetuit hujuscemodi distributiones in propatulo fieri, ne suam quisque distributor in hoc seculo ex ea gloria mercedem caperet : sanxitque dexteram sinistrae manus negotia in pauperum elargitionibus ignorare.

CAPUT II.

PEREGRINATIO ITALICA; SANATIONES PESTIFERORUM; ITER ROMANUM; CARDINALIS MIRE A LUE LIBERATUS; COLLOQUIUM CUM PONTIFICE; ACTA PLACENTIÆ IN MORBO CONTAGIOSO; SANCTUS IPSE EODEM CORREPTUS, AC DIVINITUS ADJUTUS.

---

12. Exhausto igitur ad Dei laudem et Virginis honorem peculio, paternisque monitis, quantum ei per ætatem licuit, studiose peractis, patriæ parum se prodesse ratus, principatu se abdicavit, patruoque oppidis, quæ a patre susceperat, præfecto, et summa reipublicæ tradita, ipse in Italiam proficisci statuit, brevi quadam coccinea veste indutus, vilique palliolo superposito, pileo, pera ac baculo sumptis, pedibusque coopertis calceamentis, nullo comitante, Romam versus iter dirigit, superatisque Alpium jugis et anfractibus, Italiam ingressus, ad oppidum appulit, quod incolæ Aquampendentem nominant: id enim sævissima peste vexabatur. Qua re intellecta Rochus ad hospitale confestius se contulit, ut pauperibus ægrotantibus inserviret: evocatoque Vincentio hospitalis magistro, eum sic alloquitur: Sentio hunc locum peste laborantibus refertum, teque unum esse, qui a cæteris destitutus, solus his inservias. Quod cum ita sit, ut me tibi socium adjungas, oro, quo facilius eos curemus: juvabo te donec vita supererit. Cui Vincentius: Etsi, mi hospes, non

vulgaris tua est ergo proximum charitas, et in Deum fides, tua tamen ætas adeo tenella et formæ tuæ prestantia laborem hunc assiduum immensumque fœtorem minime patietur.

13. Ad hæc Rochus: Nonne in sacris codicibus legitur, divino fretis præsidio nihil esse difficile, si modo actiones nostras ad ejus cultum illa immortali spe pellecti, perfecti tendimus, cujus amore huc accessimus? Scriptum est [etiam] : Quodcunque uni ex minimis meis feceritis, mihi fecisse existimetis. Negat Vincentius Rochum id sine maximo vitæ discrimine experiri posse, gravatos omnes esse peste, plurimosque dietim extingui : neminem autem evadere, Deum ipsum testatur. Cur igitur, inquit, huic tanto periculo te objicias, mortique exponas? Quot hic sint lacrymæ, quot clamores, quot ululatus, difficile dicitur : contra nihil voluptatis, nihil otii, nihil denique quietis est. At Rochus: Nonne scriptum est, ubi majus periculum, ibi et præmium longe majus esse, necesse est? Non enim unicuique civitates vallanti murali obsidionalive corona donabatur, sed qui civem romanum ab hoste servasset, aut vallum transiliisset, murum primus ascendisset, seu civitatem obsidione liberasset : quæ omnia ut magna et ardua, ita et immortali gloria, et merito prisca illa ætas decorare consuevit. Si igitur hâc vana et mortali gloria pellecti non opes modo ac vires, verum vitam animamque effundere non dubitarunt; cur nos, qui Christum imitamur, vitæ parcamus, præsertim cum in sacris Litteris habeamus, non coronari, nec supernos lares ingredi, locumve in cœlo definitum habere; ubi perpetuo ævo fruantur; nisi eos, qui legitime certaverint, et animam suam odio habuerint. Fac igitur, obsecro, ut ægrotos adeam.

14. Tunc Vincentius hunc hominem quasi a Deo missum existimans, veritus, ne, si eum repelleret, Deum ipsum ad iracundiam excitaret, suisque ægrotis boni aliquid adimeret (censebat enim hunc divinum hominem illis auxilium salutis fore), quapropter eum ad valetudinarios ducit, quorum omnium dextras tangit, signoque crucis communitos peste liberat, ac, dum civitatem lustrat, idem sedulus agit. Qua ex re stupor omnes invadit, ac peste soluti, Deum ac ejus nomen ad astra tollunt. Hunc vero e cœlo missum, divinitusque in tanta mortalium clade donatum arbitrantur. Civibus itaque et incolis, quos in pristinam valetudinem reduxerat, Rochus jubet, ne ejus nomen prodant; oppidoque illo relicto confestim Cæsenam, Togatæ Galliæ urbem, eodem modo correptam profectus, eam incolumem reddit. Quibus confectis, Romam longis itineribus contendit, quam supra cæteras Italiæ urbes infectam contaminatamque persenserat.

15. Quo delatus, ad Britannicum quemdam Cardinalem, bonitate et moribus parem divertit: qui apud Pontificem Maximum summæ autoritatis et erat et habebatur. Cuncti eum Deo dignissimum et sanctimoniæ specimen esse prædicabant. Cui Rochus errata sua confiteri voluit, Eucharistiamque ex ipsius optimi viri manibus sumpsit. Qui cum Rochi faciem intueretur, et [ex ea] divinum quoddam lumen emicare conspexisset, maximaque illum veneratione prosequebatur, oravitque, ut Urbem peste obrutam liberaret : Urbem, inquam, Christi sedem, quondam orbis terrarum caput, sanctorum hominum domicilium, bonarum artium ac liberalium disciplinarum olim nutricem, ac divi Petri tempestate innocentium virorum hospitium, nec immerito mundi caput appellatam. At Rochus: Mortalium, in-

quit, reverende pater, salus morsque a divino opifice pendent. Ille enim voluptatibus, nequitiis, cæterisque sceleribus implicitos, et ad peccatum prociives damnat. Ille virtutibus morumque integritate ac justitiæ deditos protegere ac fovere non desistit. Ille ægrotos liberat, mortuosque ad vitam reducit. Eum itaque orato, qui neminem ad ipsum confugientem repellit, crucisque patibulo suffixis manibus omnes evocat, illos amplexurus, qui ad eum cogitationes converterint. Erectis tamen in cœlum [oculis] Deum sic orat : Etsi, clementissime parens, Cardinalis hujus sanctissimi preces multo plus ponderis apud te quam nostra oratio habeant, tamen ut gloriæ tuæ splendor, nominisque amplitudo clarius eluceat, preces meas ad te effundere non dubitavi : patiare urbem hanc, sacrosanctæ Ecclesiæ sedem, pietate atque clementia tua ab hac sævissima contagione liberari, virumque hunc sanctissimum in crucis tuæ signo ab omni periculo servari.

16. Qua oratione habita Rochus, cruce Cardinalis frontem signat, ita ut ejus impressio cutem penetrarit, ac si cauterio crux fuisset inusta. Domum itaque Cardinalis egressus a compluribus postulatur, quid sibi crux illa significet. Quibus ille : Vir quidam divinus me, ut a peste servaret, cruce hac munivit. Laudabant nonnulli : alii complures Cardinalem, ut crucem deponeret, quæ faciem dehonestabat, hortantur. Pudore ductus Cardinalis, domum reversus, Rochum orat, ut crucem ei demat, ne omnibus ludibrio sit. Ad quem Rochus : Nemo servorum est, reverende pater, qui domini militis aut imperationis insignia ferre non glorietur. Quapropter Andreas et Petrus apostoli [crucifigi] non modo non turpe, sed etiam gloriosum putavere, et illam tam acerbam mortem pati voluere, ut Christum præceptorem imitari viderentur. Franciscus item paulo supra ætatem

nostram, vir sanctissimus, stigmata suscipere in victoriæ et gloriæ signum, non est veritus. Cur tu igitur hoc contemnas in quo Dei Filius, ut te cæterosque salvaret, summo decore [clavis] affixus hastaque confossus est ? Ferto igitur vitæ salutisque vexillum, quo gratiam consequaris. Legitur enim : Qui ad vitam vult ingredi, crucem tollat, eumque sequatur, qui sibimet non pepercit.

17. Quibus dictis Cardinalis confestim acquievit, crucemque gestare consuevit et statuit, et Rochum ad Pontificem deduxit, illumque esse edocuit, qui ei crucem inussisset. Rochus autem in terram prostratus, et ad Pontificis pedes provolutus, lacrymis eos rigat, suorum peccatorum veniam deposcit. Pontifex hominem conspicatus, venia non indigere, inquit, divinumque esse hominem affirmat. Tum Cardinalis, unde hanc in eo præstantiam cognoverit, rogat. Cum primum, inquit, hunc conspeximus, ex ejus oculis radii quidam profundi videbantur, qui nobis admirationem ac stuporem deduxere : ad Rochumque conversus, qua patria, quibusque parentibus ortus esset interrogat. Rochus vero [sive] ut Pontificem contemplaretur, cui cœlestis regni claves potestasque [ligandi atque] solvendi concessa erat, super qua petra omnis Ecclesia contracta est; aut forte veritus, ne si patriam parentesve diceret, omnibus cognitus ab instituto detraheretur, subticuit, impetrataque a summo Pontifice venia, Cardinalem secutus est, cujus contubernio triennio usus.

18. Cum e vita Cardinalis decessisset, Rochus Romæ amplius morari noluit, urbemque egressus, loca et oppida quæque finitima circuit : peste interceptos divinæ crucis impressione salvat, adeo ut omnes, ad quos pervenerat, Rochi virtute summum Deum colebant lau-

dabantque, quod scilicet tantum homini tribuisset, ut mortuos ab inferis pene revocaret. Qui cum omnem fere Togatam Galliam morbo correptam peragrasset, sanassetque, Placentiam Transpadanam, urbem truci pestilentia vexatam, se contulit, et ad hospitale quoddam divertit, in quo uti benigne susceptus, ita ægrotantes pro more ad unum videt, signat, salvat. Labore igitur somnoque gravatus lectulo se prosternit; ac, dum quiesceret, amœnissimam vocem in somnis audit : Roche mi, qui itinera, algorem, inediam, ingentesque labores perpessus es, dolorem quoque ac tormenta et corporis cruciatus [meo] intuitu te pati necesse est. Cujus vocis dulcedine expergefactus, acuta febri tanquam gladio coxa transfixa se gravatum sensit, ita [ut] cum ardore doloreque nullam quietem compararet, nec vocem quidem temperare posset, oculis ad cœlum directis, inquit : Etsi antea, dulcissime Jesu, me servum tuum esse existimaverim, nunc vero cum me tormentorum tuorum parte donaveris, et me illis dignum feceris, charum me tibi ac jocundum esse compertum habeo : cujus amore dulcia hæc mihi videntur; pro quo mortem quoque non subterfugio.

19. Ilis dictis, rursum clamare cœpit. Infirmi vero qui affatim eo ducebantur, omnes in Rochum conclamant, orantque ut sileat, ac dolores, qui clamore non tolluntur, patienter, ut cæteri, ferat. At Sanctus ille charitate ardens, ne cæteris impedimento esset, [hospitale] exiit, seque ante fores humi prostravit. Pertranseuntes autem hospitem objurgare, juberequi illum introduci, existimantes, id hospitis incuria factum. Negat hospes eum cum cæteris morari velle, ne illorum quietem perturbaret. Qua de re insanus ab omnibus habitus, ab urbe propellitur. Tum Rochus, Deo comite, baculo

innixus, ut potuit, ad nemus urbi vicinum prorepsit. Cum vero gravissimo dolore premeretur, ad arborem [cornum] quamdam constitit, ibique aliquantisper quievit : mox in proximum quoddam tugurium se recepit : rursus in hunc modum precatur :

20. Quantum majestati tuæ debeam, mitissime Jesu, qui servum tuum experiri voluisti, eumque meritis excruciare tormentis, non ignoro. Quoniam ægrotis fortasse non ea charitate, ut in me amor tuus expostulat, opem tulerim, imbecillitati nostræ tua clementia ignoscat obsecro. Nam quis mortalium est, qui pro meritis tibi valeat inservire ? Itaque ne me destituas, benignissime Jesu, neve solum hic inter ferarum sævitiam omnium destitutum præsidio, cedere patiaris. Deus autem admirabilis, qui servos suos nunquam deserit, nubeculam confestim e cœlo dimittit, quæ ad tugurii ostium delapsa, aquæ fontem sub ipsis Rochi pedibus profudit, qua scaturigine mirum in modum oblectatus, abluto corpore et aliquantulum refrigerato, dolorem illum acerbissimum aliqua ex parte lenisse visus est : quem quidem fontem ad hæc nostra tempora servatum intuemur: verum ne potum modo, quin et cibum ei tribuisse videretur, ne inedia periret, et gratum sibi esse illum ostenderet, cæteris quoque tolerandi exemplum præberet, mirum quoddam et antea inauditum potentiæ suæ testimonium tulit.

CAPUT III.

DIVINITUS CIBATUR; INNOTESCIT EJUS SANCTITAS; GOTHARDI PATIENTIAM EXERCET, ET AD VITAM SOLITARIAM EUM INDUCIT; AB ANGELO SANATUR; CURAT BRUTA; VOX AD EUM COELESTIS.

---

21. Rus enim quodpiam huic nemori vicinum frequentibus aedificiis maximo sumptu erectis, erat, quo primores illius civitatis profugerant: quos inter Gothardus familia non ignobili vir opulentissimus erat. Hic servos complures habuit, canesque ad venandum aptos, ex quibus unus ad mensam heri audacius progressus, cum Gothardus discubuisset, panem, praeter consuetudinem, ex ejus manu rapuit, indeque profugiens ad Rochum defert. Herus hoc parvi fecit, familiaritati necessitative tribuens; verum cum sequenti die in prandio et coena idem fecisset, ira concitus Gothardus, servos quasi cibum cani non praebentes conviciis prosequitur. At illi: Cibum huic caeterisque canibus, o here [vivit Deus], praestamus, inquiunt; et quid sibi hoc velit, ignoramus. Quae cum Gothardus audivisset, si denuo canis id moliretur, illum sequi statuit. Venit paulo post, panemque, uti coeperat, rapuit. Gothardus vero contestim, cibo relicto, illum aufugientem secutus est: qui panem ad Rochi tugurium detulit, eique reclinato capite panem porrexit, quem Rochus accipiens, canem benedixit. At Gothardus, qui illum continenter obser-

vaverat, stupore compressus, inquit : Inscrutabiles sunt viæ tuæ, Jesus admirabilis, infinita potestas tua, singularis bonitas, et in homines tibi deservientes immensa pietas, quos esurientes bonis imples, divites vero, qui epulis magis, quam tibi, inserviunt, egenos reddis : quique Eliæ, corvo ministrante, cibum præbuisti.

22. Accensus igitur divino ardore Gothardus protinus ad Rochi tugurium pervenit; illumque humi prostratum interrogat, quisnam esset aut quid mali pateretur? Tum Rochus eum obsecrare, ut procul absistat : se enim peste vexari nuntiat. Gothardus domum revertens, secum sic animo volutat : Heu me miserum et infelicem divinoque lumine orbatum ! Canis hic meus cui ingenium natura negavit, et brutis annumeravit; cujus vitam et mortem, idem existimare licet, miselli hujus ægrotantis commiserescens, tanta industria tantoque artificio ei cibum quæsivit, invenit, attulit. Ast ego, qui divitiis abundo, cui a natura ingenium tributum est, et miserescendi jus, non ignarus, bonum nullum apud Deum immortalem absque præmio dimitti, operumque meorum mercedem exspecto, patiarne sanctum hunc hominem solum inter feras et vepres ab omnibus derelictum interire ? Avertat Deus tantam crudelitatem aut sævitiem in me contineri !

23. Ad Rochum itaque extemplo reversus, his verbis eum allocutus est : Sentio me, beatissime vir, Deum teque simul injuria affecisse, crudelitatem in te exercuisse. Reversus itaque in tugurio tecum hoc mansurus sum, nec domum rediturus, priusquam bonam valetudinem adeptus fueris. Tuus hic adventus, Rochus inquit, eo mihi gratior est, quo divina providentia potius quam humano consilio factum existimo, quæ hominum corda rore sui Spiritus perfundit, quæ omnia futura ab

æterno providit, quæ bonum nullum sine amplissimo munere prætermittit; malum autem nullum, quod non puniat, et justitiam clementiæ immixtam, omni severitatis rigore omisso, complexa est. Neque adeo in bonos pietatis suæ oculos defixit, ut malos deseruisse videatur. Eis autem, quos elegit, vitam rectam ostendit, quemadmodum in te fecisse conjicio. Qua ex re mihi perspicuum est, posteaquam, rubore et timore omisso, illi inservire desideras, te gratum illi esse. Perge itaque, ut cœpisti, quo felicitatem consequaris, quam Deum tibi promisisse, videre mihi videor.

24. Hæc et complura alia dum divini homines fabulantur, tantum hujuscemodi sermones protraxere, ut fame premi inciperent : admiratique sunt mirum in modum, canem, ut consueverat panem non attulisse. [Gothardus itaque Rochum alloquitur :] Quo pacto, mi pater, cibum tibi comparabo? Cui Rochus : Futura nequaquam quærenda sunt, modo spem nostram in eum locaverimus, qui recto judicio omnia regit, qui necessariis in rebus nunquam defuit, in superfluis vero nunquam abundasse visus est; tamen primi parentes errore mortalibus injunctum est, ut labore sudoreque sibi victum acquirerent. Tu itaque baculum, peram, pileum, palliumque sumito, et circumvicina loca perlustrato, et panem ostiatim mendicato. Nullum equidem, pater, Gothardus inquit, laborem subterfugio, modo Deo immortali tibique complaceam. Verum omnes, qui hæc loca incolunt, me norunt, nec sibi unquam persuadebunt, me aut tantæ sanctitatis esse, aut in tantam incidisse miseriam, ut mendicare debeam. Sequere Christum et Apostolos, Rochus inquit, qui, quamvis Dei Filius esset, cujus verbo cuncta ex nihilo creata sunt, tamen a mortalibus victum quærere Deus et homo non erubuit. Qui

vero eum sequebantur, relictis omnibus, mendicare sibi gloriosum existimarunt. His motus Gothardus, lætus Placentiam profectus est. Hic dum quasdam domos percurrit, et panem orat, cum illum ditissimum esse, cuncti non ignorarent, ab omnibus ludibrio est habitus.

25. Ad amici tandem cujusdam ostium declinat, quo familiarissime utebatur. Cum vero ab eo cognitus fuisset, ira concitus amicus, Gothardum, quibus potuit conviciis et contumeliis impetit, ac si patrimonium optimus vir ille, quod erat amplissimum, profusissime contrivisset : Cur, inquiens, panem canibus parcius non exhibuisti : quam si moderate illis tribuisses, hac miseria careres, ac domi te sine familiæ tuæ dedecore contineres. Si vero tantillum prudentiæ aut sapientiæ in te fuisset, domi potius inedia mori, quam tuorum injuria mendicare debueras. Verum postquam ad hanc inopiam egestatemque tua culpa, tuis erroribus, prolapsus es, vive miser : abi hinc, scelerate : abi familiæ tuæ dedecus, malleo securique dignus. Recessit igitur Gothardus, injuriæ contumeliæque impatiens. Querebatur enim, amicum, cui plurimum fidebat, nullum erga eum benevolentiæ signum ostendisse. Tota dehinc urbe perlustrata, cum duobus vix panibus ad Rochum regreditur, et illi rem omnem aperit. Tum Rochus : Amicus ille tuus, qui Dei servum dexpexit, peste saucius, dolore ingenti vexatur, e vitaque hac luce migrabit. Illius tamen ignorantiæ commiserescendum est. Quapropter civitatem visere, ægrotosque in Dei virtute sanare statui. Tu interim hospitiolum tuguriumque hoc nostrum observabis.

26. Sequenti autem luce Rochus nondum liber, sumpto baculo, illique innixus, Placentiam, ut potuit, proficiscitur, hospitale pro more visitat, ægrotos hilari

facie, amænissimis verbis consolatur, tangit, et signo crucis liberat. Per urbem [autem] progressus, eo morbo laborantes in Deoque sperantes ad pristinam valetudinem reduxit. Sole autem ad occasum declinato, tugurium repetere constituit. Solus itaque per sylvam incedit: bruta quæque, adversa valetudine vexata, ad Rochi pedes provoluta sanitatem poscebant. Complures propterea eum extra urbem, rerum magnitudine moti, prosecuti sunt, vocemque de cœlo missam ad se [audivere] clamantem: Roche, Roche, orationem tuam exaudivimus, sanitatemque tibi donavimus. In patriam itaque, Deo aspirante, revertere, pœnitentiam acturus, ut Sanctorum numero adscribaris. Obstupuere cunctorum animi, quod novum et inauditum nomen audivissent.

27. Ex his unus Deo acceptus, arbitratus Rochum illum esse, qui infirmos sanabat, certior tamen fieri cupiens, sylvam ingressus, ad Rochi tugurium se contulit; ibique eo invento: Salve, inquit, Roche Sanctissime. Cum perspectum habeam, Deum tui misertum, sanitatem bonamque valetudinem tibi reddidisse et te in patriam revocasse; priusquam hinc discederes, te visitare volui: et quia Deo te gratissimum esse percipimus, urbem hanc nostram, et nos omnes, ac fortunas nostras tibi commendamus, et tuo auxilio fovendas tradimus. Rochus, qui adhuc nemini nomen suum prodiderat, Quis te, inquit, nomen hoc meum edocuit? Ille rem, ut acta est, enarrat. Rochus primo autumans, neminem, præter se, vocem illam audivisse, hunc quoque intellexisse didicit, genibus ad terram flexis hunc orat, ne mortalium cuipiam aperiat, eum Rochum esse, ut ignotus libere et sine animi molestia in patriam

28. Gothardus autem Rochum paulo ante peste saucium vix ambulare potuisse, mox liberum et incolumem evasisse conspicatus, divino munere id factum existimans, majori veneratione illum est prosecutus. Ad quem Rochus conversus, quibus potest rationibus, hortatur, ut in sylvis vitam eligeret, et Deo inserviret, qui docet in doctrina; qui exhortatur in exhortando; qui praeest in solitudine : sacculum item contexat, qui tineas non formidet, talemque se Superis praebeat, ut eum coelesti consortio dignum illi existiment. Cum vero ad mortem ambo pervenerint, uti in hac fluctuosa rerum ambigine aerumnarum laborumque socii exstitissent, ita in coelo una divino lumine fruerentur. Quo, inquit, viso, mi Gotharde, nihil ulterius quaeritur, nihil appetitur; cum in eo sint omnia, quae ad perfectam divinitatis majestatem concurrunt : ita ut nullam satietatem reddat. Verum enixius aliquanto spectantes, quo magis illud intuentur, eo magis videre cupiunt, juxta sacrum illud : *Spiritus meus super mel dulcis*, etc, etc. *Qui edunt me, adhuc esurient ; et qui bibunt me, adhuc sitient.*

29. Eia igitur, mi Gotharde, illum sequere, qui ex nihilo creavit omnia ; qui nos omnes non solum amat, sed et fovet, et amplectitur ; qui non fortunas nostras, non uxores, non liberos, non denique mortalium rerum quidquam ; verum cordis ardorem, ejus amore et charitate accensum, non suo, sed nostro commodo optimi parentis more requirit. Cui Gothardus : Dive pater mi, inquit, scito me omnia facturum, si modo tecum peregrinari passus fueris, itinerisque comitem me adjunxeris, aut saltem una mecum hic aliquantisper commoratus fueris, disciplinaque tua imbutus, facilius

xisset, non parum huic viro ad bene, beate, recteque vivendum inclinato se profuturum ratus, mutato consilio, moram dierum aliquot sub [vetere] solitoque tugurio cum Gothardo traxit: quo tempore Rochus divinarum rerum peritissimus, Pauli eremitae dogmata, Hieronymi, Antonii, caeterorumque, qui in eremo vitam contrivere, instituta Gothardum edocet.

CAPUT IV.

PATIENTIA PER ANNOS QUINQUE IN CARCERE PROBATA; DEFENSA EJUS INNOCENTIA, APPARITIO ANGELI; IMPETRATUM PATRONICIUM CONTRA PESTEM, MORS, AGNITIO; MIRACULA, TEMPLA.

---

30. Quibus peractis, relicto in sylva Gothardo, Rochus, Deo comite, longis itineribus in Galliam delatus est, quæ armorum strepitu bellorumque turbine vexabatur. In patriam itaque dirigens iter, ad oppidum quoddam pervenit, quod Rochus patruo, uti jam diximus, donaverat præfectumque ejus loci suffecerat. Is in templum pro more concessit : qui a lictoribus comprehensus [exploratorem enim illum arbitrabantur], in vincula conjectus, ad principem deducitur; a quo, quisnam esset interrogatus, Jesu Christi servum et peregrinum esse, inquit; oravitque, ut vota sua prosequi eum sineret. Princeps Rochum ob habitum et squalorem haudquaquam agnoscebat; illumque in carcerem, cæterorum omnium maxime tenebrosum, belli suspicione formidineque compressus detrudi jussit, et custodibus imperavit, ut illum diligenter observarent. Qua ex re Deum immortalem, id genus ærumnarum, quod gravissimum esse videbatur, ut illum salvaret, elegisse arbitratus est; illi gratias habuit, quod omni cruciatus genere eum dignum fecerit.

31. Carcerem itaque ingressus, tenebrarum, fœtoris

et scorpionum socius, ad terram reclinato genu Deum ac Virginem Mariam orat, ne illum deserant, virtutem præstent, quo facilius cætera incommoda patiatur. Hic igitur maximis laboribus, maxima vitæ austeritate, vigiliis, verberibus corpus cædendo, tanta abstinentia ut coctum aliquid sumere luxuriam putaret, [tantum denique corpus contriverat, ut vix squalida membra humi colligeret] quinquennium ibi consumpsit. Quo exacto, se ad extremum vitæ devenisse ratus, carceris custodes, ut sacerdotem quempiam ad eum introducant, exorat. Deductus igitur sacerdos carcerem, lumen nec unde acceptantem, splendore perspicuum, ingreditur : qua de re mirum in modum obstupuit. Rochum deinde intuens, et faciem ipsius divinum quidpiam spirare, fulgoremque oculorum admiratus, semianimis factus, verbum vix eloqui ausus est, et, quid vellet, Rochum postulavit.

32. Tunc ille ad sacerdotis pedes provolutus, delictorum veniam implorat, rogatque Eucharistiam sibi dari. Sacerdos lacrymans ad principem se confert, ac monet quam modestissime, gravi injuria Deum affectum esse, quod sanctissimum hominem, omni prorsus scelere alienum, quinquennio jam in carcere tenuerit. Vitæ austeritatem, hominis patientiam, lumina præterea in carcere visa narravit : quæ omnia sanctitatis indicia sunt. Hac re passim per oppidum divulgata, pietate ducti oppidani, videndi hominis desiderio tenebantur et se ad carcerem catervatim conferunt : ac Rochus morbo correptus, cum aliquantisper quieti se dedisset, Dei nuntius ei in somnis visus est, sic inquiens : Tempus est, mi Roche, ut tuam hanc sanctissimam animam in Patris sinu collocem. Quamobrem si quid pro te aut mortalibus quippiam optandum proposuisti, antequam e

vita migraris, a Deo optimo maximoque petito : fiet enim quodcumque optaveris.

33. Tunc Rochus : Parens, inquit, mitissime, qui populum tuum ab Ægyptiorum manibus, sinus Arabici pelago penetrato, liberasti : qui Loth in te sperantem ex urbibus nequissimis [et de flamma ignis eripuisti : qui Jonam servasti]; cataclysmo eripuisti; qui nullum in te sperantem rejicis, neminem frustraris, omnes in te confidentes et auxilium tuum implorantes, qui verbo aut opere patrocinium nostrum invocaverint, a sævissima peste servare, protegere et tueri non dedigneris; nec id meritis nostris, sed miserationis et clementiæ tuæ magnitudo orationi meæ concedat. Hanc præterea miseram et sontem animam tua pietate majestatis tuæ conspectui [præsentari] dignabere, quamvis nihil unquam in hac vita egerim, ut tanto munere dignum me fuisse existimem : pietatis tamen [et] clementiæ tuæ vim erga me, benignissime Jesu, ostendito. Qua oratione habita, Deum optimum maximum, clementissimum suis esse, objectumque illud beatificum, vivens adhuc in cœlum raptus, conspicatus, optatis suis annuisse cognovit. Quæ munera etsi rerum omnium opifex sua potentia mortalibus elargiri potest, majestatis tamen suæ munificentiam clementiamque Sanctorum [suorum] meritis ita exposcentibus, illis veluti instrumentis quibusdam in nobis exercet. Voluit enim Deus suo nomine [eos] dæmonia ejicere, serpentes tollere, [et] super ægros manus imponentes ad pristinam valetudinem reducere. Exorata igitur divinæ amplitudinis charitate, Rochus humi dejectus, oculis ad cœlum revolutis, artubusque modestissime compositis, animam Deo reddidit. Tum vero qui ad carcerem convenerant, lucernas ingentes intus per quasdam rimulas lucescere conspiciunt ; id ad

carceris custodem deferunt : qui, confestim reclusis foribus, beatissimum corpus solo prostratum, ad caput et pedes lucernas ardere comperit. [Ad latus vero tabella his litteris inscripta] peste laborantes, ad Rochi patrocinium confugientes, contagionem illam truculentissimam evasuros. Quod ubi ad principem delatum est, magnitudine rei commotus, sanctissimum corpus summa pompa ad templum deferri jubet : quam et ipse praesentia sua exornavit.

34. Principis vero mater cum Rochi nomen in tabella compertum legeret, filium his verbis alloquitur : Hic nepos tuus est, ex fratre genitus ; quo defuncto, hic benigne tibi imperium concesssit et [in] Italiam externasque regiones profectus est. Ut vero certiores reddamur, corpus adeamus, in cujus pectore si crucem comperiamus, hunc [illum] esse scito. Qua cruce inventa, mater principem objurgare coepit, ejus crudelitatem detestata, cujus causa vir sanctissimus immerita morte et familiae suae dedecore exstinctus est. Ex quo plangor et ululatus fit. Oppidani olim principis sui cadaver, sanctissimumque corpus lacrymis humectant, osculaque defigunt. Justisque rite peractis, princeps magno impendio ei templum erexit, diem solemnem, quo divus Rochus obiit, imperat sexto decimo scilicet kalendas septembris, anno christi MCCCXXVII, Olympiadis vero quingentesimae decimae nonae anno secundo : quod solemne statumque sacrum ad haec usque tempora ab incolis celebratur. Cujus sanctissimi Viri merita atque opera supra septimum atque octuagesimum annum Italos latuere.

35. Anno vero millesimo quadringentesimo quarto decimo [kalendas vero Julias quinto decimo] Christi fideles, et Romanae Ecclesiae praelati, quo Graecorum haeresim

tollerent, omnes in urbem Constantiam Germaniæ celeberrimam in unum convenere. Urbem illam pestis sævissima intravit, ita ut omnes de fuga consulerent: arbitrati enim sunt id dæmonum opera factum, quo Dei Ecclesiam Petrique naviculam, si naufragare non possent, illam saltem agitare, ac turbare conarentur. At Deus clementissimus cum nollet Rempublicam Christianam perdere, dum prælati mortem formidantes, ad unum omnes urbem relinquere statuissent; adolescens quidam Germanus Christianam religionem labefactari timens, divino numine afflatus, supra ætatem audacius Patres sic alloquitur : Etsi Deus omnium conditor sacrosanctam Romanam Ecclesiam Christianamque Rempublicam et urbem hanc salvare potest, voluit tamen Sanctis suis præcipua quædam elargiri, quibus intercessoribus mortales vota et optata consequantur. Audio enim Rochum [quemdam] a Gallis summa in veneratione habitum : cujus meritis omnes ad eum confugientes peste liberantur.

36. Vobis itaque consilium do, Patres optimi, ut ad illum confugiamus omnes, corpusque nostrum inedia castigemus : et sub Rochi vexillo signoque supplicationes per urbem facite, ac illam orate, ut apud Deum, cujus rem agimus, precibus instet, ut urbi sua miseratione salutem præstare non dedignetur. Adolescentis consilium Patres omnes approbavere, et solemni pompa Rochi imaginem, omni comitante populo, per urbem deferunt, supplicationes pro more agunt, corpusque jejuniis et verberibus castigant. Quibus peractis, difficile dictu est quam brevi pestis illa evanuerit. Quapropter cives et incolæ omnisque conventus luctum et mœrorem in gaudium convertunt, et sanctum virum maximo honore Germani quoque prosecuti sunt.

37. Feliciter itaque Christianis rebus expositis, soluto conventu, Itali ad nos Rochi nomen detulere, ad quos tandem longo postliminio reversum, basilicas, sacella, templave in ejus nomine construendi, materiam præbuit : ad quæ confugientes, imagines, statuas, votorum argumenta, et sanctissimi viri opera intuentur : quæ si scriptis mandare velimus difficilius nobis profecto esset principium quam exitum reperire. Quapropter consulto missa faciemus illa, ne, si incuria nostra tantorum operum merita minus laudaverimus, illi gloriæ partem subtraxisse videamur. Hunc itaque omnes imitemur; hunc piis orationibus prosequamur, ut Deo simul et illi servientes, ejus supplicationibus divinæ clementiæ munera consequamur.

ACTA BREVIORA

AUCTORE ANONYMO.

Ex Ms. Belfortii, qui illud acquisivit e cœnobio Bethlehemitarum prope Lovanium, et contulit cum duobus aliis Mss. PP. Cœlestinorum Parisiensium et Ambianensium.

CAPUT I.

MIRA SANCTI NATIVITAS, EJUSQUE POST PATRIS AC MATRIS OBITUM PEREGRINATIO IN ITALIAM SALUTIFERA.

1. Plurimas et insignes Francorum imperium provincias habet, quas inter tum agri fertilitate, tum urbium et oppidorum situ ac celebritate, linguæ Occitanæ Provincia, quæ cum Aquitania jungitur, florere solet. In ea quidem singulare et magni nominis oppidum est, quod Mons Pessulanus appellatur. Hujus dominium quondam habuit nobilissimus eques, nomine Joannes, illustrissimo Francorum regum sanguine natus. Hunc non magis generis nobilitas exornabat, quam omnium humanarum et divinarum virtutum studia commendabant. Erat ei uxor nomine Libera, genere pariter et specie clarissima : sicque Omnipotentis Dei Filio uterque mancipabatur, ut sanctis operibus et divinis semper tenaci amore intenderent. Sed cum vir devotissimus ex devotissima conjuge nullum heredem suscepisset, vota Deo pro herede suscipiendo, qui etiam Christi servus es-

set, fecerunt. Et quodam die, cum præcipue devota uxor Christum et Matrem gloriosissimam virginem Mariam in templo ea de re precaretur, angeli vocem hanc audivit: O Libera, exaudivit Deus orationem tuam; gratiam autem a Domino accipies.

2. Filium igitur mulier concepit, qui Rochus in Baptismate appellatus est. Is in cute crucem impressam super sinistro latere ortus e matre attulit, quo profecto sanctissimum stigma eum Christo charissimum ostenderet. Cujus rei causa parentes magnopere demirati, Domino benedixerunt; et ideo infantem beatum Rochum mater, licet nobilis et delicata lactavit atque aluit, cæterosque nutricis labores, non invita subivit. Et cum devotissima mater duos in septimana singula dies jejuniis ageret, beatus infans Rochus, matre jejunante, a lacte continebat, nec ultra semel matrem tunc lactabat: quodque omnibus mirum erat, eo die habilior, hilarior atque recentior erat infans beatus. Dum quintum ætatis ageret annum, suis parentibus sedulo obtemperans, claris jam virtutibus excrescebat, et defixum lateri signum crucis etiam cum tempore augebatur. Scholas quoque adiens miro modo omnes scientia præcellebat, jejuniis, orationibus, et piis aliis vacans operibus; sicque ad duodecimum annum pervenit, in quo cœpit districtius corpus suum abstinentia castigare.

3. His temporibus, pater B. Rochi, vir omni divino amore confirmatus, maximo morbo invaditur; et se jam sentiens extremis fatis proximum, Rochum filium ad se vocat. O, inquit, Roche, unice heres, vides, me brevi vitam finiturum: quatuor tibi in testamento meo, simul cum imperio et mea hereditate, mandata relinquo: primum, ut, sicut instituisti, Jesu Christo jugiter servias; secundum, ut pauperum viduarum et orphanorum

sis memor : tertium, thesaurorum meorum rectorem te constituo, ut eos pariter in pios usus conferas : quartum, ut egenorum atque pauperum hospitalia frequentes. Haec suapte quidem sponte facturum, se Rochus promisit, et devotissimi domini Joannis anima immortalis mortale corpus deseruit. Anno etiam suae nativitatis decimo quinto devotissimam matrem Rochus sepelivit. Et ita paucos post dies patris testamentum impiger exsequitur, religiosa loca et pauperum domos visitat; miseros, oppressos et aegrotos opibus et consilio curat; viduas, pupillos et orphanos consolatur; inopes virgines nuptui collocat : hisque piis officiis rem patris suis omnem non invitus dispensavit.

4. Postquam patris sui mandata explesset, decrevit secum patriam deserere et varias per christianitatem peregrinationes agere. Habitu itaque peregrino induitur, caput pileo tegitur, de humeris bulga pendet, baculus peregrinalis dextram subit: et intentus poenitentiae Rochus, post multa deserta, Romam versus contendit. Sed prius in oppidum Aquam Pendentem nominatum se appulit : ubi dirissimam pestem vigere, cum e multis in via scivisset, percupide in hospitale ejus accurrit. Hujus hospitalis tutelam quidam, nomine Vincentius, habebat; a quo Rochus beatus non sine multis precibus et labore impetrat, ut ipse aegrotis diu noctuque inserviret : timebat enim ille, ne Rochus florens et juvenis statim telo pestifero caederetur. Sed posteaquam ad aegrotos venit, eis omnibus in Jesu Christi nomine benedixit, et uniuscujusque membra impavide contrectavit : ita ut statim virum sanctum ad se intromissum faterentur; quia jam tantorum dolorum incendia per totum hospitale extinxerat. Inde per Aquam Pendentem Rochus incedens, uniuscujusque domum peste vexatam

adire festinat : et cum signo crucis ac memoria passionis Jesu Christi quemcunque tetigisset, eumdem sævissima pestis deserebat.

5. Liberata pestis contagio Aqua Pendente, versus Cæsenam civitatem Italiæ magnificam tendit, quam non minor pestis diu vexabat, eamque brevi spatio liberat. Inde tandem Romam venit : in qua tota urbe locus peste vacuus reperiri vix poterat. Erat autem iis temporibus Romæ Cardinalis quidam titulo Angleriæ, quæ provincia Longobardorum est. Jam hujus Cardinalis ædem beatus Rochus accessit, et cum in conspectu Cardinalis paulisper stetisset, subito mira consolatio et spes in animum Cardinalis peste infecti dilabitur : intellexit enim juvenem beatum Rochum Deo esse charissimum : hoc vultus, hoc mores, hoc Rochi modestia protendebat. Quare se Rocho beato commendavit, ut eum a peste tanta liberet et conservet. Et, ecce Rochus ei Cardinali in fronte crucem digito signat : statimque apparentissima et manifestissima crux in fronte Cardinalis impressa cernitur, et sic Cardinalis a peste protegitur.

6. Cumque sanctum Rochum precaretur, ut crucis stigma e fronte tolleretur, ne populo spectaculum foret, Rochus hortatur eum, ut Redemptoris signum in memoriam passionis ejus perpetuo in fronte gerat et reverenter colat, quo a dira peste liberatus exstiterat. Cardinalis ergo ad Papam beatum Rochum adducit, qui statim radium lucentissimum et cœlestem e fronte Rochi micare ac resplendere vidit; ipseque beatus Rochus plenariam indulgentiam a Papa obtinuit. Cum autem Cardinalis de Rochi gente et patria ab eodem quæreret, ille nullam mortalem gloriam affectans, patriam et gentem suam celavit. Postremo accepta iterum benedictione a Papa, secessit, et cum Cardinali per triennium

Romæ exstitit, continuas pauperibus et peste vexatis, operas et labores indulgens.

7. Post tres vero annos Cardinalis senio confectus moritur; et Rochus Romam linquens, Ariminum urbem Italiæ florentissimam venit : quam similiter liberavit. Arimino peste liberato, ad civitatem Navarensem in Longobardia venit, plurima etiam peste oppressam; et illic totos duos menses ægrotis peste toto corde totoque Dei auxilio inservivit. Inde post amotam pestem, versus Placentiam gressus direxit, quoniam et in ea ultra modum pestem regnare intellexerat. Erat nempe ejus semper studii, ut in Jesu Christi nomine et ejus sanctissima passione, homines a peste tutos faceret, primumque in pauperum domos et hospitalia se recipiebat, eo quod ea loca magis egerent auxilii.

8. Cum in hospitali Placentiæ diu fuisset, et fere omne illic ægrotos a peste curasset, quadam media nocte audivit in somnis hanc vocem angeli : Roche Christo devotissime, expergiscere, et pestem, quæ nunc in te est, cognoscere et curare studeas. Ille continuo se percussum telo mortifero in altera coxarum persentiens, egit Deo gratias. Cumque gravi dolore cruciaretur, ejusque languore ac gemitu omnes somni quiete privarentur, ille beatus propere se e cubili recepit, et ad exterius hospitalis limen advenientis diei lucem exspectans cubabat. Prætereuntes orto jam sole cives Placentini Rochum videntes, hospitalis magistrum impietatis accusabant; sed ipse se coram civibus purgans, Certe [inquit] nobis invitis foras huc secessit. Ergo cives properanter beatum Rochum e civitate depulerunt, ne per eum civitas majore peste inficeretur.

CAPUT II.

GESTA PLACENTIÆ, REDITUS IN PATRIAM, OBITUS IBIDEM, ET MIRABILIS AGNITIO.

9. Tam multo tamque ferventi dolore oppressus, patienter tamen se ejectum sustinet; semperque omnipotenti Deo benedicens, in quamdam desertæ vallis silvam non longe a Placentia profectus est, ibique, ut voluit, sibi parvulum tectum ex frondibus composuit. Mox nominis gloriosi Jesu memor, ad preces mentem erexit et dixit: Magnas tibi gratias ago, Salvator Jesu, quod me, ut ceteros peste afflictos, in hunc [te precor] desertum locum gratiæ tuæ refrigerium mihi mittere digneris. Finita oratione, statim e cœlo nebula elapsa est, et juxta cellulam ejus, in pulcherrimum et nitidissimum fontem, qui etiam illic hodie est, convertitur, cujus aqua æstuante Rocho refrigerium ferret.

10. Erat prope eamdem silvam villa ruralis, quam nonnulli nobiles inhabitabant: quos inter quidam Deo charus, Gothardus nomine, magna rura et magnam familiam possidebat. Is e multis venaticis canibus unum familiariter educaverat, qui ex mensa domini intrepide panem tractare solebat; et, cum panis Rocho deesset, panem ad eum afferebat. Quod cum sæpius adverteret Gothardus, et, ad quem ferret, ignoraret, ejus etiam familia ignorante, in proximum prandium, delicatum in mensa panem apponi jussit: quem statim suo more canis tollit, et ad Rochum accelerat: canem ergo ille insequitur, et ad cellulam beati Rochi conveniunt. Cer-

nens vero, quam familiariter panem Beato porrigeret, reverenter Rochum salutat, et sancto Viro assidet : qui timens, ne pestis contagio ille caperetur, Abi, inquit, amice, in pace bona ; quia me violentissima pestis tenet. Gothardus igitur domum suam reversus est : ubi secum tacitus hæc loquitur : Hic pauper, quem in deserto nunc reliqui, vir Dei certe est, cum canis, irrationabile animal, languido et derelicto panem solus portet : ideo qui hoc vidi, idem potius facere debeo, qui et homo et Christianus sum. In hac sancta meditatione ad eum reversus, dixit : Facere tibi, sancte Peregrine, misericordiam cupio, et jam te numquam relicturus reviso.

11. Rochus Deo gratias egit, et Gothardum in Christi lege jugiter erudiit. Postquam simul paulisper fuere, nec ultra canis panem adferret, Gothardus consilium pro pane habendo quærit; et, cum magis magisque fame urgeretur, remedium a Beato rogat. Qui juxta id Dominicum : In sudore vultus tui vesceris pane tuo, hortatur ut redeat ad villam, atque omnibus bonis suis renuntians, sequatur viam Christi, et in nomine Jesu panem petat. Ast Gothardus præ pudore [quia illic et notus et dives erat] id se vereri, ait. Sed tandem beati Rochi crebra admonitione instructus, Placentiam, ubi etiam notissimus erat, venit, mendicat, atque illic ad cujusdam sui compatris ostium eleemosynam postulat. Ille Gothardo aspere conviciatur, quod amicos suos hac dedecentissima homini prudenti et diviti mendicitate macularet, expulitque eum irridens et iratus ab ostio : et sic Gothardus aliorum domos mendicando sollicitare cogitur. Eodem die compatrem istum pestis invasit, reliquosque multos, qui Gothardo eleemosynam negaverant. Reversus tandem ad silvam Gothardus, quæ dicta sunt, Rocho beato exponit; sed beatus Rochus ipsius

compatris mortem brevi futuram prædixit ; quod ita factum est.

12. Verumenimvero motus pietate et misericordia Rochus, licet ipse peste affligeretur, plenam peste Placentiam accessit ; et, Gothardo in silva relicto, Placentinis omnibus magno suo labore opem attulit, et in nomine Jesu tangendo et benedicendo civitatem omni peste absolvit. Et ipse adhuc suo malo et languidus et fere claudus ad silvam revertitur : ubi multos, qui audierant, et ideo in desertam vallem venerant, cum Gothardo reperit ; quibus coram omnibus Vir Dei miracula faciebat.

13. Post modicum tempus Gothardus et socii sui propter certa negotia Placentiam reversi, beatum Rochum ad tempus in valle reliquerunt. Beatus quidem Rochus Deo orationem fecerat, ut a peste liberaretur, unde raptum somnus eum occupat. Interim Gothardus a civitate rediit, et cum jam esset junctus Rocho dormienti, audivit hanc vocem angeli : Roche, amice Dei, audivit Dominus preces tuas, et, ecce a peste sanatus es. Jubet ergo Dominus ut versus patriam tuam gradum intendas. Hac subita voce obstupuit Gothardus, qui semper ante hæc Rochi nomen ignoraverat, atque confestim expergefacto et divinitus sanato a peste Rocho vocem, quam audierat, enarravit. Qui ideo rogavit, ut nomen suum celaret, utputa nullius mortalis gloriam affectans ; et postquam aliquot dies cum ipso Gothardo et reliquis sociis in eremo commoratus esset, eos omnes instruens, et in sanctis operibus confirmans, valefecit, et peregrinus, ac pœnitentiæ diviniqué semper amoris studiosus, versus patriam tendit.

14. Dum patriam suam repeteret, sese ad Angleriam provinciam Longobardiæ ad Almaniam versus contulit ;

ubi ejus provinciæ dominus bellum cum hoste gerebat; cujus milites beatum Rochum comprehenderunt, et eum tanquam exploratorem et insidiatorem domino tradiderunt; et is sine mora beatum Rochum semper Jesum profitentem, atro carceri deputavit. Vir autem Domini parcens omnibus, patienter carcerem subivit, et nominis Jesu diu noctuque memor humiliter se Deo commendabat : adeo ut nullum ei incommodum carcer ageret, qui pro eremo et pro pœnitentia carcerem recipiebat. Postquam illic per quinque annos vixit, in fine anni quinti, cum jam Dei voluntas esset, ut sancti Viri anima Sanctorum consortio jungeretur, ille qui cibum eidem beato Rocho in carcere ferre solebat, singulis tunc diebus et horis mirabilem splendorem per atrium et carcerem ubique cernit, et Rochum genibus ad terram pronum orantem videt; quæ omnia domino suo retulit. Atque hujus rei fama statim totam civitatem replevit adeo, ut cives complures ad carcerem tantæ novitatis causà concurrerent : et idem viderunt, et conspicati sunt omnes, Deumque laudabant, et dominum istum sævitiei et impietatis incusabant.

15. Cum se tandem voluntate Dei hanc vitam mortalem finiturum cognosceret, custodem carceris ad se vocat, rogatque, ut dominum suum in nomine Dei et gloriosæ Virginis oret, quatenus ad carcerem mittat sacerdotem, cui Rochus moriens confiteatur. Quod cum impetrasset, et devotissime confessus esset, rogat ut per tres insequentes dies totos se solum in carcere cœlestia contemplari sinat, quo melius et propius e vita decedens possit de sanctissima passione Christi meditari. Senserat enim Vir Dei quomodo cives civitatis dominum pro ipso e carcere liberando suppliciter precarentur. Quæ omnia sacerdos domino retulit; et sic beato Rocho triduana

illa solitudo concessa est. In fine diei tertii, angelus Domini cum hac voce ad illum venit : Roche, ecce, mittit me pro tua anima Deus : a quo si quid optas in hac ultima tuæ vitæ parte nunc id petere debes. Rochus ergo omnipotentem Deum prece devotissima rogavit, ut omnes Christiani, qui pie et reverenter in nomine Jesu memoriam sui fecerint, a peste liberarentur : et oratione facta, exspiravit.

16. Post diem tertium, dominus civitatis ad carcerem mittit, ut beatum Rochum de carcere liberaret. Sed qui venerunt, jam vita finitum invenere, et per totum carcerem admirabilis luminis radios viderunt, ut indubie eum Dei amicum intelligerent. Erat et ab illius capite cereus magnus, et alter quoque tantus a pedibus : quibus cereis totum sanctum corpus illustrabatur. Invenerunt præterea sub ejus capite tabulam aureis litteris divinitus præscriptam, in qua scriptum erat, Deum ejus orationi concessisse, quod pro laborantibus petierat. Ex ipsa insuper cognoverunt beati Rochi nomen et auctoritatem; quo nomine cognito, illius civitatis domini mater, jam multo senio confecta, intellexit Rochum fuisse filium domini Joannis de Montepessulano qui frater germanus fuit hujus, de quo jam diximus, domini; quæ omnia propter incognitum nomen antea ignoraverant. Agnoverunt præterea, beatum Rochum eis nepotem esse, per signum illius sanctissimæ crucis, quam, ut diximus, ab utero matris natus contraxerat. Sic igitur ipsi pœnitentes, et sese dolore ac planctu afficientes, tandem cum tota populi civitatis frequentia, solenniter et religiose beatum Virum sepeliunt. Qui postea in Apostolatu Sanctus gloriose dedicatus est; atque ejus glorioso nomini amplam et celeberrimam ecclesiam construxerunt.

Apostrophe metrica ad Sanctum:

17. Non te praetereo, cecini, sanctissime Roche,
　　　Carmina, nec versum mira beat., petunt,
Libera nec ideo praesens haec pagina promit,
　　　Quam tibi sit magni gratia larga Dei.
Quam tu pluris ades Chirone et Apolline contra
　　　Quod bene sis pestes unica certa salus.
Jam vos mortalem medicum contemnite, quorum
　　　Corpora (febrilis) tabida pestis habet;
Ad Sancti properate gradus, Rochoque vovete,
　　　Angelicam novit munere solus opem.
Extremum hoc moriens donum munusque poposcit,
　　　Posset ut aegrotos solvere peste pios.
Concessit meritum stabili sub foedere Christus:
　　　Ergo preces Rocho femina virque date.

II.

ICONOGRAPHIE DE SAINT ROCH.

Dans le langage de l'incoographie chrétienne, le chien est l'attribut ordinaire de Saint Roch avec le bourdon du pèlerin. Un ange est représenté quelquefois comme son compagnon.

Ces signes résument, en effet, les merveilles et les gloires de sa vie.

Le chien fut le ministre fidèle dont Dieu se servit pour secourir la misère extrême de son serviteur.

Le messager céleste fortifie notre Saint dans ses souffrances solitaires.

Le bourdon enfin rappelle les longues marches de cet héroïque apôtre de la charité.

Telle fut la renommée de Saint Roch que, dans le langage de l'art, il devait avoir son signe, son symbole et comme son blason à lui. Les armoiries de sa famille, si sa famille eut jadis des armoiries, sont perdues pour nous. Malgré nos recherches, malgré les recherches d'autres plus habiles que nous, il ne nous a point été donné de connaître le blason de ses ancêtres.

L'humanité reconnaissante devait seule donner à Saint Roch un écusson bien autrement illustre que celui dont il put hériter de ses pères. Le glorieux pèlerin de Montpellier n'est pas un Saint ordinaire qu'on puisse confondre dans l'innombrable série des bienheureux. Il a sa place d'honneur dans cette troupe d'élite de saints personnages qui par leurs lumières ou par leurs grandes actions, méritèrent plus spécialement les hommages et l'admiration de notre humanité. Comme eux il a eu la gloire d'avoir, dans le symbolisme chrétien, ses attributs, ses insignes et comme son blason personnel.

Dans le cours de cette histoire, nous avons signalé déjà les nombreux monuments que l'art éleva en son honneur. Pour compléter ce travail, il nous reste à indiquer les œuvres principales des grands artistes qui reproduisirent ses traits ou qui célébrèrent sa mémoire.

Dans le dictionnaire iconographique de M. L. J. Guénebault, à l'article Saint Roch, nous trouvons l'énumération suivante de ces travaux de l'art:

« Très-belle statue du XV° ou XVI° siècle gravée dans la *Storia della pittura de Cicognara*, tome II, planche XXXIX.

« Légende complète de la vie du Saint, représentée sur des vitraux du XVI° siècle à l'église Saint-Étienne d'Elbeuf, cités par M. de Caumont, *Cours d'Antiquités monumentales*, VI partie, page 521. Nous ignorons s'ils sont publiés quelque part.

« Belle figure de Saint Roch assis dans le ciel, regardant les pestiférés qui l'invoquent. Grande composition d'Erasme Quellinus, peintre du XVI° siècle (Biblioth. Mazarine, volume d'images de Saints, folio 203 sous le n° 4778.)

« Saint Roch dans un hôpital, priant pour les pestiférés, grande peinture à fresque d'Abel de Pujol, à l'église Saint-Sulpice. Charles Lenormand *sculpsit*.

« Saint Roch, par Étienne de la Belle.

Le même, intercédant pour les pestiférés, Rubens *pinx*. Paul Pontius *sculps*.

Le même, réduit pour les Annales du Musée Landon, Charles Lenormand *sculp*. Planche XXXII du XI vol.

Autres, dans la collection de gravures, bibliothèque Mazarine, in-folio, n° 4778, folio 42, gravure de Hier. Wierix; dans celle du cabinet des estampes à Paris, in-folio, lettre R.

Le même, distribuant ses biens aux pauvres. Belle eau-forte d'Annibal Carrache.

Autres, dans la même collection, par divers artistes.

Le même, soignant les pestiférés. Franc. Perrier *pinx. et sculps.*

Le même, invoqué par les pestiférés. Quellinus *pinx.* Jacob Necffs *fecit.* Cabinet des estampes de Paris.

Sa mort en prison. Peinture d'Abel de Pujol à l'église Saint-Sulpice. Même volume cité plus haut.

Le même, reçu au ciel. Brandi *invenit*, Barthélemy de Petris *sculps.* Même vol., folio 70.

Le même, guérissant un malade, signé E P. fol. 71.

Le même, assis ou debout. Un ange touche la plaie de sa cuisse. Rousselet *fecit*, fol. 76. Autre par J. Speccart. Inv. Corn. Corn. *fecit*, folio 83. Même sujet, Hieron. Wicrix *sculps.* Et divers autres. Voir les folios 89, 91, même collection. »

Parmi les œuvres des grands maîtres représentant le saint pèlerin, nous citerons les tableaux suivants :

A la Galerie de Dresde. — Un Saint Roch se dépouillant de ses biens en faveur des pauvres, belle et grande peinture d'Annibal Carrache. Il y a dans ce tableau une grande quantité de figures. On y admire l'élégance et la fermeté du dessin, la justesse des expressions, la variété, le choix et la noblesse des attitudes et des caractères, la manière savante dont les figures sont drapées, et la richesse de la composition. Il est sur toile : il a 17 pieds, un pouce de large, et 11 pieds, neuf pouces de haut. Le Guide estimait tellement ce tableau, que non-seulement il en avait fait une copie en petit, mais qu'il l'a encore gravé à l'eau-forte.

Dans cette même galerie, on distingue un autre tableau du Procaccini représentant Saint Roch secourant les pestiférés.

Musée de Bologne. — La Vierge et l'Enfant Jésus avec Saint Jean l'évangéliste, Saint Roch et Saint Sébastien, de V. Ansaloni.

Tableau de Saint Roch, de Louis Carrache.

Saint Roch et Saint Sébastien, toile attribuée à Lippo Dalmasio.

Tableau de Saint Roch et de Saint Sébastien, du Pérugin, selon l'opinion générale. Cette peinture est dans l'église des Saints Vital et Agricol, vis-à-vis du palais Fantuzzi.

Au Musée : un Saint Roch et Saint Sébastien, de Guido Aspertini.

Un autre tableau de Saint Roch, de Louis Carrache.

A Urbino. — Dans l'église de Saint François, Saint Roch et Tobie, petites peintures à l'entrée du chœur attribuées communément à Giovanni Sanzio, père du célèbre Raphaël.

A Pérouse. — A Santa Maria-Nuova, un tableau de Saint Roch et de Saint Sébastien, de Sébastien del Piombo.

A Modène. — Dans la galerie du Palais Ducal, un tableau de Saint Roch en prison, du Guide.

A Milan. — Une peinture de Foschi représentant Saint Roch visitant les pestiférés.

A l'Académie des Beaux-Arts de Venise. — Le Christ, Saint Roch et Saint Sébastien, de Bartolomeo Montagna.

A Lorette, dans la belle pharmacie des pèlerins, nous avons admiré sur un des vases peints en émail d'après les dessins de Raphaël, un Saint Roch dans son costume et ses attributs de pèlerin.

Nous ne pousserons pas plus loin cette énumération. Combien d'autres œuvres capitales que nous omettons ici, soit parce qu'il ne nous a pas été donné de les admirer, soit surtout parce que nous ne les connaissons pas ! Celles que nous venons de citer pourront suffire pour montrer combien la personne et la vie du glorieux pèlerin surent inspirer les grands maîtres de l'art.

De nos jours, les peintres et les statuaires ne se sont pas montrés moins empressés de reproduire la physionomie et les traits historiques de notre Saint. De nombreuses églises ont voulu avoir leur statue ou leur tableau de Saint Roch. Nul doute que parmi ces œuvres de l'art, beaucoup ne méritent d'être aussi distinguées : mais, dans un travail aussi concis et aussi rapide que le nôtre, nous devons laisser à la postérité le soin de les nommer et de les apprécier à leur juste valeur.

III.

SAINT ROCH CHANTÉ PAR LES POËTES.

Parmi les monuments élevés à la gloire de notre Saint, nous ne devons pas omettre les chants des poëtes qui célébrèrent ses actions, et témoignèrent ainsi, devant la postérité, de l'éclat de sa renommée.

A la fin d'une vie de Saint Roch imprimée en Allemagne vers le commencement du XVI° siècle, on lit ces vers élégiaques qui ne sont pas sans harmonie et sans mérite :

« Vous qui lirez ce livre dans un esprit de foi, honorez les saintes actions de cet homme admirable.

« Une atmosphère humide fournit un aliment au souffle contagieux de la peste ; un brouillard empoisonné porte au loin le virus que respirent les poumons suffoqués. Tout succombe, le vieillard et l'enfant ; le poison de l'air précipite le fort et le faible dans les mares du Styx. En voyant le nombre des morts, on dirait les flots amoncelés d'une mer en furie qui se brise sur le rivage.

(1) *Hunc quicunque legis devota mente libellum*
  Tu cole mirandi numina sancta viri.
 Fumidus æther alit spiramina pestis iniqua,
  Nebula letiferam dat malefausta luem.
 En juvenisque senexque ruit, perimente veneno,
  Mergitur en stygiis non rediturus aquis
  (Tempestasque) furit maris instar fluctibus acti,
  Corripit en multos heu rabiosa viros.

« Ah! qui que vous soyez, dans un péril aussi imminent, vénérez Saint Roch, appelez Saint Roch à votre secours !

« Oh! miséricordieux Saint, espoir des malheureux, refuge des affligés, écoutez-nous! Roch exaucez-nous ! Le Très-Haut vous a donné une puissance assurée pour repousser la peste : les nations consternées placent leur unique espérance en vous. Ah ! puisse la terrible contagion, grâce à votre intercession, s'éloigner de nos contrées ! Que l'ange exterminateur, cessant d'entasser ruines sur ruines ne détruise pas entièrement notre espèce ! Daigne le Dieu Tout-Puissant tourner ce fléau contre les infidèles et les méchants, et épargner ses ouailles soumises, en nous délivrant de cette horrible contagion !

« Roch miséricordieux, nous vous demandons ces grâces avec une entière confiance ; obtenez du Seigneur notre prompte délivrance ; éloignez de vos serviteurs la peste de l'âme et du corps !

Rochum ergo nunc, quisquis ades, venerare beatum,
Ad Rochumque pias accumulato preces.
Roche pater, miserum spes, anchora, perfugiumque,
Præbe aurem famulis, Roche, pater miserum.
Munere te digno donavit rector Olympi,
Tabificam ut valeas pellere ab orbe luem.
Deposcunt gentes tua numina fausta misellæ,
Morbus hic e nostris finibus exul eat.
Angelica atque hominum manus exsaturata ruinis
Nostrum non pergat dilaniare genus.
At Deus omnipotens conceptum corde furorem
Evomat in Teucros improbulosque viros ;
Utque lupis sua non committat ovilia, sed nos
Funesta tegat ab orbificaque lue.
Hæc te, Roche pater, lacrymis rogitamus obortis,
Pro nobis Dominum posce benignus opem.
Namque potes: modo nunc deditos tueare clientes,
Corpora conservans ingentumque simul.

« Préservez aussi de ce fléau le docte médecin Jean Nel qui a fait retentir vos louanges dans tout l'univers; c'est lui qui a voulu que les actions de votre vie fussent racontées dans ce livre; daignez le récompenser de son zèle. »

Dans un poëme épique dédié à Saint Roch et à Saint Sébastien, un autre poëte exprime ainsi sa confiance envers leur puissante intervention :

«Vous aussi, miséricordieux Roch, qui jadis secourûtes tant de malheureux pestiférés et qui éprouvâtes dans vos membres le venin de cette horrible maladie ; que par vos prières et celles de Saint Sébastien, la peste soit à jamais éloignée du royaume de France ; que nos corps et nos âmes en soient à jamais préservés ! Nous ne serons pas ingrats, et les torches qui brûleront devant votre autel témoigneront de notre reconnaissance. (1) »

A la solennité séculaire qui eut lieu à Frascati, au mois de juin 1856, plusieurs pièces de poésie furent composées en l'honneur de Saint Roch et de Saint Sébastien. Nous avons publié dans le cours de cette histoire, l'hymne à notre Saint de la comtesse Orfei, pag. 236.

Præsertim medicum doctum defende Joannem
Nel ; tua laus cujus munere in orbe viget.
Is voluit tua gesta premi reddique libellis ,
Is tibi commissus præmia digna ferat. (Boll. n° 40.)

(1) *Tu quoque, Roche pater, miseris succurrere quondam*
Qui didicisti ægris, quando contagia morbi
Horrendi, crudumque tulisti corpore vulnus :
Eia animis junctis, precibusque avertite regno
Francorum, in nostris bacchantem cædibus orcum :
Corporis atque animi gemina date peste carere.
Solemnem vocis memores statuemus ad aram
Ardentes faculas..... etc. (Boll. n° 41.)

Il nous reste à mettre sous les yeux de nos lecteurs les autres chants que la Muse italienne inspira si noblement aux poëtes de l'Académie de Tusculum.

Pour la seconde solennité séculaire de la découverte miraculeuse des images sacrées de Saint Roch et de Saint Sébastien protecteurs de la ville de Frascati. (Juin 1856.) (1)

« La colère du ciel était parvenue à son comble ; le messager des vengeances divines descendant sur la terre maudite y répandait à grands flots la coupe d'un venin mortel.

« Lorsque l'horrible fléau atteignit les hauteurs de Tusculum, deux gardiens vigilants, éclairés par la lumière divine s'écrièrent : Arrête, au nom du Seigneur, cette terre hospitalière est protégée par nous.

« A ces mots, le ministre des vengeances divines suspend ses coups ; il reconnaît Saint Roch et Saint Sébastien, et d'un ton qui tient le milieu entre la douceur et la colère, il leur parle ainsi :

(1) *Per la seconda centenaria solennità del prodigioso scoprimento delle sacre immagini dei Santi Sebastiano et Roco comprotettori di Frasca Dominico Fiorani.* (Nel Giugno 1856)

    Già del Cielo era colma la vendetta,
      Scendea il ministro del divin furore
      E l'atro nappo di letal malore
      Spargeva sulla terra maledetta.
    Quando toccò la Tusculana vetta,
      Due Vegli, chiari per divin fulgore,
      Ferma, gridaro, in nome del Signore,
      Questa terra ospital da Noi è protetta.
    A tai detti arrestossi il divo arciero,
      Riconobbe il gran Rocco, e Sebastiano,
      E Lor rispose in tuon tra dolce e fiero :

— 381 —

« Je devais appesantir ma main sur cette cité, mais il faut bien que je me soumette à vos ordres. Que le peuple de Tusculum vous doive donc son salut ! » — (*Traduit de Dominico Fiorani.*)

Chœur chanté par les pieux fidèles de Tusculum le 18 juin 1856. — Second anniversaire séculaire de la découverte des images sacrées de Saint Sébastien et de Saint Roch. (1)

« Célébrons, ô fidèles, célébrons ce jour si heureux et si solennel, et que des hymnes d'actions de grâces et d'amour retentissent autour de Tusculum.

« Oui, chantons! car c'est l'anniversaire du jour ou cette terre fortunée éprouva que la main du Seigneur est toujours paternelle lors même qu'elle se lève pour frapper.

« La peste, ce fléau destructeur, désolait les belles campagnes de l'Italie; des cris de terreur retentissaient

> Su questi pur dovea gravar la mano,
> Ma mi è forza obbedire al Vostro impero,
> Per Voi sia salvo il Popol Tusculano.

(1) *Coro cantato da' devoti Tusculani, il 18 giugno 1856. Secondo centenario dal mirabile scoprimento delle immagini dei SS. Sebastiano M. C. Rocco C. comprotettori.*

> Esultiamo, o fedeli, esultiano
> In sì fausto et sì splendido giorno,
> E del Tusculo echeggino intorno
> Inni sagri di grazia, di amor.
> Sì cantiamo: ecco il giorno propizio,
> Quando o Patria felice vedevi,
> Che sebbene a punire si levi,
> È paterna la man del Signor.
> La mortifera peste affliggeva
> Dell' Italia i vaghissimi lidi,
> Di terrore suonavano i gridi

de toutes parts; de nombreuses victimes jonchaient déjà le sol.

« O patrie bien-aimée! que se passa-t-il alors au milieu de toi ? tes pieux enfants se réunirent dans le temple et, les yeux pleins de larmes, ils adressèrent au ciel leurs supplications et leurs vœux.

« Alors on vit apparaître sur les murs de ce temple l'image du bienheureux Roch et du glorieux martyr Sébastien attachée à un arbre et percée de flèches.

« Ce miracle ranime l'espérance; de nouvelles prières naissent au milieu des larmes; Dieu les accueille favorablement et par la vertu de ces bienheureux Saints, Frascati se voit sauvée de la contagion.

« Deux siècles se sont écoulés depuis ce prodigieux événement, et la glorieuse cité fidèle à ses protecteurs tutélaires, les salue et les honore par tous les signes d'une fervente piété.

Già cadeano le vittime al suol.

Di te Patria che avvenne in quell'ora?
Tutti al Tempio i tuoi figli devoti
Si raccolsero, et suppliche e voti
Lagrimando innalzarono al ciel

Allor fu che improvvisa l'Effigie
Del buon ROCCO, e del Martire invitto
SEBASTIANO ad un tronco trafitto
Di quel tempio sul muro apparì.

Il prodigio ravviva la speme,
Sorge nuova preghiera fra i pianti,
Dio l' accoglie, e in virtù di quei Santi
Dal contagio Frascati campò.

Ecco omai l' altro secol compito,
Dal prodigio; e quest' alma cittade
Tutelari d' insigne pietade
Vi saluta ed onora fedel.

« Si la peste venait infecter de nouveau nos campagnes, imitant l'exemple de nos pères, nous vous invoquerions encore, grands Saints, et le mal destructeur fuirait loin de nous.

« Que la confiance en ces puissants intercesseurs se maintienne parmi nos fils et nos neveux, et qu'elle guide leurs cœurs et leurs esprits dans la voie du salut!

« Présentée par eux, ô Dieu grand et clément, notre prière te sera toujours agréable ; nos champs et nos vies seront préservés de la peste, et nos âmes te seront un jour réunies. » (*Traduit du chanoine Casini, de l'Académie de Tusculum.*)

Che se il morbo infettò le nostr' aure,
A respingerne l' orrido scempio
Imitando degli avi l' esempio
Vi pregammo ed il morbo fuggì.
Mai si spenga in voi figli e nepoti
La fiducia in quei Numi possenti ;
Essa i cuori ne guidi e le menti
Nel difficil sentiero dei ciel.
Così sempre, gran Dio di clemenza,
Ti sara la preghiera gradita ;
E da peste ogni campo, ogni vita,
Ed ogn' alma fia salva per lor.
(Del Canonico P. Casini Accademico Tusculano.)

Aux illustres Saints Roch et Sébastien, protecteurs de Frascati qui en célèbre la mémoire, le 18 juin de l'année 1856. — Second anniversaire de la découverte miraculeuse de leurs images vénérées. (1)

HYMNE.

« Que la terre et la mer entonnent une hymne d'actions de grâces en l'honneur de Saint Roch et de Saint Sébastien ; que les vents se taisent, que le soleil suspende sa course pour écouter leurs louanges.

« O Tusculum, ô ma patrie, élève vers le Seigneur des mains suppliantes. Saint Roch et Saint Sébastien intercèdent pour toi auprès de Sa Majesté.

« Jeunes gens et jeunes filles, brillants de grâces et d'amour, chantez ! et que vos cantiques s'élèvent jusqu'au trône de l'Éternel.

---

(1) *Agli incliti SS. Sebastiano et Rocco comprotettori di Frascati che ne festeggia le glorie il 18 giugno dell' anno 1856. Secondo centesimo dal prodigioso discoprimento delle loro sacre immagini.*

INNO.

All' onor de' (duo) Celesti
Sciolga un Inno e terra, e mar ;
Taccia il vento, il Sol s'arresti
L'alme lodi ad ascoltar.

Sorgi, o Patria, o Tuscol mio,
Sporgi supplice la man ;
Te difendon presso a Dio
Te San Rocco, et Sebastian.

Su fanciulli, e verginelle,
Cui sorride e grazia, e amor ;
Su levate oltre le stelle
Un bel cantico d'onor.

« Un jour, sur le sol de la Thrace on vit apparaître l'horrible peste ; elle semblait menacer l'un et l'autre pôle, en disant : Me voici.

« Hélas ! on la vit bientôt désoler les cités et les campagnes ; on vit les hommes tomber par milliers sur la terre pour ne plus se relever !

« Là, une mère frappée par le cruel fléau voit son jeune enfant tomber auprès d'elle ; le sort de cet être chéri redouble sa désolation et son malheur.

« Ici la jeune épouse languit et pleure son bonheur passé ; elle appelle la mort de tous ses vœux depuis que son époux n'est plus.

« On n'entend en tout lieu que les pleurs et les gémissements, les cris de détresse et les accents de la prière ; le deuil est partout. O Italie, tu n'est plus belle, un voile funèbre est étendu sur tes cités !

Torvo un dì dal Tracio suolo
Il Cholera s'affacciò
Quasi all'uno, e all'altro polo
Accennasse: or, or verrò.

Ed ahimè ! cittadi, e ville
Poi fu visto desolar,
E le vite a mille a mille
Spente al suolo oh Dio plombar !

Presso all' egra genitrice
Giacque ansante il bambinel:
L'un fè l'altra più infelice ;
Ambi oppresse il rio flagel.

Ahi la Sposa giovinetta
Langue, e plora il ben che fu.
E il muorir coi voti affretta,
Che il suo Sposo non è più.

Pianto ovunque, e lutto, e omei,
Fioche voci, et di pietà:
Bella, o Italia, or tu non sei ;
S'oscurar le tue Città.

17

« Le monstre répand son haleine empoisonnée dans tous les lieux où il apparait. Partout on voit la terre se dessécher et les fleurs se flétrir.

« Pendant cette épreuve cruelle, l'habitant de Tusculum, implorant la miséricorde divine, élève vers le ciel des prières mêlées de larmes. Qui viendra au secours d'une foi si grande ?

« Deux Saints apparaissent alors. Ah ! prosternez-vous devant eux ! ils seront pour vous ce qu'est sur la mer l'étoile amie pour le nocher qui va périr!

« L'un a le sein percé de flèches, son visage est tourné vers le ciel ; il prie et repousse le fatal fléau loin de son peuple fidèle.

« L'autre est vêtu comme un pèlerin, et rentre dans sa patrie pour être l'appui des malheureux que consument la souffrance et le chagrin.

Appassir l'erbette, e i fiori
   Sullo squallido terren
Dove il mostro uscendo fuori
   Sparse l'alito, e il velen.
In angoscia, in duol cotanto
   Cerca il Tuscolo mercè ;
Grida al Ciel, prega nel pianto...
   Chi soccorre a tanta Fè ?
Ma due Divi, o deh salvete!,
   Ma due Divi ecco apparir :
Stella amica in mar voi siete
   Al nocchiero in sul perir.
L'un confitto in sen di strali,
   E col volto fiso in Ciel,
Prega, e svia lo stral de'mali
   Dal suo popolo fedel.
In sembiante pellegrino
   Torna l'altro al patrio suol
A soccorrere il meschino
   Che si strugge in morbi, e in duol.

« Il gouverne avec son bourdon ; il guide ses serviteurs dans la voie du salut, et ramène au bercail la brebis égarée.

« Un levrier fidèle est auprès de lui ; l'animal tient avec orgueil un pain entre ses dents : toute son attitude exprime le zèle et la prévoyance.

« O bienheureux Saints dont la puissance est si grande, ô princes de la céleste Sion, vous à qui la pluie, la foudre et les éléments sont soumis !

« Préservez l'Italie de tout malheur, éloignez d'elle la contagion qui souille l'âme et qui menace la foi.

« Que par votre intervention, la vieillesse et l'âge mûr jouissent du repos, et du bonheur ; que le jeune homme soit vertueux et bon !

Col bordon governa, e regge,
Drizza i sudditi a buon fin,
E r adduce al santo gregge
Qual v'ha indocile agnellin.
Fido un veltro a lui dappresso
Veglia, e un pano addenta altier ;
E lo zelo è in quello espresso (*)
E il solerte provveder.
Or voi, Divi in Ciel possenti,
Prenci eletti di Sion,
A cui servon gli elementi,
Le procelle, e il nembo, e il tron ;
Voi la Lue che l'alme envade,
E la fe minaccia e ognor,
Dalle Italiche contrade
Voi cessate ogni malor.
Abbia pace, abbia conforto
La canuta, e grave età,
Ed il giovine sia scorto
A virtude, a gravità.

(1) *Venerabile Beda sopro il cane di Tobia.*

« Que les arbres donnent de beaux fruits, que les fleurs émaillent le penchant des collines; que le ciel soit pur et serein, et que la vigne chargée de grappes abondantes récompense les labeurs du villageois!

« Deux siècles se sont écoulés depuis le jour où vous vintes secourir nos pères dans leur détresse.

« Les habitants de Tusculum ne cessèrent jamais de vous offrir des actions de grâces et des vœux; et leurs descendants voudront chanter aussi vos louanges. » — (*Traduit de Louis Ceci, Chanoine de la cathédrale de Frascati.*)

Vers composés à l'occasion de la deuxième fête centenaire et du vœu par lequel les habitants de Tusculum émus et reconnaissants célèbrent l'apparition des images sacrées de S. Roch et de S. Sébastien qui délivrèrent leurs pères du fléau de la peste. (1)

« Salut ô Tusculum! tu fus toujours la patrie des héros; si tu n'es pas la première entre les villes du La-

Belli i frutti, e sien fiorite
Le colline, e puro il Ciel;
Di bei grappoli la vite
Racconsoli il villanel.

Ecco omai 'l centesim'anno
Ben due volte ritornò,
Dacché voi nel commun danno
Aparisté a nostro prò.

E letizia, et plausi, et voti
Sempre il Tuscolo v'offri:
E i tardissimi nepoti
Plaudiranno anch'essi un dì.

(*Di Luci Canonico Ceci.*)

(1) *Salve o Tuscolo mio! Fra quante un tempo*
Surser d'Eroi alme città nel Lazio.
Se la prima non sei, certo tu splendi
Non seconda ad alcuna. E chi potria

tium ; tu resplendis d'une gloire à laquelle nulle autre gloire ne peut être comparée. Qui pourra dire les hauts faits de tes enfants ! les Spurius, les Mamilius ont joint à la vertu guerrière la grande âme de l'invincible Caton ; leur front est ceint de lauriers immortels.

« Mais la gloire de ces héros semble entourée de nuages, et comme les étoiles qui disparaissent dans l'azur des cieux à l'approche de l'astre du jour, elle s'efface devant la gloire incomparable de Saint Roch et de Saint Sébastien. Les premiers ont défendu leur patrie avec le fer pendant un court espace de temps; leurs mains sont teintes de sang. O combien de victimes de leurs exploits traînèrent leurs jours dans d'atroces souffrances ; combien qui, ne pouvant en supporter le poids, mirent eux-mêmes un terme à leur malheureuse existence. Tels ne furent pas, ô Tusculum, les deux héros dont les louanges retentissent aujourd'hui dans

Dir de' tuoi figli le ammirande geste,
Onde gli Spurii, ed i Mamilii in uno
Con le grand' alme de' Catoni invitti
T'ornar le chiome d'immortali allori ?
Eppur la gloria di cotanti prodi
Cinta è come da nebbia, e qual le stelle
Al comparir del maggior astro in cielo,
Si abdican tutte nell' azzurra volta;
Tal ella muore non sì tosto irraggia
Da presso a lei di Sebastiano, e Rocco
L'alta virtù, che non verra mai meno.
E che ? La patria tutela quei forti,
Ma breve tempo le giovar col brando,
E d'uman sangue si lordar le destre.
Ed oh ! Quanti per lor fra spasmi atroci
Trasser la vita, e di soffrir già stanchi
Reciser ciechi l'infelice stame
De' dolenti lor anni, e illacrimati
Anzi l'ultimo di sceser l'avello !
Ma tai non furo, o Tuscol mio, que' duo,
Le cui laudi il tuo suolo oggi risuona.

tes murs. Leur gloire pure et sans tache est semblable au soleil qu'aucun nuage ne ternit...

« ..... Le Seigneur a saisi dans sa main le trait de la vengeance, et frémissant de colère, il le lance sur la terre maudite. Que de morts, que de victimes on vit alors ! Le tendre enfant et le vieux père, la jeune épouse et l'homme plein de force saisis soudain par le cruel fléau périssent en un instant.

« Comme l'Égypte pleura jadis ses enfants frappés par la main toute-puissante du Dieu d'Israël, ainsi Préneste, ainsi Rome et Albe pleurent ceux que l'homicide fléau a frappés. Les larmes et les prières sont impuissantes, rien ne peut arrêter la contagion. On la voit s'établir sur les places publiques, s'introduire dans les maisons et porter en tout lieu le désespoir et la mort. Horrible spectacle ! celui qui vient secourir son semblable tombe lui-même victime de son dévouement ! Une mère mourante presse ses enfants sur son sein, et son

Chè sempre pura, e sembiante a sole,
Cui nube alcuna non fa velo intorno
Splende di que' magnanimi la gloria.
L'irata destra d'ell' eterno Dio
I dardi strinse della sua vendetta
E su la terra li scagliò frementi.
Oh quante morti, e quante stragi allora
Io vidi ! Il picciol figlio, e 'l vecchio padre,
La vaga sposa, ed il garzon robusto
Colti dal morbo in un balen periro.
Come l'Egitto lacrimò suoi figli
Dal forte Iddio d'Israel percossi ;
Così Preneste, così Roma ed Alba,
Pianser ghermiti de la lue ferale,
Cui non valse a fugar prece, nè pianto ;
Più incrudelir, più inferocir fu vista.
Terribil vista ! Chi soccorso affretta,
Ei cade anciso da la sua pietade !
Presso al morire i cari nati al seno

dernier baiser leur communiquant le fatal venin, l[es]
victimes de son amour. Au milieu de ta[nt] de maux,
osera s'exposer aux terribles atteintes de la peste ? [qui]
osera tendre une main compatissante à tant d'infortunés
saisis par le mal ?

« Vainement Rome, Préneste et Albe adressent au ciel
leurs vœux et leurs prières. O Tusculum, redouble tes
supplications !....

« Une pieuse femme recueillie dans une muette extase,
priait avec ferveur dans l'église de Sainte-Marie-du-Vivier; elle conjurait le Seigneur d'éloigner de sa patrie
ce formidable fléau. Ses larmes et ses gémissements ont
déjà fléchi la colère divine. Frères, bénissez cette femme, ne craignez point que la contagion envahisse la cité.
Qu'avec vous soient sauvés ceux qui chercheront un asile
dans ses murs.

« Celui qui parcourt l'Italie comme un pèlerin, celui
qui prodigua ses soins aux pestiférés, qui pansa leurs

> *Stringer ama la madre, e mentre un bacio*
> *Lor stampa in fronte, ah ! vedeli dal morbo,*
> *Per amor suo, già vittime infelici !*
> *E or chi vorrà fra tante morti amica*
> *Stender la destra ai tanti egri dolenti ?*
> *E pietoso della peste ai dardi*
> *Il petto espor ? Roma, Préneste, ed Alba*
> *Fecere prieghi, e voti lunghi in vano.*
> *Ah prega tu, mio Tuscol !.... Ma raccolta*
> *Tacita stassi una tua Pia nel tempio*
> *Sacro a Maria, che dal Vivario ha nome ;*
> *E della patria su i temuti danni*
> *Forte gemendo ha già commosso Iddio.*
> *Levate, o cittadin, grida di gioia :*
> *Plaudite a lei : del ciel già doma è l'ira ;*
> *Nè fia che tenti di appressarsi a Voi*
> *Il pestifero morbo : anzi con Voi*
> *Fia salvo ognun che al vostro suol si volga.*
> *Chi peregrino Italia tutta corse ;*
> *E gli ammorbati sollevò repente,*

plaies et les guérit, vient te secourir, ô Tusculum ! c'est Roch le pieux et avec lui l'illustre martyr du Christ, le défenseur de l'Église militante, celui que Rome et le pontife Agathon invoquèrent comme un protecteur tout-puissant contre les coups de la peste.

« Soudain, au côté gauche du temple on voit les ciments se détacher du mur et les images de Saint Roch et de Saint Sébastien apparaître. Tous deux sont descendus du ciel pour entourer cette terre de leur protection tutélaire. De nombreux prodiges accompagnent bientôt leur venue.

« O ma patrie, entonne des chants de réjouissance : prépare-toi à fêter solennellement les deux Saints protecteurs que le ciel te donna. Et vous, frères, applaudissez et mettez votre confiance en la médiation toujours efficace de Saint Roch et de Saint Sébastien. » — (*Traduit de Scipion Federici.*)

Tergendo loro di sua man le piaghe :
In tuo soccorso, o Tuscol mio, già surse
Rocco il pietoso : e insiem con Lui è il forte
Martir di Cristo, cui di Roma e in uno
Dell' universa militante Chiesa
Contro gli strali dell' orribil peste
Agatone gridò Patrono invitto.
Ecco ! nel tempio alla sinistra vedi
Scrostato il muro, e vagamente pinti
Rimira in esso Sebastiano, e Rocco.
Ambo congiunti a tutelar tua terra,
Sceser di cielo ; e di prodigii un fiume
Il piè già lambe d'ogni tua collina.
Leva di gioia, o patria mia, deh leva
Un forte grido, e i duo, che il ciel ti diede
Con sommo onore a celebrar ti appresta.
E Voi plaudite, o Cittadin, che Voi
Dal sommo cielo eternamente affida
Di Rocco, e Sebastian l'alta possanza.

NOTICE SUR SAINT SÉBASTIEN.

Saint Sébastien naquit d'une noble famille. Son père était de Narbonne dans les Gaules, et sa mère de Milan. Il passa son enfance dans les exercices de la piété chrétienne.

Ayant pris de bonne heure le parti des armes, il se rendit à Rome, mérita les bonnes grâces de l'empereur Dioclétien, et fut nommé capitaine de la première cohorte à cause de la noblesse de sa famille et de la bravoure héréditaire parmi les siens.

L'Église de Dieu était alors persécutée, et Sébastien en prit occasion de montrer son zèle pour soutenir les chrétiens dans la foi et les disposer au martyre. Son courage et son dévouement furent tels, qu'il obtint de son vivant, le titre glorieux de *défenseur de l'Église* que lui conféra le saint Pape Caius.

Sa conduite était trop publique et son zèle trop ardent, pour que l'empereur n'en fût pas bientôt informé. Il employa d'abord pour le détourner de la foi de Jésus-Christ, les flatteries et les promesses, et comme Sébastien était supérieur à toutes ces tentations, il ne tarda pas à user des menaces devant lesquelles le serviteur de Dieu se montra plus invincible encore.

Irrité de tant de constance, Dioclétien le fit attacher à un poteau et ordonna qu'il fût percé de flèches, supplice dans lequel les artistes se sont plu à représenter ce jeune et héroïque martyr.

Cependant, malgré ses nombreuses blessures, Sébastien ne devait pas mourir encore. Une femme chrétienne, nommée Irène, venue pendant la nuit pour enlever son corps et l'ensevelir, le trouvant encore vivant, le recueillit chez elle, et grâce à ses soins il revint à la santé.

Ce généreux confesseur de la foi recommence bientôt son œuvre de zèle apostolique. Se rencontrant un jour sur le passage de l'empereur qui le croyait mort, il eut le courage de lui reprocher publiquement son impiété et sa cruauté sacrilége. Dioclétien, enflammé de colère, le fit battre de verges jusqu'à ce que le Saint Martyr expirât. Son corps par ses ordres fut jeté dans un cloaque.

Une pieuse femme vint encore le retirer de ce lieu d'ignominie, et l'inhuma dans les catacombes qui portèrent depuis son nom, et où l'on construisit plus tard une église célèbre.

Saint Sébastien devint l'objet d'une grande vénération dans les Eglises d'Orient et d'Occident, et particulièrement à Rome qui l'honora toujours comme un de ses principaux protecteurs.

En 680, pendant que la peste ravageait la ville sainte, sous le Pape Saint Agathon, la puissance du glorieux martyr se révéla de la manière la plus solennelle. Le Seigneur voulant le glorifier sur la terre, fit connaître à un de ses fidèles serviteurs animé d'une dévotion particulière pour Saint Sébastien, que la peste cesserait à Rome dès le moment où l'on aurait érigé en l'honneur du Saint Martyr, un autel dans l'église de *Saint-Pierre-aux-Liens*, qui est l'insigne *basilique Eudoxienne*. L'autel fut en effet érigé, et à partir de ce jour, la contagion disparut. Ce monument existe encore de nos jours ainsi qu'une image miraculeuse du Saint en mosaïque, placée par le Pape Agathon sur l'autel.

Dans la suite, Grégoire XIII et Innocent XI accordèrent à ce sanctuaire de Saint Sébastien un grand nombre de priviléges et d'indulgences. Le Sénat romain vient y offrir chaque année un calice d'argent et quelques livres de cire.

Le fait de la délivrance de Rome par l'intervention de Saint Sébastien est rapporté par Paul, diacre, par Baronius, par les Bollandistes et par d'autres écrivains.

Ce miraculeux événement se répandit dans le monde et autorisa la dévotion que les peuples chrétiens montrèrent depuis pour le glorieux martyr, à toutes les époques de la contagion, et cette dévotion ne fut pas sans résultats. Il est certain, en effet, que les villes de Pavie, de Marseille, de Capoue, de Ravenne et de Milan furent délivrées de la peste par son intercession et par ses prières, comme l'attestent les auteurs les plus accrédités. (1)

(1) Paul, diacre, *De Gestis Longob.* lib. vi. cap. 5. — Michele Monaco, *Sanctuarii Capuani*, part. iii. — Ripamonti, *Histor. Mediolan.* Part. i. lib. 2, pag. 3. Part. 3 lib. iv, pag. 217. — Le même, *De Peste*, pag 60, 66, 67, 295, 225. — Baronius, *Annal.* ad annum 680. — Bolland. ad diem 20 januarii.

PIÈCES JUSTIFICATIVES.

I. Pièces justificatives, relatives aux Reliques de Saint Roch.

—

I.

Permission du Général des Trinitaires, Louis Petit, de transporter d'Arles à Montpellier une Relique de Saint Roch. (11 Août 1616.)

Frater Ludovicus, *Decretorum doctor major ac generalis minister totius Ordinis sanctissimæ Trinitatis Redemptionis Captivorum, a sanctissimo nostro Papa in eodem universo commissarius specialiter deputatus, Christianissimæque Majestatis consiliarius ac eleemosynarius, universis ad quos præsentes litteras pervenerint, salutem :*

Notum facimus quod nos, cum nuper visitaremus conventum nostrum civitatis Arelatensis ac depositum ejusdem, in quo asservantur plurimorum Sanctorum reliquiæ, inter quas major quiescit pars beatissimi corporis divi Rochi, desiderantes tam pretiosis muneribus dotare quosdam ex nostris conventibus, particulas quasdam ejusdem corporis gloriosi B. Rochi suscepimus. Cum autem satis probe nossemus virum sanctum Rochum a celebri Montepessulana civitate oriundum esse, unius costæ corporis ejusdem partem in conventum nostrum Sanctissimæ Trinitatis transferendam dedimus et concessimus : quod ut nemini sit dubium, ita esse attestamur.

Datum Avenione, in conventu nostro Sanctissimæ Trinitatis, sub signis manualibus nostro et Secretarii nostri, atque sigillo majoris nostræ administrationis, die undecima mensis Augusti. Anno Domini millesimo sexcentesimo decimo sexto.

Ludovicus, *Generalis.* — *De Mandato præfati Reverendissimi Patris, Generalis nostri,* Ralle, *Secretarius.*

Arch. dép. Fonds des anciens Trinitaires de Montpellier. Sac des bulles et fondations. (*Original sur parchemin, avec sceau.*)

II

Attestation du Ministre du Couvent des Trinitaires d'Arles, François Alois, relative à la transmission d'une Relique de Saint Roch aux Trinitaires de Montpellier. (*8 Juillet* 1617.)

Frater Joannes Franciscus Aloes, *Minister immeritus Conventus Arelatensis reformatæ Congregationis Sanctissimæ Trinitatis et Redemptionis Captivorum, omnibus et singulis præsentes inspecturis, salutem in Domino:*

Æquum plane et justitiæ consonum est ut Sanctorum, quorum animæ ineffabili honorario et præmio beatorum donandæ cœlo receptæ sunt, sacratissimam memoriam, mediante eorum glorificatione, in posteros nostros, ut majores nostri in nos, debitis laudum honorumque encomiis propagemus. Quandoquidem eorum triumphis angelica turba exultet, eorum victoriis terra lætetur, eorum pugna et certamine Ecclesia, præpotentis Dei sponsa dilecta, ut sole luna, refulgeat, eorum sacratissimo martyrio Hierusalem cœlestis splendeat, eorum meritis universa mundi fabrica velut divino jubare coruscet, eorumque constantia invincibilis et confessio gloriosa affectum pietatis stimulet, excitet et moveat. Operæ pretium duximus præsentium tenore attestari quod, anno proxime præ-

terito, *Reverendissimus Pater noster Generalis, visitando hunc conventum nostrum Arelatensem, in ejusdem Ecclesia quiescere et conservari sacra corpora Sanctorum Julitæ, Quirici, Felicis, Rochi, Fortunati, Achillæi et Polycarpi reperiit: qui quidem, desiderans tam pretiosis muneribus dotare quosdam conventus nostri sacri Ordinis, particulas quasdam dictorum Sanctorum accepit; et insuper inter alia ordinavit hanc unius costæ corporis ejusdem Sancti Rochi partem in conventum nostri Sacri ordinis prædicti Sanctissimæ Trinitatis et Redemptionis captivorum Montempessulanensem esse deferendam, ad augendam promovendamque Christifidelium devotionem: quod ut nemo in dubium revocet, ita esse attestamur; in quorum fidem præsentes subsignavimus, una cum Secretario nostro, et sigillo nostri dicti conventus communivimus.*

Actum in prædicto conventu nostro Arelatensi, die VIII. mensis Julii, anno Domini MDCXVII.

F. Aloes, *Minister*. — Denand, *Vicarius, attestor ita esse*. — *Attestor ita esse, Frater* Baudus. — *De Mandato prædicti Reverendi Patris Ministri nostri: Frater* Allinond, *Secretarius*.

Arch. dép. Fonds des anciens Trinitaires de Montpellier. Sac des bulles et fondations. (*Original sur parchemin.*)

III.

Attestation de l'Archevêque d'Arles, Gaspard de Laurens, relative à l'authenticité des Reliques de Saint Roch, conservées dans le couvent des Trinitaires d'Arles, et à la translation d'une parcelle de ces Reliques à Montpellier. (8 *Juillet* 1617.)

Gaspar a Laurentiis, *Dei et Apostolicæ Sedis gratia Sanctæ Arelatensis Ecclesiæ Archiepiscopus princeps, universis et singulis præsentes litteras inspecturis, salutem :*

Notum facimus et attestamur sacras plurimorum Sanctorum Reliquias requiescere in ecclesia conventus reformatæ Congregationis Sanctissimæ Trinitatis et Redemptionis Captivorum hujus civitatis Arelatensis, inter quas major quiescit pars corporis Beati Rochi. Memoriæ siquidem proditum est horum Sanctorum sacras reliquias per illustrem comitem Walfidum Mengium, Franciæ Marescallum sub Carolo Sexto, Francorum rege, repositas fuisse in præfata Ecclesia Sanctissimæ Trinitatis. Ex quibus anno Domini millesimo quingentesimo primo, authoritate felicis recordationis Alexandri Sexti, summi Pontificis, anno nono sui Pontificatus, ut patet per bullam expressam a sua Sanctitate concessam et nobis expositam, Joanne Ferrerio Arelate sedente, præsentibus urbis optimatibus, aliquot particulæ desumptæ fuerunt, atque in Hispaniam delatæ, Franciscus item primus, rex christianissimus, aulicum quemdam suum, Clementis septimi concessu munitum, gratificaturus, ex iisdem quidpiam auferri proprio chirographo permisit, anno Domini millesimo quingentesimo vigesimo tertio. Necnon, anno proximo præterito, Pater Ludovicus Petit, præfati Ordinis generalis minister, hunc conventum præfatum visitando, ordinavit quandam partem unius costæ corporis Beati Rochi in conventum Montempessulanensem sui Ordinis esse transferendam, quod ut nemo in dubium revocare possit, ita esse attestamur, rogati humiliter a Patre ministro conventus hujus nostræ civitatis: in quorum fidem has præsentes litteras manu nostra signatas sigillo nostro et graffarii nostri subscriptione muniri jussimus.

Datum Arelate, die VII mensis Julii, anno Domini MDCXVII.

Gaspar, *Archiepiscopus Arelatensis. De ejusdem Illustrissimi ac Reverendissimi Archiepiscopi Domini mei Mandato;* Escoffier.

Arch. dép. Fonds des anciens Trinitaires de Montpellier. Sac des Bulles et fondations. (*Expédition authentique sur parchemin.*)

IV.

Extrait des Registres déposés aux Archives de l'Hôtel-de-Ville d'Arles. — Procès-verbal d'extraction d'une portion des Reliques de Saint Roch.

L'an mil huit cent trente huit, le vingt-trois mai, à 1 heure après midi, Nous, Joseph Bernet, Archevêque d'Aix, d'Arles et d'Embrun, officier de la Légion d'honneur, assisté de M. Alexandre Jacquemet, notre vicaire général, et de M. Pierre-Antoine Père, archiprêtre, chanoine honoraire de notre Métropole, curé de St-Trophime, en présence de M. Jean Boulouvard, chevalier de la Légion d'honneur, maire de la ville d'Arles et de MM. Pierre-Mathieu Ferrier, Pierre Delorme, Jean-Julien Estrangin, conseillers municipaux, Pierre-Anne-Honorat de Bouchaud, chevalier de St-Louis, Jean-François Sauret, ancien magistrat, membre de la Fabrique de l'église de St-Trophime, de M. Dominique-Antoine Robolly, archiviste de la ville, de MM. Jean-Antoine Morel et Maxime Moulin, vicaires de la dite église, réunis dans les appartements de l'ancien palais archiépiscopal :

Désirant satisfaire à la demande qui nous a été adressée par M. l'abbé Vinas, curé de la paroisse St-Roch de Montpellier, Nous avons ouvert la châsse renfermant les Reliques de Saint Roch ; Nous les avons trouvées dans l'état décrit par le procès-verbal rédigé le 7 octobre mil huit cent vingt-deux, relatif à l'extraction d'une partie de ces Reliques; Nous avons extrait HUIT PARCELLES D'OS-SEMENS en faisant actuellement partie, et immédiatement Nous avons de nouveau fermé lesdites Reliques avec les procès-verbaux qui y étaient joints, remplaçant seulement dans les divers lieux par le sceau de nos armes en cire rouge, l'ancien sceau de feu Jacques Constant, chanoine, curé de la paroisse de St-Trophime.

Le présent procès-verbal a été dressé sans désemparer à triple original, dont l'un a été immédiatement placé dans la caisse, le second à Nous remis pour être déposé aux archives de l'Archevêché d'Aix, et le troisième remis à M. le maire d'Arles, pour être déposé aux archives de l'Hôtel-de-Ville.

En foi de quoi, Nous avons signé avec M. le maire d'Arles et les autres personnes ci-dessous désignées.

Signés: FERRIER; J. J. ESTRANGIN, cons. municipal; MOREL, vic.; MOULIN, vic.; ROBOLLY, archiviste; SAURET; DELORME; PÈRE, ch. archip. curé; P. de BOUCHAUD; JACQUEMET, vic. g.; BOULOUVARD; † JOSEPH, arch. d'Aix.

V.

Mandement de Monseigneur l'Évêque de Montpellier, à l'occasion d'une Relique notable de Saint Roch, rendue, après plus de trois siècles, à sa ville natale.

Charles-Thomas THIBAULT, par la miséricorde divine et la grâce du Saint-Siége Apostolique, Évêque de Montpellier, etc., etc., au Clergé et aux Fidèles de la ville de Montpellier, Salut et Bénédiction en Notre-Seigneur Jésus-Christ.

Enfin, Nos Très-Chers Frères, vos vœux sont exaucés, et une Relique de Saint Roch, votre glorieux compatriote, vous est rendue, si précieuse, que vous ne la pourrez vénérer qu'avec la plus religieuse émotion! Vous ne serez donc plus les seuls à n'avoir que quelques parcelles d'un trésor que le Monde entier vous enviait, persuadé qu'il était que vous le possédiez, ici, plus riche que partout ailleurs. C'est de l'Italie que vous vient cette portion, si considérable, des ossements d'un corps vénéré, qu'une grande Cité a dû, à la fin du XVe siècle, à un pieux larcin. C'est à la demande d'un éminent Cardinal, parlant au nom de l'immortel Pontife, dont il est le ministre habile et dévoué, que ce riche don vous a été tout récemment accordé.

Oui, N. T. C. F., après avoir encouragé et béni l'Œuvre d'une Église monumentale à Saint Roch, au sein de sa ville natale, Pie IX a voulu contribuer à doter ce monument, par avance, d'une partie importante des restes de votre illustre et saint compatriote. C'est vers Rome que s'est dirigé le Curé de la paroisse érigée ici sous le vocable de ce grand Saint. Il l'a fait avec la confiance que ses pieux désirs de pasteur seraient compris, dans la Ville Sainte, et que, là, des mesures seraient prises pour qu'à Venise ses vœux fussent vite exaucés. Nanti d'une lettre que vous lirez, à la suite de ces quelques lignes par lesquelles Nous vous disons notre joie, Monsieur Recluz a su trouver le chemin qui devait le conduire auprès du corps de Saint Roch, et triompher de tous les obstacles qu'une foi jalouse de le conserver presque tout entier devait naturellement lui opposer. C'est ce prêtre qui est venu Nous trouver avec son précieux trésor; c'est de ses mains qu'il est passé dans les Nôtres, avec tous les documents qui en établissent la parfaite authenticité. C'est à lui que Nous l'avons remis pour qu'il soit, à l'avenir, précieusement gardé, après qu'aux portes de notre Église cathédrale, environné des deux Ordres de notre vénérable Chapitre, Nous lui aurons fait un accueil digne de son inestimable valeur et de notre commune piété.

Et maintenant, N. T. C. F., laissez-nous vous dire dans quels sentiments vous devez rendre à Saint Roch l'honneur qu'il attend aujourd'hui de nous tous. Le culte des Saints est encore plus un culte d'imitation pratique, que de respect attendri. Leurs restes doivent plus nous exciter à bien faire, que nous rassurer pour la protection qu'ils nous apportent. De leurs ossements part, incessamment, une voix qui nous exhorte à vivre de la vie sainte, dont ils ont, avant nous, si héroïquement vécu. Nous devons, par la pratique des vertus dont ils nous ont donné l'exemple, nous efforcer d'arriver au bonheur qu'eux-mêmes possèdent maintenant. Par les Saints et dans les Saints, c'est Dieu que nous honorons, c'est à lui que nous voulons plaire, c'est de lui seul que nous attendons toutes choses. Donner à notre culte, comme on s'obstine à le faire dans d'autres rangs, une autre portée; l'assimiler à l'adoration que nous rendons à Dieu lui-même, c'est tout simplement le calomnier et nous prêter des pensées qui n'ont jamais été celles de la Sainte Église, dont nous sommes restés, nous, les enfants aussi intelligents que soumis.

Quand donc nous venons vous trouver, N. T. C. F., avec la joie au cœur, pour vous convier à de saints transports, devant une partie considérable des Reliques d'un Saint né et mort à Montpellier, Nous ne faisons pas de l'idolâtrie, comme on nous en accuse, Nous faisons de la raison, sagement unie à la foi. Oui, ce n'est pas d'hier que l'Église Catholique entend ainsi le culte de ses Saints, et il y a longtemps qu'elle a pratiqué cette vénération émotionnée pour les ossements de ses grands aïeux. Elle n'a pas cru que ceux qui ont vécu aimés de Dieu, sur la terre, fussent sans aucun crédit auprès de lui, maintenant que, délivrés des tribulations du temps, il les a couronnés dans son éternité. A cette heure, l'Église Catholique pense ce que le grand Évêque d'Hippone pensait de son temps, et elle a foi aux Saints, comme Saint Augustin y avait foi lui-même. Donc, ce qu'il disait, aux siens, devant la translation des Reliques du premier de nos Martyrs, Saint Étienne, Nous pouvons vous le dire à vous-mêmes, en présence d'une partie notable des restes de votre glorieux compatriote qui vous vient retrouver : « Le « lieu qu'elle va occuper et le jour où elle y sera déposée « doivent être recommandés à votre amour ; car l'un et « l'autre devront être, à l'avenir, célébrés en l'honneur « de Dieu que Roch a glorifié par la sainteté héroïque de « sa vie, comme Étienne, avant lui, l'avait confessé par « l'héroïque effusion de son sang : *Commendatur ergo* « *charitati vestræ et locus et dies; utrumque celebrandum* « *in honorem Dei, quem confessus est Stephanus* (1). »

On a beau vouloir, ailleurs, qu'il en soit autrement, N. T. C. F., il en est simplement ainsi. Dans le culte que nous leur rendons, nous ne plaçons pas les serviteurs de Dieu, sur une ligne parallèle à lui. Ils restent infiniment ses inférieurs, et jamais, de par notre culte, ils n'ont été et ne seront ses égaux. Nous leur parlons comme à des amis ; nous les invoquons comme des protecteurs ; jamais nous ne leur parlons comme à nos seigneurs et à nos maîtres, parce que nous ne sommes les sujets que de Celui qui vit et règne dans les siècles des siècles, et à qui seul sont dus et les actes de l'adoration et le tribut de la dépendance.

Ainsi donc, N. T. C. F., si jamais, le cœur heureux, nous plaçons les saints ossements, qui viennent de vous être rendus, dans un temple moins indigne d'eux ; si, plus

(1) *S. Aug. Serm* 318.

tard, il nous est donné de vous convier à la consécration de la nouvelle église de St-Roch, et que, vous ayant autour de nous comme les représentants de la France entière, qui s'est tant émue devant cette OEuvre nationale, nous soyons appelé à vous édifier par notre parole, nous pourrons vous dire et le dire à tous : « Non, dans cette église
« dédiée à notre glorieux compatriote, ce n'est pas un
« autel que nous érigeons à Saint Roch; c'est un autel que
« nous dressons à Dieu lui-même, nous servant, à cette
« fin, des restes saints de l'un de ses meilleurs serviteurs:
« *Nos enim in isto loco non aram fecimus* [Rocho], *sed*
« *de reliquiis* [Rochi] *aram Deo* (1). »

Oh ! il serait bien temps, N. T. C. F., qu'elles cessassent, pour ne plus revivre, ces divisions qui ne sont dues, dans la grande famille chrétienne, qu'à un parti, déplorablement pris, de ne vouloir jamais juger l'Église Catholique qu'à travers les préjugés d'une autre époque. Oui, il serait grandement temps qu'on la vît, partout, telle qu'elle a toujours été et telle qu'elle est encore aujourd'hui ! *Adorer les Saints !* Mais c'est là une stupidité qu'on nous prête, et ce ne sera jamais un attentat contre Dieu qu'on pourra nous prouver. L'enfance de nos écoles, elle-même, sait ce que l'on paraît ne pas savoir chez nos frères séparés, et grands seraient ses dédains, si on lui disait que des hommes raisonnables, sur toute autre chose que sur nos dogmes, nous croient, quant au culte des Saints, une foi aussi aveugle que coupable.

Espérons donc, N. T. C. F., oui, espérons que nous verrons la fin de ces séparations, qui dessèchent et tuent les âmes, autant que les inspirations d'une même foi les consolent et les sauvent. Puisse Saint Roch, qui a vécu à une époque où ces divisions malheureuses n'étaient pas

(1) *S. Aug. Serm.* 318.

connues, nous obtenir de Dieu la grâce de les voir finir ! Alors nous n'aurons plus, au cœur, ces tristesses qui nous viennent de cette grande parole de nos pères : « Il n'y a aucune sûreté à s'obstiner dans ce qui n'a pas *toujours* et *partout* été cru de *tous* : *Quod semper, quod ubique, quod ab omnibus* (1).

Frères bien-aimés, dont Nous sommes le pasteur, quoique extérieurement vous paraissiez ne pas être de notre troupeau, la charité de Jésus-Christ nous presse de vous faire aujourd'hui gravement observer que, dans tout ce qui est de la religion, il faut que le Ciel soit aux origines, pour que la terre s'y confie avec assurance. Ce qui est nouveau est peu sûr, là où ce qui est ancien l'a toujours entièrement été. Si au lieu de procéder au XIXe siècle à cette cérémonie qui va remuer toute cette Cité, nous avions dû le faire quatre cents ans plus tôt, vos pères et vos mères auraient mêlé leurs hommages, leur vénération, leurs prières, au culte que nous allons rendre à Saint Roch. Ils se seraient agenouillés, avec nous et comme nous, devant cette Relique qui nous revient comme une bénédiction. Ils auraient prié devant elle, comme nous-même allons y prier. Pas plus que nous, ils n'auraient *adoré* ces restes précieux, mais, comme nous, ils les auraient profondément *vénérés*.

Oh ! Frères bien-aimés, puisqu'il y a aussi peu de temps que vous ne faites plus ce qu'ont fait vos pères, êtes-vous bien sûrs de mieux faire qu'eux-mêmes n'ont fait ? De la Vierge Marie, que nous avons vu peinte sur les parois des catacombes, jusqu'à l'époque où s'est faite une trop fatale déchirure, quinze siècles s'étaient écoulés, pendant lesquels vos pères, ainsi que les nôtres, honoraient les Saints, vénéraient leurs images et les invoquaient, pour s'en faire,

(1) *S. Vincent. Lérin.*

eux aussi, des avocats et des protecteurs auprès de Dieu. Alors ils étaient avec la sainte antiquité, croyant ce qu'elle avait cru, faisant ce qu'elle avait fait. Frères, pensez-y, et faites-le en vous disant bien qu'une croyance religieuse, d'une aussi récente date que la vôtre, ne peut et ne doit aucunement vous rassurer. Nul, dans ce monde, n'a pu recevoir et n'a reçu la mission d'attenter aux dogmes de notre si vieille Foi. Un Ange même, c'est l'Apôtre Saint Paul qui vous l'apprend, ne l'aurait pas pu ; et si, par impossible, il l'avait essayé, il aurait fallu lui dire anathème: *Licet..... Angelus de cœlo evangelizet vobis, præterquam quod evangelizavimus vobis anathema sit* (1).

Le testament divin, écrit au Calvaire avec le sang de Jésus-Christ, qui nous est venu de ses Apôtres et que vous récitez encore aujourd'hui avec nous, Nos bien chers Frères, renferme un article dont s'autorise avec fondement l'Église Catholique, pour rendre aux Saints le culte qu'elle leur doit. Personne n'a été autorisé, le long de nos siècles chrétiens, à porter une main coupable sur de pareilles lignes, essentiellement impérissables et sacrées. Ce testament du divin Rédempteur doit donc être, aujourd'hui, ce qu'il a toujours été, c'est-à-dire accepté, cru, professé, et si vous n'en êtes plus là, vous avez tort autant que nous avons raison, vous êtes jeunes dans la Foi autant que nous y sommes vieux. Pensez-y donc et pensez-y, d'autant plus sérieusement, que l'équité vous oblige tous à reconnaître que celui qui vous y convie, en ce moment, ne vous est jamais venu trouver, depuis plus de vingt ans qu'il vous est connu, avec les emportements de la colère ou les amertumes d'un zèle mal réglé. Ah! les passions d'un autre âge peuvent expliquer bien des choses! Mais que viendraient-elles faire, à présent, au milieu de nous? Un seul senti-

(1) *Galat. I*, 8.

ment nous est aujourd'hui possible: celui d'une mutuelle et cordiale charité. Noble pour tous, ce besoin d'un réciproque et sincère amour, peut faire l'union dans les cœurs. Si enfin elle est faite là, l'union conduira vite à l'unité, qui seule, quand il s'agit de Religion, a la puissance de tout sauver.

A ces causes, et après en avoir conféré avec nos Vénérables Frères, les Dignitaires, Chanoines et Chapitre de la Basilique notre Cathédrale, Nous avons ordonné et ordonnons ce qui suit :

Article Ier.

La Relique de Saint Roch, et qui consiste en un *tibia*, Nous sera présentée par Monsieur le Curé de St-Roch et son Clergé à la porte principale de notre Cathédrale, où Nous la recevrons entouré de nos Vénérables Frères les Chanoines de la Basilique St-Pierre, la veille de l'Assomption et immédiatement après les premières Vêpres de cette grande solennité.

Art. II.

L'authenticité de cette Relique ayant été préalablement reconnue et constatée par une Commission prise parmi les Membres du vénérable Chapitre et nommée par Nous, elle sera déposée sur l'autel de la chapelle St-Roch, pour y être exposée à la vénération des Fidèles, jusqu'au lendemain, à l'heure de la procession dite du *Vœu de Louis XIII*.

Art. III.

Immédiatement après les premières Vêpres de la fête de l'Assomption, Nous vénérerons Nous-même, étant accompagné de Messieurs les Chanoines du premier et du second ordre, la Relique de Saint Roch, à laquelle Nous offrirons l'encens dû aux restes des Serviteurs de Dieu, que l'Église a placés sur ses autels.

Art. IV.

Pendant cet acte de vénération, l'Antienne *Ave Roche sanctissime* sera solennellement chantée à la chapelle de St-Roch, avec le verset et l'oraison accoutumés.

Art. V.

Le jour de l'Assomption, et immédiatement après la rentrée de la procession pour le vœu de Louis XIII, M. Recluz, Curé de St-Roch, accompagné de tous ses confrères MM. les Curés des diverses paroisses de Montpellier, marchant, pour cette fois seulement et par exception, sous la croix de la paroisse St-Roch, prendra la Relique de ce grand Saint et la transportera, processionnellement, de Notre Cathédrale dans son église, où elle demeurera, pendant neuf jours, exposée à la vénération des Fidèles de la ville de Montpellier.

Pendant cette translation solennelle, le bourdon de notre Cathédrale et toutes les cloches des Paroisses de la ville sonneront, par intervalles, à grande volée.

Art. VI.

Le samedi, 16, jour de la fête du Saint, Nous Nous rendrons à l'église St-Roch, accompagné de deux de MM. les Chanoines du premier et du second ordre, pour y célébrer la messe, à 8 heures très-précises du matin.

Art. VII.

Sont nommés Membres de la Commission pour la constatation de l'authenticité de la Relique de Saint Roch, MM. Raynaud, Archidiacre de St-Pierre et notre Vicaire-général, Lavige, Caylus et Ducat, Chanoines du premier ordre, Roux et Chambon, Chanoines du second ordre, de notre Église Cathédrale.

Art. VIII.

Sur la convocation de M. Raynaud, leur Président, et au jour par lui indiqué, les Commissaires, ci-dessus nommés, se réuniront au presbytère de St-Roch, où tous les documents de nature à les éclairer, pour la constatation de l'authenticité de la Relique dont il s'agit, leur seront soumis par M. le Curé de cette Paroisse.

Pourront MM. les Commissaires se faire assister, dans cette constatation, de l'un ou de plusieurs de MM. les Docteurs en chirurgie de la Faculté de Montpellier.

Et sera notre présent Mandement lu et publié à la Messe, dans toutes les Églises et Chapelles de la ville de Montpellier, Dimanche prochain, 10 du courant.

Donné à Montpellier, en notre Palais Episcopal, sous notre seing, le sceau de nos armes et le contre-seing du Chanoine Secrétaire-général de notre Évêché, le huit août de l'an de grâce mil huit cent cinquante-six.

† CHARLES, Évêque de Montpellier.
Par Mandement:
MARTIN, Ch. Secrét.-gén.

VI.

Procès-verbal du don fait à l'église St-Roch de Montpellier d'une Relique notable de ce Saint, par le Patriarche Archevêque de Venise. (1)

Venise, ce jeudi 24 juillet 1856.

L'an et jour que dessus, après s'être concerté avec le sieur Jérôme Tasso, Grand-Gardien de l'Impériale et

---

(1) *Venezia, Questo giorno di Giovedì ventiquatro Juglio, mille ottocento cinquanta sei.*

Nella Chiesa dell' J. R. Arciconfraternita di S Rocco si portò, come da intelligenze prese col sig. Girolamo Tasso Guardian

Royale Archiconfrérie de St-Roch, le Révérend Docteur Ignace Zorzetto, Vice-Chancelier Patriarcal, porteur d'une lettre de Son Excellence Révérendissime Monseigneur le Patriarche Pierre-Aurélius Mutti, s'est transporté dans l'église de ladite Archiconfrérie, accompagné de Monsieur l'Abbé Recluz, Curé de la paroisse St-Roch de Montpellier, lequel est venu dans notre ville, avec une recommandation spéciale de Son Éminence Révérendissime Monseigneur le Cardinal Antonelli, Ministre Secrétaire d'État de Sa Sainteté le Pape Pie IX, heureusement régnant, dans le but d'obtenir une relique précieuse de ce Héros du Christianisme, dont le corps repose dans cette église; et là, en présence du Révérend Docteur Michel Basso, Chapelain de l'Archiconfrérie, du sieur Jérôme Tasso, Grand-Gardien, et du très-révérend Docteur Antoine Tessarin, Curé de Sainte-Marie-Glorieuse *dei Frari*, on a procédé à l'ouverture de la châsse dans laquelle repose le corps sacré et vénérable du Saint susnommé.

D'abord, par les mains de Philippe Garizzo, Prieur de

Grande della detta Arciconfraternita, con lettera 23 and. N° 17, dietro Requisitoria di S. Exc Rma Mons. Patriarca Pietro Aurelio Mutti 22 cor. N° 938, il Rdo D. Ignazio Zorzetto Vice Cancelliere Patriarcale, in compagnia del sig. Abate Recluz, Rettore della Parrochia di S. Rocco di Montpellier, direttosi appositamente a questa parte con speciale commendatizia di S. Em. Rma il sig. Cardinale Antonelli Ministro Secretario di Stato di Sua Santità Pio P. P. IX. felicemente regnante, al effetto di avere una preziosa Reliquia di quell' Eroe del Christianesimo, il cui sacro corpo riposa appunto in questa chiesa; e presenti il Rde D. Michele Basso, Capellano della Archiconfraternita, il sig. Girolamo Tasso Guardian Grande, il Molto Rdo D. Antonio Tessarin, Paroco di Sta Maria gloriosa dei Frari, si procedette all' apertura dell' arca, in cui riposa il sacro e venerando corpo del Santo summentovato.

Primieramente adunque fu levata dal capitazio della Succola l'Archiconfrérie, a été enlevée la porte de bois peint, laquelle recouvre entièrement une autre porte en fer; ensuite, on a procédé à l'ouverture de cette seconde porte, qui est fermée avec cinq clefs, dont l'une, portant le N° 1, est déposée entre les mains du Grand-Gardien; l'autre, portant le N° 2, est confiée au Vicaire; la troisième, N° 3, au Secrétaire; la quatrième, N° 4, au Gardien *da mattino*, et la cinquième, N° 5, au Doyen du Bureau. Cette porte ayant été ouverte et enlevée, on a aperçu une urne fermée encore par trois petites portes d'argent doré, parmi lesquelles l'une, celle du milieu, est fixe, et les deux autres, celles des deux côtés, peuvent s'ouvrir, comme elles furent effectivement ouvertes au moyen d'une clef confiée à la garde du Révérend Chapelain. Alors, par les mains du Vice-Chancelier Patriarchal, les deux sceaux de cire d'Espagne, portant l'empreinte des armes de l'Éminentissime Cardinal Patriarche Jacques Monico, ayant été rompus, et les glaces écartées, ledit Vice-Chancelier, avec l'aide du Révérend Chapelain susdit, a enlevé un os, qui a été reconnu par le sieur Jean-

Filippo Garizzo, la portella di legno a dipinture, la quale copre una porta di ferro ad uso di serigno. Dipoi aprì la detta porta di ferro ch'è chiusa con cinque chiavi, una delle quali marcata N° 1, sta custodita del Guardian Grande; la N° 2 dal Vicario; la N° 3, dallo Scrivano; la N° 4, dal Guardiano dal mattino, e la N° 5, del decano di Banca. La quale porta aperta e levata, apparve un' urna chiusa ancora da tre porticelle d'argento in parte dorato, delle quali quella di mezzo è stabile, le due alle parti si apriono, come furono aperte, con cena chiave custodito dal Rdo Capellano. Allora levati dal summentovato Vicecancelliere Patriarcale due sigilli a cera lacca coll' impressione dei sigilli dell' Eminentissimo Cardinal Patriarcha Jacopo Monico di f. m., levati i vetri, fu dal medesimo Vicecancelliere, coll' ajuto del Rdo Capellano suddetto, levato un osso, che dal signor Gian Pietro dottor Montavoni, chirurgo Oste-

Pierre Montavoni, Docteur en chirurgie, appelé à cet effet, pour être un tibia; mais comme cet os est privé de l'apophyse inférieure, le Docteur n'a pas pu distinguer si c'était le tibia gauche ou le droit. L'os ainsi enlevé a été immédiatement remis au Révérend Abbé Recluz, après qu'on l'a eu provisoirement revêtu du sceau patriarchal, pour être ensuite déposé dans une cassette et authentiqué dans les formes voulues. Après cela, on a apposé de nouveau à l'urne les sceaux avec l'empreinte des armes de Son Excellence Révérendissime Monseigneur Pierre-Aurélius Mutti, Patriarche, et on l'a enfermé sous la porte de fer dont les clefs ont été confiées au Prieur de l'Archiconfrérie, pour être remises à leurs dépositaires respectifs.

En foi de quoi, toutes les parties intervenues ont souscrit, et le présent procès-verbal ainsi signé a été revêtu du sceau patriarchal en cire rouge, et rédigé en double original, pour être conservés, l'un dans la Chancellerie de l'Impériale et Royale Archiconfrérie susdite, l'autre dans les Archives du Palais Patriarchal.

Ita est.

trico, chiamato all' effetto, venne riconosciuto per la tibia, forse destra, mancante dell' apofisi inferiore, e fu consegnato al Rdo Abate Recluz prodetto, dopo averlo sigillato provvisoriamente col sigillo Patriarcale, per essere poi collocato in apposita cassetta ed autenticato regolarmente. Dopo di che furono rimessi all' urna i sigilli coll' imprenta delle armi di S. Ecc. Rma Mons. Pietro Aurelio Mutti Patriarca e richiusa colla porta di ferro, le cui chiavi vennero riconsegnate al Capitanio della sucola, perchè le restituisca ai respettivi loro depositarii.

Ed in fede di tutto ciò tutte le parti intervenute si sottoscrissero, ed il presente processo verbale così firmato, fu sigillato coi sigilli Patriarcali in cera lacea, e redatto in doppio originale da custodirsi uno nella cancellaria dell' J. R. Arciconfraternita sudetta, l' altro nella Curia Patriarcale.

Ita est.

Signatures :

Recluz, Curé de St-Roch de Montpellier.

Michel Basso, Chapelain de l'Archiconfrérie de St-Roch à Venise et Curé de cette même église.

Jérôme Tasso, Grand-Gardien.

Antoine Tessarin, Curé de Sainte-Marie-Glorieuse *dei Frari*, témoin.

Jean-Pierre Montavoni, Docteur en chirurgie, témoin.

Ignace Zorzetto, Vice-Chancelier Patriarchal.

Venise, au Palais Patriarchal, le 25 juillet 1856.

Je soussigné, Vice-Chancelier Patriarchal et Notaire Ecclésiastique, après avoir attentivement collationné la présente copie, certifie qu'elle concorde exactement avec son original, qui se trouve déposé aux archives de ce Palais sous le N° 952.

En foi de quoi, etc.

Ignace Zorzetto, *Vice-Chancelier Patriarchal.*

Firm. Le Curé de St-Roch de Montpellier, Recluz.
Firm. P. Michele Basso, *Capellano dell' J. R. Arciconfraternita di S. Roco in Venezia e Rettore della chiesa stessa.*
Firm. Girolamo Tasso, *Guardian Grando.*
Firm. Antonio Tessarin, *Parroco in S. Maria Gloriosa dei Frari, testimonio.*
Firm Gio. Pietro Montavoni, *chirurgo Ostetrico, testimonio.*
Firm. D. Ignazio Zorzetto, *Vice Cancelliere Patrale*

Venetiis, in Curia Patriarcali, die 25 Julii 1856.

Præsens exemplum aliena manu conscriptum, cum suo originali in actis hujus curiæ sub N° 952, verbo ad verbum contuli ego infra scriptus Procancellarius Patriarcalis et Notarius Ecclesiasticus, et cum eodem plane ac omnimodo convenire attestor. In quorum, etc.

D. *Ignatius* Zorzetto, *Procanc Patr. N. Ecc.*

VII.

Procès-verbal de la Commission ecclésiastique et de médecine, nommée par Mgr l'Évêque de Montpellier, pour vérifier l'authenticité de la Relique.

L'an mil huit cent cinquante-six et le treize août, la Commission nommée par l'Ordonnance de Monseigneur l'Évêque du huit août, à l'effet de vérifier l'authenticité de la Relique notable de Saint Roch, apportée de Venise par M. Recluz, Curé de la paroisse de St-Roch, et Chanoine honoraire de la Cathédrale, s'est réunie dans une salle du presbytère de la dite paroisse, sous la présidence de M. Raynaud, Vicaire-général. Lecture a été faite par M. le Vicaire-général de l'ordonnance Épiscopale qui constitue ladite Commission, et désigne les membres qui doivent la composer. Après quoi l'appel a été fait, et se sont trouvés présents : M. Raynaud, Vicaire-général, Président nommé par Monseigneur, MM. Lavige, Caylus, Ducat, Chanoine du premier ordre, Roux, Chanoine du second ordre, et Chambon, Chanoine du second ordre, désigné pour Secrétaire par la même ordonnance.

La présence de tous les membres de la Commission ainsi constatée, M. le Président a prié M. le Curé de St-Roch de présenter à l'assemblée la Relique du Saint, avec les pièces qui en établissent l'authenticité. Ces pièces sont :

1° Le procès-verbal de l'extraction de la dite Relique du tombeau du Saint à Venise.

2° Les lettres authentiques délivrées par S. Exc. Monseigneur le Patriarche, Archevêque de Venise.

La Commission, après avoir examiné ces deux pièces avec une attention scrupuleuse, les a trouvées parfaitement régulières et revêtues de tous les caractères que requiert l'authenticité.

M. le Curé nous a présenté ensuite la Relique que nous avons trouvée, conformément aux lettres ci-dessus, consister en un *tibia*, renfermé dans un tube de cristal, muni à ses deux extrémités d'un couvercle en cuivre blanchi, scellé au moyen de cordons rouges, et marqués du sceau de Son Excellence le Patriarche Archevêque de Venise, que nous avons aussi reconnus intacts.

La Commission, quoique bien convaincue par tous ces caractères de l'authenticité de la Relique, a voulu néanmoins, par un surcroît de précaution, prendre l'avis d'une Commission de Docteurs médecins, et constater par la science quel est le membre auquel elle appartient. Elle a conséquemment invité à se rendre auprès d'elle MM. les Professeurs et Docteurs de la Faculté de médecine, Boyer, Jaumes, Kühnoltz, Bourely, Balaguier et Chrestien, lesquels, après un examen attentif et réfléchi, ont reconnu à l'unanimité :

1° Que cette Relique consiste en un *tibia* (l'os principal de la jambe) auquel il manque à peu près le cinquième inférieur.

2° Que ce *tibia* est celui de la jambe gauche.

Ce second point est affirmé à l'unanimité comme le premier ; et il peut, disent MM. les Docteurs, être démontré de deux manières, savoir :

1° En comparant ce *tibia* à un autre *tibia* gauche.

2° Si on le met dans sa position naturelle, le bord le plus saillant (la tête) doit alors regarder en avant ; la tubérosité la plus volumineuse, ainsi que la face concave et inégale, en dehors ; la ligne oblique supérieure de la face postérieure se trouve alors dirigée en dedans et en bas. L'os étant ainsi placé, l'on s'aperçoit immédiatement qu'il appartient au côté gauche. Chacun des caractères indiqués ci-dessus est décisif. L'os est assez bien conservé pour que, sans hésitation, MM. les Docteurs affirment qu'il appartient à la jambe gauche. Et ils ont tous, en notre présence, signé cette déclaration.

SS. Kuhnoltz, L. Boyer, A. Jaumes, Chrestien, Bourely, F^{ois} Balaguier.

Le résultat de cet examen scientifique de la Relique, et de celui des pièces qui y sont annexées, en ont établi la parfaite authenticité, aux yeux de la Commission, et dès ce moment elle a jugé que son travail était heureusement terminé. Mais elle n'a pas dû se séparer sans exprimer sa profonde et respectueuse reconnaissance pour les nobles et généreuses bontés de S. E. Monseigneur le Patriarche Archevêque de Venise, pour le gracieux concours de Monseigneur l'Évêque de Montpellier, et sans féliciter M. le Curé de St-Roch dont les habiles et persévérantes démarches ont enrichi sa paroisse et la ville d'un trésor si précieux et si cher aux habitants de Montpellier.

Plus n'a été délibéré.

Et ont signé les membres de la dite Commission la présente délibération en double original, l'un pour être conservé dans les archives de l'Évêché, et l'autre qui devra rester dans les archives de la paroisse St-Roch.

Raynaud, V.-g., Lavige, Chan., Caylus, Chan., Ducat, Chan., Chambon, P. Aug. Roux, Recluz, Curé de St-Roch.

II. Pièces justificatives, relatives au culte de Saint Roch, à Montpellier.

VIII.

Bref du Pape Alexandre VII, octroyant une indulgence spéciale à l'autel de la Confrérie de St-Roch, établie dans l'Église du Couvent des Trinitaires de Montpellier. (14 Juin 1661.)

Alexander PP. VII, ad futuram rei memoriam.

Omnium saluti paterna charitate intenti, sacra interdum loca spiritualibus indulgentiarum muneribus decoramus, ut inde fidelium defunctorum animæ Domini nostri Jesu Christi, ejusque Sanctorum suffragia meritorum consequi, et, illis adjutæ, ex Purgatorii pœnis ad æternam salutem, per Dei misericordiam, perduci valeant. Volentes igitur ecclesiam Domus Fratrum Ordinis Sanctæ Trinitatis Redemptionis Captivorum civitatis Montispessulani et in ea situm altare Confraternitatis S. Rochi, simili ad præsens privilegio minime decoratum, hoc speciali dono illustrare, auctoritate nobis a Domino tradita, et de omnipotentis Dei misericordia ac Beatorum Petri et Pauli Apostolorum ejus auctoritate confisi, ut quandocumque sacerdos aliquis sæcularis vel regularis missam defunctorum in die Commemorationis defunctorum et singulis diebus infra illius octavam ac feria secunda cujuslibet hebdomadæ pro anima cujuscumque confratris et consororis dictæ Confraternitatis, quæ Deo in charitate conjuncta ab hac luce migraverit, ad prædictum altare celebrabit, anima ipsa de thesauro Ecclesiæ per modum suffragii indulgentiam consequatur, ita ut, ejusdem Do-

mini nostri Jesu Christi Beatissimæque Virginis Mariæ ac Sanctorum omnium meritis sibi suffragantibus, a Purgatorii pœnis liberetur, concedimus, in contrarium facientibus non obstantibus quibuscumque, præsentibus ad septennium tantum valituris.

Datum Romæ, apud Sanctam Mariam Majorem, sub annulo Piscatoris, die XIV Julii MDCLXI, Pontificatus nostri anno septimo.

Arch. dép. Fonds des anciens Trinitaires de Montpellier. Sac des bulles et donations. (*Expédit. Orig. sur parchemin.*) — Il existe aux mêmes Archives un bref semblable d'Innocent XI, du 10 novembre 1680, valable aussi pour sept ans, avec cette seule différence qu'au lieu du lundi de chaque semaine, il fixe le vendredi pour l'application de l'indulgence qu'il accorde.

IX.

Vœu fait à la Sainte Vierge et à Saint Roch par les Consuls de Montpellier. (27 Mai 1640.)

L'an mil six cens quarante, et le dimanche vingt septiesme de may, jour et feste de la Pentecoste, regnant tres chrestien prince Louis, par la grace de Dieu roy de France et de Navarre, dans la maison consulaire de Montpellier et chapelle fondée dans icelle à l'honneur de Nostre Dame de Bethleem, assamblés messieurs François de Beaulac, conseiller du roi et receveur général des finances, André Rouvière, bourgeois, Pierre Courdurier, marchant, François la Boissière, maistre chirurgien, Jean Boussonnel, marchant mangonnier, et Jean Roques, maistre menuzier, consuls et viguiers du dict Montpellier, portans leurs robes Consulaires, venant d'ouir la Grand messe de l'esglise de la Grand Lotge, où se faict a present le saint et divin service, a cause de la desmolition de l'esglise Nostre Dame de la dicte ville, lesquels, considerant que la maladie de la peste est un fléau que la main paternelle de Dieu justement irritté employe maintenant pour nostre correction, et que pour en esviter le progrès l'humble repentance accompagnée de prieres et de vœux y est fort utillement opozée, et sçachant que l'intercession du bienheureux Saint Roch est universellement réclamée avec bon subcès par ceux quy sont affligés de peste, et que n'y ayant point dans la ville aucune chapelle, relique ou représantation dudict Saint Roch, qu'il serait bien seant à une ville qui se glorifie d'avoir veu naistre dans ses mours un sy célèbre serviteur de Dieu qu'il y en ayt quelque marque vizible et apparente, affin que par ceste représantation le public soit esmeu de prier Dieu, et par ceste intercession qu'il luy plaise appaiser son courroux et nous deslivrer de la dicte maladie; à ces cauzes, ayant heu ce jour d'huy recours au Saint Sacrement de Penitence et Heucaristie, pour et au nom de tous les habitans dudict Montpellier represantés en leur personne à se mettre en estat de grace, et humblement prosternés à deux genoux au devant l'autel de la dicte chapelle en ce jour solempnel de l'infusion du Saint Esprit sur les premices de l'Esglise naissante, ont faict vœu et promesse à la Très Sainte Trinité, Père et Fils et Saint Esprit, à la glorieuse Vierge Marye, mère de nostre rédempteur, protectrisse de notre royaume et patronne de ceste ville, a toutte la cour celeste, et en special au dict bien heureux Saint Roch, que sy par ses intercessions il plait a la divine bonté nous regarder des yeux de miséricorde et arrester le cours de ce mal contagieux quy a commancé à nous affliger, ils travailleront fidellement, suivant le deub de leurs charges, à corriger les blasphemateurs de son saint nom, oster les scandalles publicz, faire observer les festes, et, pour servir de recognaissance perpetuelle de ceste signalée grâce, qu'ils fairont orner l'une des chapelles, telle et en la manière qu'il plaira et sera ordonné par Monseigneur l'illustrissime et reverandissime evesque du dict Montpellier, jusques à la despanse de six cens livres, qu'ils iront la en robe rouge, au jour de la feste dudict Saint pour y renouveler le présent vœu, confez et communiés, exortant leurs subcesseurs a l'advenir de faire le semblable anuellement a pareil jour, lequel mondict seigneur l'evesque sera tres humblement suplié vouloir faire solempniser. Et affin que la présente promesse et vœu soit cogneu de tous les habitans pour estre effectuée, les dicts sieurs consuls ont requis moy Estienne Viala, notaire royal du dict Montpellier et greffier de la dicte maison consulaire, d'en retenir registre et l'incerer dans les actes du Consulat.

Faict au lieu susdict, en présence de sieur Claude Perraud, Anthoine Bayle, Jean Lafond, et Anthoine Bouisset, ouvriers de la commune clauzure du dict Montpellier, Sieur Pierre Didier et Estienne Maryé, Sieur Claude Sigalon et Pierre Bournac, procureur en la cour des comptes, signés avec les dicts sieurs consuls et moi dict notaire soubsigné. Beaulac, premier consul et viguier, Rouvière, consul, Courdurier, consul, La Boissière, consul, Boussonnel, consul, Perraud, Lafond, Didier, Sigalon, Bournac, Maryé, Viala, notaire, ainsin signés à l'original.

(*Arch. mun. Grand Thalamus, fol.* 374.)

X.

Ordonnance de l'Évêque de Montpellier, François BOSQUET, *relative au même vœu.* (29 Février 1664.)

FRANÇOIS, par la misericorde de Dieu, evesque de Montpellier, comte de Melgueil et de Montferrand, marquis de la Marqueroze et baron de Sauve, conseiller ordinaire du roy en tous ses conseils.

Sur la requeste à nous présentée par les consuls viguiers de la ville de Montpellier, contenant que, la peste affligeant la dicte ville en l'année mil six cens quarante, leurs prédécesseurs, pour appaiser la colère de Dieu par les intercessions de Saint Roch, firent, au nom de tous les habitants de la dicte ville, vœu à Dieu de travailler fidellement, selon le deub de leurs charges, à corriger les blasphémateurs de son Saint nom, oster les scandalles publics, faire observer les festes, et, en cas qu'il pleut a sa divine bonté, par les prières de la Sainte Vierge, patronne de la ville, du glorieux Saint Roch, et de tous les Saints, de retirer le fleau de la peste, en recognaissance de ceste grace signalée ils promirent pareillement et firent vœu d'orner une chapelle, telle et en la manière qu'il plairoit et seroit ordonné par nostre prédécesseur ; et y employeroient jusques à la somme de six cens livres, à laquelle chapelle ils iroient, estans confez, communier tous les ans, revestus de leurs robes rouges, les jour et feste du dit Saint Roch, et y renouvelleroient leur vœus, et rendroient graces à Dieu de la santé qu'il leur auroit donnée, et le prieroient de vouloir par sa misericorde la leur continuer et donner aux habitants ses graces spirituelles et temporelles ; et Dieu ayant exaucé leur prières en ce temps là par la cessation de la peste, les dicts consuls et leur subcesseurs auroient civilement rendu leur vœu en la manière susdite dans la chapelle où repose le Saint Sacrement de l'autel en l'esglise cathedralle Saint Pierre ; et d'autant que depuis le dit temps l'esglise paroisielle de Nostre Dame a esté rebastie, et qu'en icelle a esté faicte une chapelle en l'honneur de Saint Roch, en laquelle il seroit plus commode, et plus a l'ediffication de tout le peuple que le dit vœu fut rendu à l'advenir, plustost qu'en la dite esglise cathédralle, quy est a l'extremité de la ville et fort incommode pour le concours du peuple, nous suplient de vouloir leur permettre et ordonner qu'à l'advenir tant eulx que leurs subcesseurs rendront annuellement le dit vœu dans la dite chapelle de Saint Roch de l'esglise paroissielle, en la mesme forme qu'ils ont faict par le passé dans la dite chapelle de l'esglise cathédralle; veu par nous la dicte requeste, signée Roquemore, premier consul et viguier, et Pasturel consul, l'acte du vœu faict en la dite année mil six cens quarante, retenu par Viala greffier consulaire le vingt septiesme du mois de may en la mesme année, et aprés avoir ouy le sindic du vénerable Chapitre de nostre esglise cathédralle et maistre Fulcrand Audibert nostre procureur, quy ont consenti aux fins de la dite requeste, et tout considéré, nous avons permis et permettons, ordonné et ordonnons que les dicts consuls de la ville de Montpellier et leurs subcesseurs en ladite charge rendront le susdit vœu annuellement, au jour de la feste Saint Roch, et en la forme et manière susdites, dans la chapelle dédiée à Saint Roch dans la dite esglise paroissielle, et qu'en mémoire de la grâce reçue de Dieu, ils metront un tableau dans la dite chapelle, tel qu'il sera par nous advisé, et orneront icelle jusques à la despance de la somme de six cens livres, sans qu'ils puissent néanmoins retirer de la dite chapelle du Saint Sacrement de l'Esglise cathedralle le tableau de l'autel où les consuls faisans le vœu sont dépeints, lequel sera mis et attaché contre la muraille de la dite chapelle et hors de l'autel, lorsqu'il sera par nous jugé a propos. Exortons et admonestons les dits consuls et leurs subcesseurs a l'advenir en leurs charges de se remettre souvent en mémoire l'obligation du vœu qu'ils ont faict à Dieu de faire le deub de leur charge fidelement, principalement a corriger les blasphemateurs et oster les scandalles publics. Car, encore qu'ils soient obligés en conscience de la faire, néanmoins le vœu les a soubmis a une nouvelle obligation, quy les engageroit dans une espèce de sacrilége, s'ils ne l'observoient, comme, au contraire, s'ils l'observent exactement, les couronnera d'un plus grand mérite devant Dieu. C'est pourquoy, affin que ceste obligation soit toujours presente a leur mémoire, estant presente a leurs yeux, nostre présente ordonnance sera leue aux consuls entrans nouvellement en leurs charges, après qu'ils auront presté le serment accoustumé, et sera affichée dans le lieu où ils s'assemblent pour leurs affaires communes dans l'hostel de ville.

Donné a Montpellier, le vingt neufviesme febvrier mil six cens soixante quatre.

† François, évesque de Montpellier.

Par mon dit Seigneur. Cathalan. Ainsin signé et scelle.

(*Arch. mun. Grand Thalamus*, fol. 374, v. sq

XI.

Fondation d'une chapelle St-Roch dans l'Eglise St-Matheu.
(15 Février 1660.)

Je, notaire soubsigné, certifie à tous qu'il appartiendra avoir reçu un testament fet par Messire Jean de Rignac, consélier du Roy en ses conseils d'estat et privé, M⁰ général en sa cour des comptes, aydes et finances de Montpellier, par lequel entre autres choses le dict S. de Rignac, pour recognoitre en ce monde la grande protection qu'il a receue du B. S. Roc, patron général et honeur de toute la famille dont le dict testateur est ne, esperant de la misericorde de Dieu luy pouvoir recevoir éternellement comme il doict en l'autre monde, le dict S. de Rignac veut et ordonne que la somme de 1200 livres soit prise de ses biens pour fonder une chapelle a l'honeur du dict S. Roc dans l'église des Frères Prescheurs réformés, au lieu ou est le thumbeau du Sr testateur, au mitan de ceus des dicts religieux, laquelle somme de douze cens livres sera payée une année après son décès par son héritier cy après nommé, à condition qu'un prestre sera obligé de dire et célébrer la messe trois jours de la setmène ; savoir le lundy une messe pour les morts et pour prier Dieu pour les âmes de M. M. Arnaud de Rignac, vivant conseiller du Roy et doyen des Messieurs ordinaires de la Chambre des Comptes dudict Montpellier, de dame Gillette de Randine, ses père et mère et de M. Me Pierre de Rignac, son fils, vivant conseiller du Roy, Me général en ladite cour des comptes, aydes et finances du dict Montp. et Dame Grasinde de Rignac sa sœur, quand vivoit famme de Messire François de Bousquet, seigneur et baron de Monlaur, et pour des autres parens trespassés, paternels et maternels et particulièrement pour l'ame du dict testateur quand il aura pleu a Dieu la séparer de son corps ; le judy autre messe a l'honeur du dict S. Roc pour remercier la divine bonté, par l'intercession de ce grand Saint, qu'un jour de judy il lui plut luy donner nessance : et le samedy, autre messe a l'honneur de la Ste Vierge Marie Mère de Dieu, pour la remercier de la gde protection qu'elle lui a donnée, durant tout le cours de sa vie : et outre ces trois jours ordinaires le jour de la Présantation de Notre Seigneur JésusChrist au Temple, deusiesme du mois de febvrier sera ditte autre messe haute en la dite chapelle ou au gd autel de l'esglise des dits Frères Prescheurs, en action de grasses de ce que a parelhe feste il fut bastizé et fet cretien. Le jour de la feste de S. Roc sera ditte et célébrée autre messe haute en la dite chapelle ou au gd autel à l'honeur du dict Sainct, et le jour et feste de l'Ange Gardien sera célébrée autre messe a l'honeur des Anges Gardiens et particulierement pour rendre grasses a Dieu de luy avoir donné un de ses anges pour le garder et pour remercier aussi son bon ange, son patron et protecteur, de la favorable assistance qu'il luy a donnée despuis sa nessance, luy demandant pardon de ce que par ses péchés il a pu le contrister, le suppliant maintenant jusques au dernier soupir de la vie de vouloir par ses stes prieres, conseils et inspirations le conduire si heureusement que conspirant et inclinant à ses stes volontés, favorables et pieux dézirs, il suive le chemin du salut que luy a montré, affin qu'il soit par luy conduit au repos de vie éternelle et bienheureuse. Le jour de la feste de S. Jean l'Evangeliste, duquel le dict Sr testateur porte le nom, sera ditte et célébrée une autre messe à l'honeur du dict Sainct en action de grasses de ce qu'à pareil jour il fut deslivré l'année 1621 de la captivité en laquelle il estoit détenu par ceux de la religion prettendue réformée quy commandoient alors au dict Montpellier. Et finalement le dix-neuf d'avril de chaque année sera aussi célébrée une autre messe de la Ste Trinitté, en la dite chapelle ou au dit gd autel, pour remercier Dieu de ce qu'a pareil jour le dict Sr testateur fut reçu en son office de conselier du Roy. Et au cas le dict Sr testateur eut payé la dite somme de 1200 livres pour la fondation de la dite chapelle, il entant qu'en ce cas son héritier soubsnommé soit deschargé de payer apres le deces du dict Sr testateur la dite somme, et ne l'ayant payée le dict Sr testateur entend que sa volonté soit executtée par la dite héritière un an après le décès du dict Sr testateur..... Et institue de sa propre bouche et nomme son héritiere universelle et génералlе dame Violland Portalles sa famme, aux charges et conditions expeciffiées au dict testament du quinzieme febvrier 1660 auquel me reporte.

Fait à Montpellier ce 29° juin 1666.

GARDET, notaire.

Archives du dom. de Montp. — Carton 7, sac 6, extrait sur papier, et carton 8. s, c. 17 (f. livre de Reconnoissanses, etc. côté B. fol. 251. v° sq.)

XII.

Copia del Consiglio della Citta di Frascati estratta dal libro dei Consigli dell'anno 1635 al 1657, alle pagini 324, 325.

Die 26 Mensis Novembris 1646

Coram perillustrissimo et admodum excellentissimo D° Philippo Bonfilio J. V. D. Lnt°, ac per Illustrissimo Domino Capitaneo Virgilio Luccio Alexandro Rotundo, et Hieronimo Lancellotto prioribus resident. cum assistentia Illustrissimi Domini Tiburtii Bartoli J. V. D. Sindaci, quo adunatum fuit publicum consilium Ill. Civitatis Tusculi in aula Palatii solitæ residentiæ V. D. D. Privg. in quo interfuerunt omnes infrascripti DD. Consiliarii :

DD. Franciscus Fulcanus, Hieronimus Ottavianus, Brutus Ponciconus, Dominicus Butius, Silvester Frizza, Franciscus Palotta, Matthia Janavus, Alphonsus Bartolus, Ottavius Lucianus, Dominicus Stephanucius, Raimundus Fulcanus, Carolus Franciscus Butius, Joannes Baptista Andreettus, Romualdus Antonucius, Dominicus Micoccia, Vincentius Sennus, Cesar Reggius ; Bartolomeus Bassas, Augustinus Falasca, P. Hieronimus Fontana, Jo. Maria De Parentibus, Petrus Ricciardus, Antonius Mediantes, Joannes Baptista Ruggerius, Joannes Petralia, Antonius Stephanucius, Petrus De Magistris.

In quo quidem consilio recitata prius per me solita ora-

tione, fuit deinde propositum et resolutum prout infra, videlicet,....

I Sig. Priori propongono all SS. VV. che essendosi visto che sino a questo giorno, per la divina misericordia, questa città e sua Diocesi e stata preservata dal male contaggioso; e da tutto questo popolo fermamente si tiene sia seguite per intercessione dei SS. Rocco e Sebastiano ven. effiggie dipinte in questo Duomo di S. Maria del Vivario, a mano sinistra quando si entra a detta chiesa che miracolosamente il 18 del mese di Giugno prossimo trascorso di questo corrente anno si scopersero que stavano ricoperti con calcine, e non vi è persona dei viventi che si ricordi averli ivi mai veduti dipinti, e una semplice donna, stando ivi alla messa la domenica mattina, comincio a vedere cascare a pezzi detta calcina che per lo spazio di un' hora si cominciò a vedere un braccio sinistro, quale indicava una ferita, e indi a poco a poco continuando a cascare calcine, e concorrendo il popolo e prostratosi inginocchione con lagrime di tutto ne fu data parte a hora di vespero a Mons. Illmo e Rmo Bottoni, Vescovo di Cortona, e al presente per l'Emo e Rmo Card. Sacchetti e per sua Eminenza suffraganeo di questa città, il quale con Magistrato, e principali cittadini si trasferirono in detta chiesa, ove trovarono ripiena di popolo ed avvicinatosi il prelibato Prelato col Magistrato alla pittura, detto Prelato prese un temperino, e provò se era facile il fare scrostare la calcina da quella pittura, che la trovò durissima, e non ne potè havere benchè minima parte o pezzo; allora inginocchiatosi ed esortato il popolo a pregare S. D. M. che si degnasse maggiormente dimostrare la sua misericordia per mezzo di quella pittura, e ordinato che si accendessero fiaccole di cera come segui subito da molti del popolo. Si parti d' Prelato col Magistrato, e poi la mattina seguente di Lunedì fu ritrovato la dª effigie scoperta, che il braccio faceva conoscere la ferita di mal contaggioso nella coscia, e altro braccio teneva un bordone, e l'effigie in forma di pellegrino, e di già si scopriva la testa dagl' occhi in già che maggiormente il popolo concorreva con tanta divozione quanto lor altri Sig. hanno veduto che poi contigua dª effigie si è scoperta l'altra di S. Sebastiano Martire, e tutti hanno considerato che l'hanno veduta; essere pittura antica, e probabilmente fosse fatta in tempo dell' altro contaggio, che perciò si stima bene a tenerne conto e venerazione: per tanto le SS. VV. potranno risolvere quello che stimevanno bene per l'obbligo che ha questa città delle moltissime grazie che sin'ora si sono ricevute, e che di continuo si ricevano da Dio per intercessione di tanti Santi.

Il Sig. Carlo Francisco Buzio, uno dei consiglieri, arsingando disse, essere di parere che vedutasi questa città circondata per ogni parte, e per meglio dire avendola alle porte la peste, come ne estata infettata Roma, Palestrina, Velletri, Marino, e Grotta-Ferrata, che con tanta stragge ha in detti luoghi continuato per mesi colla morte di tante persone, che perciò con ogni potere e vigilanza umana si deve tenere in gran stima e venerazione le dª effiggie dei SS. Rocco e Sebastiano. Qui io dovrei raccontare gli effetti di devozione, che ha fatto sin qui questo popolo, ma di stendere il tutto si ricercherebbe un libro intiero, non che un mio arringo o un squarcio di foglio, dirò bene per ultimo che questa patria avendo la morte alle porte, non ha ardito portar l'ingresso dove stavano le v. effiggie che sopra si è detto, e cosi tutta è restata intatta da questo flagello e dove vicinamente la peste ha fatto stragge, abbiamo provato nella nostra patria una salute che si può dire nel tempo di state non esservi stati dieci ammalati, e questi segnati coll' oglio della lampada che ardeva avanti le v.

effiggie ne restavano sollecitamente guarite, e devo dire a questo proposito ancora che si è relazione che d. oglio portato in Roma, a Marino, a Grotta-Ferrata, sia stato di molta maraviglia a pro di quelli che se ne sono serviti, quali in segno di beneficio ricevuto, e rendimento di grazie havevano mandato doni, e mandano continuamente e affisi voti d'argento, e di tavole ognuno ha visto e vede: sicche siamo tenuti per honore di d° Santi fare a d. v. effiggie ancor noi un voto di argento grande ove vi sia scolpita la città, magistrato e popolo e particolarmente il Duomo coll' altare già eretto, espendere trenta, o quaranta scudi d'argento, e quello portarlo con tutto il popolo alla d° Chiesa: inoltre stimo necessario che questo pubblico connumeri d° Santi Rocco e Sebastiano tra gli altri due antichi avvocati, e protettori di questa città Apost. Filippo e Giacomo e che in ogni azione pubblica si invochino anche come difensori unitamente come gli predetti Apost. Di più che a pubbliche spese ogni anno nel giorno dieciotto di giugno si faccia solenne processione dal clero ecclesiastico e regolari con l'intervento de' magistrati e consiglieri, quali debbono portare in ciaschedun anno in perpetuo, otto candele al meno di una libra l'una, e due torcie di tre libre, e lasciarle all' altare di d¹ gloriosi Santi sempre in rendimento di grazie, ma sopra tutto che si preghi e supplichino i sig. superiori ecclesiastici che quel giorno dei 18 di giugno ogni anno faccino celebrare quel giorno come giorno solenne di qualsisia principal festa dell' anno, e per parte del Popolo si solennizzi primieramente con devozioni ecclesiastiche, e poi con pubblica allegrezza di fiochi e luminarii per le finestre, che è quanto io stimo deletto verso si gloriosi e Ven. Santi dando loco ad altri sig. consiglieri, che accreschino magior lodi, e più honori alle v. effiggie, come degnamentre meritano.

Sopra di che tutti i sig. consiglieri sodisfattissimi della proposta fatta dai sig. Priori, et arringo del sig. Carlo Francisco Buzio aviva voce discero, che si mandasse in esecuzione quanto si era proposto, e quanto si era arringato.

Quibus gestis, fuit dimissum consilium. Super quibus, etc.

Ita est. Philippus de BLANCHIS, *Not. et Can. regularis.*

Per copia conforme:

Data in Frascati, il 4 Juglio 1856.

Celestino BENEDETTI, *Segrettario.*

III. Pièces relatives à la construction d'une église monumentale en l'honneur de Saint Roch.

XIII.

Mandement de Monseigneur l'Évêque de Montpellier, adressant à son Diocèse un Bref pontifical (1), *relatif à la construction d'une église monumentale, dans sa ville épiscopale, en l'honneur et sous le vocable de St-Roch.*

Charles-Thomas THIBAULT, par la miséricorde divine et la grâce du Saint-Siége Apostolique, Évêque de Montpellier, etc., etc., au Clergé et aux Fidèles de la ville de Montpellier, Salut et Bénédiction en Notre-Seigneur Jésus-Christ.

De bien nombreux jours se sont écoulés, Nos Très-Chers Frères, depuis qu'un homme *ignorant dans l'art de bien dire*, mais par cela même plus manifestement inspiré du Ciel, a dit une parole qui a remué le monde et l'a saintement transformé. Cette parole est celle-ci : Toute

(1) Voyez ce Bref avec sa traduction à la page 316.

Écriture divinement inspirée est utile pour enseigner, pour reprendre, pour corriger, pour nous former dans la justice; de telle sorte que l'homme de Dieu soit parfait et toujours préparé à tous les genres de bonnes œuvres : *Omnis Scriptura divinitus inspirata utilis est ad docendum, ad arguendum, ad corripiendum, ad erudiendum in justitia; ut perfectus sit homo Dei, ad omne opus bonum instructus* (2).

Quand ce Juif de la tribu de Benjamin, né à Tarse de Cilicie et qui a nom Paul, éclatait ainsi aux oreilles de Timothée, son disciple, que faisait-il, Nos Très-chers Frères ? Il mettait tout simplement fin à ce patriotisme étroit dont le ministère d'une loi abrogée s'était, jusqu'à lui, par trop inspiré dans les voies de la piété et de la justice, du dévouement et du zèle. Héraut préposé à la promulgation de la loi évangélique, Saint Paul saluait déjà la Doctrine Chrétienne se levant sur le monde avec une force d'expansion qui triompherait vite de tous les vieux instincts d'un égoïsme universel, et purifierait la terre, plus vite encore, dans le feu d'une admirable et incessante charité. Dans la pensée apostolique, rien de ce qui pouvait, d'ici ou de là, enfanter le bien et y pousser, ne devait être étranger au grand et fécond ministère qui venait succéder au sacerdoce usé du Vieux Testament.

Quand donc, N. T. C. F., au souvenir de ce qu'a dit le grand Apôtre, Nous regardons à cette œuvre de la construction, dans vos murs, d'un Temple à Saint Roch, votre concitoyen, et que Nous la mettons en regard de sa parole, c'est pour la trouver digne de vous être proposée dans la forme la plus solennelle de Notre enseignement d'Évêque et de Père. Il Nous semble que ce qui était dit et demandé à Timothée par son maître, Nous est dit et de-

---

(2) II *Timoth.*, III. 16 et 17.

mandé, à cette heure, par le nôtre. Un bien que le Souverain Pontife a daigné juger digne de ses paternelles sollicitudes, devient à nos yeux l'un de nos devoirs les plus importants, et c'est à le procurer, avec promptitude, que Nous voulons tendre de toute la puissance de nos efforts et de toute l'énergie de notre âme. Si Pie IX, tant miraculeusement conservé à notre amour, grandit de ses éloges et couvre de ses bénédictions les hommes honorables dont la piété va se traduire, comme la vôtre, dans l'érection d'une Église monumentale, Nous devons, Nous, les aider de notre concours le plus actif et le plus empressé. Jamais notre zèle n'aura poursuivi un plus noble but; jamais il n'aura reçu un plus utile emploi; jamais, enfin, une direction plus haute ne lui aura été donnée, depuis que Nous l'appliquons à de saints travaux au milieu de vous. A l'œuvre donc, N. T. C. F., à l'œuvre! et que le Diocèse de Montpellier l'emporte sur tous les autres, pour répondre à l'appel que fait à la France entière la Commission d'une Église à construire, sous le vocable de St-Roch, au sein de votre vieille et religieuse cité.

Au nombre des moyens auxquels cette Commission se propose de recourir, il en est un, N. T. C. F., dont Nous devons vous parler: ce moyen est celui qui déjà vous est connu sous le nom de *Loterie St-Roch*. Nous le faisons ici sans aucun embarras. Outre que ce moyen n'exclut aucun de ceux qui ont fixé l'attention des amis de l'Œuvre, il a pour lui un assentiment si universel; il a été pratiqué pour de si saintes œuvres; il est autorisé par de si hauts exemples (1), que nous pouvons l'avouer hautement et que nous devons en attendre les plus rapides et les plus fruc-

---

(1) Loterie pour l'achèvement de l'Église Saint-Aubin, encouragée par une lettre et tous les vœux de feu S. E. l'illustre Cardinal d'Astros, Archevêque de Toulouse.

tueux résultats. Partout où la *Loterie St-Roch* s'est déjà produite, elle a été accueillie comme elle devait l'être. On a compris qu'elle était à la portée de toutes les fortunes, et qu'elle offrait, à l'obole du pauvre comme à l'or du riche, l'occasion de se réunir pour mieux atteindre le but si ardemment désiré de tous.

Mais ici la cupidité, cette lèpre de notre temps, n'est-elle pas par trop surexcitée? Qu'elle s'y mêle, c'est possible, N. T. C. F., de quoi la cupidité ne se mêle-t-elle pas aujourd'hui? Mais, dans cette voie, elle est activement cotoyée, soyez-en sûrs, par le besoin manifeste qu'éprouvent les classes populaires d'être noblement généreuses envers tout ce qui a le bien pour objet sur une grande et large échelle. Il ne serait peut-être pas facile de compter les heureux d'une pareille fortune qui sont allés, le cœur en joie, partager, avec de plus pauvres qu'eux, les gains qui venaient ainsi les trouver. Dieu qui, en définitive, *dirige le sort à son gré* (1), se plaît souvent à ces spectacles de la pauvreté enseignant la richesse et se dépouillant sans regret quand tout lui conseillerait de garder. Les Moralistes, d'où qu'ils parlent, font bien de dire les paroles qui tempèrent les mauvais instincts; mais il ne faut pourtant pas qu'ils les disent de telle sorte qu'on ne voie plus que le côté mauvais des choses, alors qu'elles ont, pour elles, de nombreux et magnifiques côtés qu'il est sage aussi de mettre en relief et d'encourager.

Non, ce n'est pas l'homme cupide qui concourra le plus à de telles entreprises; c'est l'homme rangé, l'homme reconnaissant, l'homme chrétien qui apportera, de partout, son tribut à une œuvre patriotique et toute religieuse. Saint Roch n'avait pas d'Église aux lieux qui l'ont vu naître et mourir, et Saint Roch est peut-être de tous les Saints

---

(1) Prov. XV, 33.

le plus populaire. Mais le peuple qui l'invoque et en est presque toujours exaucé, ce peuple du Languedoc, aux instincts si généreux et à la Foi si expansive et si vive, s'est dit : « Il faut que Notre Saint ait, dans sa ville natale, « un Temple digne de lui, digne de nous, digne de la « France entière dont il est l'enfant et l'ami, comme il est « notre compatriote et notre frère. » Eh bien ! ce Temple, Saint Roch l'aura ; nous le lui donnerons en cette forme ogivale, en ces proportions gigantesques qui seront une réparation tardive mais réelle, pour tous ces dédains que l'art dévoyé s'est permis, surtout dans notre pays, et que l'art, revenu à lui-même, se reproche comme une injustice et dont il s'accuse comme d'un délire qu'il ne sait pas s'expliquer.

Oui, N. T. C. F., ils vont revivre, au milieu de nous, ardents et forts, unanimes et constants, ces élans populaires vers les grandes œuvres, auxquels l'Église de France a dû toutes ces constructions magnifiques, tous ces monuments d'une grandeur incomparable qui ont jadis couvert le sol de la Gaule chrétienne, et que ne sut ni respecter ni comprendre le dernier de nos siècles, tant aminci par l'impiété ! Protecteur, en quelque sorte, donné à l'Église par le Ciel où il réside, contre tous les fléaux qui, de temps en temps, viennent désoler la terre, Saint Roch, votre glorieux concitoyen, verra l'époque actuelle, plus intelligente que sa devancière, lui élever enfin, dans sa patrie, un temple vraiment digne de la foi de vos aïeux et de cette piété à vous, que vient de célébrer, en des paroles émues, la bouche la plus auguste qui puisse s'ouvrir sur le monde, pour l'enseigner et le bénir.

A ces causes, et le Saint Nom de Dieu invoqué, nous avons ordonné et ordonnons ce qui suit :

Article Ier.

La construction, à Montpellier, d'une Église monumentale, en l'honneur et sous le vocable de St-Roch, est déclarée OEuvre diocésaine, avec le vœu, hautement exprimé, de voir l'OEuvre susdite grandir, par le concours empressé de la France religieuse, jusqu'aux proportions d'un Ex-voto national, et cela comme expression de la reconnaissance pour la protection dont Saint Roch a, plus d'une fois, couvert les lieux où il a été, en ces derniers temps, plus solennellement et plus ardemment invoqué.

Art. II.

Tous les Fidèles, et en particulier les Prêtres, les Religieux et Religieuses de Notre Diocèse, sont vivement exhortés à déployer, dans l'intérêt de l'Église à élever à Saint Roch, tout le zèle chrétien qui les distingue, et à répandre cette OEuvre, dans le Diocèse et ailleurs, par tous les moyens en leur pouvoir.

Art. III.

Parmi ces moyens, nous invitons MM. les Archiprêtres, Curés et Desservants des diverses Paroisses de Notre Diocèse à former immédiatement autour d'eux et à réunir, sous leur présidence, des Comités composés de quelques personnes pieuses de l'un et de l'autre sexe, lesquels Comités s'occuperont activement de procurer à l'OEuvre toute espèce de ressources.

Art. IV.

Sont et demeurent confirmées, par les présentes, pour être acquittées en l'Église à construire, les fondations pieuses et à titre perpétuel que nous avons déjà autorisées, dans l'intérêt spirituel et temporel de tous les Bienfaiteurs de l'OEuvre, vivants ou morts.

Art. V.

Et sera, Notre présent Mandement, lu et publié au prône, dans toutes les Églises et Chapelles de Notre Diocèse, le Dimanche qui en suivra immédiatement la réception, par MM. les Archiprêtres, Doyens, Curés, Desservants et Aumôniers, chargés d'en faire le service.

Lecture sera aussi faite du Bref Pontifical à Nous adressé et donné à Rome, près St-Pierre, en date du 28 avril dernier, par lequel Notre Très-Saint Père le Pape Pie IX a daigné *encourager*, *louer* et *bénir* la construction, à Montpellier, d'une grande et belle Église, en l'honneur et sous le vocable de St-Roch.

Donné à Montpellier, en notre Palais Épiscopal, sous notre seing, le sceau de nos armes et le contre-seing du Chanoine, Secrétaire-général de Notre Évêché, le quatorze mai de l'an de grâce mil huit cent cinquante-cinq.

† CHARLES, Évêque de Montpellier.

Par Mandement :

MARTIN, Ch. Secrét.-gén.

XIV.

Proposition faite par Monsieur le Maire au Conseil municipal de la ville de Montpellier relativement à la construction de l'église St-Roch.

Messieurs,

Vous avez décidé sur ma proposition dans votre Séance du dix-neuf septembre 1854 : 1° qu'une Église monumentale serait élevée à Saint Roch ; 2° que dans la position financière de la commune l'ouverture d'une loterie au capital de UN MILLION DEUX CENT MILLE FRANCS, offrait le seul moyen de réaliser dans un bref délai une aussi grande entreprise.

Sur votre demande, M. le Préfet voulut bien se montrer favorable à ce projet, et je fus assez heureux pour obtenir dans une audience particulière l'autorisation de Sa Majesté l'Empereur.

M. le Préfet, par un arrêté, à la date du vingt-cinq novembre mil huit cent cinquante quatre, organisa l'administration de la Loterie : elle devait être gérée par un Directeur, sous la direction et la surveillance d'une commission composée des notabilités du pays et présidée par le premier Magistrat du département.

M. Amédée Vernhette, ancien préfet et ancien représentant du peuple dont vous connaissez tous l'honorabilité, fut nommé administrateur de la Loterie.

Les plus hauts encouragements furent donnés à cette œuvre, et l'éminent Prélat, placé à la tête de ce diocèse, non-seulement prêta sa toute-puissante influence pour obtenir un bref de Sa Sainteté le Pape Pie IX, approuvant l'érection d'une église à Saint Roch et appelant sur cette entreprise l'intérêt et l'attention de la chrétienté catholique, mais il prit deux mille billets au pair et voulut coopérer pour une somme de cinq cents francs aux frais du voyage à Rome.

Aussi, Messieurs, les opérations commencèrent sous les plus heureux auspices, et le premier tirage donna des résultats inespérés.

Plus tard, le Gouvernement, jusqu'alors si peu disposé à accorder des autorisations, se montra malheureusement plus facile, et nous eûmes à subir la concurrence d'une foule de loteries nouvelles. Les billets se placèrent plus difficilement; il fallut augmenter les primes et les frais de publicité; et nous avons eu la douleur de ne voir se réaliser qu'une partie des espérances que nous avions eu le droit de concevoir.

1,072,814 billets ont été placés, ils n'ont produit qu'une somme de. . . . . 298,218 fr. 82 c.

Il faut ajouter :

Produit de la location des chaises au Peyrou, lors du 1er tirage.	327 f. 50 c.	
Produit approximatif de la vente du mobilier. .	800 00	22,193 fr. 00 c.
Intérêts des sommes versées dans les mains du Receveur municipal : en 1855 2,433 f. 82 c. en 1856 10,131 68 en 1857 environ 8,500 00	21,065 f. 50 c.	

Mais il faut prévoir qu'il sera peut-être nécessaire de déduire de cette somme quelques mauvaises créances, dont tout ou partie pourra être perdu, approximativement 7,000 fr.

Les intérêts qui seront acquis plus tard a la Loterie, doivent être portés en compte, on peut les évaluer à environ . . . . 14,000 fr. 00 c.

A ajouter. . . . . 7,000 fr. 00 c.

Somme totale environ. . . 327,411 fr. 82 c.

Quoique nous n'ayons pas obtenu tous les résultats que nous avions d'abord espéré, la ville de Montpellier ne doit pas moins se féliciter d'avoir ouvert cette Loterie, puisque le Conseil municipal, sans avoir eu recours à l'impôt ou à l'emprunt, pourra disposer pour la construction de l'église, d'une somme d'environ trois cent vingt-sept mille francs.

Après vous avoir fait connaître les ressources exceptionnelles que vous fournit la Loterie, je vais vous entretenir,

Messieurs, des dépenses que doit entraîner la construction de l'Église.

L'administration a fait étudier ce projet avec beaucoup de soin, et après s'être entouré des lumières des hommes les plus compétents en ces matières, elle a cru devoir vous proposer la construction d'une église gothique.

L'église de l'abbaye de Valmagne, dont le style et les belles proportions ont été si souvent admirées par chacun de nous, lui a paru un modèle à imiter. Mais la grandeur de cette église abbatiale (septante-sept mètres de longueur sur trente-cinq mètres quatre-vingt centimètres de largeur), n'était pas en rapport avec la population de la paroisse à desservir, et il fallait, d'un autre côté, savoir se borner à une construction, qui tout en conservant le caractère monumental que vous avez toujours voulu lui donner, n'imposât pas à la commune et à la fabrique des sacrifices dépassant leurs ressources.

Après nous être concertés avec l'autorité ecclésiastique, nous avons l'honneur de vous proposer, Messieurs, de reproduire l'église de Valmagne, réduite à une longueur de cinquante-neuf mètres quatre-vingts centim., ci. 59^m 80^c,

Et à une largeur de trente-trois mètres. . . 33^m

La nef aura une hauteur de vingt mètres sous clef de voûte ; les collatéraux, le déambulatoire et les chapelles absidales dix mètres ; la largeur de la nef sera de huit mètres, celle des collatéraux et du déambulatoire, de quatre mètres quarante centimètres.

La nouvelle église pourra contenir environ trois mille personnes.

Mais, Messieurs, vous savez tous que l'église de Valmagne manque de portail. M. l'architecte de la ville a dû chercher un portail offrant le même caractère, et il a été assez heureux pour trouver à Châlons une église, de la fin du XIIIe siècle et du commencement du XIVe siècle comme celle de Valmagne, lui offrant un modèle, qu'il s'est empressé d'adapter à son plan, avec cette intelligence vive que vous lui connaissez : j'espère, Messieurs, que cette partie, si difficile, du projet, obtiendra votre approbation.

Le choix de l'emplacement de la nouvelle église a dû vivement nous préoccuper. Après un mûr examen, nous avons donné la préférence à l'emplacement actuel ; là sont des droits acquis, qu'il fallait respecter ; là sont des terrains communaux assez vastes, qui permettent de diminuer les frais énormes qu'entraîne l'achat des propriétés bâties dans la partie centrale d'une ville.

Enfin, Messieurs, dans quelle direction devons-nous élever les nouvelles constructions ?

Après une étude approfondie, M. l'architecte de la ville a fourni à l'administration la preuve qu'il n'était possible d'adopter que deux directions, l'une vers la rue St-Guilhem, l'autre vers le plan d'Agde. Toutes les études faites pour fixer le choix de l'administration, seront mises sous vos yeux et nous espérons, Messieurs, qu'après un examen attentif, vous penserez comme nous qu'il y a lieu de choisir la direction vers le plan d'Agde ; vous y trouverez une grande économie dans l'ouverture des abords, le moyen de conserver à l'église nouvelle, le style des églises de la fin du XIIIe siècle, en lui donnant plus de profondeur, et enfin la possibilité de conserver pour la célébration du culte l'église actuelle, jusqu'au moment où il sera possible de livrer aux fidèles une partie de l'église nouvelle.

Cette dernière considération, Messieurs, est des plus graves. Après des recherches multipliées, il nous a été démontré qu'il n'existait dans la paroisse St-Roch aucun lieu convenable pour en faire le siège de la paroisse pendant l'exécution des travaux. Nous avions un moment pensé que la rotonde de St-Côme à laquelle serait appliquée une construction provisoire, pourrait remplir ce but, mais nous avons plus tard acquis la conviction que les petites dimensions des portes du dôme ne permettaient pas de donner suite à ce projet.

Nous vous proposons donc, Messieurs, de construire l'église nouvelle sur l'emplacement qui a pour limites, d'un côté, la rue de l'Hirondelle, et de l'autre, celle des Teissiers, plan d'Agde et St-Côme; l'abside occupera les terrains couverts en ce moment par une partie de l'église, le presbytère et les écoles; le portail sera en face de la rue du plan d'Agde.

M. l'architecte de la ville évalue la dépense totale de la construction de l'église à cinq cent cinquante-huit mille quatre cent onze francs cinquante et un centimes.

ci . . . . 558,411 fr. 51 c.

Savoir:

Construction entière de l'église, non compris les vitraux et le mobilier, que la fabrique prendrait à sa charge. . . . . . . 406,552 fr. 01 c.

Dépenses imprévues,
le 1/20 20,327
                    _____
                    426,879 fr. 01 c.

A déduire la valeur des matériaux des immeubles à exproprier, ainsi que de l'église et de ses dépendances. . . . 10,807

Dépenses des constructions. . . . . 416,072 fr. 01 c.
A ajouter, achat des terrains et aut" dépenses. 142,339 fr. 50 c.
} 558,411 fr. 51 c.

Comme j'ai eu l'honneur de vous l'exposer, Messieurs, nous n'avons en ce moment à notre disposition qu'une somme d'environ trois cent vingt-sept mille francs, et nous avons en outre besoin de conserver l'église actuelle pour la célébration du culte.

Je vous propose donc, Messieurs, d'adopter le plan d'ensemble, qui vous est présenté, mais de décider qu'il sera procédé d'abord à la construction de la nef et du portail avec les flèches, en terminant cette partie de l'église par des chapelles provisoires.

Cette dépense est évaluée par M. l'architecte à . . . . 350,429 fr. 12 c.

Savoir :
Montant des travaux. . . . . . . 211,589 fr. 62 c.
Chapelles temporaires à construire. . 2,500
                                      214,089 fr. 62 c.
Valeur des immeubles à exproprier, etc. 142,339 fr. 50 c.
                                      356,429 fr. 12 c.
A déduire la valeur des matériaux. . 6,000
Reste une dépense de . . . . . 350,429 fr. 12 c.
La Loterie a mis à notre disposition une somme de . . . . 327,411 fr. 82 c.
Reste une somme de . . . . . 23,017 fr. 30 c.

que je proposerai au Conseil de prendre sur les ressources ordinaires de la commune, si le rabais consenti par les entrepreneurs, ne couvrait pas et au delà cette somme, comme tout doit le faire raisonnablement espérer.

Cette partie de l'église recevant un nombre de fidèles à peu près égal à celui qui peut avoir accès dans l'église actuelle, dès que le culte y serait installé, il y aurait lieu de démolir l'ancienne église, le presbytère et les écoles, et de commencer la construction du transept et de l'abside qui nécessiteraient une dépense de deux cent quinze mille deux cent quatre-vingt-neuf francs trente-neuf centimes.

La somme nécessaire pour achever l'église n'est pas très-élevée et la commune pourrait facilement dans trois ans, époque où je pense que la première partie de l'église sera terminée, trouver de nouveaux moyens pour achever son œuvre, surtout, si comme me le fait espérer M. le Curé de St-Roch, toujours si dévoué à cette grande entreprise, les dons nombreux et considérables des fidèles devaient venir se joindre aux ressources municipales dès que les travaux de construction de l'église seraient commencés. Cette espérance, Messieurs, nous paraît fondée, lorsque nous songeons à l'appui que n'a cessé de nous prêter Mgr l'Évêque de Montpellier, au milieu des difficultés, souvent très-grandes, qui se sont présentées depuis que vous avez décidé l'érection d'une église monumentale à Saint Roch.

Si contre notre attente, Messieurs, ces ressources extraordinaires vous manquaient, vous ne devriez pas envisager l'avenir avec moins de sécurité ; l'œuvre que vous avez entreprise pourrait être retardée, mais vous ne devez avoir aucun doute sur la possibilité de la terminer.

Je vous propose donc, Messieurs,

1° D'approuver les projets dont les avant-métrés, devis et plans sont annexés au présent rapport pour la construction d'une église monumentale dédiée à St-Roch ;

2° De décider que les travaux pour la construction de la nef et du portail, s'élevant avec les achats de terrain à la somme totale de trois cent cinquante mille quatre cent vingt-neuf francs douze centimes, seront immédiatement exécutés au moyen :

1° De la somme d'environ trois cent vingt-sept mille quatre cent onze francs quatre vingt deux centimes, produit de la Loterie St-Roch, et 2° de la somme de vingt-trois mille dix-sept francs trente centimes à prendre sur l'excédant des recettes de la commune ;

3° De délibérer, en outre, qu'il y a lieu d'exproprier en tout ou en partie les maisons Rouet Émile, Durand Jean, Maigrot Félix, Cuval fils, Louis, Chalon Jean, Bonnet Jacques, Baumes Thomas et Baumes Jaoul, Vernède James, Coste Benoît, Reboul François, Dartis Pierre, pour l'emplacement et les abords de l'église, évaluées à une somme de cent quarante-deux mille trois cent trente-neuf francs cinquante centimes ; évaluation dans laquelle il a été tenu compte des indemnités qui seront dues aux locataires et de la valeur qui doit revenir à la ville pour rétrocession des terrains qui resteront en dehors des alignements ;

4° Délibérer qu'il y a lieu de modifier le plan général d'alignement de la ville, arrêté par M. le Préfet, le sept mars mil huit cent cinquante-quatre, conformément au plan N° 1, sur lesquels les avancements et reculements à opérer par la voie d'expropriation sont indiqués les premiers par des teintes jaunes et les seconds par des teintes rouges foncées, et ceux à opérer par la voie d'alignement par des teintes jaune clair et rouge clair.

Le Maire de Montpellier,
Pagézy.

XV.

Extrait du Registre des Délibérations du Conseil Municipal de la ville de Montpellier.

Séance du 22 décembre 1857.

L'an mil huit cent cinquante-sept et le vingt-deux décembre, le Conseil Municipal s'est réuni dans le lieu ordinaire de ses séances, sous la présidence de M. J. Pagézy, maire.

Étaient présents MM. Pourché, Chabrier, Vailhé, Lafosse, Estor, Brousse, Rodier, Rey, M^{in} Durand, Teisserenc, Saint-Pierre, Lafon, Glaize, Cambon, Bazille, Blavy, Cros, de Vichet, Grasset, Marès.

M. Marès, au nom de la Commission spéciale de l'église St-Roch, fait le rapport suivant :

Messieurs,

Vous avez entendu dans la Séance du trente octobre dernier, le rapport de M. le Maire sur l'église St-Roch, et vous avez nommé une Commission spéciale pour examiner les propositions qui formaient les conclusions de ce rapport.

Je viens vous présenter aujourd'hui le résultat des délibérations de notre Commission spéciale.

Vous avez décidé dans votre Séance du dix-neuf septembre mil huit cent cinquante-quatre, qu'une église monumentale serait élevée à Saint Roch et qu'une Loterie serait ouverte au capital de *Un million deux cent mille francs*, afin de pourvoir dans un bref délai aux dépenses d'une aussi grande construction. Depuis cette époque la Loterie a été organisée, ses tirages ont eu lieu et ses comptes ont été clos ; ils ont été mis sous vos yeux.

Il en résulte qu'elle a produit y compris les intérêts qui lui seront acquis plus tard, à mesure d'emploi du capital, une somme de *trois cent vingt-sept mille quatre cent onze francs quatre-vingt deux centimes*. C'est avec ces fonds que la ville doit faire face à l'engagement qu'elle a contracté par l'établissement de la Loterie, à la construction d'une église monumentale.

L'administration municipale s'est occupée sans délai de faire étudier le projet de l'église, afin de connaître d'abord la dépense que doit entraîner cette entreprise.

Après s'être entourée des lumières d'hommes compétents, tels que MM. Didron, Lassus et Baltard;

Elle a adopté la construction d'une église gothique. Voulant éviter les trop grandes lenteurs, les dépenses et les incertitudes inhérentes aux concours en matière d'architecture, elle prit le parti d'imiter un modèle connu dans son pays pour la pureté de ses formes, la belle église de Valmagne, située dans l'arrondissement même de Montpellier ; elle a résolu ainsi ce que la question d'art présentait de plus difficile, dans le projet qui nous occupe.

L'étude des plans et du projet a été confiée à M. Cassan, architecte de la ville.

L'emplacement le meilleur a été également étudié, et celui de l'église actuelle augmenté du sol des maisons voisines a paru à la fois le plus convenable et le moins coûteux.

Dans ces conditions, la dépense totale de la construction de l'église assez grande pour contenir trois mille personnes, s'élève d'après le devis de l'architecte à *cinq cent cinquante huit mille quatre cent onze francs*, sur lesquels, sont imputés, aux achats de terrain. . . . 142,339 fr.

à la construction entière de l'église nouvelle, non compris les vitraux et le mobilier. 416,072 fr.

Telle est en résumé la situation qui vous a été exposée et la disposition des projets que vous avez renvoyés à l'examen de la Commission.

Les résultats financiers de la Loterie n'ont laissé à la disposition de l'administration que des ressources bornées.

Vous savez que la situation des ressources de la ville ne permet point de consacrer immédiatement à l'érection de l'église une somme considérable. En même temps, le nombre restreint des édifices consacrés au culte dans la ville de Montpellier, rend indispensable la conservation de l'église actuelle jusqu'au moment où celle qui est en projet pourra la remplacer; et fait désirer depuis longtemps à la population la construction d'une église que les développements de la ville rendent tous les jours plus nécessaire.

Dans ces circonstances, les dispositions prises par l'administration ont été approuvées par votre Commission. Il lui a paru qu'il n'était pas possible de tirer un parti plus avantageux, tout en donnant satisfaction aux droits déjà acquis, des emplacements de l'église actuelle et de ceux déjà possédés par la ville. Elle a approuvé la situation du monument en projet et son orientation sur une grande rue celle du plan d'Agde qui lors de son achèvement permettra d'embrasser librement et à toutes les distances les proportions de l'église.

Les plans et devis de l'architecte lui ont paru conçus et étudiés avec talent; quoique renfermés dans les limites étroites des ressources financières disponibles, ils reproduisent sur une échelle un peu plus petite :

	Projet.	Valmagne.
Longueur totale :	59 80	77
Largeur totale :	33	37 80
Hauteur de la nef sous clef de voûte.	20	»

Les formes élégantes du modèle en y adjoignant un portail et des clochers qui compléteront le monument.

Le mode d'exécution proposé a paru également avantageux puisqu'on procéderait d'abord sans toucher à l'église actuelle, à la construction de la nef et du portail avec les flèches, en terminant cette partie du monument par des chapelles provisoires qui permettraient de la livrer immédiatement au culte et de recevoir un nombre de fidèles égal à celui que peut contenir l'église actuelle. Cette dépense est estimée à la somme de *trois cent cinquante mille quatre cent vingt-neuf francs*, qui n'excède que de *vingt-trois mille sept francs*, les ressources mises à la disposition de la ville par la Loterie.

On continuerait ensuite par la démolition de l'église actuelle et la construction du transept et de l'abside du projet, qui nécessiteraient une dépense de *deux cent quinze mille deux cent nonante-neuf francs trente-neuf centimes*, auxquels la ville pourvoirait ultérieurement ; on pourrait ainsi commencer l'église avec les ressources dont on peut d'hors et déjà disposer, et le mode d'exécution assurerait en outre l'achèvement de l'église dans un avenir prochain et sur les plans proposés.

En face d'obligations auxquelles on ne peut songer à se soustraire, du vœu des habitants et de la nécessité d'agrandir les édifices consacrés au culte, les propositions de l'administration ont paru, je le répète, complétement résoudre la question, et ont été adoptées après un examen approfondi par votre Commission.

Elle ne les a modifiées que sur un point, celui du nombre de maisons dont l'expropriation lui paraît nécessaire pour l'emplacement de l'église et la facilité de la circulation sur la voie publique.

L'administration a présenté un état des immeubles à exproprier s'élevant au nombre de quatorze, et nécessitant une dépense de *cent quarante-deux mille trois cent trente-neuf francs*. La Commission propose d'y adjoindre quatre autres maisons, les deux maisons Goudau, rue Sacristie, la maison Bez et la maison Trémon, rue des Teissiers, qui nécessiteront une augmentation de dépense de *vingt-un mille cinq cent deux francs*. Elle espère percevoir cette somme soit sur la réduction du prix des travaux, lors de l'adjudication, soit sur les ressources éventuelles du budget de la ville.

En conséquence, elle vous propose, 1° d'approuver les projets dont les avant-métrés, devis et plans sont annexés au présent rapport ; 2° de décider que les travaux pour la construction de la nef et des portails s'élevant avec les achats de terrain à la somme de *trois cent soixante-onze mille neuf cent trente-un francs douze centimes*, seront immédiatement exécutés au moyen : 1° de la somme d'environ *trois cent vingt-sept mille quatre cent onze francs nonante-deux centimes*, produit de la Loterie St-Roch ; et 2° de la somme de *quarante-quatre mille cinq cent dix-neuf francs trente centimes*, à prendre sur l'excédant des recettes de la commune après épuisement des fonds produits par la Loterie.

3° De déclarer qu'il y a lieu d'exproprier en tout ou partie les maisons : E. Rouet, J. Durand, F. Maigrot, L. Cuval, L. Chalon, Jacques Bounet, Thomas Baumes, Baumes Jaoul, Vernède jeune, Benoît Coste, François Reboul, Pierre Dartis, Pierre Rey, Louis Trémon et Goudau, pour l'emplacement des abords de l'église évalués à une somme de *cent soixante-trois mille huit cent quarante-un francs cinquante centimes*, évaluation dans laquelle il a été tenu compte des indemnités qui seront dues aux locataires, et de la valeur qui doit revenir à la ville, pour rétrocession des terrains qui resteront en dehors des alignements.

4° De déclarer qu'il y a lieu de modifier le plan général d'alignement de la ville arrêté par M. le Préfet, le sept mars mil huit cent cinquante-quatre, conformément au plan N° 1, sur lesquels les avancements et les reculements à opérer par voie d'expropriation, sont indiqués les premiers par des teintes jaune foncé et les seconds par des teintes rouge foncé, et ceux à opérer par voie d'alignement, par des teintes jaune clair et rouge clair.

Et ont signé tous les Membres présents.

Pour copie conforme :
Le Maire de Montpellier,
Pagezy.

XVI.

Extrait du Registre des Délibérations du Conseil Municipal de la ville de Montpellier.

Séance du 24 décembre 1857.

L'an mil huit cent cinquante-sept et le vingt-quatre décembre, le Conseil Municipal s'est réuni dans le lieu ordinaire de ses séances, sous la présidence de M. Pagezy, maire.

Étaient présents : MM. Pagézy, maire, Pourché, Grascet, Cros Peytavin, Vailhé, Brousse, Lafosse, M^m Durand, Glaize, Caizergues, Bazille, Rey, Lafon, Blary, Saint-Pierre, Marès, Anduze, Poutingon.

Le Conseil passe à la délibération sur la construction de l'église St-Roch.

M. le Maire demande si quelqu'un des Membres du Conseil propose d'apporter quelques modifications aux plans présentés. M. le Rapporteur dit : Ces plans sont la reproduction de la belle église gothique de Valmagne, les hommes les plus compétents à Paris, MM. Lassus, Baltard, Didron, ont tous été unanimes sur l'avantage qu'il y avait à reproduire une ancienne église.

Le Conseil Municipal adopte les propositions de la Commission, il approuve les avant-métrés, devis et plans annexés au rapport.

La Commission spéciale a demandé qu'on achetât quatre maisons de plus pour faciliter les abords de l'église. Les immeubles à exproprier coûteraient *cent septante-un mille neuf cent trente-un francs*; elle propose en conséquence :

1° D'approuver les projets dont les avant-métrés, devis et plans sont annexés au présent rapport ;

2° De décider que les travaux pour la construction de la nef et des portails s'élevant avec les achats de terrain, à la somme de *trois cent soixante-onze mille neuf cent trente-un francs douze centimes*, seront immédiatement exécutés au moyen : 1° de la somme d'environ *trois cent vingt-sept mille quatre cent onze francs quatre-vingt douze centimes*, produit de la Loterie St-Roch, et 2° de la somme de *quarante-quatre mille cinq cent dix-neuf francs trente centimes*, à prendre sur l'excédant des recettes de la commune après épuisement des fonds.

Les conclusions de la Commission sont adoptées.

3° La Commission propose de déclarer qu'il y a lieu d'exproprier en tout ou partie les maisons E. Rouet, J. Durand, F. Maigrot, L. Cuval, L. Chalon, Jacques Bounet, Thomas Baumes, Baumes Jaoul, Vernède jeune, Benoît Coste, François Reboul, Pierre Dartis, Pierre Bez, Louis Crémon et Goudau, pour l'emplacement des abords de l'église, évalués à une somme de *cent soixante-trois mille huit cent quarante-un francs cinquante centimes*, évaluation dans laquelle il a été tenu compte des indemnités qui seront dues aux locataires, et de la valeur qui doit revenir à la ville pour rétrocession des terrains qui resteront en dehors des alignements.

Ces conclusions sont adoptées.

4° De déclarer qu'il y a lieu de modifier le plan général d'alignement de la ville, arrêté par M. le Préfet, le sept mars mil huit cent cinquante-quatre, conformément au plan N° 1, sur lesquels les avancements et reculements à opérer par voie d'expropriation, sont indiqués, les premiers par des teintes jaune foncé, et les seconds par des teintes rouge foncé ; et ceux à opérer par voie d'alignement, par des teintes jaune clair et rouge clair.

Ces conclusions sont adoptées.

L'ensemble du projet est ensuite adopté par le Conseil Municipal.

Et ont signé tous les Membres présents.

Pour extrait conforme :
Le Maire de Montpellier,
P<small>AGEZY</small>.

FIN.

Telle qu'elle est chantée à Montpellier dans l'église dédiée à ce Saint.

ANTIENNE A SAINT ROCH.

Mise en musique par J.-B. Laurens, organiste de l'Église Saint Roch.

TABLE DES MATIÈRES.

Approbation de Monseigneur l'Évêque de Montpellier page ... i
Introduction ... ii

PREMIÈRE PARTIE.

HISTOIRE DE SAINT ROCH.

Chapitre I. Parents de Saint Roch. — Signe qui distingue, dès sa naissance, le noble enfant. — Indice et présage de sa sainteté future. — Enfance et jeunesse de Saint Roch. — Mort de son père, suivie bientôt après de celle de sa mère. — La vocation de notre Saint est déterminée par cet evenement ... 3

Chapitre II. Saint Roch se dépouille de ses dignités et de ses biens pour se faire le pauvre volontaire de Jésus-Christ. — Pourquoi Saint Roch n'embrassa pas la vie religieuse ; pourquoi préféra-t-il la vie de pèlerin ? — Motifs qui déterminèrent son pelerinage à Rome. — Son départ. ... 19

Chapitre III. Dernier regard de Saint Roch vers son pays. — Sa dernière bénédiction à sa patrie. — Son voyage. — Hospice des pèlerins au moyen-âge. — Consternation que rencontre Saint Roch au delà des Alpes. — Ses premiers travaux et ses premiers miracles à Acquapendente. — Dans sa reconnaissance, la ville sauvée de la contagion lui prépare un triomphe. — Saint Roch l'évite en s'évadant. ... 35

Chapitre IV. Invasion de la peste à Césène et à Rimini. — Nouveaux succès de Saint Roch. — La peste se déclare à Rome. — Saint Roch y accourt. — Sentiments qu'il éprouve à la vue de cette ville. — Décadence de Rome pendant le séjour des Papes à Avignon. ... 47

CHAPITRE V. La peste au moyen-âge. — Ses symptômes, ses caractères contagieux, ses ravages. — Tristes ou horribles scènes qui l'accompagnent. — Efforts héroïques de Saint Roch pour délivrer Rome de la contagion : ses miracles. Rome sauvée, Saint Roch y demeure trois ans, pour vénérer les saints lieux. 61

APPENDICE au Chapitre cinquième. 73

PAPES d'Avignon. 75

CHAPITRE VI. La Lombardie et Plaisance. — Saint Roch guérit les pestiférés dans cette ville. — Il est atteint lui-même par la contagion et souffre de cruelles douleurs. — Pourquoi Dieu permet que son serviteur soit ainsi affligé. — Saint Roch se retire dans une forêt voisine. — Comment la Providence divine prend soin de lui. 81

CHAPITRE VII. Un chien découvre la retraite de saint Roch. — La maison de Plaisance de Gothard Palastrelli. — Comment le chien amène son maître auprès de notre Saint. — Conversion de Gothard. — Son noviciat auprès de Saint Roch. — Sa vocation à la vie érémitique. — Saint Roch revient à Plaisance et délivre de la peste la ville et la contrée. — Ses adieux à son disciple Gothard. — Son départ pour la France. 95

CHAPITRE VIII. Douleur de Gothard après le départ de Saint Roch. — Sa résignation chrétienne. — Pour perpétuer la mémoire de son maître et de son compagnon, il peint son portrait sur un mur de Sainte Marie de Bethléem. — Il part, peu de temps après, et se dirige probablement vers les Alpes. — Le Mont Saint-Gothard. — Il est vraisemblable que le disciple de Saint Roch fixa sa retraite sur cette montagne et qu'il lui donna son nom. — Vie solitaire de Gothard. — Sa mort bienheureuse. — Son nom inséré dans le Martyrologe. — Son culte à Plaisance. 115

CHAPITRE IX. Retour de Saint Roch à Montpellier. — Il est arrêté comme un espion et ne cherche à se prévaloir ni de son nom et de sa naissance, ni de ses droits d'héritier. — Il garde avec soin son incognito et se laisse jeter en prison. — Il y demeure pendant cinq ans, ignoré de ses concitoyens, connu de Dieu seul. — Il y meurt martyr de l'humilité chrétienne. — Circonstances merveilleuses qui précèdent sa mort. — Sa dernière prière. — Son saint trépas. — La croix rouge marquée sur sa poitrine le fait reconnaître. La glorification de Saint Roch commence à Montpellier le jour même de sa mort bienheureuse. 125

SECONDE PARTIE.

HISTOIRE DU CULTE DE SAINT ROCH.

Préface. 145
Chapitre I. Vénération publique dont Saint Roch est l'objet, après sa mort. — Ce respect religieux s'attache jusqu'à sa maison paternelle, jusqu'au banc de pierre où la tradition porte qu'il était assis, lorsqu'il fut fait prisonnier, jusqu'à son bâton de pèlerin. — Concile de Constance, en 1414. — Comment son culte fut officiellement autorisé par la papauté. 149
Chapitre II. Des miracles de Saint Roch. — Le don des miracles a toujours existé dans l'Église. — Pouvoir spécial que Saint Roch reçut de Dieu contre la peste. — Ce pouvoir est attesté par la confiance avec laquelle les peuples l'invoquent aux jours de la contagion, et par les effets miraculeux qui suivent ces démonstrations de la piété publique. — Principaux miracles dus à l'intervention de Saint Roch. Venise délivrée de la peste en 1576 sous le doge Mocenigo. — Rome sauvée de la contagion en 1624. — Cessation de la peste à Frascati, en 1656, par l'apparition miraculeuse des images sacrées de Saint Roch et de Saint Sébastien. — Saint Roch ne fut jamais invoqué en vain au milieu de ces calamités :

Exemples innombrables qu'on pourrait citer. — L'histoire de son culte est selon l'expression des Bollandistes, *un miracle continuel.* 169

CHAPITRE III. Du culte rendu aux reliques de Saint Roch. — Antiquité et légitimité du culte des saintes reliques. — Celles de Saint Roch sont primitivement conservées à Montpellier et honorées d'un culte de respect religieux. — Don fait au maréchal de Boucicaut d'une partie du corps de notre Saint. — Don qu'il en fait lui-même aux Trinitaires d'Arles. — Le reste du corps nous est furtivement enlevé par les Vénitiens. — Honneurs extraordinaires qui lui sont rendus à Venise. — Après le concile de Constance, le monde chrétien attache un très-grand prix aux reliques de Saint Roch. — Nombreuses parcelles tirées de la châsse du Saint à Arles. — Don de huit parcelles fait à la paroisse de Saint Roch de Montpellier. — Parcelles extraites du tombeau du Saint à Venise. — Le tibia de la jambe gauche du Saint nous est accordé. — Pièces authentiques relatives à l'extraction et à la susception de cette précieuse relique. 193

CHAPITRE IV. Unanimité des traditions relatives à Saint Roch. — Valeur historique de ce fait. — Pourquoi dans cette histoire de son culte, nous avons dû commencer par l'Italie. — Culte de Saint Roch à Acquapendente et à Rome. — Fête séculaire de Saint Roch à Frascati. — Son culte à Rimini, à Césène et dans d'autres villes des États pontificaux. 227

CHAPITRE V. Du culte de Saint Roch en Italie *(suite)*. — Sources auxquelles nous puisons nos documents sur le culte de Saint Roch à Venise. — Origines de la confrérie, ses premiers actes, son héroïque charité pendant la peste. — Construction de l'église dédiée à Saint Roch, son histoire. — Tableau du Titien. — La confrérie bâtit un palais magnifique pour y tenir ses assemblées. — Grands artistes appelés par elle pour décorer l'église et le palais. — Richesses artistiques qu'on y admire. — Usage que fait la confrérie de ses immenses revenus. — Célébrité du culte de Saint Roch à Venise. — Plusieurs villes déposent devant son tombeau des étendards peints par les plus grands maîtres. Celui d'Annibal Carrache. — Les faits de la vie de Saint Roch, confirmés à Plaisance. — Légende du bâton du Saint changé en poirier. 247

CHAPITRE VI. Culte de Saint Roch en Belgique et en Espagne. — Des documents authentiques prouvent que le culte de Saint Roch à Anvers remonte à plus de trois siècles. — Fondations faites en faveur de sa chapelle. — Elle est enrichie d'une relique du Saint. — Édit de Philippe II roi d'Espagne en faveur de la confrérie de Saint Roch. Statuts de cette association approuvés par le Pape Alexandre VII. — Élection de son grand-Prévot. — Lettres du chapitre d'Anvers relatives au culte de Saint Roch dans cette ville et envoyées aux hagiographes Bollandistes. — Culte de notre Saint en Espagne et en Danemark. — Office propre de Saint Roch à Schleswig. 271

CHAPITRE VII. Du culte de Saint Roch en France et à Montpellier. — Culte de Saint Roch à Paris. — Sa fête chômée par le peuple. — Précieux documents que nous fournit notre correspondance avec le clergé de France sur le culte de notre Saint. — Popularité du culte de Saint Roch en Corse. — Culte de Saint Roch à Montpellier. — Projet d'une église monumentale à élever en son honneur. — Le Pape Pie IX bénit cette entreprise. — La construction de l'église Saint-Roch est votée par l'Administration municipale. . . . 295

APPENDICE.

I. NOTICE sur les monuments primitifs de la vie de Saint Roch. 323

VITA SANCTI ROCHI, *auctore Francisco Diedo*, etc. . . . 333
ACTA BREVIORA AUCTORE ANONYMO, *Ex Ms. Belfortii*, etc. 361
II. ICONOGRAPHIE de Saint Roch. 372
III. SAINT ROCH chanté par les poëtes. 377
NOTICE sur Saint Sébastien. 393

I. PIÈCES JUSTIFICATIVES relatives aux reliques de Saint Roch. — 1. Permission du Général des Trinitaires de transporter à Montpellier une Relique de Saint Roch. — 2. Attestation du Ministre du Couvent des Trinitaires, relative à la même relique. — 3. Attestation de l'Archevêque d'Arles, relative à l'authenticité des Reliques de S. Roch. — 4. Procès-verbal d'extraction d'une portion des Reliques de Saint Roch. — 5. Mandement de l'Évêque de Montpellier, à l'occasion d'une Relique notable de Saint Roch, donnée par Venise à Montpellier. — 6. Procès-verbal du don de cette même Relique, par l'Archevêque de Venise. — 7. Procès-verbal de vérification de cette même Relique. 399

II. PIÈCES JUSTIFICATIVES relatives au culte de Saint Roch. — 8. Bref du Pape Alexandre VII, octroyant une indulgence, etc. — 9. Vœu fait par les consuls de Montpellier (1640). — 10. Ordonnance de l'Évêque de Montpellier, relative au même vœu. — 11. Fondation d'une chapelle de Saint Roch dans l'église St-Matthieu. (1660). — 12. Copia del consiglio della citta di Frascati. (1657). 421

III. PIÈCES JUSTIFICATIVES relatives à la construction d'une église monumentale en l'honneur de Saint Roch dans sa ville natale. — 13. Mandement de Mgr l'Évêque de Montpellier. — 14. Proposition de M. le Maire. — 15. Rapport de M. Marès. — 16. Délibération du Conseil municipal du 24 décembre 1857 432

ANTIENNE à Saint Roch. 457
— La même, mise en musique par J. B. Laurens. . . . 458

FIN DE LA TABLE DES MATIÈRES.

www.ingramcontent.com/pod-product-compliance
Lightning Source LLC
Chambersburg PA
CBHW060229230426
43664CB00011B/1591